MOLINIE 1982

HISTOIRE
DE LA
PHILOSOPHIE
EN FRANCE AU XIXᵉ SIÈCLE

TRADITIONALISME
ET ULTRAMONTANISME

PAR

M. FERRAZ

PROFESSEUR DE PHILOSOPHIE A LA FACULTÉ DES LETTRES DE LYON

J. de Maistre — De Bonald. — Lamennais
Ballanche. — Buchez. — Taulain — Gratry. — Bordas-Demoulin, etc.

PARIS
LIBRAIRIE ACADÉMIQUE
DIDIER ET Cⁱᵉ, LIBRAIRES-ÉDITEURS
35, QUAI DES AUGUSTINS, 35

 HISTOIRE

DE LA

PHILOSOPHIE

EN FRANCE, AU XIXe SIÈCLE

TRADITIONALISME ET ULTRAMONTANISME

OUVRAGES DU MÊME AUTEUR

PSYCHOLOGIE DE SAINT AUGUSTIN. 2ᵉ édition. 1 vol. in-8ᵉ, Paris, Ernest Thorin. . . . . 7 fr.
Ouvrage couronné par l'Académie Française.

PHILOSOPHIE DU DEVOIR, 3ᵉ édition. 1 vol. in-12, chez Didier. . . 3 fr. 50
Ouvrage couronné par l'Académie Française.

HISTOIRE DE LA PHILOSOPHIE EN FRANCE AU XIXᵉ SIÈCLE, 1ʳᵉ Partie, Socialisme, Naturalisme et Positivisme. 2ᵉ édition. 1 vol. in-12, chez Didier. . . . . 4 fr.
Ouvrage couronné par l'Académie Française.

LYON — IMPRIMERIE PITRAT AINÉ, RUE GENTIL, 4

HISTOIRE
DE LA
PHILOSOPHIE
EN FRANCE, AU XIXᵉ SIÈCLE

TRADITIONALISME
ET ULTRAMONTANISME

PAR

M. FERRAZ

PROFESSEUR DE PHILOSOPHIE A LA FACULTÉ DES LETTRES DE LYON

J. de Maistre. — De Bonald. — Lamennais
Ballanche. — Buchez. — Bautain. — Gratry. — Bordas-Demoulin, etc.

PARIS
LIBRAIRIE ACADÉMIQUE
DIDIER ET Cⁱᵉ, LIBRAIRES-ÉDITEURS
35, QUAI DES AUGUSTINS, 35

1880

Tous droits réservés

PRÉFACE

Après avoir traité, dans un précédent travail, du sensualisme, ainsi que du socialisme et du positivisme, qui n'en sont que des applications, nous allons étudier un autre système qui offre avec celui-là l'opposition la plus tranchée. C'est le système qu'on nomme indifféremment traditionaliste, théologique ou ultramontain : traditionaliste, parce qu'il combat, suivant l'expression de Joubert, les idées d'un certain temps à l'aide de celles de tous les temps, telles qu'elles apparaissent dans les traditions religieuses de tous les peuples de la terre ; théologique, parce qu'il ne s'appuie pas seulement sur la raison, comme les autres systèmes philosophiques, mais encore sur la foi à la parole divine; ultramontain ou théocratique, parce qu'il tend à sacrifier non seulement l'individu au pouvoir civil, mais encore le pouvoir civil au pouvoir ecclésiastique, considéré comme le représentant de Dieu lui-même.

Cette étude peut paraître et a quelquefois paru étrangère à l'histoire de la philosophie nettement circonscrite et délimitée. Ni M. Ravaisson ni M. Renouvier ne s'en occupent dans les tableaux inégalement développés qu'ils ont tracés de la philosophie de notre époque. L'auteur des *Philosophes français au dix-neuvième siècle*, M. Taine, ne s'en occupe pas davantage. Pourquoi, lui demandions-nous, il y a déjà bien des années, vous êtes-vous borné à étudier, dans votre ouvrage, Royer-Collard, Cousin, Jouffroy et les autres philosophes rationalistes, et avez-vous omis de Maistre, de Bonald, Lamennais, en un mot, les philosophes traditionalistes? — C'est, nous répondit-il, parce que ce ne sont pas des philosophes.

Cette opinion semble, au premier abord, parfaitement fondée. Qu'est-ce, en effet, que la philosophie, sinon la recherche des grandes vérités de l'ordre moral par les seules forces de la raison individuelle ? C'est ainsi qu'elle a été comprise par presque tous les esprits éminents, non seulement de l'antiquité, mais encore des âges modernes. Socrate et Platon opposaient déjà les doctrines rationnelles auxquelles ils étaient parvenus par leurs propres réflexions, aux croyances traditionnelles de leurs contemporains, et Cicéron leur disciple déclarait qu'il ne reconnaissait, dans ses spéculations sur Dieu et sur l'homme, d'autre guide que la raison : « Je suivrai, disait-il, la raison jusqu'au bout, *rationem, quo ea me cumque ducet, sequar.* » Cette devise du philosophe romain a été celle de presque tous ses successeurs. Descartes n'admet pour vrai que ce que sa raison conçoit évidemment comme tel ; Bossuet proclame que la vraie règle de bien juger est de ne juger que quand on voit clair, et Fénelon fait aussi de la clarté des idées, c'est-à-dire de l'évidence rationnelle, le seul criterium de la certitude. En invoquant des principes empruntés à la tradition, non à la raison, ces grands esprits auraient cru faire de la théologie, non de la philosophie.

Mais, si la philosophie a souvent existé à l'état pur, elle a quelquefois existé à l'état mixte. C'est ainsi qu'elle nous apparaît dans les écrits de Clément d'Alexandrie, d'Origène, de saint Augustin et des autres Pères de l'Église qui tentèrent de concilier les spéculations philosophiques de la Grèce et les conceptions théologiques de la Judée; c'est ainsi que nous la retrouvons chez de Maistre, de Bonald, Lamennais et les autres penseurs qui ont voulu, de nos jours, subordonner la raison à la foi dans l'ordre spéculatif, et l'État à l'Église dans l'ordre pratique. Or, il nous semble que, lors même que l'esprit philosophique a été, comme aux époques dont nous parlons, mêlé à l'esprit théologique, il y a lieu de constater les efforts auxquels il s'est livré et les théories qu'il a conçues dans le but d'éclairer et d'améliorer les choses humaines. C'est même là, suivant nous, une tâche à laquelle la science profane ne saurait se dérober, sans s'abandonner elle-même. S'il ne lui est pas permis de négliger l'histoire de l'empire romain, bien qu'elle se confonde quelquefois avec celle de l'Église, comment pourrait-elle laisser de côté l'histoire de la philosophie là où elle se mêle à celle de la théologie? Dans un cas comme dans l'autre, ce serait supprimer des faits qui font partie intégrante de la réalité, et mutiler l'histoire, qui en est la vivante reproduction. Nous avons donc non seulement le droit, mais encore le devoir de retracer l'histoire de l'école traditionaliste ou ultramontaine, puisque sans cela nous n'offririons au public qu'une histoire incomplète de la philosophie française au dix-neuvième siècle. Nous tâcherons de le faire avec l'impartialité que notre qualité d'historien nous commande et qu'on a bien voulu reconnaître dans nos études sur le socialisme, le naturalisme et le positivisme.

HISTOIRE DE LA PHILOSOPHIE EN FRANCE
AU DIX-NEUVIÈME SIÈCLE

TRADITIONALISME
ET
ULTRAMONTANISME

CHAPITRE PREMIER

DE MAISTRE

Vie de J. de Maistre. Théorie des institutions politiques. — Théorie des institutions religieuses. — Le mal. — La chute. — La guerre et les sacrifices sanglants. — La réversibilité. — Une nouvelle évolution religieuse. — Polémique contre Locke. — Idées innées. — Polémique contre Bacon. — Méthodes. — Causes finales.

I

VIE DE J. DE MAISTRE. — THÉORIE DES INSTITUTIONS POLITIQUES

Parmi les phénomènes dont notre siècle nous offre le spectacle, un des plus curieux est le mouvement intellectuel qui s'est opéré de nos jours au sein de la société catholique et qui tranche avec l'état d'inertie où elle avait langui durant le siècle précédent. Pendant le dix-huitième siècle, en effet, le catholicisme est combattu avec autant d'ensemble que de furie : Voltaire, Rousseau, les premiers écrivains du temps, s'acharnent contre lui ; d'Alembert, Diderot, et avec eux toute l'armée des encyclopédistes, l'accablent de leurs traits. A cette immense levée de boucliers, il n'oppose ni un homme ni une théorie. On l'attaque et il ne se défend pas ; on le frappe et il ne répond pas : on dirait un corps mort qui ne rend pas les coups qu'on lui porte, parce qu'il a cessé de les sentir. Mais, dès l'aurore du dix-neuvième siècle, la scène change. Ce catholicisme qu'on croyait mort et qui n'était qu'endormi, se réveille et atteste sa vitalité par ses œuvres. En même temps qu'il séduit le cœur et l'imagination par des beautés littéraires dont il semblait avoir perdu le secret, il se recommande à la raison par des spéculations sociales et métaphysiques dont, la veille encore, on ne l'aurait pas cru capable. Le *Génie du Christianisme* de Chateaubriand et les premiers travaux du comte de Maistre et du vicomte de Bonald éclatent coup sur coup et sont suivis de beaucoup d'autres ouvrages conçus dans le même esprit et animés de la même inspiration.

Ce phénomène, si singulier en apparence, s'explique par le fait qui explique tout à notre époque, suivant la remarque de M. Taine, et auquel il faut toujours en revenir, quand on veut voir clair dans notre situation présente, par la révolution de 1789. La plupart des hommes qu'elle a blessés d'une manière ou d'une autre, passent, à son égard, de l'indifférence ou de la sympathie à l'hostilité et à la haine. Bien plus, ceux d'entre eux dont l'intelligence a une certaine portée et sait remonter des effets aux causes, condamnent, en même temps que la révolution, la philosophie du dix-huitième siècle dont elle est sortie, quelques-uns même toute philosophie, convaincus que c'est dans la démangeaison de tout discuter que celle de tout renverser a pris sa source. Ils opposent à l'examen l'autorité, à l'esprit d'innovation l'esprit de tradition, à la philosophie la théologie. Et la théologie à laquelle ils font appel n'est pas celle qui laisse soit aux peuples, soit aux fidèles, une certaine indépendance, mais celle qui impose à tous l'obéissance passive et qui remet à un seul homme, investi d'une sorte de dictature morale, le soin de sauver la société religieuse en péril. Telle a été l'origine et pour ainsi dire la genèse de ces doctrines tout autoritaires qui sont connues sous les noms de traditionalisme et d'ultramontanisme, et qui ont eu parmi nous une si brillante fortune.

Mais, à mesure que le fantôme de la révolution s'éloigne et que l'effroi qu'il inspirait diminue, l'esprit de liberté et d'examen se hasarde à demander, au sein de l'Église elle-même, une demi-satisfaction. Les uns déclarent que la liberté n'est point l'ennemie, mais la fille de la religion et qu'il n'y a jamais eu entre elles qu'un malentendu; les autres font de la raison la sauvegarde de la foi et lui reconnaissent une puissance limitée, mais réelle. Aussi, à un certain moment, la philosophie catholique, s'il est permis de lui donner ce nom, semble assez près de tendre à la philosophie profane une main amie, au lieu de s'évertuer comme auparavant à guerroyer contre elle.

C'est l'histoire de ce mouvement d'idées si intéressant que nous essayerons de retracer, en remontant jusqu'à Joseph de Maistre et au vicomte de Bonald, qui le commencent, et en descendant jusqu'au P. Gratry et à Bordas-Demoulin, qui en marquent la fin.

Joseph de Maistre fut comme prédestiné par sa naissance, par son éducation et par les vicissitudes de sa vie au rôle qu'il devait jouer dans le monde philosophique. Il naquit en 1754, à Chambéry, où régnaient encore dans leur simplicité sévère les mœurs anciennes et où les idées nouvelles n'avaient point encore pénétré. Sa famille, d'origine française et méridionale, était une famille de magistrats gentilshommes profondément dévouée à son pays et à son roi, et son père occupait le poste éminent de président du Sénat de Savoie et de conservateur des apanages des princes. Aussi le jeune de Maistre se pénétra de bonne heure de ce sentiment de la hiérarchie et de ce respect de l'autorité qui devenaient de plus en plus rares au milieu de la légèreté et de la licence du dix-huitième siècle. Il fut élevé par les jésuites, qui avaient un établissement à Chambéry et dont l'enseignement n'était pas fait pour effacer les impressions qu'il avait reçues dans la maison paternelle; puis il alla faire son cours de droit à l'Université de Turin. Ce sont là des circonstances (on ne l'a pas assez remarqué) qui ne furent pas sans influence sur le développement intellectuel et moral de notre auteur. Formé par les jésuites et dans une contrée italienne, il dut se nourrir de bonne heure des idées d'Aristote et des doctrines ultramontaines. Aussi on peut dire que plus tard, quand il composa ces livres qui parurent en France d'éclatantes nouveautés, à cause de leur opposition aux traditions de notre pays, il lui arriva plus d'une fois de se souvenir, au lieu d'inventer réellement.

Cependant un esprit aussi avide de savoir et aussi ouvert à toutes choses ne resta pas longtemps étranger au mouvement philosophique et littéraire de son époque. Il en partagea même jusqu'à un certain point les nobles aspirations et les illusions généreuses ; mais son libéralisme ne fut pas à l'épreuve des évènements. Il était marié depuis 1786 et sénateur depuis 1788, quand la révolution française vint, en débordant sur la Savoie, détruire sa fortune, ruiner ses espérances et précipiter dans l'exil la maison royale à laquelle sa famille avait, de père en fils, uni sa destinée. Il se retira alors au delà des Alpes, dans la vallée d'Aoste ; mais bientôt parut la loi qui enjoignait aux émigrés de rentrer en Savoie, sous peine de voir leurs biens confisqués. Sa femme se mit en route, à son insu, au mois de janvier, à travers le grand Saint-Bernard. accompagnée de ses deux enfants, enceinte d'un troisième, et accoucha à Chambéry, au bruit des jurons des soldats, qui avaient envahi ses appartements. Qu'on se figure l'indignation du bouillant comte de Maistre, quand il arriva au milieu de cette scène poignante, et on comprendra combien ces épouvantables secousses durent ébranler ses anciennes opinions politiques.

Obligé de quitter sa patrie et de renoncer à ses biens, il se réfugia à Lausanne, où il passa trois années, au milieu des émigrés français les plus ardents, et d'où il suivit, de son regard perçant, tous les mouvements de cette révolution qui l'avait si rudement frappé et qu'il allait bientôt prendre corps à corps. Il dirigea contre elle une première escarmouche dans un opuscule dont le titre indique assez le ton et l'esprit : *Claude Têtu, maire de Montagnole, à ses chers concitoyens, salut et bon sens* (1795). Il l'attaqua, quelque temps après, dans un ouvrage plus important, dans ses *Considérations sur la France* (1796), où il développa avec une verve admirable et sous une forme éblouissante les idées que lui avait suggérées le terrible spectacle qu'il avait sous les yeux.

Nous ne suivrons pas de Maistre dans l'île de Sardaigne, où il fut pendant deux ans le chef suprême de la magistrature, ni en Russie, où il remplit pendant quatorze ans les fonctions de ministre plénipotentiaire près la cour de Saint-Pétersbourg, au centre de la réaction européenne. C'est de là qu'il vit avec émotion se dérouler les diverses phases de ce qu'il appelait une des grandes époques du monde, supportant avec constance les privations que lui imposait sa situation de représentant d'un roi dépossédé, étouffant les sanglots que lui arrachait la pensée de sa famille absente et travaillant avec un mélange d'obstination et de fureur à la composition de ces ouvrages qui devaient, dès le début de la Restauration, éclater comme des projectiles de guerre dans le camp ennemi.

De Maistre mourut en 1821.

Ses principaux ouvrages sont les *Considérations sur la France* (1796) ; le *Principe générateur des constitutions politiques* (1814) ; le *Pape* (1819) ; l'*Église gallicane* (1821) et les *Soirées de Saint-Pétersbourg* (1821). D'autres écrits du comte de Maistre ont paru depuis : l'*Examen de la philosophie de Bacon* (1836) ; les *Lettres et opuscules inédits* (1851) ; la *Correspondance diplomatique* (1858), et les *Mémoires politiques* (1863), qui ont jeté un jour nouveau sur cette curieuse figure.

L'immense bouleversement social dont il avait été témoin appela de bonne heure l'attention de Joseph de Maistre sur la grande question du gouvernement temporel du monde par la Providence, qui est comme le centre de toute sa philosophie. Il n'en chercha point la solution avec une anxiété douloureuse et par des procédés rigoureux : il la reçut toute faite des mains de la religion et se borna à la développer. Sa manière n'est pas celle d'un chercheur, c'est-à-dire d'un philosophe de profession : c'est celle d'un simple fidèle et d'un vrai croyant. Mais, à côté du chrétien fervent et du fils docile de l'Église, il y a chez lui un autre personnage qu'on n'a pas toujours suffisamment remarqué, je veux dire un disciple de Saint-Martin et des illuminés. Il en avait connu quelques-uns durant son séjour à Lausanne, il avait copié de sa main les écrits des principaux d'entre eux et les tenait pour des gens très propres à nourrir et à entretenir le sentiment religieux dans des âmes que la Réforme menaçait de dessécher[1]. Aussi, nous dirions volontiers, si ces comparaisons n'étaient pas trop ambitieuses, que Saint-Martin a été pour lui ce que Platon avait été pour saint Augustin, et Aristote pour saint Thomas, un inspirateur fécond dont il a constamment cherché à concilier les libres et capricieuses spécu-

---

[1] *Soirées de Saint-Pétersbourg*, onzième entretien.

lations avec les doctrines arrêtées et immuables de l'Église.

De Maistre expose ses doctrines politiques dans ses *Considérations sur la France* et dans son *Essai sur le principe générateur des constitutions*. Il se demande d'abord quelle est la cause de la révolution et déclare avec Saint-Martin[1] qu'elle ne peut s'expliquer humainement et qu'il faut y voir le doigt de Dieu. C'est, suivant lui, un miracle aussi caractérisé dans son genre que la fructification instantanée d'un arbre au mois de janvier. La révolution, en effet, dit-il, mène les hommes plus que les hommes ne la mènent; elle emporte dans son tourbillon, comme une paille légère, tout ce qu'on lui oppose, et personne n'a contrarié sa marche impunément. Ceux-là mêmes qui ont établi la république ont été amenés à le faire sans le vouloir, et ceux que le flot des évènements a portés au faîte de la société ont été les premiers stupéfaits de leur élévation et de leur puissance. Si tout leur a réussi, c'est qu'ils étaient les instruments d'une force qui en savait plus qu'eux; s'ils n'ont jamais pris de fausses mesures, c'est pour la même raison que le flûteur de Vaucanson n'émit jamais de fausses notes : en un mot, c'est Dieu qui a tout conduit, sans détruire le libre arbitre de l'homme[2].

Cette théorie est extrêmement curieuse et le style de l'auteur la rend vraiment saisissante. Cependant il nous est impossible de l'admettre ; car elle ne satisfait ni aux exigences de l'esprit scientifique ni à celles du

---

[1] Saint-Martin, *Lettre à un ami sur la Révolution* (1795).
[2] *Considérations sur la France*, chap. I.

simple bon sens. De Maistre voit dans la révolution un fait mystérieux, qui ne saurait s'expliquer par les lois ordinaires de la nature. Or, il n'est pas de fait plus simple et moins inexplicable. Le gouvernement avait maintenu des inégalités révoltantes entre les citoyens d'une même patrie, en inféodant à une seule classe toutes les hautes fonctions de l'armée, de l'Église, de la magistrature, et en faisant peser l'impôt, la corvée, les réquisitions de toute sorte sur les pauvres et les déshérités ; il avait continué, en plein dix-huitième siècle, les traditions intolérantes des âges gothiques, en laissant les membres d'une fraction notable de la grande famille chrétienne sans état civil, réduits à la condition de bâtards ; il s'était montré d'une incapacité et d'une improbité notoires dans la gestion de la fortune publique et avait préparé à la France une effroyable banqueroute ; tout cela, dans un temps où une philosophie désormais invincible promenait de tout côté son flambeau et versait sur tous ces abus une lumière implacable. C'est donc bien à tort que de Maistre s'étonne et regarde comme un miracle qu'une révolution se soit accomplie dans de telles conditions. Pour nous, nous regarderions bien plutôt comme un miracle qu'elle ne se fût pas accomplie.

De Maistre s'étonne encore que la révolution n'ait pas fait de fautes et soit sortie victorieuse de tous les dangers qui la menaçaient. Il n'y a rien là non plus d'étonnant ni de surnaturel. Il en est d'un peuple comme de chacun des individus qui le composent. Si l'instinct de la conservation, surexcité par le sentiment du danger, double les forces d'un homme et donne à ses mouvements défensifs une précision et une rapidité inaccoutumées, il ne faut pas être surpris qu'un peuple, attaqué par d'injustes envahisseurs, ait trouvé dans le sentiment de son droit et dans celui de ses périls des inspirations aussi justes que soudaines et ait battu ceux qui, dans leurs avides espérances, se le partageaient déjà comme une proie.

Mais de Maistre ne se place pas à ce point de vue. Il s'étudie moins à démêler les causes secondes des évènements qu'à les rattacher à la cause première. Pourquoi la France a-t-elle été abreuvée de tant de maux ? parce que, répond-il, elle a pris part directement ou indirectement à une insurrection criminelle, couronnée par un régicide. Comme la nation entière avait failli, la nation entière devait être châtiée. Voilà pourquoi les échafauds se sont dressés sur toute l'étendue de son territoire ; voilà pourquoi elle est sans cesse décimée par la guerre et continue néanmoins à braver le fer et le feu, comme si rien ne pouvait la dégoûter de son supplice. Il est vrai que, dans ces affreux cataclysmes, les innocents périssent souvent pêle-mêle avec les coupables ; mais il ne faut pas trop s'en émouvoir. C'est, en effet, selon de Maistre comme selon Saint-Martin, une des grandes lois du monde moral que l'innocence paye pour le crime. D'ailleurs tout n'est pas bien dans l'univers, comme la philosophie moderne le répète sans cesse : au contraire, tout est mal en un certain sens. Sur ce point, le publiciste savoisien s'accorde encore parfaitement avec le théosophe d'Amboise. Il n'est pas éloigné de se représenter, comme lui, l'univers entier qui peine et souffre sur son lit de douleur, par suite de la faute primitive, comme cela ressort des paroles suivantes : « La note tonique du système de notre création ayant baissé, toutes les autres ont baissé proportionnellement, suivant les règles de l'harmonie. *Tous les êtres gémissent* et tendent avec effort vers un autre ordre de choses[1]. » Le mal règne donc dans le monde. Seulement ce mal, l'Amour éternel a le secret de le transformer en bien : il sait changer en ordre le désordre lui-même.

Nous saisissons ici en quelque sorte sur le vif l'action des faits sur les idées. Cette pensée du dix-huitième siècle, jusqu'alors si amoureuse de l'expérience, se précipite avec Saint-Martin et de Maistre dans le domaine de la spéculation, sous l'influence d'évènements que l'expérience lui paraît insuffisante à expliquer; cette philosophie optimiste pour laquelle tout, même l'homme, était bien, en sortant des mains de l'Auteur des choses, et qui croyait pouvoir transformer sans peine et sans péril les sociétés humaines, trouve, à la vue des échafauds de la Terreur, que tout est mal et que les transformations sociales souffrent bien des difficultés. L'empirisme et l'optimisme font place à l'idéalisme et au pessimisme, idéalisme et pessimisme d'un caractère élevé, mais empreints d'une singulière exagération.

Si de Maistre s'est égaré sur les pas de Saint-Martin, en attribuant un caractère miraculeux à la révolution française, il s'élève sur d'autres points, en suivant les traces du même guide, à des idées d'une haute valeur. Nous voulons parler de ses vues sur les constitutions

---

[1] *Considérations sur la France*, chap. III.

politiques et religieuses qui renferment, sous des formes encore un peu trop mystiques à notre gré, des vérités précieuses et incontestables : « L'homme, dit-il, peut tout modifier, dans la sphère de son activité, mais il ne crée rien : telle est sa loi, au physique comme au moral. L'homme peut sans doute planter un pepin, élever un arbre, le perfectionner par la greffe et le tailler en cent manières ; mais jamais il ne s'est figuré qu'il avait le pouvoir de faire un arbre. Comment s'est-il imaginé qu'il avait celui de faire une constitution[1]?... Toutes les constitutions libres, connues dans l'univers, se sont formées de deux manières. Tantôt elles ont pour ainsi dire *germé* d'une manière insensible, par la réunion d'une foule de ces circonstances que nous nommons fortuites ; et quelquefois elles ont un auteur unique qui paraît comme un phénomène et se fait obéir[2]. »

A ces réflexions profondes de Maistre en ajoute d'autres qui en sont des corollaires ou des développements. Suivant lui, aucune constitution ne résulte d'une délibération : une constitution écrite n'est viable qu'à la condition d'être la simple expression d'une constitution non écrite déjà existante chez le peuple où elle est promulguée. Dans la formation des constitutions, les circonstances font tout et les hommes ne sont que des circonstances. Assez communément même, c'est en courant à un certain but qu'ils en atteignent un autre. Qui est-ce qui a établi cette constitution anglaise, qui fait

---

[1] C'est presque le mot de M. Taine, qu'en fait de constitutions, la nature et l'histoire d'avance ont choisi pour nous. (*Ancien régime*, préface).

[2] *Considérations sur la France*, chap. vi.

l'admiration du monde ? Ce n'est pas le peuple assemblé ; ce ne sont pas ses représentants élus : c'est un soldat ambitieux qui, pour satisfaire ses vues particulières, créa la balance des trois pouvoirs, après la bataille de Lewes, sans savoir ce qu'il faisait. Quant à l'idée de charger une assemblée quelconque d'hommes de constituer une nation, elle excède en folie ce que tous les Bedlams de l'univers peuvent offrir de plus extravagant. Du reste, ajoute ingénieusement de Maistre, les législateurs ne sont jamais des savants, des gens qui écrivent, ce sont des hommes qui agissent par impulsion, par instinct, et qui entraînent les volontés par une certaine force morale indéfinissable. Les théoriciens ne vaudraient rien pour une telle besogne. Il y a entre la politique théorique et la politique pratique la même différence qu'entre la poésie et la poétique. Montesquieu est à Lycurgue ce que Batteux est à Racine. On voit que Napoléon n'est pas le premier qui ait maltraité les théoriciens et les idéologues : de Maistre, que du reste il avait lu, l'avait fait avant lui. — La grande erreur de la philosophie française, conclut ce dernier, dans son langage expressif, a donc été de croire qu'une constitution, c'est-à-dire l'ensemble des conditions organiques nécessaires à la vie d'un peuple, était un ouvrage comme un autre ; qu'avec du savoir, de l'habileté, quelque pratique, on pouvait le livrer sur commande, parfaitement confectionné, ni plus ni moins qu'un métier à bas ou une pompe à incendie. Elle n'a pas réfléchi que l'art ne peut faire que des choses artificielles, que la nature seule fait des choses vivantes. De là l'instabilité des constitutions successives qu'elle a élaborées. Elles étaient toutes plus savamment construites les unes que les autres; mais, comme elles étaient sans racines dans le pays et n'étaient que posées sur le sol, au lieu d'y être plantées, elles ont été emportées au moindre souffle[1]!

Cette théorie de Joseph de Maistre est tout à fait digne de considération. C'est peut-être la protestation la plus vigoureuse qui ait jamais été faite par l'esprit de conservation contre l'esprit d'innovation, par l'esprit historique contre l'esprit philosophique. Cependant l'auteur mêle, à notre avis, plus d'une erreur aux vérités qu'il développe avec une si merveilleuse éloquence. Dire que l'homme n'est qu'une circonstance comme une autre, n'est-ce pas méconnaître cette énergie intérieure qui lui permet de s'arracher au mécanisme de l'univers, pour vivre de sa vie propre, et n'est-ce pas le soumettre, comme les animaux les plus infimes, aux seules lois de la fatalité? Prétendre que c'est uniquement par instinct et par hasard qu'il perfectionne ses institutions, n'est-ce pas déclarer que la raison n'est bonne à rien dans le gouvernement des choses humaines? Ce sont là deux erreurs bien connues dans l'histoire de la pensée, c'est le fatalisme et l'empirisme. De Maistre, qui admet la végétation et la croissance naturelles de la société, comme celles de l'individu, aurait bien dû voir que, dans cette végétation et cette croissance, la raison a sa place après l'instinct. Ces deux principes sont également naturels, mais l'un appartient à la nature encore enveloppée et rudimentaire, l'autre à la nature achevée et arrivée

---

[1] *Considérations sur la France*, chap. vi

à la plénitude de son développement. C'est précisément pour cela que les peuples, de même que les individus, quand ils sont parvenus à leur maturité, se livrent à ces délibérations que de Maistre n'aime pas, au lieu d'agir sans réfléchir et sans raisonner : l'établissement des gouvernements parlementaires dans toute l'Europe éclairée n'a pas d'autre cause. Condamner un peuple à ne jamais sortir de l'état d'irréflexion et d'inconscience, parce qu'il a débuté par là dans la vie, c'est condamner l'enfant à ne jamais sortir du maillot.

Ces réserves faites, nous aimons à reconnaître que les idées de notre auteur sur les institutions politiques sont de celles qu'il est bon de recueillir et dont ses adversaires eux-mêmes peuvent faire leur profit. L'école libérale doit songer, en effet, que s'il est permis d'innover, il faut toujours le faire avec circonspection, en tenant grand compte et des circonstances et de la nature des choses. Elle ne doit pas avoir la prétention de transformer les sociétés d'une manière radicale et soudaine, mais se proposer de les perfectionner peu à peu, aujourd'hui sur un point, demain sur un autre, en faisant la part de leurs croyances et de leurs habitudes et en suivant, autant que possible, les indications de l'esprit public.

Cette conception de la formation spontanée des constitutions a pour complément celle de la formation spontanée de la souveraineté, que de Maistre fait dériver aussi, non du peuple, mais de Dieu lui-même. Il est écrit, dit-il, « c'est moi qui fais les souverains. » Et ce n'est pas là une phrase d'Église, mais une vérité d'expérience. Dieu « prépare, en effet, les races royales, il les mûrit au milieu d'un nuage qui cache leur origine. Elles paraissent ensuite couronnées de gloire et d'honneur. Le plus grand signe de leur légitimité, c'est qu'elles s'avancent comme d'elles-mêmes, sans violence d'une part et sans délibération marquée de l'autre : c'est une espèce de tranquillité magnifique qu'il n'est pas aisé d'exprimer. *Usurpation légitime* me semblerait l'expression propre, si elle n'était pas trop hardie, pour caractériser ces sortes d'origines que le temps se hâte de consacrer[1]. » Le droit divin, tel que de Maistre l'entend, après Saint-Martin, ne laisse pas, comme on voit, que d'avoir quelque affinité avec le droit populaire. Le vote n'y est pas, parce que notre auteur n'aime pas les procédés réfléchis et qu'ils peuvent difficilement s'appliquer à un fait aussi considérable que le déplacement de la souveraineté ; mais l'acclamation populaire y est indubitablement. Or, c'est elle qui a consacré, non moins que l'huile sainte, les Carlovingiens et les Capétiens au moyen âge, les Bourbons et les Bonapartes dans les âges modernes.

Si les institutions politiques n'ont de la vitalité qu'à la condition d'être divines et non humaines, c'est-à-dire d'être nées de la nature des choses et non de la volonté arbitraire des hommes, il en est de même, à plus forte raison, des institutions religieuses. On parle quelquefois, dit de Maistre avec le sens historique le plus fin et le plus pénétrant, de rétablir l'ordre aujourd'hui détruit des jésuites. On n'a pas l'air de se douter d'une chose, c'est que toute la puissance des souverains ne saurait le

---

[1] *Principe générateur des constitutions*, préface.

relever, si l'esprit qui l'a produit autrefois s'est évanoui, tandis que, si cet esprit existe encore, le moindre frère cuisinier peut rendre à cet ordre son ancienne vigueur.

II

THÉORIE DES INSTITUTIONS RELIGIEUSES

Dans ses *Considérations sur la France* et dans son *Principe générateur*, de Maistre avait déjà touché, comme on vient de le voir, à la question des institutions religieuses, et il l'avait résolue de la même manière que celle des institutions politiques, je veux dire par l'action des puissances spontanées et instinctives de l'homme, non par celle de la réflexion et de la raison. Il revient sur ce sujet dans son livre *Du Pape*, auquel son opuscule sur l'*Église gallicane* et ses *Lettres à un gentilhomme russe sur l'Inquisition espagnole* servent de complément.

Lorsqu'on parle du pape, la première question qui se présente à l'esprit est celle de son infaillibilité ; c'est aussi la première que traite le comte de Maistre. Suivant lui, qui dit souveraineté dit infaillibilité : l'un de ces deux mots emporte l'autre. Dans l'ordre politique, comme dans l'ordre judiciaire, il faut bien arriver de degré en degré à une puissance supérieure qui juge sans être jugée, c'est-à-dire dont les jugements soient sans appel et soient tenus pour l'expression de la vérité même. Sans cela, on aurait droit de lui dire qu'elle s'est trompée et, par conséquent, de lui désobéir, ce qui entraînerait des calamités infinies. Cette puissance souveraine peut affecter des formes différentes : elle n'est pas la même à Londres qu'à Constantinople ; mais, dans l'une et l'autre de ces deux villes, elle revendique l'infaillibilité comme l'un de ses attributs essentiels. Quand elle a prononcé, ses arrêts font autorité : le bill est sans appel comme le fetfa. De Maistre croit pouvoir transporter ces idées de l'ordre civil à l'ordre religieux. Il en est, dit-il, de la société des fidèles comme des autres sociétés, elle ne peut subsister sans être gouvernée, c'est-à-dire sans être soumise à une souveraineté, et cette souveraineté doit être tenue pour infaillible, au même titre que celles de l'ordre politique. La forme monarchique de l'Église une fois établie (et elle l'est par cette considération décisive que l'Église est une société très étendue), le monarque ou pontife souverain qui la gouverne est infaillible par cela même[1].

La souveraineté des pontifes romains est aussi légitime, suivant de Maistre, que leur infaillibilité spirituelle est incontestable. Il suffit, dit-il, pour s'en convaincre, de remonter à son origine et de la suivre dans ses évolutions. Les évêques de Rome passent, en quelque sorte, de plain pied de l'échafaud, où ils montaient naguère, sur un siège qui se consolide peu à peu et devient bientôt un trône environné de richesses et d'honneur. Tous les biens du monde affluent aux pieds de ces pontifes, quoiqu'ils ne les recherchent pas : c'est le respect, la piété, l'amour qui les donnent. Leur influence grandit, sans qu'ils s'en mêlent, par la seule confiance qu'ils inspirent : tous les

---

[1] *Du Pape*, liv. I, chap. I

fidèles, les particuliers d'abord, puis les princes eux-mêmes, les prennent pour arbitres de leurs différends. Un moment arrive enfin où Rome se trouve trop petite pour eux et les Césars. Leur puissance morale, sans insignes et sans pompe, trouble plus ces derniers que la force militaire et les faisceaux des généraux d'armées qui leur disputent l'empire. Chassés par une invisible main, les empereurs laissent enfin la ville éternelle aux représentants de cette religion à qui l'éternité est promise. Constantin transporte le siège de l'empire à Constantinople. La donation de Rome au pape par Constantin, qui n'est qu'une fable, est en un certain sens de l'histoire. Les malheurs qui suivirent, en détachant l'Italie de l'empire, rehaussèrent encore la situation du pontife romain. C'était désormais à son tribunal que les citoyens portaient les plus grandes affaires; c'était auprès de lui seul que les populations opprimées cherchaient un refuge. Il était déjà souverain de fait, quand Pepin lui en donna le titre[1].

Les papes sont donc à bon droit non seulement les souverains spirituels de la catholicité, mais encore les souverains temporels d'un certain royaume. Mais doivent-ils s'en tenir à ce double rôle et rester étrangers au gouvernement temporel des autres souverains ? notre auteur ne le pense pas, et voici sur quelles raisons il s'appuie.

Sans doute les souverains ont tout intérêt à gouverner d'une manière équitable. Néanmoins il leur arrive parfois, sous l'influence de leurs passions, de se porter à

---

[1] *Du Pape*, liv. II, chap. VI.

de tels excès que leurs sujets se demandent ce qu'ils doivent faire en présence d'une tyrannie aussi monstrueuse. Ils se sont partagés sur ce point entre deux systèmes nettement tranchés. L'audacieuse race de Japhet, toujours avide de liberté, a chassé les princes qui prétendaient la tenir sous le joug, ou bien elle a opposé à leur puissance des lois restrictives. L'immense postérité de Sem et de Cham a pris à leur égard un tout autre parti : Faites ce que vous voudrez, leur a-t-elle dit ; quand nous serons las, nous vous égorgerons. De Maistre a le bon goût de préférer le système de l'Europe à celui de l'Asie et de l'Afrique ; mais il juge pourtant qu'il n'est pas sans difficultés. C'est pourquoi il pose ce qu'il appelle le problème européen de la manière suivante : Comment peut-on restreindre le pouvoir souverain sans le détruire ? On a bientôt dit : il faut une constitution, il faut des lois fondamentales. Mais qui les fera exécuter ? Celui-là, corps ou individu, sera plus puissant que le souverain, il sera le souverain lui-même et on n'aura aucune garantie contre l'abus qu'il pourra faire de son autorité. Si on est mécontent, on sera réduit à s'insurger contre lui. Or, c'est là, suivant de Maistre, un remède pire que le mal. Il devrait donc y avoir dans le monde quelqu'un qui pût, dans certains cas, dispenser les citoyens du devoir d'obéir à leurs princes. Or, qui aurait plus d'autorité pour le faire et pourrait le faire avec moins d'inconvénients que celui dont la puissance offre le caractère à la fois le plus général et le plus humain ? La puissance *dispensante* devrait être la puissance papale. Son intervention serait tout aussi naturelle que celle de la multitude et elle aurait infiniment moins de dangers. Il est naturel, en effet, que l'autorité religieuse prenne parti pour les opprimés, et elle ne peut manquer de le faire avec une prudence et une circonspection dont ceux-ci ne sont pas capables[1]. A l'appui de cette théorie, notre auteur développe des considérations dans lesquelles nous ne le suivrons pas, sur le rôle que les papes ont joué au moyen âge, et s'attache à montrer qu'il a été extrêmement favorable soit au respect de la justice, soit au progrès de la civilisation.

Non content de réhabiliter, dans son livre *Du Pape*, la suprématie, même temporelle, des pontifes romains, de Maistre essaye, dans ses *Lettres à un gentilhomme russe*, de justifier une des institutions les plus décriées qu'on leur attribue, celle de l'Inquisition. Ses raisons paraîtront sans doute au lecteur, comme à nous, plus curieuses que concluantes. On se trompe, dit-il, touchant l'Inquisition, quand on se figure qu'elle condamne à mort pour de simples opinions. Elle ne condamne que pour des opinions manifestées, se conformant en cela aux traditions de toutes les nations policées, qui ont toujours prononcé la peine capitale contre les atteintes graves portées à la religion établie. Le point essentiel, le seul qui importe, c'est que le coupable n'est puni qu'en vertu d'une loi connue de lui et faite pour tous. Il y avait, du reste, pour lui un moyen bien simple d'éviter la mort : c'était de se taire.

Quant à la torture et à la peine du feu, c'est sans doute un beau sujet de déclamation philosophique, mais on comprend qu'à une époque où on les employait envers

---

[1] *Du Pape*, liv. II, chap. II et III.

diverses catégories de criminels, on ne se soit pas fait scrupule de s'en servir contre les hérétiques et les hérésiarques. Nul doute, en effet, que de tels hommes ne doivent être rangés dans la catégorie des grands coupables, puisqu'ils commettent un crime de lèse-majesté divine et ébranlent les bases mêmes de la société. Chez certaines nations très civilisées et très bien administrées, l'incendiaire est brûlé vif, et chacun dit que c'est bien fait. Croit-on par hasard, dit de Maistre, que l'hérésiarque soit moins coupable que l'incendiaire? Loin de blâmer l'Inquisition, conclut-il, il faut la glorifier, car c'est elle qui a préservé l'Espagne et des hérésies du seizième siècle et des guerres religieuses qui en ont été la conséquence. Les législateurs, en effet, ne doivent pas seulement considérer le présent, mais encore l'avenir; ils ne doivent pas craindre de verser quelques gouttes d'un sang impur, pour empêcher de répandre à grands flots celui des générations futures. Au lieu de se vanter d'avoir toujours repoussé l'Inquisition, les Français devraient bien plutôt en rougir; car elle aurait certainement prévenu la révolution qui a éclaté plus tard parmi eux.

Les deux ouvrages d'inégale étendue et d'inégale valeur que nous venons d'analyser ont ceci de commun qu'ils respirent un esprit diamétralement contraire à celui du dix-huitième siècle et de la révolution, et qu'ils expriment avec autant de vivacité que de relief le mouvement de réaction qui suivit ces deux époques fameuses. Vingt ans après que les croyances religieuses avaient été bafouées et proscrites avec tant d'animosité, voilà un écrivain qui non-seulement les justifie et les glo rifie, mais qui demande pour elles l'empire du monde et propose d'en ériger le représentant le plus éminent en arbitre suprême des rois et des peuples. Au lendemain du siècle qui avait unanimement flétri les persécutions religieuses, voilà un auteur qui compose un livre pour les réhabiliter et qui ne recule pas devant l'apologie de cette Terreur sacrée qu'on nomme l'Inquisition. Et, chose singulière, il peut faire tout cela, sans être mis au ban de l'opinion ; il peut le faire aux applaudissements d'une partie de cette noblesse et de cette bourgeoisie qui décernait, quarante ans auparavant, à Voltaire une éclatante apothéose ! Les excès de la révolution ont enfanté ce prodige ; ils ont rendu aux doctrines du passé le prestige qu'elles avaient perdu. Cependant ces doctrines étaient loin d'être irréprochables. Celles du comte de Maistre, en particulier, prêtaient le flanc à bien des objections. Ainsi, il prétend établir une sorte d'équation entre l'idée de souveraineté et celle d'infaillibilité. Or, il y a là une erreur évidente. De ce que les hommes ont dû s'arrêter, dans la hiérarchie des tribunaux qu'ils ont constitués, à un tribunal souverain, qui juge en dernier ressort et sans appel, il ne s'ensuit pas que ce tribunal ne se trompe jamais et que ses arrêts soient toujours l'expression de la justice. Les magistrats qui y siègent n'oseraient eux-mêmes le soutenir. Ils se reconnaissent sujets, comme tout le monde, aux erreurs inséparables de notre humanité. De ce que le roi dans certains pays, les représentants de la nation dans d'autres, portent des lois que personne ne peut abroger et auxquelles chacun est tenu d'obéir, il n'en résulte pas que ces lois soient nécessairement les meilleures possibles et qu'un esprit méditatif soit mal venu à croire que tel article est fâcheux, telle disposition insuffisante et qu'à tout prendre on aurait pu mieux faire. Il y a donc lieu de distinguer la souveraineté de l'infaillibilité.

Quelque opinion que l'on adopte sur cette question, qui est du ressort de la théologie plutôt que de la philosophie politique, il y a une chose qu'on ne peut s'empêcher d'admirer dans le livre *du Pape*, c'est le tableau que l'auteur y trace de l'élévation graduelle et des accroissements successifs du pontificat romain. Là où le dix-huitième siècle n'avait vu qu'une longue série de fraudes pieuses, ourdies par des prêtres hypocrites, ou de coupables envahissements tentés par des pontifes audacieux, de Maistre nous montre avec raison l'épanouissement naturel d'un grand fait social et la paisible transformation d'une puissance morale en une puissance politique. Il y a là un vif sentiment de la réalité historique que les esprits les plus prévenus ne sauraient méconnaître. Les vues de Joseph de Maistre sur la suprématie du pontificat romain sont beaucoup plus contestables. Il pose en principe que l'individu ou le corps chargé de limiter la puissance souveraine devient par le fait le véritable souverain et que les sujets sont sans garantie contre les abus possibles de son autorité. Mais si ce principe est vrai, quand on l'applique aux assemblées délibérantes, il sera vrai aussi quand on l'appliquera à la puissance pontificale, de sorte qu'ériger celle-ci, comme on le demande, en puissance *dispensante*, ce sera l'ériger en puissance à la fois absolue et universelle. Le système du comte de Maistre offre donc tous les inconvénients auxquels il prétend obvier; il en offre même de plus graves. Un despotisme qui ne règne que sur les corps laisse une certaine liberté à la pensée de l'homme ; celui qui ne domine que sur les âmes laisse une certaine liberté à ses actes extérieurs. Dans un cas comme dans l'autre, la nature humaine peut encore se développer. Mais un despotisme qui pèserait à la fois sur les âmes et sur les corps constituerait un système de compression et d'étouffement incompatible avec tout développement et toute vie. Ce serait le système turc, qui a stérilisé le monde, substitué au système chrétien, qui l'a fécondé.

Sans doute ce système, qui n'est autre que la théocratie, a eu sa raison d'être au moyen âge, où la vie intellectuelle et morale était concentrée presque entièrement dans le sacerdoce, et encore n'y fut-il jamais complètement accepté. Jamais les pontifes romains, en effet, ne déposèrent les rois paisiblement et sans provoquer, au sein des nations, des déchirements douloureux et des guerres sanglantes. Mais les mêmes causes qui avaient donné à ces pontifes une demi-suprématie, durant les âges barbares, la rendent maintenant impossible. Où est aujourd'hui la science, où est la moralité ? Dans le clergé sans doute, surtout dans le clergé français, le plus éclairé et le plus honnête de l'univers, mais aussi, et à un degré non moins remarquable, dans d'autres classes de la population. Par conséquent, nous n'en sommes pas réduits, comme autrefois, à recourir au sacerdoce pour la décision de nos affaires. Si cela est vrai de nos affaires intérieures, cela l'est encore plus, s'il est possible, de nos affaires extérieures. On ne comprend pas, en effet, comment le souverain Pontife pourrait jouer le rôle d'arbitre au milieu d'un monde dont la Réforme a changé la face et où les puissances hérétiques et schismatiques balancent les puissances orthodoxes, si elles ne les surpassent.

Quant aux idées de Joseph de Maistre sur l'Inquisition, nous avons à peine besoin de les discuter devant des lecteurs imbus de l'esprit moderne. Pour résoudre la question de la légitimité de cette institution, il suffit de la transporter dans la région des principes, c'est-à-dire de l'élever à son plus haut degré de généralité ; il suffit de se demander si les pouvoirs publics ont le droit de s'enquérir *(inquirere)* des croyances religieuses des citoyens et de leur infliger, pour ce seul fait, la peine de mort et les supplices les plus atroces. Pour nous autres hommes du dix-neuvième siècle, poser une telle question c'est la résoudre ; car on ne saurait l'énoncer sans nous faire frémir d'horreur. On dira, avec de Maistre, qu'il ne s'agissait pas, dans le temps dont il parle, de simples croyances, mais de croyances manifestées, et que, si les accusés tenaient à éviter la mort, ils n'avaient qu'à se taire. Cette doctrine n'est guère moins tyrannique que la précédente. On n'ignore pas, en effet, que chez la plupart des hommes, la vie religieuse s'identifie avec la vie morale, de sorte qu'étouffer les manifestations de l'une, c'est étouffer celles de l'autre et comprimer, pour ainsi dire, violemment la respiration de l'âme. Croyez, nous dit-on, mais en cachette ; taisez-vous et on ne vous tuera pas ! Ce n'est certainement pas à l'école des premiers chrétiens que de Maistre avait puisé ces lâches maximes. Ces derniers ne mettaient point honteusement un sceau sur leurs lèvres, pour retenir la vérité captive ; ils exprimaient en toute sincérité les sentiments qu'ils avaient dans le cœur. Aussi ils sont admirés, même par les profanes, parce qu'ils ont été les martyrs du droit et lui ont rendu témoignage en tendant leur tête au fer du bourreau, pendant que leurs persécuteurs sont voués à l'exécration de tous les siècles, pour avoir violé le droit dans leur personne. Dira-t-on que, si le droit de croire et de manifester ses croyances est inviolable chez le chrétien, il ne l'est ni chez le juif ni même chez le simple dissident ? Ce serait dire que le droit n'est pas le droit ; car son propre caractère est d'être universel ou de n'être pas. Le droit de n'être point persécuté pour ses croyances est inhérent à la personne humaine en général, au même titre que celui de n'être ni tué ni spolié. C'est pourquoi le persécuteur n'est pas plus excusable que l'assassin et que le voleur.

De Maistre demande s'il n'était pas permis à l'Espagne de verser quelques gouttes d'un sang impur pour réprimer les envahissements du judaïsme, qui allaient briser son unité nationale, et pour se préserver des déchirements qui la menaçaient dans l'avenir. C'est demander s'il n'était pas permis aux empereurs romains de verser le sang impur des chrétiens qui allaient jeter de si redoutables ferments de discorde dans l'empire ; s'il n'était pas permis à Élisabeth d'Angleterre et à sa sœur Marie la Sanglante d'exterminer, à tour de rôle, ceux de leurs sujets qui refusaient de se rallier aux croyances religieuses de leur souveraine ; s'il n'est pas permis enfin aujourd'hui encore aux gouvernements de la Russie et de la Grande-Bretagne d'effacer, par le fer et par le feu, jusqu'aux derniers vestiges des dissidences religieuses au sein de la Pologne et de l'Irlande. Cela ne saurait être permis, puisque la fin ne justifie pas les moyens. D'ailleurs, la paix à laquelle on arrive par des moyens semblables, n'est pas seulement une paix immorale, c'est une paix funèbre, c'est celle du désert et de la mort, *ubi solitudinem faciunt, pacem appellant*. A quoi ont servi à l'Espagne les persécutions cruelles de son Inquisition ? — A la sauver, dit de Maistre, en la préservant des guerres religieuses et des révolutions politiques. — Et nous, nous répondons : A la perdre, en étouffant en elle tous les germes de vie intellectuelle et morale qu'elle pouvait contenir, et en faisant disparaître, sous un funeste niveau, toutes les diversités qui sont inséparables de notre nature. De Maistre en appelle à l'histoire, comme à une sorte de politique expérimentale. Eh bien ! qu'on la consulte, et on verra quelles sont, des nations où la vie a été violemment comprimée et des nations où elle s'est développée avec moins d'obstacles, celles qui sont aujourd'hui à la tête et celles qui sont à l'arrière-garde de la civilisation.

On voit que, malgré notre admiration pour certaines idées du comte de Maistre, nous sommes en désaccord avec lui sur des points d'une importance capitale. Pour nous, la révolution a été une explosion toute naturelle du sentiment de la justice ; pour lui, elle a été une manifestation surnaturelle de la puissance divine ; pour nous, la société politique est une société d'êtres moraux réunis pour faire respecter leurs droits et pour réaliser progressivement les dictées de la raison ; pour lui, elle est un assemblage d'êtres sentants, formé par l'instinct et développé par le hasard ; pour nous, la société religieuse est une cité toute spirituelle, où la force spirituelle agit seule et où rien ne se fait que par la douceur et la persuasion ; pour lui, elle est une cité moins spirituelle que matérielle, où le domaine sacré de l'esprit et de la conscience est souvent envahi et violé par la force brutale : entre son idéal et le nôtre, il n'y a presque rien de commun.

III

LE MAL.

De cette philosophie pratique, uniquement appliquée à la conduite des choses humaines, l'esprit méditatif du comte de Maistre s'élève à une philosophie toute spéculative, où la question de la Providence, celle du mal, celle de la chute, celle de l'expiation et celle de la réhabilitation, tiennent la principale place. En même temps, en effet, que la révolution porte le penseur de Chambéry à réfléchir sur les conditions vitales des sociétés et l'amène à juger qu'il vaut mieux laisser la nature, c'est-à-dire la Providence, agir insensiblement sur ces grands corps que de les livrer à des empiriques, qui peuvent les tuer en voulant les guérir ; elle le conduit à examiner comment l'existence de cette Providence peut s'accorder avec celle du mal et à traiter successivement de la chute originelle et des moyens que nous avons de nous en relever. Il a consigné ses idées sur ces différents points dans un ouvrage où il déclare lui-même qu'il a *versé toute sa tête*, dans ses *Soirées de*

Saint-Pétersbourg, admirable dialogue à la manière de Platon, où figurent avec le comte, un sénateur russe et un chevalier français[1].

De tout temps le problème du mal a sollicité l'esprit de l'homme et exercé sur lui la fascination de l'abîme ; mais c'est surtout pendant les grandes crises sociales qu'il s'est senti entraîné à en sonder la mystérieuse profondeur. Lucrèce l'avait abordé durant les convulsions de la république romaine expirante ; saint Augustin l'avait agité au milieu et comme sous le flot des invasions barbares ; de Maistre devait le scruter aussi au lendemain de cette révolution qui avait si profondément remué le monde. Mais il n'envisage cette question que par un seul de ses côtés : il la ramène à celle du bonheur des méchants et du malheur des justes. A cette assertion banale que le crime est heureux et la vertu malheureuse, il oppose le démenti le plus net et le plus catégorique. Nul, dit-il, n'oserait prétendre qu'à la guerre les balles ne frappent que les honnêtes gens et que les scélérats sont invulnérables. Eh bien, il en est des calamités dans la vie comme des balles à la guerre : elles pleuvent sur tous indistinctement et ne font entre les bons et les méchants aucune différence. La question posée d'abord se change donc en celle-ci : Pourquoi le juste n'est-il pas exempt des maux qui affligent le méchant, et pourquoi celui-ci n'est-il pas privé des biens dont le juste jouit ? C'est là une question tout autre que

---

[1] Le chevalier était, paraît-il, M. de Bray, jeune émigré normand, ambassadeur de Bavière à la cour de Russie ; quant au sénateur, c'était M. Tamara, qui devait plus tard se faire catholique.

la précédente et dont le simple énoncé dénote l'absurdité ; car il est des propositions que nous rejetons à première vue et sans raisonner, dirigés en cela par un sens sûr, qui ne manque pas d'analogie avec la conscience morale, et qu'on pourrait nommer pour cette raison *conscience intellectuelle*. Mais raisonnons, dit de Maistre, puisqu'on veut raisonner. Un homme de bien est tué à la guerre : ce n'est pas une injustice, mais un malheur. Il meurt de la goutte ou de la fièvre : c'est encore un malheur, non une injustice ; car entre ce fait et le précédent il y a une parité complète. Ils résultent l'un et l'autre d'une loi générale du monde. Or une loi générale, qui est juste, ne saurait être injuste quand elle s'applique à l'un des sujets qu'elle est destinée à régir. Si le bon souffrait parce qu'il est bon, et si le méchant prospérait parce qu'il est méchant, l'objection serait sérieuse ; mais si l'un ne souffre et si l'autre ne prospère que parce qu'ils sont hommes et qu'ils tombent sous telle ou telle des lois qui régissent l'humanité, il n'y a rien à dire, et l'objection est sans valeur.

Cependant, après avoir répondu à cette question, pourquoi le juste souffre-t-il? en disant : Parce qu'il est homme, — de Maistre est amené à s'en poser une autre, qui est celle de savoir pourquoi l'homme souffre. Pour y répondre, il part d'un principe qu'il regarde comme une vérité certaine et indubitable, c'est que Dieu ne saurait être l'auteur du mal qui afflige l'homme. Dieu, dit saint Thomas, est l'auteur, non du mal qui souille, mais du mal qui punit. La première partie de cette proposition est évidente ; car le mal qui souille, ou mal moral, dérive manifestement de la liberté de l'homme.

Quant à la seconde, elle demande explication. Dieu n'est l'auteur du mal qui punit qu'indirectement; car il s'est borné à lier ce mal au précédent comme la conséquence à son principe. Ceux qui en sont les véritables auteurs, ce sont les criminels eux-mêmes; car ils ont fait tout ce qu'il fallait pour l'attirer sur leur tête.

On insiste et on dit : S'il y a un lien naturel entre le mal moral et le mal physique, pourquoi y a-t-il des crimes qui ne sont pas punis et des vertus qui ne sont pas récompensées ? Cette anomalie s'explique très bien, suivant de Maistre: Si cette terrasse qui nous porte, dit il, était sur le point de tomber en vertu des lois de la pesanteur, voudrait-on que Dieu l'en empêchât, parce qu'elle est actuellement occupée par trois hommes qui n'ont ni tué ni volé? Alors il ferait un miracle. Voudrait-on qu'au moment où la grêle va tomber sur le champ du juste, il la détournât sur celui du méchant? Alors il ferait un autre miracle. Il serait ainsi obligé de faire des miracles chaque jour, à chaque instant, c'est-à-dire de suspendre constamment les lois de la nature et de remplacer l'ordre par le désordre au sein de la création. D'un autre côté, si la vertu était toujours récompensée et le crime toujours puni ici-bas, il n'y aurait bientôt plus ni vertu ni crime. On pratiquerait la première à cause des avantages qui y seraient attachés et on éviterait le second à cause des châtiments qui en seraient la suite : la morale de l'intérêt serait la seule morale possible.

Cependant il ne faut pas croire, dit de Maistre, que les biens et les maux soient également répartis entre les bons et les méchants, comme nous l'avons prétendu tout à l'heure, pour nous donner plus beau jeu. Les bons sont de beaucoup les mieux partagés. Cela suffit pour les exciter à la vertu ; mais, comme les biens qu'ils obtiennent ne leur arrivent ni toujours ni sur-le-champ, ils ne leur ôtent point le mérite du désintéressement, et l'ordre moral reste ce qu'il doit être.

Pour montrer que les méchants sont moins bien partagés que les bons, même au point de vue des avantages temporels, notre philosophe cite un curieux fragment des lois de Manou, où les supplices sont célébrés comme les fondements de la société humaine. S'il faut en croire le législateur indien, c'est le châtiment qui défend et protège l'humanité : sans lui, le fort finirait par faire rôtir le faible. Mais, dès que le Châtiment au teint noir, à l'œil enflammé, dit-il, dans son style oriental, s'avance pour punir le crime, le peuple est sauvé et tout le monde est heureux. Non content de glorifier la pénalité sous sa forme abstraite et pour ainsi dire impalpable, de Maistre éprouve le besoin de l'étaler sous nos yeux dans son incarnation la plus hideuse ; il nous décrit en traits saisissants le rôle du bourreau[1]. Nous ne reproduirons pas cette affreuse peinture : elle est connue de tout le monde et est aussi peu morale que la chose qu'elle représente, car elle s'adresse comme elle à notre instinct de cruauté. Nous nous demanderons seulement comment de Maistre n'a pas vu que ce tableau des supplices atroces en usage sous l'ancien régime n'était bon qu'à recruter des adhérents au nouveau, qui a du moins dégagé la peine de mort des rigueurs inutiles dont elle était accompagnée.

---

[1] *Soirées de Saint-Pétersbourg*, premier entretien.

Une des choses qui ont le plus vivement troublé de nos jours la conscience publique, ce sont les erreurs qui échappent parfois à la justice humaine et qui font monter des innocents sur l'échafaud, à la place des vrais coupables. C'est même là une des raisons les plus plausibles qu'on ait fait valoir en faveur de l'abolition de la peine de mort. La conscience de l'auteur des *Soirées*, qui était pourtant plein de douceur, n'a pas de ces scrupules et de ces délicatesses. Suivant lui, les erreurs judiciaires sont si rares que ce n'est vraiment pas la peine d'en parler. Que de bruit n'a-t-on pas fait, dans le temps, pour la mort de Calas roué vif pour un crime qu'il n'aurait pas commis ! Or, il y a, selon de Maistre, mille raisons (qu'il a du reste la discrétion de taire) de douter de l'innocence du personnage. La première sans doute, c'est qu'il a été roué, et qu'il faut bien qu'il ait mérité de l'être, sans quoi le système de l'auteur serait en défaut ; la seconde, c'est qu'il était hérétique et que Voltaire le défendit avec une éloquence généreuse et des élans d'humanité que de Maistre ne lui pardonne pas et qu'il traite de *thrénodies fanatiques*. Il ne voit dans cette affreuse histoire qu'un sujet de plaisanteries : « A l'époque dit-il, où la mémoire de Calas fut réhabilitée, le duc d'A... demandait à un habitant de Toulouse comment il était possible que le tribunal de cette ville se fût trompé aussi cruellement ; à quoi ce dernier répondit par le proverbe trivial : il n'y a pas de cheval qui ne bronche. — A la bonne heure, répliqua le duc ; mais toute une écurie ! » Les réflexions par lesquelles de Maistre se console des

---

1) Franck. *Droit pénal*, p. 36.

erreurs judiciaires ne valent pas mieux que les raisons sur lesquelles il s'appuie pour les révoquer en doute : « Qu'un innocent périsse, dit-il, c'est un malheur comme un autre. » Sur ce point encore, la conscience de Joseph de Maistre n'est pas au niveau de celle du genre humain, qui accepte avec résignation les décisions du sort, mais qui se soulève contre les injustices des hommes. La postérité n'a pas encore pardonné à la frivole Athènes l'assassinat juridique de Socrate, ni à l'Inquisition les bûchers qu'elle a élevés au nom d'un Dieu d'amour, ni à la révolution les échafauds sur lesquels elle a fait monter, au nom de la fraternité humaine, tant de victimes innocentes.

Ce ne sont pas seulement les suppliciés, ce sont encore les malades qui sont, aux yeux de l'écrivain ultramontain, atteints et convaincus d'être des criminels. Quand on recherche, en effet, le principe des maladies, on voit que la plupart d'entre elles proviennent de l'intempérance. Or, l'analogie nous autorise à juger qu'elles en proviennent toutes. Ce qui nous trompe c'est que les maladies qui résultent de nos vices n'éclatent pas toujours immédiatement et ne se font sentir souvent que dans la génération suivante. Malheur donc aux malades, surtout à ceux dont la maladie est bien caractérisée et a un nom ! En s'exprimant ainsi, dit un auteur éminent, de Maistre ne prévoyait pas qu'il devait être emporté lui-même par une maladie qui dénote à un si haut degré la criminalité du sujet qui en est atteint : on sait qu'il mourut d'une attaque d'apoplexie.

L'idée de Joseph de Maistre, que le mal physique a

toujours son principe dans le mal moral et que toutes nos souffrances sont autant de punitions de nos crimes, est donc une idée fausse et insoutenable. Il suffit, du reste, pour nous en convaincre, de considérer les animaux qui nous environnent et qui offrent avec nous tant de rapports. Ils souffrent comme nous. Or, on ne peut pas dire qu'ils souffrent en expiation de leurs crimes, puisqu'ils ne sont pas libres et que la criminalité ne se se comprend pas sans la liberté. L'analogie, à laquelle notre auteur en appelle si volontiers, nous permet de penser qu'il doit en être de nos souffrances comme des leurs et qu'elles doivent s'expliquer les unes et les autres par la même cause. Il s'agit seulement de savoir en quoi cette cause consiste.

S'il était permis de sonder les desseins de la Providence, on serait tenté de croire que c'est pour notre bien qu'elle a placé en nous la douleur, comme le plaisir.

Sans le plaisir attaché à nos fonctions nutritives, ni notre espèce ni les autres espèces animales ne se seraient conservées sur ce globe ; sans le charme répandu sur nos opérations intellectuelles et sur nos affections bienveillantes, ni la science ne se serait développée ni la société ne se serait assise. De même si la douleur n'était pas là pour nous avertir énergiquement que notre corps affaibli a besoin de se fortifier par une alimentation réparatrice. et si elle ne nous infligeait pas une sorte de torture pour nous forcer à remédier à l'état morbide de nos tissus, quand ils sont désorganisés par le poison, par le fer ou par le feu, nous serions à la merci de tous les agents de destruction que nous avons en nous ou qui nous assiègent du dehors. Ajoutons que si les incertitudes du doute ne nous causaient aucune peine et que si le péril d'une personne aimée ne nous inspirait aucune crainte, nous n'aurions ni ces élans vers la vérité, ni ces dévouements pour nos semblables, qui sont l'honneur de notre nature, et qu'ainsi notre vie intellectuelle et notre vie morale seraient également compromises. Au lieu d'être une punition, la douleur semble donc un remède ; au lieu d'être un effet de la colère de Dieu, elle paraît une marque de sa bonté.

IV

LA CHUTE

Si le mal physique dérive du mal moral, ils ont l'un et l'autre, suivant de Maistre, une source plus reculée et plus profonde : c'est le péché originel. Bien que ce dernier soit un mystère, il a cependant, dit notre auteur, qui aime à rattacher les dogmes de la religion aux lois de la nature et à *naturaliser* le surnaturel lui-même, il a ses côtés plausibles et accessibles à l'humaine raison. Si nous laissons là la question de l'imputabilité, qui n'a rien à faire ici, nous conviendrons, en effet, que tout être qui a la faculté de se propager, ne saurait produire qu'un être semblable à lui. Si donc il est déchu dans telle ou telle partie de lui-même, ses descendants participeront naturellement à sa déchéance ; ils seront infirmes s'il était infirme, vicieux s'il était vicieux ; en d'autres termes, il y aura une maladie originelle et un péché originel qui consisteront ; l'une dans la capacité de souffrir tous les maux, l'autre dans celle de commettre tous les crimes.

Pour démontrer le dogme du péché originel, de Maistre raisonne de la manière suivante : l'essence de toute intelligence est de connaître et d'aimer. Elle sait donc naturellement tout ce qu'elle doit savoir et aime naturellement tout ce qu'elle doit aimer, c'est-à-dire elle connaît le vrai et s'attache au bien. Par conséquent, si l'homme, être intelligent, est sujet à l'ignorance et au mal, ce ne peut être qu'en vertu d'une dégradation accidentelle. Or il est sujet à l'une et à l'autre, au mal surtout. Par ses lumières, il s'élève encore quelquefois jusqu'à l'ange, mais par ses penchants il se rabaisse jusqu'à la brute. Sa raison n'est qu'affaiblie, mais sa volonté est brisée et, semblable au serpent mutilé du Tasse, « se traîne péniblement après soi, *sè dopo sè tira.* » C'est là que l'homme se sent pour ainsi dire blessé à mort.

Du haut de cette théorie, de Maistre attaque les partisans du progrès et s'attache à établir que l'antiquité a été la perfection de l'humanité et que l'ère moderne en est la décadence. Les hommes, dit-il, périrent presque tous par le déluge. Or cette catastrophe supposait une immense perversité dans les victimes, et cette immense perversité supposait à son tour en elles d'immenses connaissances ; car rien n'aggrave la culpabilité comme les lumières du coupable. Le genre humain n'a donc point débuté par l'ignorance, comme le voulaient les écrivains du dix-huitième siècle, mais par la science. On peut invoquer, en faveur de cette opinion, la philosophie et la poésie, l'histoire et la fable, en un mot, toutes les traditions du genre humain. Toutes s'accordent à placer l'âge d'or à l'origine des choses et à nous montrer les premiers hommes en relation habituelle avec la divinité. Ces premiers hommes, suivant de Maistre comme suivant Saint-Martin, possédaient une science bien supérieure à la nôtre. Ils voyaient directement les effets dans leurs causes, tandis que nous sommes obligés de nous élever des effets aux causes par de longs et pénibles tâtonnements. Notre époque est l'ère du syllogisme ; la leur était celle de l'intuition.

Une des conséquences les plus rigoureuses de cette doctrine, dit Joseph de Maistre, c'est que cet état sauvage, qui a fait dire tant de sottises à Jean-Jacques Rousseau, n'a pas été l'état primitif des hommes. Il n'a été qu'un état ultérieur dans lequel quelques-uns sont tombés par suite de quelque grave et mystérieuse déchéance qu'on peut considérer comme un péché originel du second ordre. Un chef de peuple ayant commis une de ces grandes prévarications dont nous ne sommes plus capables, parce que nous n'en savons plus assez pour nous rendre criminels à ce point, aura profondément altéré en lui le principe moral et l'aura transmis, ainsi altéré, à ses descendants : c'est ainsi que ces derniers seront devenus des sauvages. De Maistre en est tellement convaincu qu'il voit l'anathème écrit en caractères sinistres jusque sur le front du sauvage lui-même.

Il en est, suivant l'auteur des *Soirées*, des langues des peuples primitifs comme de leurs sciences, elles étaient bien supérieures à celles d'aujourd'hui ; car elles dérivaient d'une source divine. De Maistre n'admet point, en effet, que les langues soient d'invention humaine :

« Nulle langue, dit-il, n'a pu être inventée, ni par un homme qui n'aurait pu se faire obéir, ni par plusieurs qui n'auraient pu s'entendre. » Il croit que l'homme a parlé d'abord parce qu'on lui a parlé, et raille agréablement Condillac qui s'imagine bonnement que les langues se sont formées peu à peu et que chacun y a mis du sien. Une génération, dit-il, aura dit *Ba,* une autre *Be;* les Assyriens auront inventé le nominatif et les Mèdes le génitif : voilà tout le mystère. La vérité est que les peuples primitifs ont, pour former les mots, un talent prodigieux. L'instinct produit chez eux des merveilles qu'on est tenté d'attribuer à la réflexion et que celle-ci n'égalera jamais. Le génie qui préside à l'organisation des langues n'invente aucun mot arbitrairement : il s'empare de ceux qu'il trouve autour de lui, il les triture, il les digère pour se les assimiler. On peut le considérer comme un grand animal qui se meut çà et là pour trouver l'aliment qui lui convient, le transforme et le dénature pour le faire passer dans sa propre substance. Le talent *onomaturge* qui se déploie avec tant d'éclat aux époques primitives, disparaît à mesure qu'on descend vers les époques dites de science et de civilisation. La philosophie ne sait ni inventer des mots ni les faire accepter. Elle feuillette des dictionnaires, au lieu de consulter le sentiment de l'analogie. De Maistre est amené, en partant de ces principes, à condamner formellement la nomenclature chimique et à déclarer qu'elle serait ce qu'il y a au monde de plus malheureux, si la nomenclature métrique ne lui disputait avec succès la palme de la barbarie[1].

[3] *Soirée de Saint-Pétersbourg,* deuxième entretien.

On voit ce que de Maistre a fait en cherchant dans le dogme du péché originel la solution de la question du mal : il a posé en principe un mystère impénétrable, non une vérité évidente, il a consulté la foi, non la raison, il a fait de la théologie, non de la philosophie. Sa solution est donc, pour nous philosophes, une solution non avenue et dont nous n'avons pas à nous occuper, puisque la philosophie est, de l'avis de tout le monde, de celui des théologiens eux-mêmes, l'application des seules forces de la raison à l'étude des questions de l'ordre moral. Quant à l'opinion que l'homme possédait, après la chute primitive, une science merveilleuse, nous ne savons si elle ne fait point aussi partie du dogme et si, ici encore, le vrai terrain philosophique ne manque point sous nos pas. Quoi qu'il en soit, comme de Maistre invoque en faveur de cette doctrine des témoignages purement rationnels, il doit nous être permis de les apprécier rationnellement et de faire remarquer qu'ils lui sont aussi souvent contraires que favorables. Si les poètes parlent quelquefois du bonheur des premiers hommes durant l'âge d'or, ils nous les représentent souvent aussi, à cette époque reculée, errant dans les forêts, se nourrissant de glands et s'abritant dans les cavernes. L'admirable tableau que Lucrèce nous a tracé de cette vie des premiers âges et dont les récentes découvertes de l'anthropologie sur l'âge de la pierre et l'âge du bronze semblent confirmer l'exactitude, balance, à lui seul, bien des témoignages purement poétiques. Du reste, la fable de l'âge d'or s'explique parfaitement par le besoin que l'homme a toujours éprouvé de se faire un idéal et de le supposer réalisé quelque part. Les anciens, séduits par les discours des vieillards, qui voyaient en beau le temps de leur jeunesse, mettaient cet idéal dans le passé ; les modernes, éblouis par les récentes merveilles de la science et de l'industrie, continuent encore généralement, malgré les dénégations du pessimisme contemporain, à le placer dans l'avenir.

Les idées de Joseph de Maistre sur les langues ont quelque chose de plus plausible et sont même très vraies et très remarquables par certains côtés, bien qu'elles ne soient pas tout à fait exemptes des exagérations habituelles à cet écrivain.

Il a raison de dire que la parole n'a pas été inventée, dans le sens propre du mot, et que les langues n'ont pas été formées de propos délibéré, par les efforts d'une réflexion savante. La faculté de parler est naturelle à l'homme, comme celle de se mouvoir et comme celle de gesticuler ; il l'exerce spontanément et il ne lui a pas fallu longtemps pour en faire usage. Les peuples enfants ont réellement plus de talent pour former les mots que les peuples plus avancés, et obéissent mieux, en les formant, aux lois de la logique naturelle et de l'analogie, et il ne faut pas s'en étonner, car ils ont cela de commun avec les enfants eux-mêmes. Sur ces différents points, il a raison, comme Saint-Martin dont il s'est inspiré, contre la philosophie du dix-huitième siècle ; il revendique justement et heureusement contre elle les droits de l'instinct, qu'elle avait trop sacrifié, dans la formation des langues comme ailleurs, à l'art et à la réflexion. Aussi M. Müller, M. Renan et les autres grands représentants de la philologie contemporaine ont-ils donné à ses vues la sanction de leur autorité. Mais le talent *onomaturge* des peuples primitifs une fois reconnu, on ne voit pas pourquoi il ne s'en sert pas pour expliquer l'origine des langues, et pourquoi il éprouve le besoin de recourir à une sorte de *deus ex machina* pour en rendre compte. C'est chez lui un lapsus analogue à celui qui lui avait fait considérer comme un fait surnaturel cette révolution française qui était le résultat manifeste de la nature des choses et l'explosion spontanée de l'esprit public. Quant aux attaques qu'il dirige avec tant d'assurance contre la nomenclature chimique et contre le système métrique, elles ne méritent pas de nous arrêter. Il y a des innovations si évidemment légitimes que, si les principes d'un écrivain l'amènent à les combattre, il faut en conclure, non que ces innovations sont mauvaises, mais que ces principes n'ont pas toute l'exactitude désirable et ne sont pas vrais sans restriction.

V

LA GUERRE ET LES SACRIFICES SANGLANTS

Il est peu de phénomènes historiques qui aient exercé les écrivains modernes autant que la guerre. Pascal et La Bruyère en avaient fait ressortir, on sait avec quelle ironie, l'inconcevable absurdité; l'abbé de Saint-Pierre et Kant en avaient sérieusement discuté la suppression, avant que Hégel et Victor Cousin en vinssent proclamer le rôle civilisateur. De Maistre ne se range, touchant cette question, ni du côté des réformateurs du dix-huitième siècle ni du côté des optimistes du dix-neuvième. Il se rapproche plutôt du point de vue de l'auteur des *Pensées*; car, tout ami qu'il est des jésuites, il a, par son christianisme intempérant et sa sombre conception de la vie, de singulières affinités avec les jansénistes de Port-Royal. Pour lui, le problème de la guerre n'est qu'un côté du problème du mal. Il ne s'agit donc pour lui ni de détruire ce fléau ni de montrer qu'il n'en est pas un, mais de l'expliquer, comme tous les autres maux de ce monde, en le rattachant au dogme de la chute et au gouvernement temporel de la Providence. C'est ce qu'il a essayé de faire dans les pages éblouissantes que nous allons analyser :

« L'homme, dit-il, étant donné avec sa raison, ses sentiments et ses affections, il n'y a pas moyen d'expliquer comment la guerre est possible humainement. Il a une intelligence qui l'élève infiniment au-dessus des autres animaux; il a un cœur qui le porte à sympathiser avec ses semblables. Comment donc se fait-il qu'au premier coup de tambour, il s'en aille, en chantant et le cœur plein d'allégresse, égorger son frère qui ne l'a jamais offensé, et que celui-ci s'apprête, de son côté et sans plus de raison, à lui faire subir le même sort? »

On répondra que la gloire explique tout. Mais la gloire elle-même, surtout celle qu'on met à s'entre-tuer, qui l'expliquera? Pourquoi admire-t-on le soldat? D'où viennent les rayons qui environnent la tête du militaire dans tous les pays du monde? Si un habitant d'un autre globe était tout à coup transporté dans celui-ci et si on lui disait qu'il y a parmi nous deux hommes qui font métier de tuer leurs semblables, mais que l'un n'exécute que des coupables et que l'autre n'égorge que des innocents, ne jugerait-il pas que le premier doit être entouré d'estime et de considération, et que le second doit être honni et conspué? Or, c'est précisément le contraire qui a lieu. Un autre phénomène bien digne d'attention, c'est que le métier des armes, qui devrait, à ce qu'il semble, pervertir et dégrader celui qui l'exerce, le perfectionne et l'ennoblit. Non seulement le simple bon sens du soldat vaut mieux que les finesses des gens d'affaires, mais la droiture, la franchise, la loyauté militaires sont devenues proverbiales. Cette terrible profession n'est même pas incompatible avec la douceur et la bonté. Voilà encore une énigme dont il semble impossible de trouver le mot.

Pour le trouver, suivant de Maistre, il faut demander au monde spirituel ses formidables secrets. La guerre est un fléau encore plus particulièrement divin que les autres, et ce n'est pas par hasard que le titre de Dieu des armées brille à toutes les pages de l'Écriture. Elle se rattache à une loi générale qui pèse sur l'univers : cette loi, c'est celle de la mort. Dès qu'on entre dans le domaine de la nature vivante, dit notre auteur avec une énergie sauvage que Darwin n'a point surpassée, on s'aperçoit que la violence y règne en souveraine et qu'une rage prescrite arme les êtres *in mutua funera*. Qu'on jette les yeux sur le règne végétal : depuis l'immense catalpa jusqu'à la plus humble graminée, combien de plantes *meurent* et combien sont *tuées !* Dans le règne animal, les scènes de destruction sont bien autrement épouvantables : chacune de ses grandes divisions offre des espèces qui ont pour mission de dévorer les autres. Il y a des insectes de proie, des reptiles de proie, des oiseaux de proie, des poissons de proie, des quadrupèdes de proie. Aussi il ne s'écoule pas une minute, pas une seconde où un être vivant ne soit dévoré par un autre.

Ce n'est pas tout : « Au-dessus de ces nombreuses races d'animaux est placé l'homme, dont la main destructrice n'épargne rien de ce qui vit : il tue pour se nourrir, il tue pour se vêtir, il tue pour se parer, il tue pour s'instruire, il tue pour s'amuser, il tue pour tuer... Mais cette loi s'arrêtera-t-elle à l'homme? Non sans doute. Cependant, quel être exterminera celui qui les extermine tous? Lui : c'est l'homme qui est chargé d'égorger l'homme. Mais comment pourra-t-il accomplir la loi, lui qui est un être moral et miséricordieux?... C'est la guerre qui accomplira le *décret*. N'entendez-vous pas la terre qui crie et demande du sang? Le sang des animaux ne lui suffit pas, ni même celui des coupables versé par le glaive des lois. Si la justice les frappait tous, il n'y aurait point de guerre ; mais elle ne saurait en atteindre qu'un petit nombre, et souvent même elle les épargne, sans se douter que sa féroce humanité contribue à nécessiter la guerre.... Ainsi, ajoute de Maistre, ainsi s'accomplit sans cesse, depuis le ciron jusqu'à l'homme, la grande loi de la destruction violente des êtres vivants. La terre entière, continuellement imbibée de sang, n'est qu'un autel immense où tout ce qui vit doit être immolé sans fin, sans mesure, sans relâche, jusqu'à la consommation des choses, jusqu'à la mort de la mort[1]. » Il est difficile, comme on voit, d'exprimer dans un plus beau langage des idées plus effroyables.

La guerre est donc divine en elle-même, puisqu'elle est une loi du monde. Elle l'est, en outre, par ses conséquences, tant générales que particulières, qui sont de l'ordre surnaturel ; car qui peut savoir les effets du sang versé sur les champs de bataille? Mais notre siècle n'est pas mûr pour les considérations relatives au monde invisible. Laissons-lui, dit dédaigneusement notre théosophe, qui se souvient évidemment ici de Saint-Martin, laissons-lui sa physique. La guerre est divine dans la gloire mystérieuse qui l'environne et dans l'attrait inexplicable qu'elle a pour les nobles cœurs. Elle l'est par la manière dont elle se déclare ; car ceux qu'on en regarde comme les auteurs immédiats ont souvent été entraînés eux-mêmes par les circonstances, c'est-à-dire par la main de Dieu qui brûle de châtier les habitants du monde. La guerre est divine par l'indéfinissable force qui en détermine le succès ; car il n'est pas vrai, comme on le prétend, que la victoire se range toujours du côté des gros bataillons. Le succès dépend souvent d'un mouvement d'espérance ou de crainte qui ne dépend pas de l'homme. On demandait un jour à un général ce que c'était qu'une bataille perdue : C'est, répondit-il, une bataille qu'on croit avoir perdue. — Vaincre, disait le grand Frédéric, c'est avancer. Mais quelle est l'armée qui avance, sinon celle dont la conscience et la contenance font reculer l'autre et qui se sent portée en avant, comme si elle glissait sur un plan incliné ? Les batailles

---

[1] *Soirées de Saint-Pétersbourg*, VIIe entretien.

ne se gagnent ni ne se perdent physiquement : c'est la force morale qui fait tout et c'est Dieu qui la donne ou la retire[1].

Nous goûtons peu cette théorie de Joseph de Maistre, malgré la forme aussi éclatante que sinistre dont il a su la revêtir. Suivant cet écrivain, l'homme étant donné avec sa raison et ses bons sentiments, il est impossible d'expliquer la guerre d'une manière naturelle. Nous en convenons volontiers ; mais les bons sentiments et la raison ne composent pas, à eux seuls, toute notre nature. Les passions y ont aussi leur place. Or elles suffisent pour expliquer la plupart des collisions qui s'élèvent soit entre les individus, soit entre les sociétés. Qu'est-ce qui met aux prises les particuliers, que nous voyons s'agiter autour de nous ? C'est le désir de la propriété, celui de la supériorité, celui de l'estime, ce dernier surtout : on se bat presque toujours pour se venger d'un affront. Si ce sentiment agit avec force chez l'homme isolé, il agit plus fortement encore chez les hommes réunis, en vertu des lois de la sympathie qui veulent que l'énergie de certaines affections croisse avec le nombre des personnes qui les éprouvent. Les luttes qui se sont produites, aux diverses époques de l'histoire, de famille à famille, de tribu à tribu et de nation à nation, s'expliquent ainsi le mieux du monde et n'offrent absolument rien de surnaturel.

De Maistre s'étonne de la gloire qui s'attache à la valeur guerrière : il n'est cependant pas bien difficile de s'en rendre compte. L'homme de guerre, qui est vrai-

---

[1] *Soirées*, VIIe Entretien et *Considérations sur la France*, III.

ment tel qu'il doit être, possède la première de toutes les vertus individuelles, celle qui est le principe et la source de la vie morale tout entière, l'énergie ou le courage. Il possède, en outre, la première de toutes les vertus sociales, celle qui fait qu'on se sacrifie et qu'on s'immole pour les autres, le dévouement. Il n'y a donc rien d'extraordinaire à ce que la gloire, qui est à la vertu ce que l'effet est à la cause, environne, suivant l'expression de notre auteur, la tête du soldat de ses rayons. Pour le bourreau, que de Maistre ne craint pas de lui comparer, nous ne voyons vraiment pas où est le courage et le dévouement de cet être ignoble qui verse le sang humain sans courir aucun péril et tend ensuite la main pour recevoir son salaire. Il n'y a pas non plus lieu de s'étonner que le métier des armes perfectionne celui qui l'exerce, au lieu de le pervertir : dès que le soldat obéit, dans toute sa conduite, à de nobles mobiles, il est naturel qu'il s'ennoblisse en leur obéissant.

Quant à l'idée de Joseph de Maistre, que la guerre est une loi du monde et doit, à ce titre, être tenue pour divine, nous ne saurions l'admettre; car ce serait admettre que le monde moral n'est qu'un simple département du monde physique et doit être régi par la même loi. Or la loi du monde physique (de Maistre lui-même l'a remarqué) est celle de la force et de la violence ; le plus fort extermine le plus faible, le loup dévore l'agneau, et celui-ci n'a pas le droit de se plaindre, Dieu l'a ainsi voulu. Suis-je donc autorisé, moi être moral, à agir de même à l'égard de mon semblable, à la seule condition d'être plus fort que lui? Non, une loi supérieure à celle de la force et de la violence, la loi de la justice et de l'humanité, s'y oppose. Mais, si cette dernière loi s'impose aux individus avec une autorité souveraine, elle s'impose également aux sociétés ; car la loi du tout doit être la même que celle des parties. Aussi, à mesure que l'humanité s'éloigne de l'animalité et subordonne en elle la vie physique à la vie morale, elle étend dans son sein l'empire de la justice et restreint celui de la force : on dirait qu'elle sent que la justice convient à l'homme et la force brutale à la brute.

Quant à l'influence que de Maistre attribue à la force morale sur l'issue des combats, nous la reconnaissons volontiers ; mais nous n'avons garde d'y voir comme lui un fait miraculeux. Les phénomènes moraux ont leurs lois, comme les phénomènes physiques, et sont déterminés par des causes qui, pour être invisibles, n'en sont pas moins naturelles. Lors donc que la force morale triomphe de la force physique, ce n'est pas là un fait réfractaire, mais un fait conforme aux lois de l'ordre universel, qui veulent que le courage et la confiance en soi-même doublent l'énergie de ceux qui en sont animés. De Maistre est encore moins dans le vrai, quand il établit je ne sais quelle corrélation entre le sang versé à la guerre et le sang versé sur l'échafaud, et déclare d'un ton d'oracle qu'on ne saurait diminuer l'atrocité des supplices sans augmenter celle des combats. On dirait, à l'en croire, qu'il en est du sang versé comme des eaux pluviales, qu'il doit atteindre tous les ans, d'une manière ou d'une autre, un certain niveau.

Pour bien se rendre compte des idées que de Maistre a émises sur la guerre, il faut les rapprocher de celles qu'il a développées sur les sacrifices dans un *Éclaircis-*

sement qui fait suite aux *Soirées*. Notre théosophe y pose en principe que l'homme a toujours cru vivre sous la main d'une puissance irritée qui ne pouvait être apaisée que par des sacrifices sanglants. Or cette persuasion suppose, suivant lui, la croyance à la dégradation primitive de l'espèce humaine et la conviction que cette dégradation a sa racine dans le principe sensible, dans la vie, dans l'âme, que les anciens plaçaient dans le sang et distinguaient avec soin de l'esprit ou de l'intelligence. Convaincus que l'innocent peut payer pour le coupable, ils trouvaient tout naturel qu'une vie fût offerte en échange d'une vie, le sang en échange du sang. Ils jugeaient même que les sacrifices seraient d'autant plus efficaces que les victimes immolées seraient plus précieuses : de là les sacrifices humains, qui ont été en usage chez les Carthaginois et les Gaulois, chez les Indiens et les Mexicains, en un mot, chez la plupart des peuples étrangers au christianisme.

Le paganisme, qui n'est qu'un christianisme corrompu, suivant l'expression d'un théosophe moderne, n'a pu se tromper sur l'idée fondamentale du sacrifice, qui est la rédemption par le sang. De quel sang l'homme avait-il besoin pour se racheter, c'est ce qu'il lui était impossible de savoir; mais qu'il eût besoin de sang, c'est ce qu'il savait parfaitement, sinon par raison, au moins par tradition ou par instinct. Il savait également que de tous les sacrifices, le plus agréable à la divinité était celui d'une victime innocente qui se dévouait elle-même à la mort. Les révolutions les plus heureuses pour les nations ont presque toujours été achetées par l'effusion du sang innocent. Rome fut délivrée de la tyrannie qui pesait sur elle, une première fois par le sang de Lucrèce, une seconde fois par celui de Virginie.

Suivant de Maistre, l'idée de la rédemption du monde par l'Homme-Dieu était donc cachée, comme derrière un voile, et dans les sacrifices du culte païen et dans les dévouements des sociétés antiques. Quant à la rédemption elle-même, il la conçoit d'une manière peu orthodoxe peut-être, mais pleine de grandeur. Il croit, avec Origène, que « le sang répandu sur le Calvaire n'a pas été seulement utile aux hommes, mais aux anges, aux astres et à tous les êtres créés. » S'il est vrai que toutes les créatures gémissent, suivant l'expression de saint Paul, ne fallait-il pas qu'elles fussent toutes consolées et que la vertu du sang divin se fît sentir dans toutes les parties de l'univers ? Aussi l'Église chante-t-elle dans ses hymnes :

> Terra, pontus, astra, mundus
> Hoc lavantur sanguine.
> Et la terre et la mer et les astres eux-mêmes,
> Tous les êtres enfin sont lavés par ce sang.

De Maistre, comme on voit, n'est pas de ceux qui tiennent les planètes autres que la terre pour des globes sans vie que le Créateur a lancés dans l'espace pour s'amuser apparemment, comme un joueur de boules. Il proclame, avant Jean Reynaud, que tout a été fait par et pour l'intelligence et que, par conséquent, un système planétaire ne peut être qu'un système d'intelligences, car il n'y a rien de commun entre la matière et Dieu, et la *poussière ne le connaît pas*. C'est pourquoi il se plaît à répéter, avec Origène, en parlant du sacrifice du

Golgotha, que l'*autel était à Jérusalem, mais que le sang de la victime baigna l'univers.*

Nous n'avons pas à apprécier ces grandes et étranges idées du comte de Maistre : elles sont du ressort de la théologie plutôt que de la philosophie. Nous ferons seulement remarquer qu'elles avaient déjà été exprimées pour la plupart en traits de feu par Saint-Martin : celle de la vertu purificative du sang, celle des sacrifices sanglants, celle du caractère divin de la guerre et enfin celle de la réversibilité, que nous n'avons fait qu'indiquer et que nous exposerons, avec les développements qu'elle comporte, dans le chapitre suivant [1].

VI

LA RÉVERSIBILITÉ. — NOUVELLE ÉVOLUTION RELIGIEUSE

Le dogme de la réversibilité paraît à de Maistre si conforme à notre nature qu'il n'hésite pas à y voir une vérité innée. Il en trouve la dernière raison dans une certaine tendance à l'unité, qui est le principe de tout bien, de même que la tendance à la division est la source de tout mal. L'homme, dit-il, est porté à grouper un nombre plus ou moins considérable d'individus dans une unité collective qu'il nomme tantôt famille, tantôt tribu,

---

[1] Voir la brillante thèse de M. Caro sur Saint-Martin et l'excellent ouvrage de M. Franck, intitulée, *la Philosophie mystique au* XVIIIe *siècle*

tantôt nation et qu'il regarde comme un être moral ; car il lui attribue certaines qualités et certains défauts et lui impute le mérite et le démérite des bonnes et des mauvaises actions de chacun de ses membres. De là vient le préjugé, disons mieux, le dogme de la noblesse ; car il n'y a point d'institution qui soit plus déraisonnable en apparence et qui ait pourtant des racines plus profondes dans la nature humaine. Mais si la gloire est héréditaire, la honte l'est aussi ; si je suis bien venu à me parer de l'illustration de l'un de mes ancêtres, je dois accepter sans me plaindre le déshonneur qu'un autre m'a légué. La nature ou l'opinion publique, qui en est l'organe, le veut ainsi : il faut se soumettre à ses décisions. Proposez à ceux qui crient le plus haut contre le préjugé de la naissance, de s'allier par le mariage à une famille flétrie, ils s'y refuseront avec indignation, pour peu qu'ils aient le sentiment de l'honneur. Il est donc naturel de croire, conclut notre auteur, que les enfants peuvent être récompensés ou punis pour la conduite de leurs pères.

C'est surtout dans les familles royales que ce principe d'unité et de réversibilité brille de tout son éclat. Le souverain change de nom et de visage, mais il est toujours le souverain ; le roi ne meurt pas, comme on dit si bien en France. Il faut qu'il exécute les traités conclus il y a cent ans, qu'il paye les dettes contractées à cette époque, qu'il expie même les crimes commis à cette date. Alors, ce n'est plus l'individu, c'est la couronne qui est frappée ; ce n'est pas un roi qui est déclaré coupable, c'est le roi. La doctrine qui contribua le plus à soulever contre l'Église les réformateurs du seizième siècle, repose sur ce dogme fondamental et trouve sa justification dans la pratique même de ceux qui l'ont repoussée. Parmi ces pères de famille protestants qui se récrient si fort contre les indulgences, en est-il un seul qui n'en ait pas accordé à un enfant coupable par l'intercession et les mérites d'un autre enfant dont il avait lieu d'être satisfait? Parmi les souverains protestants, en est-il un seul qui n'ait jamais fait grâce à un criminel ou commué sa peine par égard pour les services que ses parents avaient rendus à l'État?

Cette solidarité profonde, cette intime union des hommes entre eux, qui explique tout, a-t-elle besoin elle-même d'être expliquée? De Maistre ne le croit pas. Cependant il essaye d'en rendre compte, en disant qu'elle résulte de notre unité en Dieu, si souvent célébrée par les philosophes eux-mêmes. Le panthéisme des stoïciens et de Spinoza n'est, dit-il, que la corruption de cette grande idée, et la vision en Dieu de Malebranche en est l'expression la plus haute. Quand on lit chez ce grand homme que Dieu est le lieu des esprits comme l'espace est le lieu des corps, on ne peut s'empêcher d'être ébloui de cet éclair de génie. C'est, sous une autre forme, la parole de saint Paul, que nous avons en Dieu la vie, le mouvement et l'être. C'est aussi celle d'une femme dont la piété enchantait le saint archevêque de Cambrai. Madame Guyon compare, en effet, les hommes aux flots d'un même océan qui, après en être sortis pour se répandre dans les campagnes, n'ont ni paix ni trêve qu'ils ne soient revenus se mêler à sa masse profonde. Une fois rentrés dans l'ample sein de l'Être divin, ils sont tous animés d'un même esprit et sont tous dans tous. C'est, dit de Maistre, à cause de cette unité mystérieuse et incompréhensible que le péché d'un seul a pu tout perdre et que le sacrifice d'un seul a pu tout sauver.

Nous ne voulons pas discuter cette théorie de la réversibilité, dans laquelle est engagée la religion tout entière. Bornons-nous à dire que les données expérimentales sur lesquelles de Maistre l'appuie, la rendent aussi plausible qu'elle peut l'être, et que les considérations métaphysiques auxquelles il la rattache lui impriment un singulier caractère de grandeur. Le sentiment de l'unité de l'espèce humaine et du lien qui l'unit à l'être divin y éclate d'une manière vraiment remarquable. Cependant il est difficile de concilier (et il ne faut pas être surpris d'une telle difficulté en matière si haute) les vues de l'auteur des *Soirées*, soit avec le principe moral qui veut que chacun ne soit responsable que de ses actes[1], soit avec le principe métaphysique qui exige que la personne moi et la personne-Dieu, pour parler le langage de Maine de Biran, restent nettement distinctes l'une de l'autre.

La réversibilité des mérites du juste sur la tête du coupable n'est pas, suivant de Maistre, le seul moyen que nous ayons d'apaiser la colère divine : nous en avons, dit-il, un autre, qui est la prière. Mais il sent que, sur ce point comme sur le précédent, son opinion peut rencontrer des incrédules, et il va de bonne grâce au-devant des objections. N'est-ce pas, se demande-t-il, méconnaître l'immutabilité des lois de la nature que de

---

[1] Voir là-dessus notre *Philosophie du Devoir*, 3ᵉ édition, p. 359.

supposer que nos prières et nos vœux peuvent en suspendre l'application ? A cela il répond qu'il cherche autour de lui ces lois prétendues immuables et qu'il ne les trouve pas : il n'y voit que des ressorts souples qui cèdent à l'action des agents libres. En combien de manières et jusqu'à quel point l'homme n'influe-t-il pas sur le développement des plantes par la greffe, et sur la reproduction des animaux par le croisement ! Mais si l'influence de l'homme sur les lois de la nature est réelle, pourquoi celle de Dieu ne le serait-elle pas ?

On dira peut-être que Dieu ne saurait exaucer toutes les prières des hommes. Cela est incontestable ; mais il peut en exaucer quelques-unes et modifier, en notre faveur, certaines lois de la nature, dans des circonstances qu'il a lui-même déterminées. Si un philosophe me demande, dit de Maistre, pourquoi j'ai recours à la prière pour me préserver de la foudre. — Et vous, Monsieur, lui répondrai-je, pourquoi employez-vous le paratonnerre ? — C'est bien différent, me dira-t-il ; moi j'oppose une loi à une autre. — Eh bien, moi aussi ; car c'est une loi de la nature que la prière faite d'une certaine manière et dans certaines conditions, a la vertu d'écarter la foudre et les autres fléaux. La prière est, en définitive, une cause seconde comme une autre, et on ne peut pas élever contre elle une seule objection qui ne se retourne à l'instant contre toutes les causes de la même espèce : Ce malade doit mourir, dit-on, ou ne doit pas mourir : donc il est inutile de prier pour lui. Et moi je dis : donc il est inutile de lui administrer des remèdes, donc il n'y a pas de médecine. La vérité est qu'il mourra s'il ne prend pas de remèdes et s'il ne prie pas pour avoir la santé. Ici la condition fait partie du décret éternel lui-même[1].

Nous ne discuterons pas l'opinion de Joseph de Maistre sur cette question délicate. Nous nous contenterons de faire remarquer que cet écrivain raisonne sur l'efficacité de la prière comme sur la chute primitive et sur la réversibilité : sans en méconnaître le côté surnaturel, il s'étudie surtout à en faire ressortir la conformité avec le cours ordinaire des choses. Dieu, suivant lui, peut avoir attaché de toute éternité certains effets à certaines prières, c'est-à-dire à certains mouvements de l'âme, comme à certaines actions, de sorte que ces prières se produisant, ces effets se produisent tout naturellement. Dans ce système, qui est celui de Leibniz et de plusieurs autres penseurs célèbres, les effets produits par la prière ne seraient pas étrangers à l'ordre universel, ils y seraient compris ; ils ne seraient pas réfractaires aux lois de l'univers, ils y seraient subordonnés. En professant cette opinion sur un sujet plus particulièrement théologique, l'auteur de l'*Essai* montre une fois de plus qu'il a ce goût du *général*, qui a toujours et partout caractérisé les philosophes.

Non content d'affirmer l'unité naturelle de l'espèce humaine, de Maistre croit à son unité religieuse dans un prochain avenir : « Il faut, dit-il, nous tenir prêts pour un événement immense dans l'ordre divin, vers lequel nous marchons avec une vitesse accélérée qui doit frapper tous les observateurs. Il n'y a plus de religion sur la terre : le genre humain ne peut demeurer dans cet

[1] *Soirées*, IVe, Ve et VIe Entretiens.

état. Il n'y a peut-être pas un homme véritablement religieux en Europe, ajoute-t-il (je parle de la classe instruite), qui n'attende en ce moment quelque chose d'extraordinaire. Or, croyez-vous que cet accord de tous les hommes puisse être méprisé ? N'est-ce rien que ce cri général qui annonce de grandes choses[4] ? » Et il rappelle qu'à la naissance du Sauveur, une voix mystérieuse, partie des régions orientales, s'écriait : « L'Orient est sur le point de triompher, le vainqueur partira de la Judée, un Enfant divin nous est donné, il va paraître, il descend du plus haut des cieux, il ramènera l'âge d'or sur la terre. ».

La révolution religieuse dont de Maistre est le prophète, se complétera par une révolution scientifique qui démontrera, suivant notre auteur dont les idées se rapprochent singulièrement ici de celles de Charles Fourier, que les corps célestes sont mus, comme le corps humain, par des intelligences qui leur sont unies :

« Cette doctrine, ajoute-t-il, pourra sembler paradoxale et même ridicule, parce que l'opinion environnante en impose ; mais attendez que l'affinité naturelle de la religion et de la science les réunisse dans la tête d'un seul homme de génie : l'apparition de cet homme ne saurait être éloignée, et peut-être même existe-t-il déjà. Celui-là sera fameux, et mettra fin au dix-huitième siècle, qui dure toujours. » Alors on parlera de notre stupidité actuelle comme nous parlons de celle du moyen âge, et notre fausse science sera honnie par une postérité vraiment *illuminée*. « Alors toute la science

---

[4] *Soirées*, XIe Entretien.

changera de face : l'esprit, longtemps détrôné et oublié, reprendra sa place. Il sera démontré que les traditions antiques sont toutes vraies ; que le paganisme entier n'est qu'un système de vérités corrompues et déplacées ; qu'il suffit de les *nettoyer* pour ainsi dire et de les remettre à leur place pour les voir briller de tous leurs rayons. »

De Maistre, se fondant sur les considérations qui précèdent et aussi, il faut le dire, sur les merveilleuses propriétés du nombre trois, si admirées depuis par P. Leroux, croit à une troisième révélation qui est sur le point d'éclater. Dieu a parlé une première fois par symboles, sur le mont Sinaï, à un seul pays et à un seul peuple. Il a parlé plus clairement, quinze siècles après, à l'universalité des hommes ; mais sa parole n'a encore pénétré que dans une faible partie de la masse du genre humain. De plus, l'hérésie du seizième siècle a coupé en deux l'Europe chrétienne, et, dans chacune de ces deux moitiés, souffle l'esprit de scepticisme et d'indifférence. Il est temps qu'une troisième explosion de la bonté divine éclate pour le bonheur de l'espèce humaine. Aussi tout annonce je ne sais quelle magnifique unité vers laquelle nous marchons à grands pas. De Maistre en voit le présage dans les tempêtes civiles qui nous battent, dans les guerres sans fin qui nous déchirent, dans les fléaux de toute sorte qui nous écrasent : si nous sommes broyés, c'est, dit-il énergiquement, pour être mêlés.

On prétend que cette idée d'une troisième évolution religieuse ne saurait être attribuée au comte de Maistre, parce que ce n'est pas lui, mais son principal interlocuteur, le sénateur russe Tamara, qui la développe dans les *Soirées de Saint-Pétersbourg*, et on ajoute que la seule évolution que l'auteur ultramontain ait en vue est le mouvement des peuples vers l'unité catholique, telle qu'elle existe actuellement. Il ne faut, remarque-t-on, mettre sur le compte de Joseph de Maistre que ce qu'il dit lui-même et laisser à la charge de chacun de ses interlocuteurs ce qu'il a cru devoir lui faire dire : « Pourquoi prend-il le rôle d'interprète de la hideuse mission du *bourreau*, tandis qu'il accorde au sénateur ces sublimes considérations sur la *guerre*, si ce n'est qu'en fait lui-même a eu cette vue sur le *bourreau* et le sénateur cette vue sur la *guerre ?*

Au risque de nous faire inscrire par l'estimable auteur de ces lignes parmi les *ennemis* de Joseph de Maistre, à la suite de Lamartine, de Sainte-Beuve et du bon Ballanche, nous persistons à croire et à dire que l'auteur des *Soirées* a bien eu l'idée d'une nouvelle unité religieuse, distincte de l'unité catholique, sans lui être opposée. Il écrivait, en effet, dès 1796, dans ses *Considérations sur la France*, ces paroles caractéristiques : « Il me semble que tout vrai philosophe doit opter entre deux hypothèses, ou qu'il va se former une nouvelle religion, ou que le christianisme sera *rajeuni* de quelque manière extraordinaire... Cette conjecture ne sera repoussée dédaigneusement que par ces hommes à courte vue, qui ne croient possible que ce qu'ils voient. Quel homme de l'antiquité *eût pu prévoir le christianisme ?* et quel homme étranger à cette religion eût pu, dans ses commencements, en prévoir les succès ? Com-

---

Joseph de Maistre, par Louis Moreau, p. 295. (Paris, 1879).

ment savons-nous qu'une *grande révolution morale n'est pas commencée ?* Pline, comme il est prouvé par sa fameuse lettre, n'avait pas la moindre idée de ce *géant dont il ne voyait que l'enfance*[1]. »

Qui oserait dire que ces considérations n'impliquent l'idée d'aucune évolution religieuse? Pourtant elles n'ont pas été suggérées à de Maistre par le sénateur Tamara, car, en 1796, il ne le connaissait pas encore. Ajoutons que les vues de Joseph de Maistre sur la guerre, qu'il plaît à M. Moreau d'attribuer au même personnage, sont déjà exprimées avec l'éclat le plus sinistre dans l'ouvrage que nous venons de citer[2]. Les arguments mis en avant par cet écrivain se retournent contre lui.

Ces considérations de l'auteur des *Soirées* sur la religion future sont sans doute d'une valeur fort contestable. Cependant il faut en reconnaître, d'une part, la singulière grandeur, de l'autre, la brillante fortune. En présence de l'abîme que le dix-huitième siècle avait ouvert entre la religion et la science, abîme qui allait chaque jour s'approfondissant, il était naturel qu'un esprit supérieur se demandât si un moment n'arriverait pas où ces deux grandes fractions, maintenant séparées, de la *gnose*, seraient de nouveau réunies pour le plus grand bien des êtres humains et des sociétés humaines. A cette haute question, il indiqua deux solutions possibles, consistant, la première dans un développement probable du christianisme, la seconde dans l'éclosion d'une religion nouvelle. Or, de ces deux solutions l'une

---

[1] *Considérations sur la France*, chap. v,
[2] *Considérations*, ch. III. *De la destruction violente de l'espèce humaine*.

donna naissance à la doctrine néocatholique que Lamennais exposa d'abord, pour son propre compte, dans l'*Essai sur l'indifférence* et plus tard, avec quelques-uns de ses disciples, dans les colonnes de l'*Avenir*, et l'autre fut celle que Saint-Simon et après lui Enfantin développèrent dans un esprit fort différent de celui de notre philosophe et à laquelle il n'eût pas épargné, s'il eût vécu, ses sarcasmes et ses anathèmes.

On peut maintenant se faire une idée assez complète et assez exacte de la philosophie de Joseph de Maistre. Au lieu de descendre en lui-même, comme Descartes, et de demander à sa propre raison la règle de ses jugements, cet écrivain consulte la société au sein de laquelle il est plongé et trouve, parmi les croyances religieuses qu'elle professe, un dogme qui lui sert à rendre compte de tout : c'est le dogme du premier mal ou de la chute primitive. Ce premier mal est-il vraiment premier et ne suppose-t-il pas, chez son auteur, au moins à l'état virtuel, une malice antérieure ? De Maistre ne s'en préoccupe pas. Il le pose, à l'exemple de Pascal, comme une hypothèse, qui n'a pas seulement pour elle l'autorité de la foi traditionnelle, mais encore celle de l'hérédité physiologique, et qui se légitime d'ailleurs par les faits mêmes dont elle fournit l'explication.

De ces faits, le plus important est celui de notre corruption actuelle, si bien attestée par notre vie à tous : « Je ne sais, dit de Maistre, ce que c'est que la vie d'un coquin, je ne l'ai jamais été ; mais celle d'un honnête homme est abominable. » C'est pourquoi, suivant lui, la Providence sévit sans cesse contre nous par les supplices ; « le glaive de la justice, en effet, n'a point de fourreau : toujours il doit menacer ou frapper. » C'est pourquoi elle se sert sans cesse de la guerre comme d'un moyen de corriger et d'émonder notre race maudite ; car le genre humain ressemble à « un arbre qu'une main invisible taille sans relâche et qui gagne souvent à cette opération[1]. » Nous devons accepter ces maux en expiation de nos crimes si nous sommes coupables, en expiation de ceux des autres si nous sommes innocents : ainsi le veut la grande loi de la réversibilité. Sombre conception de la vie, qui n'a pu être inspirée à Joseph de Maistre ni par son humeur naturellement enjouée, ni par les doctrines si consolantes de l'Évangile, et qui ne s'explique chez lui que par l'influence du martinisme et par le spectacle de la révolution. En mettant à nu le fond de bassesse, de cupidité, de cruauté que l'homme dissimule sous des dehors décents en temps ordinaire, les bouleversements sociaux nous portent, en effet, sinon à changer de croyances, du moins à prendre celles que nous avons par leur côté lugubre et à passer de l'optimisme au pessimisme.

Quoi qu'il en soit, cette perversité, en quelque sorte constitutionnelle, dont nous sommes atteints et dont il nous est impossible de nous guérir, impose aux gouvernements, d'après de Maistre, un grand devoir, celui de nous mener avec une verge de fer ; car « celui qui a suffisamment étudié cette triste nature, sent que l'homme en général, s'il est réduit à lui-même, est trop méchant pour être libre. »

C'est, sous une forme théologique, la même pensée

[1] *Considérations sur la France*, chap. III.

que suggérait, plus d'un siècle auparavant, à l'auteur du *Léviathan*, la vue des sanglantes dissensions de l'Angleterre. Aussi de Maistre croit que le pouvoir temporel et le pouvoir spirituel doivent combiner leurs efforts pour nous faire marcher et considère les révolutions, qui éclatent de loin en loin sous nos pieds, comme les convulsions d'une planète condamnée et souffrante. Mais ce qui caractérise surtout sa philosophie, c'est d'être une philosophie de défi et de combat à l'égard de celle du dix-huitième siècle. Sur la bonté native de l'homme et sur le mérite exclusivement personnel de ses actions, sur l'adoucissement graduel de la pénalité et sur la suppression future de la guerre, sur la souveraineté du peuple et sur les libertés publiques, sur les progrès de la société et sur ceux des sciences, de Maistre combat, en effet, constamment ses devanciers immédiats, opposant à des opinions nouvelles, qui commencent déjà à devenir des lieux communs, des doctrines anciennes, qui prennent tout l'attrait du paradoxe sous sa plume étincelante.

VII

POLÉMIQUE CONTRE LOCKE. — IDÉES INNÉES

De Maistre ne se contente pas d'attaquer le dix-huitième siècle en lui-même, il le combat dans les auteurs qui lui paraissent, à tort ou à raison, en avoir été les précurseurs et parmi lesquels figurent en première ligne Locke et Bacon. Il ne sera pas sans intérêt d'examiner la discussion qu'il engage contre eux. Elle nous fera connaître, d'une part, ses procédés de polémique, de l'autre, quelques points de sa doctrine que nous n'avons pas encore eu occasion de mettre en lumière.

Nous voyons, dès le début de sa discussion contre Locke, que nous n'avons pas affaire à un pur philosophe, uniquement épris de la vérité, mais à un avocat qui ne songe qu'à faire triompher la cause qu'il défend, sans se piquer de rendre justice à son adversaire : « Il est, dit-il, des livres dont on dit : Montrez-moi le défaut qui s'y trouve ! Quant à l'*Essai*, je puis bien vous dire : Montrez-moi celui qui ne s'y trouve pas ! Nommez-moi celui que vous voudrez, parmi ceux que vous jugerez les plus capables de déprécier un livre, et je me charge de vous en citer sur-le-champ un exemple, sans le chercher. » Qui reconnaîtrait, sous de pareils traits, l'ouvrage que Leibniz admirait, en le réfutant, et considérait comme une des plus belles productions de son siècle ?

Cependant les critiques de Joseph de Maistre ne sont pas toutes dénuées de fondement. Nous n'en voulons pour preuve que la polémique qu'il dirige contre l'auteur anglais, avec tout le savoir d'un philosophe de profession et toute l'aisance d'un homme du monde, à propos des idées innées, et où il montre qu'il était, suivant l'expression de Sainte-Beuve, plus trempé de forte science que pas un de ceux de son parti. Il prouve d'abord à Locke qu'en attaquant les idées innées, il attaque une doctrine qu'il ne comprend pas. L'auteur de l'*Essai* prétend, en effet, qu'en niant une loi innée en matière de morale, il n'entend point nier une loi naturelle, parce qu'une loi naturelle peut être reconnue par les seules lumières de la raison. Mais qu'est-ce donc que les lumières de la raison, lui objecte de Maistre, sinon l'ensemble des principes qui la constituent et auxquels on est convenu de donner le nom d'idées innées? Locke soutient à la fois le *pour* et le *contre*, le *oui* et le *non* dans la même phrase.

Bien plus, ces lois naturelles, qu'il prétend ne point nier, il les nie positivement, et cela, en se fondant sur le raisonnement qui consiste à conclure de *quelques* à *tous*, c'est-à-dire sur un sophisme des mieux caractérisés. Après avoir rappelé quelques-unes des monstruosités morales sur lesquelles ce philosophe s'appuie pour établir qu'il n'y a point de morale innée et naturelle, de Maistre dit très bien : « C'est dommage qu'il ait oublié de produire une *nosologie*, pour démontrer qu'il n'y a point de santé. » Cependant, ajoute-t-il, « que l'on refuse d'admettre ces idées premières, il n'y a plus de démonstration possible, parce qu'il n'y a plus de principes dont elle puisse être dérivée. En effet, l'essence des principes est qu'ils soient antérieurs, évidents, non dérivés, indémontrables et *causes* par rapport à la conclusion ; autrement ils auraient besoin eux-mêmes d'être démontrés, c'est-à-dire qu'ils cesseraient d'être principes, et il faudrait admettre ce que l'école appelle le *progrès à l'infini*, qui est impossible[1]. » Ce sont là des raisons qui peuvent paraître peu solides aux partisans que la doctrine de l'*évolution* et de l'*association* a récemment recrutés parmi nous, mais que leurs attaques n'ébranleront pas.

[1] *Soirées*, VI⁰ Entretien.

La cause de toutes ces disputes, c'est qu'on ne définit pas les termes dont on se sert. Locke, qui a tant combattu les idées innées, n'a jamais pris la peine d'expliquer ce qu'il entendait par ce mot. Le traducteur français de Bacon déclare qu'il ne se souvient pas d'avoir eu, dans le sein de sa mère, connaissance du carré de l'hypoténuse. Dès qu'on fait si peu d'effort pour comprendre ses adversaires et qu'on leur prête gratuitement des croyances si absurdes, faut-il s'étonner qu'on n'entre pas dans leurs opinions ? Un écrivain d'une tout autre portée et d'un parti tout différent (on devine qu'il s'agit ici de M. de Bonald) a cru argumenter contre les idées innées d'une manière triomphante, en demandant comment, si Dieu grave de telles idées dans l'esprit de l'homme, celui-ci parvient à les effacer. Comment, par exemple, l'enfant idolâtre, qui nait avec l'idée distincte d'un seul Dieu, peut-il arriver à croire à plusieurs dieux ? De Maistre fait remarquer qu'il ne faut pas confondre l'idée ou simple notion avec l'affirmation ; que la première est innée, mais que la seconde ne l'est pas. Qui jamais, en effet, s'est avisé de parler de jugements ou de raisonnements innés ? Le théiste affirme qu'il y a un seul Dieu ; le polythéiste, qu'il y en a plusieurs. Ils ne s'accordent pas dans leurs affirmations ; mais ils ont tous deux la même idée, celle de Dieu. C'est ainsi que deux hommes qui font une opération de calcul d'une manière différente, ont pourtant tous deux la même idée, celle du nombre [1]. »

A propos de la question des idées innées, de Maistre

---

[1] *Soirées*, IIe Entretien.

touche, avec sa supériorité ordinaire, à celle de l'origine des idées. Il est ridicule, suivant lui, de chercher à la résoudre, comme on le fait aujourd'hui, avant celle de l'essence de l'âme. La première suppose la seconde, comme celle de savoir à qui revient un bien suppose l'existence des parents auxquels il doit être attribué. Une fois que la question de l'essence de l'âme est résolue comme elle doit l'être, c'est-à-dire une fois qu'il est bien reconnu qu'elle a pour essence la pensée, la question de l'origine des idées, c'est-à-dire en définitive des pensées, n'en est plus une. De Maistre signale, en outre, avant de célèbres auteurs contemporains, l'équivoque du mot *origine*, qui peut également désigner la cause occasionnelle ou excitatrice et la cause productrice des idées. Si on prend le mot dans le premier sens, dit-il, tout le monde est d'accord et il n'y a plus de question ; si on le prend dans le second, on tombe dans une absurdité manifeste. Dire que nos idées sont produites par les corps qui agissent sur nos sens, c'est dire que la matière de l'étincelle électrique est produite par l'excitateur.

Une des preuves les plus curieuses que de Maistre ait données de l'innéité des idées, c'est la permanence des diverses classes d'êtres sensibles et intelligents. Les animaux, dit-il, voient constamment ce que nous voyons et ne peuvent jamais comprendre ce que nous comprenons. Les mêmes objets extérieurs frappent leurs sens ; les idées qu'ils en ont sont tout autres : d'où cela peut-il venir, sinon de ce qu'ils sont constitués intellectuellement d'une tout autre manière ? Cette constitution intellectuelle différente qui nous distingue les animaux et nous, en quoi consiste-t-elle, sinon en certaines prédispositions à concevoir les choses autrement, c'est-à-dire, en certaines idées innées? Les animaux « verront bien *un*, mais jamais l'unité ; les éléments du nombre, mais jamais le nombre ; un triangle, deux triangles, mais jamais la *triangularité*. » Si de Maistre avait mieux connu Kant, il aurait dit avec lui que l'esprit applique ses idées aux objets, mais qu'il ne les en tire pas, et qu'elles sont les formes, mais non la matière de la connaissance. Il remarque du moins que les animaux les plus semblables à nous ne peuvent jamais s'élever jusqu'à nous et rompre la barrière qui nous sépare. Le chien, le singe, l'éléphant, s'approchent du feu comme l'homme ; ils se chauffent, comme lui, avec plaisir ; mais que le feu menace de s'éteindre, l'idée ne leur viendra pas, comme à lui, de pousser un tison sur la braise : ce n'est pourtant pas faute de l'avoir vu faire. Si l'expérience était la source de toutes les idées, elle leur donnerait celle-là.

Ce qui est vrai des idées spéculatives est vrai aussi des idées morales : elles s'appliquent au spectacle des actes humains, elles n'en viennent pas : « Mon chien, dit admirablement de Maistre dans un passage trop peu connu et trop peu cité, m'accompagne à quelque spectacle public, à une exécution, par exemple : certainement il voit tout ce que je vois ; la foule, le triste cortège, les officiers de justice, la force armée, l'échafaud, le patient, l'exécuteur, tout en un mot ; mais de cela que comprend-il ? ce qu'il doit comprendre *en sa qualité de chien :* il saura me démêler et me retrouver, si quelque accident l'a séparé de moi, il s'arrangera de manière à n'être pas estropié sous les pieds des spectateurs ; lorsque l'exécuteur lèvera le bras, l'animal, s'il est près, pourra s'écarter, de crainte que le coup ne soit pour lui ; s'il voit du sang, il pourra frémir, mais comme à la boucherie. Là s'arrêtent ses connaissances, et tous les efforts de ses instituteurs intelligents, employés sans relâche pendant les siècles des siècles, ne le porteraient jamais au delà ; les idées de morale, de souveraineté, de crime, de justice, de force publique, etc., attachées à ce triste spectacle, sont nulles pour lui. Tous les signes de ces idées l'environnent, le touchent, le pressent, pour ainsi dire, mais inutilement, car nul signe ne peut exister que l'idée ne soit préexistante[1]. »

On peut encore tirer de l'étude des animaux d'autres preuves des idées innées. Une poule qui n'a jamais vu l'épervier, l'aperçoit-elle tout à coup dans la nue, comme un point noir, elle s'agite éperdue, affolée de terreur et pousse un cri extraordinaire qu'elle n'a jamais poussé, et ses petits qui sortent à peine de la coque, accourent en tremblotant et se culbutant sous les ailes maternelles. D'où vient cela, sinon de ce que cette poule porte en elle une idée, inhérente à sa nature et indépendante de l'expérience, qui lui montre dans cet oiseau de proie un ennemi de sa race ? Ce qui est vrai de la poule est vrai, *mutatis mutandis*, des autres espèces. Elles obéissent toutes à des instincts, c'est-à-dire à des idées qui les poussent dans tel ou tel sens, naturellement et antérieurement à toute expérience. Mais

---

[1] *Soirées*, Ve Entretien.

si l'animal a en lui des idées naturelles et indépendantes de l'expérience qui le font ce qu'il est, pourquoi l'homme n'en aurait-il pas d'analogues qui le font homme ? Coste, le traducteur de Locke, ayant un jour proposé cette difficulté à son maître, celui-ci lui dit avec humeur : « Je n'ai pas écrit mon livre pour expliquer les actions des bêtes. » Cette humeur et ces paroles prouvent assez combien l'objection lui paraissait embarrassante. Condillac, lui, ne se laisse pas arrêter pour si peu : « La bête fuira, dit-il, parce qu'elle en a vu dévorer d'autres; quant à celles qui n'ont encore rien vu, il faut croire que leurs mères, dans le commencement, les auront engagées à fuir. » Le silence de Locke valait encore mieux qu'une telle réponse.

C'est là une discussion qui ne manque ni d'intérêt ni de valeur. La manière de l'auteur des *Soirées*, qui veut que l'on traite immédiatement de la spiritualité de l'âme, au lieu de s'attarder en de vains préambules relatifs à l'origine des idées et au jeu des facultés, est incontestablement plus vive et plus profonde que celle des philosophes écossais. Ceux-ci, appliquant à l'étude de l'âme la méthode de Bacon, qui consiste à s'élever des phénomènes aux lois, ne peuvent que déterminer les lois des phénomènes psychologiques, sans atteindre jamais à la cause qui les produit ni à la substance qui les supporte. Ils se bornent à expliquer les phénomènes sensibles par la sensibilité, les phénomènes intellectuels par l'intelligence, les phénomènes mémoratifs par la mémoire, c'est-à-dire à faire un travail purement verbal et qui n'est qu'une pure tautologie. De Maistre, lui, procède plutôt comme Maine de Biran, qui veut qu'on laisse là ces forces abstraites et purement nominales qu'on appelle des facultés, et qu'on aille droit à la seule force réelle et vivante, au principe qui pense et qui veut, c'est-à-dire au *moi*. Il ne serait pas éloigné de dire, avec ce grand métaphysicien, que les idées n'ont pas deux, trois ou quatre causes, mais une seule, qui est l'activité de l'esprit lui-même ; car il ne confond pas l'occasion d'une idée avec sa cause véritable. Le monde extérieur ne fournit, en effet, à l'esprit que des occasions de penser, mais la pensée elle-même est l'acte du principe pensant. Or, c'est précisément ce principe dont l'empirisme refuse bien à tort de tenir compte : « L'empiriste exclusif, dit M. Ravaisson, c'est un physiologiste qui explique la nutrition par les aliments seuls, et qui oublie ce qui les reçoit et les transforme, l'estomac ; c'est un physiologiste qui explique la respiration par l'air seul et qui oublie le poumon [1]. »

La vérité de cette doctrine ressort encore mieux, s'il est possible, des excellentes considérations auxquelles Joseph de Maistre se livre touchant l'instinct des animaux. Dès qu'il y a chez eux quelque chose d'inné, de primitif, de non acquis, qui constitue proprement leur essence, comme tout le monde, hors les sensualistes et les évolutionnistes l'admet, on ne voit pas pourquoi il n'y aurait pas chez l'homme quelque chose d'analogue. On ne voit pas non plus pourquoi les bêtes voyant, comme nous, les étoiles qui brillent dans le ciel, les végétaux qui couvrent la terre, les corps étendus qui les environnent, les actes humains qui se

---

[1] Ravaisson, *Rapport sur la philosophie au* XIXe *siècle*, p. 13.

produisent autour d'elles, ne feraient pas, comme nous, de l'astronomie, de la botanique, de la géométrie, de la morale et du droit, s'il n'y avait pas en nous des principes primitifs qu'elles ne possèdent pas.

On ne peut adresser à de Maistre qu'un reproche, c'est de s'être borné à établir qu'il y a des idées innées, dans le sens raisonnable de cette expression, et de ne s'être inquiété ni de les compter, ni de les analyser, ni de décrire leur mode d'apparition sur la scène de l'âme, ni de prouver qu'elles sont aussi inexplicables par l'hérédité que par l'expérience. Il a fait une excellente introduction à la théorie de la raison, il n'a pas fait cette théorie elle-même.

VIII

POLÉMIQUE CONTRE BACON.—MÉTHODE.—CAUSES FINALES

De tous les auteurs auxquels de Maistre s'est attaqué, il n'en est aucun auquel il ait fait une si rude guerre qu'à Bacon. Il a composé contre lui un ouvrage en deux volumes, intitulé *Examen de la philosophie de Bacon*, où il sape une à une toutes les parties de la vaste construction que le philosophe anglais avait élevée, et où il s'attache à n'y pas laisser pierre sur pierre. L'acharnement que l'écrivain catholique déploie contre l'illustre chancelier vient sans doute de ce que le dix-huitième siècle l'avait glorifié outre mesure, et de ce que la Convention elle-même s'était avisée un beau jour de faire traduire ses ouvrages aux frais de la république, pour hâter, disait-elle, les progrès de la raison. De

Maistre vit dans Bacon le père de cette philosophie et de cette révolution qui lui rendaient de si grands honneurs et se mit en devoir de le combattre à outrance.

Bacon, dit-il, s'est proposé de donner aux hommes un nouvel instrument (*novum organum*), pour perfectionner les sciences. Mais ce nouvel instrument était-il bien nécessaire, et le besoin s'en faisait-il bien vivement sentir? En d'autres termes, du temps de Bacon, la science était-elle dans l'enfance, comme ce philosophe ne cesse de le répéter? Nullement. Le moine de son nom qui l'avait précédé de plusieurs siècles en savait déjà plus que lui, surtout dans les sciences physiques et naturelles, et Copernic, Ticho, Képler, Galilée, qui étaient venus depuis, avaient changé la face des connaissances humaines. « Bacon fut simplement un baromètre qui annonça le beau temps; et parce qu'il l'annonçait, on crut qu'il l'avait fait (1). » D'ailleurs, peut-on inventer un nouvel instrument ou, comme s'exprime Bacon, un nouvel organe, et le mettre à la disposition de l'homme? De Maistre le nie et fait à ce sujet un assez méchant jeu de mots : « J'honore, dit-il, la sagesse qui propose un nouvel organe autant que celle qui proposerait une nouvelle jambe. » Il ajoute d'une manière plus fine et plus ingénieuse qu'il en est des nouveaux *organes* et des traités sur la méthode comme des arts poétiques : ce sont, dit-il, des recettes qui ne servent à rien; il n'y a pas de moyens artificiels de créer et d'inventer. On ne cesse de nous dire que Bacon a rendu un

---

1 *Soirées*, V⁰ Entretien.

service signalé aux sciences en substituant l'induction au syllogisme. De Maistre se demande ce qu'il faut penser d'une telle assertion. Et, avant tout, qu'est-ce que l'induction? Suivant Aristote, l'induction est la voie qui nous conduit du particulier au général, ou encore un syllogisme sans moyen terme. C'est dire que l'induction ne diffère du syllogisme que par la forme et n'est qu'un syllogisme contracté. Toujours, dit de Maistre, il y a une généralité exprimée ou sous-entendue dans l'induction ; toujours, par conséquent, cette dernière se confond avec le syllogisme. Nous dire que Bacon a substitué l'induction au syllogisme, c'est donc nous dire qu'il a substitué le syllogisme au syllogisme, c'est énoncer un non-sens et une contradiction.

Non seulement Bacon ne sait pas ce qui fait la valeur de cette induction qu'il regarde comme un nouvel instrument, et qu'il veut substituer au syllogisme, mais il ne la comprend pas. Il rejette, en effet, comme un moyen grossier ce flambeau de l'analogie que le Créateur a mis dans nos mains et qui nous permet d'entrevoir et de pressentir les lois de la nature, en attendant qu'elles se montrent à nous en pleine lumière. Il ne veut pas que l'homme conjecture, comme si on pouvait faire un pas dans les sciences sans conjecturer et comme si le don de conjecturer heureusement n'était pas le génie lui-même! A cette induction hardie et féconde, qui est la bonne, Bacon en substitue une autre timide, mais stérile, qu'il honore bien à tort du nom d'induction légitime. C'est celle qui procède par voie d'exclusions *(per exclusiones debitas)*, c'est-à-dire qui commence par écarter toutes les explications fausses, parce que, les explications fausses étant une fois écartées, celle qui restera sera nécessairement vraie. Or il est impossible, suivant de Maistre, de rien imaginer de plus contraire et au mouvement naturel du génie de l'homme et au progrès des sciences qu'une induction de cette espèce.

Il en est, dit assez ingénieusement notre philosophe, du génie comme de la grâce, il est un don et non un art. Celui qui le possède est emporté et ravi vers son objet avec une force extraordinaire, parce qu'il agit sans se regarder faire. Au lieu de dépenser une partie de son énergie à se considérer et l'autre à considérer son objet, il est à son objet tout entier et sans partage. C'est pourquoi il l'appréhende et l'étreint avec une double énergie. Un esprit qui fait un livre, comme le *Novum organum*, sur la manière dont il doit procéder dans les sciences, est un esprit qui se regarde et partant qui n'a point de génie pour les sciences. Quand on écrit sur la métaphysique d'un art, on prouve par cela même qu'on n'a point de talent pour cet art. Aussi le siècle des créations n'est-il jamais celui des dissertations. Racine employait assez bien les mots : il n'est pas sûr pourtant qu'il eût su faire un bon dictionnaire des synonymes. Le dix-septième siècle n'a pas produit l'*Esprit des lois*, mais il a produit quelque chose de mieux. Quoi donc ? D'excellentes lois [4].

De Maistre, comme on voit, reste fidèle, dans son dernier ouvrage, à l'idée qui tient tant de place dans les premiers, à savoir, que l'inspiration vaut mieux que

---

[3] *Examen de la philosophie de Bacon*, chap. I et II.

la méthode, la spontanéité que la réflexion : il se montre un vrai romantique dans la science, comme dans la politique et dans la littérature elle-même. Mais cette idée est-elle aussi fondée en raison qu'il a l'air de le croire? nous ne le pensons pas. S'il ne faut pas sacrifier l'inspiration à la méthode, il ne faut pas non plus sacrifier la méthode à l'inspiration, surtout dans l'ordre scientifique.

Galilée, Descartes, Pascal, Leibniz, se sont vivement préoccupés de cette question de la méthode et de ce que de Maistre appelle dédaigneusement la métaphysique de la science : cela ne les a pas empêchés, comme on sait, de montrer un certain talent pour la science. Aristote lui-même, que notre auteur admire beaucoup, n'a pas pu décrire, comme il l'a fait, les conceptions, les jugements, les raisonnements, en un mot, les diverses opérations qui entrent dans le syllogisme, sans réfléchir et sans se regarder, pour ainsi dire, opérer intérieurement : il n'en a pas moins été le premier génie scientifique de l'ancien monde. En condamnant la méthode et la réflexion, de Maistre se sépare de la tradition rationaliste pour se rattacher à la tradition mystique; il quitte, comme cela lui arrive souvent, l'école de Descartes pour celle de Saint-Martin.

Nous reconnaissons avec de Maistre que l'induction baconienne n'était pas sans défaut et que la science n'était nullement dans l'enfance du temps de Bacon; mais nous sommes loin de croire que les ouvrages du philosophe anglais aient été sans influence sur ses progrès. Il est bien facile de dire, comme le fait l'auteur de l'*Examen*, que personne ne songeait, au seizième siècle, à appliquer le syllogisme aux sciences physiques et naturelles et que, par conséquent, Bacon, qui guerroie pour qu'on ne l'applique pas à cet ordre de sciences, se bat contre des moulins à vent. Il n'en est pas moins vrai que tous les hommes instruits de ce temps-là avaient été formés par la méthode syllogistique et avaient contracté, sous une telle discipline, des habitudes d'esprit qu'on ne perd pas en un jour. — C'est pourquoi il fallut les efforts persévérants de plusieurs générations de penseurs pour amener des esprits, accoutumés avant tout et presque uniquement à discuter et à argumenter, à se mettre en présence des faits pour observer et expérimenter. C'était là un régime intellectuel tout autre. Bacon fut un de ces penseurs et un des plus remarquables. Il n'avait pas dans l'esprit toutes les qualités scientifiques qu'il demandait aux autres, la précision, la netteté, la rigueur; mais il avait le vif sentiment de ce qu'exigeait la science au moment où il parut, et le don de l'exprimer avec autant de poésie que d'éloquence. Ses vues sur l'expérimentation et l'induction sont souvent minutieuses, parfois inexactes, mais elles appellent fortement l'attention sur ces procédés trop méconnus par la logique des écoles. Descartes rendait plus de justice à Bacon que de Maistre : « Vous désirez savoir, écrivait-il au Père Mersenne, un moyen de faire des expériences utiles. A cela je n'ai rien à dire, après ce que Vérulamius a écrit. » Leibniz ne s'exprime pas moins favorablement sur son compte. Il avait, dit-il, commencé par étudier la philosophie scolastique, quand un homme d'un génie divin, Bacon, lui ouvrit un monde nouveau.

Non content d'attaquer les idées de Bacon, sur la logique et sur la physique, de Maistre combat ses vues sur ce qu'on qu'on appelle aujourd'hui la psychologie et la théodicée. Il l'accuse notamment (et c'est le seul de ses griefs que les limites de ce travail nous permettent de signaler) d'avoir compromis le dogme de l'existence de Dieu, en condamnant la recherche de la finalité dans la nature. Frappé du caractère incertain et hypothétique des sciences de son époque, le philosophe anglais l'avait, en effet, attribué à ce que ses contemporains, au lieu de s'en tenir prudemment à l'étude des causes efficientes, auxquelles on peut s'élever par l'observation exacte des phénomènes, avaient la manie de spéculer à perte de vue sur les causes finales, qu'il est presque impossible de deviner. Il essaya donc de purger la science de ce qu'il considérait comme un principe d'erreur, et de lui donner un caractère plus circonspect et plus rigoureux. On s'est demandé, disait-il, dans quel but telle chose avait été faite dans la nature et on a oublié de chercher ce qui l'avait faite : c'est ce qui est arrivé à Platon, à Aristote, à Galien et à tous ceux qui ont raisonné à leur suite. Cependant Bacon ne condamne pas absolument et sans réserve la recherche des causes finales. Il ne veut pas qu'elle soit abandonnée; il demande seulement qu'elle soit déplacée. S'il la retranche du domaine de la physique, c'est pour la transporter dans celui de la métaphysique, à laquelle seule il appartient de scruter la nature au point de vue des idées et des intentions [1].

[1] Voir l'excellent article de M. Ch. Lévêque, intitulé : *F. Bacon métaphysicien. Revue philosophique*, t. III, p. 113.

De Maistre ne tient nul compte à Bacon de cette restriction, qui est pourtant d'une extrême gravité. Il lui reproche simplement d'avoir prétendu que la recherche des causes finales s'oppose à celle des causes physiques, tandis qu'elles peuvent et doivent même aller ensemble. Peut-on découvrir que les planètes sont retenues et mues dans leurs orbites par deux forces qui se balancent, sans conjecturer que ces forces ont été établies pour les retenir et les mouvoir? Peut-on apprendre la propriété que les feuilles des arbres possèdent d'absorber l'air non respirable, sans soupçonner qu'elle a pour cause une volonté bienfaisante? Pourquoi celui qui a ce soupçon serait-il moins bon physicien que celui qui ne l'a pas? Linné ne se lassait pas d'admirer la sagesse que Dieu fait éclater dans la création et dont il apercevait les traces jusque dans les moindres de ses ouvrages. Cela ne l'a pas empêché d'être un grand naturaliste [1].

On voit que de Maistre n'est pas un traditionaliste pur et qu'il lui arrive quelquefois de consulter la raison en même temps que la tradition. Il fait plus, il défend, à l'occasion, son autorité contre ceux qui la méconnaissent. Établir, comme il le fait ingénieusement, l'existence des idées innées contre Locke et Bonald lui-même, c'est bien, en effet, défendre les principes constitutifs de la raison à l'encontre du sensualisme de l'un et du traditionalisme de l'autre. Je n'ignore pas qu'il attribue aux institutions et aux langues une origine divine; mais, si l'on songe qu'il prend ordinairement ce mot *divine*

---

[1] *Examen de la philosophie de Bacon*, t. II, ch. vi.

dans le sens de *naturelle*, on conviendra qu'elles semblent être pour lui, comme les idées elles-mêmes, non le résultat d'une simple transmission, mais l'épanouissement spontané de notre nature raisonnable.

De Maistre se fait, il est vrai, une idée un peu humaine de l'être divin, et cela, au point qu'on l'a quelquefois accusé d'anthropomorphisme. C'est la part de la tradition dans la philosophie de ce brillant esprit, moins de la tradition catholique telle qu'elle avait été recueillie et fixée par les conciles, que de la tradition janséniste et de la tradition de la Kabbale, arrivée jusqu'à lui par Martinez et Saint-Martin. De là ce Dieu sévère qui, pareil au Jéhovah biblique, se manifeste plus par sa colère que par sa bonté; de là cette théocratie, renouvelée de la Judée autant que de la Rome du moyen âge, qu'il conçoit comme la seule autorité capable mater des êtres radicalement viciés par la chute primitive et corrompus dès le sein de leur mère; de là, en un mot, l'absolutisme religieux, avec le pessimisme métaphysique qui le justifie et lui sert, pour ainsi dire, de contrefort.

Il résulte de toutes ces considérations que, si de Maistre est médiocrement traditionaliste, il est éminemment ultramontain, dans le sens politique du mot, c'est-à-dire vivement épris de la théocratie. Ajoutons qu'il met au service de cette doctrine excessive un style empreint d'une ironie mordante et plus propre à exaspérer qu'à convertir ses adversaires. Aussi, malgré l'élévation de ses idées et la noblesse de ses sentiments, son influence est loin d'avoir toujours été heureuse. En revendiquant avec hauteur pour la société religieuse la suprématie sur la société civile, il a contribué plus que personne à déchaîner la guerre qui sévit entre elles en ce moment[1].

[1] Voir sur de Maistre le remarquable article de M. Baudrillart : *Publicistes modernes*, p. 128.

CHAPITRE II

DE BONALD OU LE TRADITIONALISME

Vie du vicomte de Bonald. — Impuissance de la Philosophie. — Origine du langage. — La société. — L'homme, la cause première et les causes finales.

I

VIE DU VICOMTE DE BONALD. — IMPUISSANCE DE LA PHILOSOPHIE

Il en est des époques dans l'histoire humaine comme des zones dans l'histoire naturelle : chacune d'elles produit des sujets qui offrent entre eux, sinon une ressemblance parfaite, au moins de singulières analogies. Il suffit, pour s'en convaincre, d'étudier concurremment le comte de Maistre et le vicomte de Bonald, qui naquit la même année que lui et dont la vie se développa dans les mêmes circonstances. Tous deux combattent le dix-huitième siècle dans ses doctrines libérales comme dans ses doctrines matérialistes; tous deux essayent de relever les idées anciennes dans l'ordre politique comme dans l'ordre moral et religieux, et établissent entre l'absolutisme et le christianisme une solidarité qui n'est pas sans péril pour celui-ci, au milieu du mouvement qui emporte les sociétés modernes ; tous deux font appel, contre les innovations de la raison individuelle, à la raison universelle, c'est-à-dire aux lois mêmes de l'espèce, telles qu'elles se manifestent dans les langues, dans les institutions et dans les traditions qui remontent jusqu'à Dieu lui-même. Ils ne se sont jamais vus, l'un n'est point le disciple de l'autre ; mais comme ils sont nés dans la même condition, qu'ils ont été élevés à peu près de la même manière et qu'ils ont passé à peu près par les mêmes épreuves, ils ont des idées à peu près semblables : « Est-il possible, écrit de Maistre, que la nature se soit amusée à tendre deux cordes aussi parfaitement d'accord que votre esprit et le mien?... Je n'ai rien pensé que vous ne l'ayez écrit ; je n'ai rien écrit que vous ne l'ayez pensé. » Cependant ces assertions comportent plusieurs restrictions assez graves, non seulement quant aux idées, qui ne sont pas toujours les mêmes des deux parts, comme nous aurons occasion de le faire voir, mais encore quant à la méthode suivie pour y arriver.

De Maistre est plus libre et plus dégagé dans ses allures, de Bonald plus lent et plus didactique ; le premier est un génie primesautier qui s'élève quelquefois d'un coup d'aile à une assez grande hauteur ; le second est un esprit méthodique qui rase presque toujours la terre ; la manière de l'un est plus naturelle, celle de l'autre plus artificielle.

Louis-Gabriel-Ambroise de Bonald naquit, comme de Maistre, en 1754. Il appartenait, comme lui, à une famille noble dans laquelle la piété et le dévouement aux rois étaient héréditaires. Il eut également pour berceau une province pauvre et retirée, où les mœurs étaient simples et les croyances profondes : il vit le jour à Monna, près de Milhau, dans le Rouergue. Après avoir terminé ses études à Juilly, chez les Oratoriens, il entra sans transition dans le corps des mousquetaires du roi, où il resta quelque temps, sans que ni les idées ni les mœurs à la mode pussent entamer cette âpre et forte nature. De retour chez lui, à l'âge de vingt-deux ans, il s'y maria, devint maire de Milhau, puis membre et président de l'assemblée de l'Aveyron. Mais bientôt il se démit de ses fonctions pour n'avoir point à reconnaître la constitution civile du clergé. Il fit plus, il émigra et (chose plus grave !) alla rejoindre dans le camp de Condé ceux qui portaient les armes contre la France. Nous le retrouvons peu de temps après à Heidelberg avec deux de ses fils, travaillant à la fois à leur éducation et à la composition d'un grand ouvrage politique. Ce livre, peu libéral, comme on peut bien penser, a pour titre : *Théorie du pouvoir politique et religieux dans la société civile*. Il parut à Constance, en 1796, juste au moment où s'imprimaient à Neufchâtel les *Considérations sur la France* du comte de Maistre; mais la plupart des exemplaires que l'auteur essaya d'introduire sur le territoire de la République furent saisis à la frontière et mis au pilon par ordre du Directoire. Il publia un peu plus tard, son *Essai analytique sur l'ordre social*, ses opuscules sur le *Divorce* et sur les *Traités de Westphalie* et de *Campo-Formio* et sa *Législation primitive* (1802), qui mit le sceau à sa renommée parmi les partisans de l'ancien régime. Napoléon, qui le voyait avec plaisir tisme et le christianisme une solidarité qui n'est pas sans péril pour celui-ci, au milieu du mouvement qui emporte les sociétés modernes; tous deux font appel, contre les innovations de la raison individuelle, à la raison universelle, c'est-à-dire aux lois mêmes de l'espèce, telles qu'elles se manifestent dans les langues, dans les institutions et dans les traditions qui remontent jusqu'à Dieu lui-même. Ils ne se sont jamais vus, l'un n'est point le disciple de l'autre ; mais comme ils sont nés dans la même condition, qu'ils ont été élevés à peu près de la même manière et qu'ils ont passé à peu près par les mêmes épreuves, ils ont des idées à peu près semblables : « Est-il possible, écrit de Maistre, que la nature se soit amusée à tendre deux cordes aussi parfaitement d'accord que votre esprit et le mien?... Je n'ai rien pensé que vous ne l'ayez écrit ; je n'ai rien écrit que vous ne l'ayez pensé. » Cependant ces assertions comportent plusieurs restrictions assez graves, non seulement quant aux idées, qui ne sont pas toujours les mêmes des deux parts, comme nous aurons occasion de le faire voir, mais encore quant à la méthode suivie pour y arriver.

De Maistre est plus libre et plus dégagé dans ses allures, de Bonald plus lent et plus didactique ; le premier est un génie primesautier qui s'élève quelquefois d'un coup d'aile à une assez grande hauteur ; le second est un esprit méthodique qui rase presque toujours la terre ; la manière de l'un est plus naturelle, celle de l'autre plus artificielle.

Louis-Gabriel-Ambroise de Bonald naquit, comme de Maistre, en 1754. Il appartenait, comme lui, à une famille noble dans laquelle la piété et le dévouement aux la scène politique : il se retira dans sa terre de Monna, où il ne mourut qu'en 1840, à l'âge de quatre-vingt-six ans.

Outre les ouvrages que nous avons déjà mentionnés, Bonald avait composé ses *Recherches philosophiques sur les premiers objets de nos connaissances morales* (1818-1826), un de ses meilleurs écrits ; ses *Observations sur le livre de M*^{me} *de Staël touchant la Révolution française* (1818), et sa *démonstration philosophique du principe constitutif de la société* (1830), où il reproduit, à trente-quatre ans de distance, les doctrines qu'il avait exposées dans sa *Théorie du Pouvoir*.

Tout en combattant avec sa verve ordinaire certaines doctrines philosophiques, le comte de Maistre respecte la philosophie. Il parle même de plusieurs philosophes, tels que Platon, Aristote et Malebranche, avec admiration et en homme qui les avait intimement pratiqués. Il n'en est pas de même du vicomte de Bonald. Il ne paraît pas connaître beaucoup les philosophes et attaque la philosophie en elle-même et dans son essence. Il se fonde pour cela sur une observation qui ne brille pas précisément par sa nouveauté et sa profondeur, c'est que les philosophes ne s'accordent pas toujours entre eux. S'inspirant du livre de Gérando, où il puise le plus clair de son érudition, il fait remarquer que Pythagore n'est pas toujours de l'avis de Thalès, ni Zénon de celui d'Épicure, ni Descartes de celui de Bacon. Ces variations tiennent, dit-il, à ce que la philosophie manque d'autorité, et elle en manque parce qu'elle ne parle jamais qu'au nom d'un homme, au lieu de parler au nom de Dieu. Mais cette philosophie qui offre tant de diversité, a-t-elle au moins quelque utilité? Se poser une telle question, c'est se demander si elle a beaucoup contribué à la stabilité des États dans lesquels elle a fleuri. Or, les États les plus stables de l'antiquité ou ne la connurent pas ou la dédaignèrent : les Juifs et les Spartiates aimèrent mieux conserver purement et simplement les croyances de leurs ancêtres que de les soumettre à de vaines et stériles discussions [1].

Voilà un arrêt en bonne et due forme contre la philosophie. Seulement les contradictions sur lesquelles Bonald se fonde pour la condamner sont plus apparentes que réelles. La lumière intérieure, suivant la remarque ingénieuse de Maine de Biran, éclaire tous les esprits, mais elle les éclaire un peu diversement suivant les divers points de vue où ils sont placés. En se plaçant à un point de vue différent pour étudier la nature humaine, les divers philosophes prennent par le fait des sujets d'étude différents : il ne faut donc pas s'étonner que les résultats auxquels ils aboutissent diffèrent. L'un n'étudie que l'activité, l'autre que la passivité du sujet pensant : il est tout naturel que celui-ci ne voie que le côté passif, celui-là que le côté actif de notre nature : leurs systèmes sont autres plutôt qu'opposés. Il n'y a pas plus d'opposition entre eux qu'entre deux systèmes scientifiques dont l'un se rapporterait à la chimie et l'autre à l'astronomie : il ne s'agit que de les unir pour posséder la vérité complète. Bonald croit que l'autorité fait défaut à la philosophie, parce qu'au lieu de parler au nom de Dieu, elle parle au nom de la raison individuelle.

---

[1] *Recherches philosophiques*, chap. I.

Mais elle a cela de commun avec l'arithmétique, la géométrie et toutes les autres sciences ; on ne voit pourtant pas que ces dernières manquent d'autorité. Pour savoir si la philosophie est bonne ou mauvaise, Bonald se demande si elle contribue ou non à la stabilité des sociétés au sein desquelles elle se produit : c'est là, suivant lui, un excellent criterium pour juger de sa valeur. Nous ne sommes pas tout à fait de cet avis, car nous ne croyons pas que les sociétés les plus stables soient toujours les meilleures. S'il en était ainsi, ce ne serait pas en Occident, mais en Orient, ce ne serait pas dans la France et dans l'Angleterre, mais dans l'Égypte et dans l'Inde qu'il faudrait aller chercher les types les plus parfaits des sociétés humaines.

Puisque Bonald ne craignait pas de s'unir aux sceptiques pour combattre la philosophie et la raison, il aurait au moins dû emprunter à ses nouveaux alliés quelques-unes des armes si acérées et si perçantes dont ils font usage. Qu'est-ce que les contradictions superficielles qu'il signale entre les philosophes en comparaison des profondes antinomies de Kant? Qu'est-ce que ses considérations banales touchant le caractère humain et individuel de la raison à côté des analyses si neuves par lesquelles le philosophe allemand a cherché à établir la subjectivité de nos connaissances? Bonald a si peu le sentiment de toutes ces choses qu'il traite le système de Kant de plaisanterie, sans avoir l'air de se douter que l'entreprise philosophique de ce dernier, considérée par son côté critique, ait quelque analogie avec la sienne. Pour mettre le comble à tant d'inconséquences, il ne manquait plus à cet auteur, qui ne veut entendre parler ni de la raison individuelle ni de la philosophie, que de se servir de sa propre raison pour organiser une philosophie. C'est ce qu'il n'a pas manqué de faire.

Bonald ne cherche pas le principe de sa philosophie au dedans, mais au dehors; il ne lui donne pas pour fondement l'idée, mais la sensation. Touchant les idées il y a, suivant lui, des divergences nombreuses et profondes entre les hommes; touchant les sensations, il n'y en a pas. Doctrine diamétralement opposée, pour le dire en passant, à celle de Platon et de saint Augustin, de Descartes et de Malebranche, qui voient dans la sensation la partie variable, et dans l'idée la partie invariable de la connaissance et qui se défient autant des sens qu'ils se fient à la raison! Quoi qu'il en soit, Bonald, partant de cette conception étrange chez un métaphysicien, préconise l'étude des choses extérieures et condamne celle des choses intérieures. Il tient cette dernière pour complètement stérile et y voit une contemplation analogue à celle des solitaires du mont Athos, qui passent leur vie les yeux fixés sur leur nombril. C'est avec ce goût délicat, c'est dans ce langage choisi que Bonald caractérise cette noble étude de l'homme intérieur qui, après avoir été inaugurée par les sages de la Grèce, avait été en si grand honneur auprès de tous les méditatifs chrétiens, et en dehors de laquelle il n'y a ni religion élevée ni philosophie sérieuse !

A l'étude directe de l'âme par l'âme, notre auteur propose de substituer l'étude de l'âme dans le langage, qui en est le miroir, et dans l'histoire, qui en est la manifestation; il demande, avant plusieurs philosophes de nos jours, qu'on remplace la méthode psychologique par la méthode philologique et par la méthode historique. Il ne songe pas que, si le langage est le miroir de l'âme, ce n'est pas une raison pour qu'on l'y étudie plutôt qu'en elle-même : on ne va pas étudier un corps dans le miroir qui le réfléchit. Il ne songe pas non plus que, si l'histoire est la manifestation de l'âme, elle n'a un sens que pour celui qui connait en elle-même la chose manifestée. Il veut encore qu'au lieu de se replier sur lui-même, l'homme porte son esprit au dehors et embrasse la religion et la morale dans ses hautes spéculations. Mais il ne voit pas que nous ne saurions étudier ces dernières avec quelque profondeur sans pénétrer jusqu'aux sentiments et aux idées où elles ont leurs racines. La connaissance approfondie de la religion suppose non seulement l'étude du sentiment religieux, mais encore celle de la notion de Dieu considérée en elle-même, dans son origine et dans sa portée objective. La connaissance approfondie de la morale implique l'étude des principes fondamentaux sur lesquels la moralité repose, tels que celui de la liberté et celui du bien : toute morale qui ne pénètre pas jusque-là est une morale superficielle et inconsistante. De quelque côté que l'esprit se porte dans le vaste champ de la connaissance, il est donc nécessairement ramené à cette psychologie que Bonald frappe d'interdiction.

Du reste, l'étude de la psychologie a sa valeur par elle-même; on ne saurait la supprimer sans mutiler ou plutôt sans décapiter la science humaine. La science doit embrasser tout le *connaissable*; elle ne doit laisser en dehors de ses cadres rien de ce qui est accessible à ses investigations, que la connaissance d'ailleurs en soit utile ou inutile, de beaucoup ou de peu d'importance. Elle ne doit donc pas négliger l'étude de l'homme moral, qui tient tant de place dans l'univers et qui occupe le premier rang dans l'ensemble des choses. C'est ce que notre publiciste philosophe, avec son esprit religieusement positif et utilitaire, ne paraît pas vouloir comprendre.

II

L'ORIGINE DU LANGAGE

Bonald portant sur la psychologie le jugement que nous venons de faire connaître, on comprend très bien qu'il ait cherché en dehors de cette science le fait qui doit servir de fondement à la philosophie. Il ne veut pas, dit-il, la fonder sur un de ces faits intérieurs, dont personne n'est témoin, mais sur un fait extérieur et public. Or, ce fait, il le trouve dans la parole donnée primitivement au genre humain. C'est là un fait primitif et *a priori*, général et positif, que personne ne saurait révoquer en doute et qui peut servir à tout expliquer. La parole, voilà donc le *nescio quid inconcussum* que Bonald prétend substituer au *cogito* de Descartes [1].

Nous n'avons pas besoin de dire que cette prétention ne nous paraît nullement justifiée. Il y a peut-être des faits aussi incontestables que celui de la pensée,

[1] *Recherches philosophiques*, ch. I.

il n'y en n'a pas qui le soient plus. Si cette vérité, je pense, était douteuse ou chancelante, toutes les autres le seraient aussi; si elle venait à être renversée, tout le système de mes connaissances croulerait avec elle, puisque chacune d'elles est une pensée que j'ai. Le fait de la pensée n'est donc pas moins positif, quoi qu'en dise Bonald, que celui de la parole. Le langage de ce philosophe n'a pas plus d'exactitude que ses idées elles-mêmes. Il appelle la parole un fait *a priori*, sans avoir l'air de se douter que ce langage n'a pas de sens ; car l'expression *a priori* sert précisément à caractériser les vérités de raison par opposition aux vérités de fait. Il la nomme un fait primitif, sans avoir l'air de comprendre que ce qui est primitif pour l'esprit, c'est ce qui lui est le plus intime et ce qui s'identifie avec sa propre essence, comme la pensée dans le système de Descartes et l'effort dans celui de Maine de Biran. Ajoutons que ce qu'il pose comme un fait évident, qui doit servir de base à toutes les démonstrations, c'est tantôt la parole, tantôt le don que Dieu en a fait aux hommes. Or, dans le premier cas, le fait est évident, mais il ne prouve rien, et, dans le second, il prouve quelque chose, mais il n'est pas évident le moins du monde. Le principe de Bonald est donc ou un principe stérile, ou un principe qui n'en est pas un. On n'a le choix qu'entre ces deux alternatives. Bonald finit par choisir la seconde et par essayer de démontrer le prétendu principe qui doit servir de base à toutes les démonstrations.

Il est clair, suivant l'auteur de la *Législation primitive* et des *Recherches philosophiques*, que l'homme n'a pas inventé le langage; car il ne peut penser sans parler intérieurement, c'est-à-dire sans associer ses idées à des mots, de sorte que, pour penser à inventer la parole, il aurait fallu qu'il en fût déjà en possession. C'est ce qui a fait dire à J.-J. Rousseau que la parole lui paraît avoir été fort nécessaire pour inventer la parole. Ce principe une fois établi, Bonald en déduit les conséquences les plus graves. La première et la plus importante, c'est que l'homme ne tire rien de lui-même, mais qu'il doit tout à la société et à Dieu de qui il a reçu, avec la langue qu'il parle, les idées dont elle est l'expression. Il est donc tenu de se subordonner entièrement aux ministres de l'un et aux représentants de l'autre, au lieu de suivre les lumières de sa raison et de se réserver une certaine indépendance : il n'a que des devoirs, il n'a point de droits.

Comment s'est formée cette doctrine du vicomte de Bonald et d'où est-elle venue? car évidemment elle n'est pas née toute seule. Bonald cite lui-même, parmi ses précurseurs, les nominalistes du moyen âge, qu'il appelle les docteurs les plus célèbres de l'ancienne école. Il ne se doute pas qu'ils en étaient les docteurs les plus suspects et qu'ils ne se recommandaient pas précisément par leur orthodoxie, comme les seuls noms de Roscelin et d'Occam en font foi. Mais il est évident qu'il n'avait pas lu ces auteurs et que, les eût-il lus, il n'aurait pas trouvé chez eux son système tout fait et en quelque sorte préformé. Ses vrais devanciers sont les philosophes du dix-huitième siècle. C'est presque toujours, en effet, dans le siècle où il vit qu'un penseur puise les éléments qui composent sa philosophie, et ses adversaires eux-mêmes lui en fournissent souvent une bonne part. C'est ce qui est arrivé, suivant nous, au vicomte de Bonald. Les sensualistes de son temps avaient affirmé que l'esprit ne tire point ses idées de lui-même et de son activité propre, mais qu'il les reçoit passivement du dehors. Ils avaient également soutenu que les signes exercent sur nos pensées une telle influence que sans eux nous ne penserions presque pas. Eh bien, Bonald adopte la manière de voir de ces philosophes, mais en l'exagérant et en y ajoutant une hypothèse. Au lieu de se borner à dire que sans la parole nous ne penserions presque pas, il soutient que sans elle nous ne penserions pas, d'où il conclut que la parole est d'origine divine. Nous saisissons ici, ou je me trompe fort, le vrai principe du système de Bonald : la racine en est dans la doctrine sensualiste de Condillac et des idéologues, à laquelle, sous l'influence du mot de Rousseau, que la parole paraît avoir été fort nécessaire pour inventer la parole, notre auteur a donné une forme toute nouvelle. Il semble en avoir lui-même le sentiment, quand, après avoir parlé des travaux des idéologues sur les signes, il s'écrie d'un accent de triomphe : « L'idéologie tuera la philosophie moderne[1]. »

Voilà, suivant nous, la vraie origine du bonaldisme. Quant à sa vraie nature, elle n'est pas bien facile à déterminer ; car son auteur oscille sans cesse entre deux doctrines contraires. Tantôt il semble admettre que la parole présuppose l'idée et qu'elle la fait seulement passer de l'état latent à l'état apparent, tantôt, et le

---

[1] *Législation primitive*, discours préliminaire.

plus souvent, il semble croire que la parole produit l'idée et l'esprit même : « Une expression sans pensée, dit-il, est un son ; une pensée sans expression n'est rien. » « L'homme, dit-il ailleurs, ne pense pas plus sans expression, même avec l'esprit le plus prompt, qu'il ne voit sans lumière, même avec les meilleurs yeux. » « La parole, dit-il encore, est la condition de la pensée, comme la vue de la vision et l'ouïe de l'audition. » Bonald n'hésite pas seulement sur la question des rapports de la parole et de la pensée, mais encore sur celle de l'origine de la parole. Tantôt, en effet, il suppose que Dieu a créé l'homme parlant, tantôt, et le plus ordinairement, il déclare qu'après avoir créé l'homme, il est intervenu d'une manière extérieure et miraculeuse pour lui enseigner la parole et lui donner, avec une langue parfaite, toutes les idées nécessaires à sa conservation et à son développement. A quoi s'en tenir au milieu de ces incohérences et de ces contradictions ?

Dans la double supposition de la préexistence de l'idée à la parole et de la création de l'homme parlant, il n'y a plus de système ; la doctrine de Bonald se confond avec les doctrines généralement reçues et n'engendre aucune des conséquences nouvelles auxquelles l'auteur attache tant de prix. Dans la double hypothèse, au contraire, de la génération de la pensée par la parole et de la révélation ultérieure et miraculeuse de la parole et de la pensée, il y a un système qu'on peut trouver entaché d'erreur, mais qui est original et qui entraîne après lui les conséquences les plus inattendues. C'est pourquoi la doctrine bonaldienne nous a paru

devoir être prise préférablement dans le dernier sens.
C'est le traditionalisme proprement dit, tel qu'il a été
compris, non seulement par Bonald, mais encore par la
plupart de ses disciples, c'est-à-dire le système qui, au
lieu de considérer l'homme comme un être sorti actif et
raisonnable des mains de Dieu, et produisant sans cesse
de nouvelles œuvres d'activité et de raison, l'envisage
comme un être primitivement inerte et inintelligent en
qui Dieu a éveillé après coup une certaine activité et
et une certaine intelligence par l'action magique de la
parole et à qui il a donné une certaine somme d'idées
que les générations successives se transmettent les unes
aux autres. Pendant que le rationalisme explique tout
par la liberté et la raison, le traditionalisme rend compte
de tout par l'autorité et l'enseignement ; tandis que pour
l'un l'homme est *avant tout* un animal raisonnable,
pour l'autre il est *uniquement* un animal *enseigné*.

Sur quoi s'appuient donc Bonald et les traditionalistes
pour établir leur étrange doctrine ? Ils s'appuient d'abord sur ce fait général que tous les hommes que nous
connaissons se sont développés dans la société, sous
l'influence des enseignements qu'ils en ont reçus, et
que leur pensée à tous est pour ainsi dire éclose sous
l'action de celle de leurs semblables. L'argument est
spécieux, mais non concluant ; car de ce que les hommes
se développent au sein de la société il ne s'ensuit nullement qu'ils tiennent tout de la société et qu'ils ne doivent rien à leur nature propre : c'est le sophisme *post
hoc, ergo propter hoc*. Si on dit que l'homme pense
uniquement parce qu'il vit parmi des êtres pensants, il
faudra dire pour la même raison que tel animal aboie ou

mugit uniquement parce qu'il a été élevé parmi des animaux aboyants ou mugissants : le milieu et l'éducation seront tout, la nature et l'espèce ne seront rien.

C'est là une doctrine qui ne manque pas d'analogie avec la doctrine sensualiste et condillacienne. Suivant les condillaciens, en effet, il n'y a rien en nous d'inné et de primitif, tout est acquis et dérivé ; les principes que nous appelons naturels ne sont que des principes sucés avec le lait et fortifiés en nous par l'habitude. De là la toute-puissance de l'éducation et de la législation si hautement proclamée par le dix-huitième siècle. Ici encore, en réagissant contre ce siècle fameux, Bonald le continue ; car il admet, comme lui, le néant primitif de la nature humaine et la possibilité de créer l'homme par l'éducation. Il ne comprend pas qu'il en est de ce dernier comme des autres êtres de l'univers, qu'il a sa nature propre, qui est la pensée : c'est pourquoi il produit spontanément ses idées, de même que l'abeille produit spontanément son miel et que l'arbre donne spontanément ses fruits. Le docteur Gall était mieux dans le vrai, quand il soutenait, contre Condillac, que l'homme n'était pas, en naissant, à l'état de table rase, mais qu'il avait des facultés et des inclinations naturelles que l'habitude et l'éducation développent, mais ne créent pas et qui entreraient en jeu sans elles. Nous sommes, ajoutait-il ingénieusement, comme les oiseaux : si les arts et les sciences que les Grecs et les Romains nous ont transmis venaient à disparaître, nous arriverions bien vite à les produire de nouveau, sans avoir besoin de maîtres, à peu près comme les hirondelles d'aujourd'hui font leurs nids sans avoir besoin des leçons des hirondelles de l'antiquité.

Bonald et les traditionalistes invoquent encore en faveur de leur système l'exemple des enfants séquestrés et trouvés dans les bois, ainsi que celui des sourds-muets qui, faute d'avoir pu communiquer oralement avec les autres hommes, n'ont jamais pu, disent-ils, arriver à penser. Mais les enfants trouvés dans les bois sont bien rares et n'ont jamais été étudiés sérieusement au point de vue dont il s'agit. Ajoutons que les deux ou trois que l'on cite sans cesse, le sauvage de l'Aveyron, le sauvage de la Lithuanie et celui de Lunebourg, pourraient bien avoir été des enfants idiots que leurs parents avaient perdus dans les forêts pour s'en défaire : il n'est donc pas étonnant qu'on les y ait trouvés tels qu'on les y avait mis. L'exemple de la jeune fille de la forêt de Sogny que Bonald cite d'après Louis Racine, est plus curieux, mais n'est pas plus probant, car cette enfant n'était nullement dépourvue d'intelligence.

Quant aux sourds-muets, tout le monde sait aujourd'hui qu'ils ne sont pas bornés, comme Bonald le croit, aux idées sensibles et concrètes, qui nous sont communes avec les animaux, mais qu'ils possèdent, comme nous, des idées abstraites et intellectuelles. Nous avons sur ce point leur témoignage à eux-mêmes. Plusieurs d'entre eux, notamment les professeurs Berthier et Bébian, déclarent, d'après leur expérience personnelle et celle de leurs élèves, que le sourd-muet, même avant d'avoir reçu une instruction spéciale, a le sentiment du juste, celui du beau et celui du ridicule, qui tous impliquent l'idée d'ordre, c'est-à-dire une idée non seulement intellectuelle, mais encore rationnelle et métaphysique au premier chef. Nous voyons également, par l'exemple de Mitchell, ce malheureux enfant, sourd, muet et aveugle, dont Dugald-Stewart nous a si bien retracé l'histoire, qu'un sujet privé, non seulement de tout enseignement oral, mais même de tout enseignement visuel, laisse bien voir par certains traits qu'il n'est pas un animal comme un autre et qu'il appartient encore malgré tout à l'humanité. C'est une intelligence qui tâtonne et qui peine au sein d'une matière rebelle, mais c'est toujours une intelligence. Il ne faut donc pas dire, avec Bonald, que l'homme pense parce qu'il parle, c'est-à-dire parce qu'il a une langue et des oreilles, pas plus qu'il ne faut dire, avec Helvétius, qu'il pense parce qu'il a des mains. Il pense, parce qu'il a une intelligence : elle seule est la cause efficiente de la vie intellectuelle ; les divers sens n'en sont, quoi qu'en disent les traditionalistes et les sensualistes, que les causes instrumentales.

Bonald ne s'appuie pas seulement sur des faits bien ou mal observés, mais encore sur des raisonnements bien ou mal construits pour prouver que l'homme tire toutes ses idées de la parole et qu'il a reçu la parole de Dieu lui-même. Il y a, dit-il, deux espèces de vérités, les vérités générales, morales et sociales, et les vérités particulières et individuelles ou faits physiques. La parole n'est pas nécessaire à l'homme pour acquérir les dernières. Il peut se représenter les objets extérieurs avec la plus grande facilité, comme les animaux eux-mêmes le font et sans avoir besoin pour cela ni de mots ni d'aucun système de signes. L'objet se sert alors de signe à lui-même, grâce à l'image qu'il laisse dans notre esprit et qui permet à celui-ci et d'y penser et de s'en souvenir. Mais il en est tout autrement des vérités générales, morales et sociales. Comme elles sont de leur nature complètement étrangères aux sens et ne se lient dans notre esprit à aucune image et que, d'un autre côté, notre esprit ne peut penser qu'à l'aide de ce qu'il sent et de ce qu'il imagine, jamais il ne pourrait les concevoir si elles ne lui venaient pas, pour ainsi dire, du dehors associées à des sons qui leur servent de véhicules et qui offrent une prise solide aux sens et à l'imagination. En d'autres termes, « de même que l'homme ne peut penser à des objets matériels, sans avoir en lui l'image qui est l'expression ou la représentation de ces objets, ainsi il ne peut penser aux objets incorporels, et qui ne tombent directement sous aucun de ses sens, sans avoir en lui-même et *mentalement* les mots qui sont l'expression ou la représentation de ses pensées, et qui deviennent *discours* lorsqu'il les fait entendre aux autres. C'est ce que J.-J. Rousseau a très bien aperçu : « Lorsque l'imagination s'arrête, dit-il, l'esprit ne marche qu'à l'aide du discours »; ce qui veut dire qu'on ne peut penser qu'au moyen de paroles, lorsqu'on ne pense pas au moyen d'images. On peut donc démontrer *a priori*, comme dit l'école, l'impossibilité de l'invention du langage, en considérant que la parole a été nécessaire pour penser même à l'invention du langage[1]. »

Si nos premiers pères, continue Bonald, avaient été plongés primitivement dans un état de barbarie et d'aphonie tout ensemble, comme le prétendent les ma-

---

[1] *Recherches philosophiques,* chap. XII.

térialistes, ils n'en seraient jamais sortis. Vivant de la vie des animaux, ils n'auraient eu que des tendances animales; contents de boire, de manger, de dormir et de se représenter par des images les objets utiles ou nuisibles à leur conservation, ils n'auraient pas songé à créer des expressions pour des pensées qu'ils n'auraient pas eues. Le hasard peut mettre des hommes déjà fort développés intellectuellement sur la voie d'une grande découverte; il peut leur faire inventer la poudre ou la boussole; mais que fera-t-il inventer à des êtres encore dépourvus de toute parole, et partant, de toute pensée? Il leur fera peut-être pousser un cri particulier, produire un son qu'auparavant ils ne connaissaient pas; mais qu'il y a loin de là à l'invention de ce vaste système d'expressions où toutes les idées morales, sociales, générales, viennent se refléter et où l'homme, la société, l'univers, se montrent comme dans un miroir! Que de réflexions, que de comparaisons, que de jugements les premiers hommes n'auraient-ils pas dû faire pour trouver un système de signes aussi étendu et aussi compliqué! Mais comment réfléchir, comparer, juger, en matière intellectuelle, quand on ne possède pas encore l'usage de la parole, qui est indispensable pour cela? Qu'ils eussent pu produire quelques-uns de ces sons imitatifs qui expriment des sensations plutôt que des idées, qui relèvent de l'imagination plutôt que de l'intelligence et dont on a dit pour cette raison qu'ils font *image*, admettons-le. Mais comment auraient-ils pu inventer le verbe, c'est-à-dire le mot par excellence, et s'en servir pour traduire la pensée avec ses nuances les plus délicates, c'est-à-dire pour marquer l'action et la passion, l'indication et le commandement, le passé et le futur? Comment des hommes grossiers, tels qu'on nous les dépeint, c'est-à-dire vivant uniquement dans le présent et aussi oublieux du passé qu'insoucieux de l'avenir, se seraient-ils avisés de distinguer si ingénieusement les diverses époques? Quand les grammairiens les plus profonds ont tant de peine à comprendre le savant mécanisme du langage, comment veut-on que des sauvages incultes l'aient inventé?

On répondra peut-être que le langage n'est arrivé que lentement et successivement au degré de perfection où nous le voyons aujourd'hui. Une preuve, réplique Bonald, que le langage ne s'est pas perfectionné d'une manière lente et successive, mais qu'il nous a été donné tout entier d'un seul jet, c'est que les langues de tous les peuples, même les plus primitifs, sont des langues finies, c'est-à-dire qui comprennent plus ou moins explicitement toutes les parties d'oraison et qui expriment plus ou moins nettement les temps, les nombres, les personnes, les sexes, les substances, les actions, en un mot, toutes les idées qui sont comme le fond de la nature humaine. Il est même à remarquer que les langues anciennes l'emportent généralement sur les modernes, ce qui n'aurait pas lieu, si les langues se formaient, comme les différents arts, d'une manière graduelle et insensible. D'ailleurs, si le langage a été inventé, comment l'histoire, qui nous a conservé le nom des inventeurs de tous les arts, ne fait-elle nulle part mention de l'inventeur d'un art aussi prodigieux que le langage? Enfin, si le langage n'a eu qu'un inventeur, comment ce mortel extraordinaire a-t-il pu faire ac-

cepter sa découverte par tous ses semblables, et, s'il en
a eu plusieurs, comment expliquer les radicaux communs et les formes communes qu'offrent aujourd'hui
encore toutes les langues parlées parmi les hommes?
Notre auteur conclut de toutes ces considérations que le
langage est d'origine divine, c'est-à-dire que l'homme
« a eu des paroles aussitôt que des pensées et des pensées aussitôt que des paroles, et que ces pensées, émanées de l'intelligence suprême avec la parole, n'ont
pu être que des pensées d'ordre, de vérité, de raison, et
qu'elles renfermaient toutes les connaissances nécessaires à l'homme et à la société[1]. »

Bonald fait, comme on voit, reposer toute sa théorie
de l'origine de la parole sur la distinction de deux classes
de vérités, qui sont les vérités générales, morales et
sociales d'une part, et les vérités particulières, physiques, individuelles de l'autre. La parole, en effet, n'est
pas nécessaire, suivant lui, pour connaître celles-ci,
mais elle est indispensable pour connaître celles-là. Or,
c'est là une division à la foi très vague et très inexacte;
car toutes les vérités physiques ne sont pas particulières et toutes les vérités morales ne sont pas générales. Ajoutons que nous pouvons très bien avoir des
idées morales, sans les associer à des paroles, c'est-à-dire à des sons articulés. Je n'ai certainement pas besoin
du mot *moi* pour avoir l'idée que ce mot signifie. C'est,
au contraire, parce que j'ai cette idée naturellement que
je comprends si facilement le mot qui sert à l'exprimer.
Ce que je dis du moi, il faut le dire de la pensée, de la

---

[1] *Recherches philosophiques*, chap. XII.

volonté, du sentiment, c'est-à-dire de ses diverses modifications : elles sont tellement inhérentes à ma nature et me sont tellement intimes que je ne puis manquer de les connaître comme moi-même. D'ailleurs, nos modifications morales sont si étroitement liées à nos modifications organiques que celles-ci servent souvent, en vertu des lois de l'association des idées, de signes à celles-là. Ainsi, lors même que nous aurions besoin de signes pour connaître nos modifications internes, nous n'aurions pas pour cela besoin de mots : nos modifications externes nous en tiendraient lieu. Nous pouvons donc concevoir sans eux les idées morales tout comme les idées physiques. Il n'est donc pas vrai de dire que nous ne pouvons pas absolument penser sans le secours de la parole et que, par conséquent, nous n'aurions pu penser à l'inventer, si nous n'en avions pas été tout d'abord en possession.

Inventer, du reste, n'est pas le mot ; car l'homme naît parlant, comme il naît pensant ; il possède naturellement la faculté d'articuler, ainsi que celle de transformer ses articulations en signes, et la nature elle-même l'excite à s'en servir. Bonald croit que l'homme, dans l'état d'animalité où on le suppose primitivement plongé, se serait contenté de boire, de manger, de dormir et qu'il n'aurait pas éprouvé le besoin de manifester sa pensée par la parole. C'est une erreur. Dans quelque état que l'homme ait pu être à l'origine, il devait posséder, au moins en germe, l'ensemble des attributs qui constituent notre humanité et qui nous distinguent des autres animaux. Or, parmi ces attributs, le désir de connaître, celui de communiquer avec ses semblables et celui de se perfectionner tiennent le premier rang. S'ils sommeillent parfois dans certains individus, ils se déploient avec énergie dans l'espèce. Comment donc l'homme primitif, qui devait éprouver à un degré quelconque ces divers sentiments, se serait-il contenté, pour les satisfaire, du langage d'action qui ne pouvait traduire sa pensée que d'une manière vague et obscure, quand il avait à sa disposition et, pour ainsi dire, sous sa main le langage parlé qui était capable d'égaler, par l'immense variété de ses articulations, l'immense variété de ses idées elles-mêmes ?

L'homme a dû se servir d'abord des articulations pour désigner les objets extérieurs qui produisent des sons susceptibles d'être imités et pour désigner ces sons eux-mêmes. Les mots *siffler*, *souffler*, *tonner*, *murmurer*, *crier*, *mugir*, *rugir*, *glapir*, *hurler*, sont imitatifs dans toutes les langues et le sont encore plus dans les langues primitives que dans les nôtres. C'est à quoi Bonald n'a pas réfléchi, quand il s'est montré si embarrassé pour expliquer l'origine du verbe et qu'il a eu recours à l'intervention de son *deus ex machina* pour en rendre compte. Quant aux affections internes, on a dû les exprimer par les modifications organiques correspondantes. Etre triste, c'est *avoir le cœur serré*, être joyeux, c'est *bondir* d'allégresse ; être en colère, c'est sentir *remuer sa bile* ; s'enorgueillir, c'est se *rengorger* ; s'opiniâtrer, c'est se *raidir*, et ainsi de suite. Il n'est pas de sentiment qui n'ait son expression en quelque sorte physique, même dans les langues abstraites et intellectuelles des peuples civilisés. A plus forte raison devait-il en être ainsi dans les langues concrètes et imaginatives des peuples primitifs[1]. Ce ne sont pas seulement les phénomènes affectifs, tels que ceux que nous venons de citer, ce sont encore les phénomènes cognitifs, que l'on peut rendre ainsi métaphoriquement, c'est-à-dire en leur donnant en quelque sorte un corps et une figure, en vertu des lois de l'association des idées et de celles de l'analogie. Dans la plupart des langues, en effet, les mêmes mots signifient à la fois *image* et *idée*, *voir* et *savoir*, *entendre* et *comprendre*. Pour exprimer des connaissances plus fines et plus délicates, on empruntera à d'autres sens d'autres métaphores : on dira d'un homme qu'il a du *tact*, du *goût*, du *flair*, ou encore qu'il *réfléchit* profondément à ce qu'il fait, qu'il *pèse* et qu'il *calcule* chacune de ses actions. On voit comment, les images une fois nommées dans une langue, et c'est toujours par là que l'on commence, on a pu arriver de proche en proche à nommer toutes les idées. Le mouvement de l'image à l'idée, du terme concret et physique au terme abstrait et métaphysique, est facile à suivre dans la langue grecque, d'Homère à Aristote et dans la française elle-même, de Joinville à Condillac, bien que cette dernière soit une langue dérivée et de seconde formation.

Mais Bonald insiste. Comment, dit-il, des hommes grossiers ont-ils pu songer à inventer le langage parlé, c'est-à-dire calculer qu'avec les articulations dont ils disposaient, ils pourraient former un vaste système d'expressions où toutes les idées, non seulement particulières et physiques, mais encore morales et sociales,

---

[1] V. Franck, *Dictionnaire des sciences philosophiques*, article *Signes*.

viendraient en quelque sorte se réfléchir? Je réponds qu'ils n'ont point fait de calcul de ce genre, mais que l'instinct l'a fait pour eux et qu'ils les a poussés à lier certaines idées à certaines articulations, sans savoir ce qu'il faisaient (comme de Maistre s'exprime en parlant de la formation des constitutions primitives), et sans se douter qu'ils suivaient un procédé destiné à produire un jour des langues magnifiques. C'est ainsi qu'en liant entre elles quelques branches d'arbres pour s'abriter, les hommes des cavernes ébauchaient, à leur insu, un art qui devait un jour couvrir la terre de superbes monuments; c'est ainsi qu'en façonnant des haches de silex, les aiguilles en os, des manches de poignards en forme de renne, nos aïeux de l'âge de la pierre préparaient, sans le savoir, les prodiges de notre moderne industrie. Le grand tort de Bonald, comme de tous les philosophes du dix-huitième siècle, dont il s'inspire constamment, sauf à se séparer d'eux par une hypothèse aventureuse, c'est de ne voir dans les œuvres de la civilisation qu'un facteur possible, l'esprit de réflexion et de calcul, et de ne tenir aucun compte de cet instinct; de cette spontanéité dont de Maistre, lui, a mis dans une si vive lumière le rôle merveilleux.

Mais, en admettant que des hommes grossiers aient pu s'aviser de créer les premières langues, comment les ont-ils créées si parfaites? D'abord, nous sommes trop loin de l'origine des langues pour savoir quel degré de perfection elles pouvaient avoir à cette époque reculée. Mais, en supposant, comme notre auteur l'avance sans preuves, qu'elles aient été finies dès le principe, c'est-à-dire qu'elles aient possédé toutes les parties de l'oraison et exprimé toutes les catégories de la pensée, non pas sur quelque point particulier du globe, mais sur toute la face de la terre, que faudra-t il en conclure ? Que l'homme, en suivant instinctivement les lois de l'analogie, est arrivé partout à faire des œuvres achevées et d'une géométrie savante, comme celles que l'instinct fait encore faire aujourd'hui à l'abeille et au castor. En supposant, comme on le soutient, que toutes les langues aient des formes semblables, il faudra l'expliquer par ce fait bien simple, qu'elles se moulent toutes sur la pensée humaine, qui offre partout des caractères identiques. En supposant même qu'elles aient toutes, comme on le prétend, des radicaux communs, cela prouverait tout simplement qu'il y a un rapport naturel entre certains sentiments et certaines articulations, comme entre certains sentiments et certains gestes. Quant aux arguments que Bonald tire de la perpétuité et de l'universalité de la parole et du silence des traditions sur le nom de son inventeur, pour prouver qu'elle n'a point été inventée, ils peuvent avoir de la valeur contre ceux qui voient dans la parole une invention semblable aux autres et à laquelle l'homme est arrivé par hasard et après bien des tâtonnements, mais ils n'en ont point contre nous. Puisque la parole est, suivant nous, naturelle à l'homme, il faut bien qu'elle soit un fait universel et perpétuel comme notre nature elle-même ; puisque, suivant nous, l'homme articule, comme il gesticule, l'histoire n'a pas plus dû conserver le nom de l'inventeur des articulations que celui de l'inventeur des gestes, par la très bonne raison que l'un n'a pas plus existé que l'autre.

III

ORIGINE DU LANGAGE (SUITE)

Ce qui a le plus contribué à induire en erreur le vicomte de Bonald, c'est la fausse notion qu'il s'est faite du rôle de la parole dans la transmission de la pensée. Il lui attribue, dans cette opération, une vertu magique et surnaturelle qu'elle n'a pas, faute de se rendre compte de la propriété très simple et très naturelle qu'elle a, et il va chercher le principe d'un tel phénomène dans le ciel, pendant qu'il était si facile de le trouver sans sortir des limites de ce monde sublunaire. Il veut bien reconnaître qu'à transmettre l'idée d'une chose corporelle par la parole il n'y a pas grande difficulté. Je vois, dit-il, un objet, je vous le montre et je vous dis en même temps son nom : l'idée de l'objet et celle du nom se lient alors dans votre esprit, de sorte qu'il vous suffira désormais d'entendre le nom pour penser à l'objet et de voir l'objet pour penser à son nom. Mais il croit que, dès qu'il s'agit de communiquer à quelqu'un l'idée d'une chose incorporelle, il n'en est plus de même. J'ai les idées de vertu, de bien, de mal, et celles d'unité, de dualité, de pluralité, et je veux les faire passer de mon esprit dans le vôtre. Comment vais-je m'y prendre pour cela? Je vous dirai bien le nom de chacune de ces choses, mais, quant à la chose même, je ne pourrai pas vous la faire voir, comme celle dont nous parlions tout à l'heure, puisqu'elle est invisible. Il ne pourra donc pas s'établir dans votre esprit de lien entre le nom et l'objet, de sorte que l'un ne vous fera pas penser à l'autre : il n'y aura pas, à ce qu'il semble, transmission de la pensée par la parole. Cependant cette transmission est un fait. Comment l'expliquer, car il paraît au premier abord absolument inexplicable ?

Bonald l'explique par cette étrange doctrine que la parole suppose déjà dans l'esprit des idées obscures, latentes, fugitives, qu'elle éclaire, qu'elle rend visibles, qu'elle réfléchit ; car notre auteur, qui est beaucoup plus fécond en images qu'en raisons, a successivement recours à toutes ces métaphores. Pour lui l'expression est successivement une lumière qui illumine les idées et les fait apparaître, un réactif chimique qui fait passer notre pensée de l'état d'écriture invisible à celui d'écriture visible, et un tain qui est placé derrière l'esprit, comme derrière un miroir, et qui lui permet de refléter toutes les images qui s'y projettent[1]. Il va même jusqu'à dire que les idées « se trouvent dans l'esprit de l'enfant, prêtes à se joindre à toutes les langues qu'on voudra lui faire entendre. » Il ne voit pas que, pour qu'il en fût ainsi, il faudrait qu'il y eût un rapport naturel entre les mots de chaque langue et les idées de chaque esprit, de sorte que chaque mot prononcé éveillât naturellement dans l'esprit l'idée correspondante, à peu près comme tel cri ou tel geste y éveille l'idée qui lui répond. Mais il n'en est point ainsi : entre le cri ou le geste et l'idée, il y a un rapport naturel ; entre le mot et l'idée,

[1] *Recherches philosophiques*, chap. VIII.

il n'y a qu'un rapport artificiel. Aussi, pendant que tel cri éveillera, chez tout le monde, l'idée de colère ou de douleur, et tel geste l'idée de menace ou de supplication, les mots *bien* et *mal*, loin d'éveiller l'idée du bien et du mal chez un Allemand ou chez un Chinois, n'exciteront que leur étonnement.

Les mots prononcés ne suffisent pas plus, à eux tout seuls, à éveiller dans l'esprit les idées abstraites que les idées concrètes : il faut, dans un cas comme dans l'autre, qu'ils aient été associés, sinon directement, au moins indirectement, aux choses signifiées. Je prononce devant un enfant le nom de nombre deux, sans faire aucun geste indicatif : il n'en résulte aucune idée dans son esprit. Mais si, en disant *deux,* je lui montre constamment deux objets, au lieu d'un ou de trois ou de quatre, l'idée de dualité commencera à s'ébaucher en lui, puis elle finira par s'y former de la manière la plus nette et la plus précise. Or, c'est là une idée abstraite et générale, puisqu'elle s'applique à tout un genre d'objets, à tous ceux qui sont au nombre de deux. Comment l'enfant l'a-t-il acquise ? Comme les idées concrètes et particulières (sauf peut-être qu'il a fait plus d'expériences et déployé plus d'activité), je veux dire en partant de l'observation des choses, d'une part, et en recevant un enseignement approprié, au moyen des signes naturels, de l'autre. Le mot lui-même, le mot tout seul ne lui a rien appris, de sorte que cette vertu cabalistique que Bonald lui attribue s'en va en fumée.

On voit, par tout ce qui précède, que l'enfant n'est pas aussi passif qu'on se le figure ordinairement dans le fait de la parole. Au lieu de se borner à la recevoir pour

ainsi dire toute faite, il contribue pour une bonne part
à la faire ce qu'elle est, c'est-à-dire à la rendre significative, en liant les sons qu'il entend aux objets qu'on
lui montre et en les élevant ainsi à l'état de mots véritables. Mais il ne s'en tient pas là : non content de répéter
avec intelligence les mots qu'on lui dit, il en fabrique
un grand nombre dont ses parents s'amusent et sont
enchantés, comme d'autant de gentillesses, et que sa
nourrice recueille pour s'entretenir avec lui, à l'époque
où son organe vocal commence à se dénouer. Seulement
elle y mêle beaucoup de mots de sa langue propre, qui,
étant plus complète et plus savante, finit par prévaloir
sur cette langue enfantine, qui ne demandait pourtant
qu'à venir au monde. Aussi chez certains peuples nomades, où les pères et les mères abandonnent souvent
leurs enfants seuls pendant plusieurs semaines, en ne
laissant pour les surveiller que quelques vieillards moroses et taciturnes, ces enfants se forgent entre eux un
jargon qu'ils entendent à merveille, mais où leurs
parents, à leur retour, finissent par ne rien comprendre.
C'est pourquoi la langue de ces peuples change presque
entièrement d'une génération à l'autre[1]. On saisit là,
pour ainsi dire, sur le fait ce talent *onomaturge*,
comme s'exprime de Maistre, qui caractérise à la fois
les enfants et les peuples enfants et qu'ils perdent un
peu à mesure qu'ils avancent dans la vie et que l'instinct
fait place chez eux à la réflexion. C'est par là et non
par je ne sais quelle intervention surnaturelle de Dieu,
que s'explique la formation des langues humaines.

[1] Lemoine, *de la Physionomie et de la parole*, p. 151.

Je n'ai pas besoin de dire que si je ne crois pas, avec Bonald, à l'origine miraculeuse de la parole, je crois encore moins, s'il est possible, à l'origine miraculeuse de l'écriture, qu'il cherche également à établir. Au reste, les raisons qu'il donne en faveur de cette dernière opinion ressemblent singulièrement à celles qu'il fait valoir en faveur de la première. De même que la parole lui paraît avoir été nécessaire pour inventer la parole, l'écriture lui semble avoir été nécessaire pour inventer l'écriture. Pour écrire les sons, il fallait, en effet, suivant lui, les avoir déjà décomposés, et pour les décomposer il fallait les avoir déjà écrits. Il est fâcheux que l'imprimerie et la télégraphie soient des découvertes si récentes : sans cela Bonald nous prouverait non moins clairement que pour les inventer, il fallait déjà les avoir et qu'ainsi ces deux arts nous sont venus du ciel en droite ligne.

Après avoir réfuté le traditionalisme de Bonald en lui-même et dans son principe, il ne me reste plus qu'à le réfuter par ses conséquences, soit celles qu'on en peut tirer, soit celles qui en ont été tirées réellement.

Ce système consiste à soutenir que l'homme a reçu toutes ses idées générales, morales et sociales de Dieu lui-même, qui les lui a données primitivement avec la parole, et que son activité et sa raison ne lui servent à rien pour les découvrir. La première conséquence d'un tel système, c'est que, si nous connaissons Dieu, c'est à l'enseignement traditionnel et à la parole, qui en est l'organe, que nous en sommes redevables. Dieu nous est connu, parce qu'il nous a été été nommé ; si on ne nous l'avait jamais nommé, nous n'en aurions jamais eu la moindre connaissance. Quant à l'immortalité de l'âme, il ne saurait être question de l'établir par des arguments rationnels et appropriés : elle est certaine, parce qu'elle est de tradition et qu'elle est liée à l'existence de Dieu, qui est de tradition aussi. Sans cela, il nous serait aussi impossible de connaître « l'état de l'homme après sa mort que son état avant sa naissance. » Bonald accorde-t-il du moins à la raison la connaissance du bien, du beau moral, qu'on ne peut pas plus lui refuser, à ce qu'il semble, que celle du beau littéraire, puisqu'elle rentre dans la même catégorie ? Non : la raison lui paraît aussi stérile, aussi impuissante en morale qu'en métaphysique : « L'homme, dit-il, ne sait rien en morale qu'il ne l'ait appris par les oreilles ou par les yeux, c'est-à-dire par la parole orale ou écrite. » De ces vérités écrites en quelque sorte sur l'homme, suivant l'expression énergique de Saint-Martin, et que le sens moral nous atteste plus éloquemment que toute écriture, il n'en est pas question chez Bonald. Il ne croit pas plus à la morale naturelle qu'à la religion naturelle : « Laissons, dit-il, cette expression, *lois naturelles gravées au fond des cœurs...* ces lois que l'on croit gravées au fond des cœurs, parce qu'on ne peut se rendre compte du moment où l'instruction des leçons et des exemples en a développé l'idée. » « La religion même naturelle, dit-il encore, la connaissance de Dieu, de notre âme et ses de nos rapports avec Dieu, veut être apprise ou révélée [1]. » Bonald va plus loin, il semble quelquefois donner à entendre que ce ne sont pas seulement les idées religieuses et

---

[1] *Législation primitive,* discours préliminaire.

morales, mais encore les idées générales de toute espèce, dont il a d'ailleurs tant de peine à les distinguer, qui nous ont été transmises par l'enseignement et qui dérivent de la tradition, non de la raison elle-même.

Mais si toute vérité nous vient de la tradition, non de la raison, c'est à la première, non à la seconde, que nous devons donner notre confiance, c'est la foi et non l'examen qui doit être le grand ressort de notre vie intellectuelles. Mais de quelle foi s'agit-il? De la foi au genre humain et aux grandes vérités qu'il nous a transmises : « Sans cette croyance préalable des vérités générales, dit Bonald, qui sont reconnues sous une expression ou sous une autre, dans la société des hommes considérée dans la généralité la plus absolue et dont la crédibilité est fondée sur la plus grande autorité possible, l'autorité de la raison universelle, il n'y a plus de base à la science... Les peuples divers, ajoute-t-il, peuvent avoir de préjugés faux ou des préventions ; le genre humain tout entier ne peut avoir que des préjugés vrais. Un préjugé général est la croyance d'une vérité générale[1]. » Ici le système de la tradition vient se confondre dans un autre système non moins connu, dans celui du consentement universel des hommes : le bonaldisme se résout dans le lamenaisianisme.

Il suffit d'un peu de réflexion pour voir quel est le vice fondamental de cette doctrine : c'est de méconnaître la grandeur, je dirai presque la réalité de l'homme moral et de l'anéantir en quelque sorte soit devant Dieu, soit devant l'homme extérieur et sensible, soit devant

[1] *Recherches philosophiques*, chap. x.

la société elle-même. Aux termes de cette doctrine, en effet, nous ne pensons pas, c'est Dieu qui pense pour nous. Il nous communique d'abord sa pensée par la parole, puis il nous laisse le soin de nous la communiquer à notre tour les uns aux autres par le même moyen. Il en est le seul et véritable principe ; nous, nous n'en sommes que les récipients et les véhicules : il fait tout en nous, nous n'y faisons rien. Or, comme nous ne sommes substances qu'en tant que nous sommes causes et que dans la mesure où nous sommes causes, notre causalité se réduisant à rien, notre substance se réduit à rien également : Dieu seul subsiste, l'homme s'évanouit. Le bonaldisme, comme le malebranchisme, avec lequel il offre ici un certain rapport, nous mène directement au panthéisme.

Si, à considérer le principe qu'il assigne à notre pensée, le bonaldisme incline au panthéisme, à considérer le moyen par lequel il veut qu'elle se produise et se transmette, il incline vers un système tout différent. Ce moyen, nous l'avons vu, c'est la parole, c'est-à-dire un ensemble de signes sensibles et matériels. La parole n'étant saisie que par nos sens, c'est par nos sens que nous viennent toutes nos idées, depuis celles qui se rapportent au corps jusqu'à celles que nous rapportons à notre esprit ; c'est une espèce de sensualisme. Mais comment pouvons-nous connaître notre esprit dans les mots, pendant que nous ne pouvons pas le connaître en nous-mêmes, s'il faut en croire le vicomte de Bonald ? N'est ce pas dire que nous le saisissons où il n'est pas, tandis que nous ne le saisissons pas où il est réellement ? Ici encore Bonald se tire d'embarras en attribuant à la parole une propriété merveilleuse, analogue aux qualités occultes de la scolastique, celle de produire des idées sans que l'on sache comment. C'est la *magie* du mot, laquelle ressemble fort, pour le dire en passant, à la magie du sang répandu dont de Maistre fait un si fréquent usage et qui lui sert à tout expliquer. Nous n'avons plus affaire au pur sensualisme, mais à une sorte de sensualisme mystique.

Si, au lieu d'envisager la pensée dans la source d'où elle découle et dans le canal par lequel elle nous arrive, nous l'envisageons dans le milieu où elle est, suivant notre auteur, pour ainsi dire en dépôt, nous serons amenés à voir encore le système sous un autre jour et à lui trouver encore d'autres imperfections. Ce milieu est, comme on sait, la société, qui seule est dépositaire des grandes vérités nécessaires à la conservation du genre humain et qui seule les communique à chacun, dans la mesure de sa capacité, en lui communiquant la parole. Lors donc qu'un homme soumet à la discussion quelqu'une de ces vérités, au lieu de l'accepter telle qu'elle la lui donne, il s'insurge contre cette société dont il tient tout ce qu'il a et qui l'a fait tout ce qu'il est : « il s'arroge, dit Bonald, lui, simple individu, le droit de juger et de réformer le général et il aspire à détrôner la raison universelle pour faire régner à sa place sa raison particulière[1]. » Le bonaldisme entraîne, comme on voit, la subordination complète des opinions aux croyances, de l'individu à la société : c'est une sorte de socialisme, car on peut donner ce nom à tout système qui

---

[1] *Recherches philosophiques*, chap. I.

tend à sacrifier l'homme à l'État, la personne au groupe. Or, le bonaldisme a incontestablement une tendance semblable. Ajoutons, pour donner le dernier coup au système de Bonald, qu'il implique contradiction. Que prétend, en effet, ce philosophe? Qu'il n'y a de vraies que les doctrines traditionnelles et sociales. Or, son système étant de son propre aveu et de l'aveu de tout le monde, un système nouveau et qui lui est personnel, est, d'après son propre *criterium*, un système entaché d'erreur.

Les conséquences théologiques du traditionalisme ne sont pas moins écrasantes pour cette doctrine que ses conséquences philosophiques. L'enseignement que nous recevons par la parole, au sein de la société, remontant d'anneau en anneau, par une chaîne ininterrompue, jusqu'à Dieu même, et cet enseignement comprenant non seulement les principes des connaissances morales et religieuses, mais encore ceux de toutes nos connaissances sans exception, il s'ensuivra que tous ces principes devront être regardés comme des articles de foi et comme des vérités révélées. Tout dérivant de la révélation qui s'opère en dehors des lois de la nature, il n'y aura plus lieu de distinguer les vérités naturelles des vérités surnaturelles, les sciences profanes des sciences sacrées, la philosophie de la théologie, les affaires temporelles des affaires spirituelles. Dans l'ordre scientifique comme dans l'ordre politique, l'élément laïque sera absorbé par l'élément ecclésiastique: il n'y aura plus d'États, mais une Église et toutes les conquêtes des temps modernes iront s'engloutir au sein d'une théocratie monstrueuse. De telles conséquences ont fait reculer les théologiens eux-mêmes. L'un des plus éminents et des plus sages d'entre eux, Mgr Maret, s'écrie quelque part : « Quel odieux de pareilles doctrines, si jamais elles pouvaient être prises au sérieux, si jamais on croyait voir en elles l'enseignement du clergé, ne jetteraient-elles pas sur la théologie, l'Église, la religion elle-même? Quel homme capable de penser et de raisonner pourrait supporter les excès de ce système? Cette négation absolue de la raison et de l'homme lui-même ne pourrait que le révolter et l'armer de mépris et de colère contre une doctrine fatale à la dignité de notre nature[1]. »

Le savant doyen de la faculté de théologie de Paris n'est pas le seul philosophe catholique qui ait repoussé le traditionalisme : d'autres auteurs très distingués du même bord, tel que le savant Père Chastel, l'ont également combattu. Bien plus, le concile de Rennes et celui d'Amiens l'ont formellement condamné, de sorte que cette doctrine, qui avait été imaginée dans le but d'humilier la raison devant la foi, est aujourd'hui désavouée par la foi comme par la raison.

IV

LA SOCIÉTÉ

Nous avons exposé la philosophie du langage du vicomte de Bonald, c'est-à-dire la partie de sa doctrine

---

[1] *Philosophie et Religion*, par H. L. C. Maret, p. 318.

qu'on regarde ordinairement comme le principe de tout son système. Il nous reste maintenant à faire connaître sa philosophie de la société et sa philosophie de l'homme, qui ne s'en déduisent pas aussi rigoureusement qu'on l'a prétendu, mais qui s'y rattachent pourtant par quelques points.

De même que la philosophie générale de Bonald se rattache à ce principe, fort contestable, que le langage est d'origine divine, de même sa philosophie politique est, en quelque sorte, suspendue à cet autre principe fort abstrait et tiré on ne sait d'où, que la cause est au moyen ce que le moyen est à l'effet, ou encore, que le pouvoir est au ministre ce que le ministre est au sujet. Notre auteur s'efforce, en effet, d'établir que la société domestique, la société politique et la société religieuse sont d'autant plus parfaites qu'elles le réalisent plus complètement.

La société domestique est composée de trois éléments qui sont le père, la mère et l'enfant. Or, le père, cause première de cette petite société, possède le pouvoir producteur et conservateur de l'enfant; il l'exerce par le moyen ou ministère de la mère, et l'enfant est le sujet de sa volonté et l'effet de son action. Le pouvoir domestique est un, car la dualité est incompatible avec la nature du pouvoir; il est perpétuel, car l'enfant est toujours mineur à l'égard de ses parents; il est indépendant et absolu, car il cesserait d'être pouvoir, s'il dépendait de quelqu'un et s'il reconnaissait des limites. Aussi, là où la société politique n'existe pas ou n'est pas assez puissante, le chef de la famille possède sur ses membres le droit de vie et de mort. Nos lois, dit

Bonald, en trouvent, même aujourd'hui, l'usage excusable de la part du mari qui a surpris sa femme en flagrant délit d'adultère. Le ministère de la société, ajoute notre philosophe, en continuant à user de ses formules algébriques, ni plus ni moins que s'il faisait, à l'exemple de Spinoza, une *politica geometrice demonstrata*, le ministère appartient à la mère ; car elle reçoit du père l'action productrice et conservatrice et la transmet à l'enfant ; elle obéit au premier et commande au second. Pour cela, elle doit être homogène à l'un et à l'autre. Aussi elle participe de l'homme par sa raison et de l'enfant par ses nerfs : c'est un homme-enfant. Quant à l'enfant lui-même, il est le sujet de la volonté et l'effet de l'action du père et de la mère et n'a d'autre devoir que de leur obéir. Il n'a point de fonctions à exercer : c'est à lui que les fonctions se rapportent ; car, dans toute société, elles sont des *charges*, c'est-à-dire des fardeaux, qui doivent être portés par les plus grands et les plus forts pour le bien des plus faibles et des plus petits[1].

Chez Bonald, l'État ressemble beaucoup à la famille, et il n'y a pas lieu d'en être surpris, puisqu'il est organisé d'après la même formule. Là aussi il y a un pouvoir, qui est un, indépendant, absolu et perpétuel ; là aussi il y a un ministère (c'est la noblesse), qui l'aide de ses conseils et de ses services, c'est-à-dire qui éclaire son jugement et seconde son action. Ces deux fonctions, remplies d'abord par les mêmes personnes, ont été divisées depuis : de là sont nées la noblesse de robe et la

---

[1] *Principe constitutif de la société*, chap. I, II, III, V.

noblesse d'épée. Comme tout se fait, dans la société, pour les sujets, ils n'ont rien à faire, du moins au point de vue politique, et se bornent à gouverner, comme des rois, les familles dont ils sont les chefs. Aussi Bonald ne se lasse pas d'admirer leur bonheur et leur applique avec conviction les paroles du poète :

O fortunatos nimium, sua si bona norint!

La société politique peut être monarchique ou *polyarchique*, comme la société domestique peut être monogame ou polygame. Il y a trois espèces de monarchies : la monarchie royale, la despotique et l'élective. La première, qui était celle de l'ancienne France, est ce qu'il y a jamais eu au monde de plus parfait. Les trois éléments de la société, le pouvoir, le ministre et le sujet, y étaient homogènes, puisque l'hérédité en était l'essence commune. Le pouvoir y était indépendant, sans y être tyrannique, car il était tout entier dans les mains du roi, mais du roi en son conseil. Les honneurs de la carrière militaire y étaient, à quelques exceptions près, le privilège de la noblesse, mais à la condition qu'elle laisserait au tiers état les carrières lucratives de l'industrie et du commerce. Le tiers état et la noblesse, réunis au clergé, formaient les états généraux. De ces trois ordres, l'un représentait le travail, l'autre la propriété et le troisième les lumières, au moins suivant notre auteur, qui ne tient peut-être pas suffisamment compte de la situation respective où ils se trouvaient dans les derniers temps. La monarchie absolue et la monarchie élective sont celles où deux des trois personnes de l'État, le pouvoir et le ministre, sont distinctes, sans être homogènes. En Turquie, le pouvoir est héréditaire et ses agents ou ministres ne le sont pas ; en Pologne, le ministre, c'est-à-dire la noblesse, est héréditaire, et le pouvoir ne l'est pas. Il en résulte que le pouvoir est excessif en Turquie et faible en Pologne. C'est pourquoi l'un de ces royaumes est mourant et l'autre déjà mort.

L'opposé de la monarchie est la démocratie. Les trois personnes sociales s'y confondent en une seule, car tous les sujets peuvent aspirer au ministère et même au pouvoir et sont, à proprement parler, non des sujets, mais des citoyens. C'est le gouvernement des petites gens. Chacun se trouvant trop faible pour commander seul, met sa médiocrité en commun avec celle des autres, et on arrive ainsi, dit malicieusement Bonald, à faire du gouvernement comme on fait du commerce, par voie d'association. Par cela seul, ajoute-t-il avec la sévérité, mais un peu aussi avec la clairvoyance de la haine, par cela seul qu'il est le gouvernement du plus grand nombre, il est celui des hommes faibles et passionnés, qui sont en majorité partout. Heureusement il ne dure pas. Comme le pouvoir y est en proie à tous les ambitieux de bas étage, il ne peut échapper à la guerre civile que par la guerre étrangère et périt inévitablement dans l'une ou dans l'autre. Entre la monarchie, où il y a trois personnes sociales distinctes, et la démocratie, où il n'y en a qu'une, se place l'aristocratie, où il y en a deux, les ministres et les sujets, la noblesse et le peuple. Elle se rapproche de la monarchie en ce qu'elle a quelque chose de sa stabilité, et on ne se tromperait pas beaucoup en l'appelant une monarchie *acéphale* ou sans chef. Celui qu'elle a, en effet, ne compte pas. Il n'est, sous le nom de doge ou de président, que le premier sujet d'une aristocratie superbe, dont il se borne à exécuter les décisions.

Bonald ne traite pas mieux le gouvernement représentatif que les précédents. Le pouvoir, dit-il, n'y est pas un, puisqu'il est divisé en trois tronçons; il n'y est pas indépendant, puisque le roi y a une pension ou liste civile et peu de propriétés ; il n'y est pas absolu, car, en un sens, il existe à peine, puisque le roi n'y fait rien et que ses ministres font tout. Il ne peut, même chez ces derniers, rien exécuter de grand, parce que les critiques incessantes auxquelles il est en butte de la part de la presse le rendent timide et paralysent son action. Il est réduit à se traîner à travers des détails mesquins : le champ des grandes pensées et des grandes entreprises lui est fermé. Un autre inconvénient du gouvernement représentatif, suivant Bonald, c'est qu'il pousse les peuples à la guerre, en la faisant dépendre de l'éloquence des orateurs et des passions qu'elle excite, et qu'en même temps il affaiblit l'esprit militaire, en mettant les classes industrielles et commerçantes à la place qu'occupait autrefois la classe guerrière [1]. On reconnaît là une idée que M. Ernest Renan a fait, depuis, très finement ressortir et d'où il a tiré cette conclusion assez peu consolante, que, si nous ne rétablissons pas parmi nous une aristocratie quelconque, nous serons, dans un temps donné, la proie de l'aristocratique Allemagne [2]. »

De la société politique Bonald passe à la société reli-

---

[1] *Principe constitutif*, chap. vi et suiv.
[2] E. Renan, *Réforme intellectuelle et morale*.

gieuse. La religion qui lui paraît la plus parfaite est la religion chrétienne, ou mieux, catholique. Le pouvoir y est universel, puisque c'est Dieu, maître universel des intelligences ; le sujet y est universel, puisqu'il comprend l'universalité des hommes ; le ministre y est homogène au pouvoir et au sujet, à Dieu et à l'homme, puisque c'est l'homme-Dieu. Ce dernier, après avoir fondé la société chrétienne, y a laissé un pouvoir visible, comme son représentant sur la terre et comme le chef du ministère chargé d'enseigner toutes les nations. C'est pourquoi la société chrétienne est une vraie monarchie royale, où le pouvoir, le ministre et le sujet sont des personnes distinctes les unes des autres.

Sous prétexte de tout améliorer et de tout régler dans cette société admirable, la prétendue réforme du seizième siècle, comme Bonald la nomme, non sans dédain, est venue tout gâter et tout confondre. Le presbytérianisme religieux, ou calvinisme, permet à chaque fidèle d'être tour à tour sujet, ministre et pouvoir : c'est une vraie démocratie ou *polycratie*. Aussi a-t-il engendré la démocratie ou polycratie dans la société politique et le divorce, c'est-à-dire la polygamie éventuelle, dans la société domestique. Entre le catholicisme, qui distingue trois personnes dans la société religieuse, et le calvinisme, qui n'en reconnaît qu'une, se place le luthéranisme, qui en reconnaît deux. Il répond assez bien à l'aristocratie dans l'ordre politique ; car il a conservé entre les ministres une certaine hiérarchie : c'est un catholicisme acéphale. Il s'allie d'ordinaire à ces gouvernements mixtes où l'aristocratie domine, tels que ceux de l'Angleterre, du Danemarck et de la Suède.

De toutes ces considérations Bonald conclut que la monarchie royale a tout intérêt à soutenir la religion catholique, qui lui est analogue par son organisation et son principe. Elles doivent, suivant lui, s'appuyer mutuellement et travailler de concert, comme elles l'ont toujours fait, au bien public. C'est la fameuse alliance du trône et de l'autel si préconisée sous la Restauration [1].

Nous ne pouvons discuter en détail cette théorie si substantielle, où les formules pédantesques et les vues fines se mêlent d'une manière si curieuse. Nous ferons seulement à ce sujet quelques remarques rapides.

Il y a deux manières de procéder dans la science politique. La première consiste à passer en revue les innombrables constitutions qui ont existé parmi les hommes et à voir celles qui ont donné, tout compte fait, la plus grande somme de bonheur aux peuples quelles étaient destinées à régir : c'est la méthode expérimentale. La seconde consiste à se demander *a priori* quelle est, parmi les constitutions possibles, celle qui est la plus propre à faire respecter les droits que la raison proclame inhérents à notre nature : c'est la méthode rationnelle. Or Bonald ne suit pas la méthode expérimentale, car il n'observe pas sans parti pris, à la seule fin de généraliser ses observations et de les ériger en théorie : il observe uniquement dans le but de trouver dans la réalité quelques exemples à l'appui d'une théorie préconçue. Il ne suit pas non plus la méthode rationnelle proprement dite ; car il ne part pas de la raison

---

[1] *Principe constitutif*, chap. xv et suiv.

pratique, qui fournit à la politique, comme à la morale elle-même, les grandes idées de droit et de justice. Il suit plutôt ce que j'appellerai la méthode abstraite; car il demande ses principes à l'entendement, dans le sens philosophique du mot, et il les expose sous une forme si générale qu'à force de s'appliquer à tout, ils ne s'appliquent exactement à rien. C'est ainsi qu'il pose, en tête de sa politique et sans nous dire où il le prend, ce principe abstrait que, dans tout ordre de choses, la cause est au moyen ce que le moyen est à l'effet, et qu'il tire de ce principe, fort inoffensif en apparence, cette conséquence inattendue, que le pouvoir doit être absolu, et d'autres conséquences du même genre.

Comment Bonald arrive-t-il à une telle conclusion? Il y arrive en faisant subir à chacun de ces termes une série de transformations analogues à celles que l'on opère sur les quantités algébriques. Mais la question est de savoir, d'une part si son principe est vrai, de l'autre, si les diverses transformations qu'il lui fait subir sont légitimes. Et d'abord, le principe est-il vrai? Il ne le semble pas. La cause ne serait au moyen ce que le moyen est à l'effet que si la cause était la cause du moyen, et le moyen la cause de l'effet. Or, c'est ce qui n'est point. On peut donc reprocher à Bonald de partir d'un principe inexact, c'est-à-dire de donner à son système une base chancelante. Les transformations qu'il opère sur les différents termes ne prêtent pas moins à la critique. La cause, le moyen et l'effet deviennent tour à tour, sous la main de notre auteur, le père, la mère et l'enfant, le pouvoir, le ministère et le sujet, Dieu, l'homme-Dieu et l'homme; mais qui ne voit qu'il n'y a pas une vraie équation entre ces diverses séries de termes et que les dernières ont plus de compréhension que la première? Si le père est cause, au sein de la famille, la mère l'est aussi, non seulement au point de vue physique, mais encore au point de vue moral, puisqu'elle est une personne. Il n'est donc ni exact ni équitable de la regarder comme un simple moyen. L'enfant lui-même est une cause et une personne en puissance et finit par devenir une cause et une personne en acte : sur ce point encore la théorie de notre philosophe est en défaut. Les conséquences qu'il en tire sont donc fausses ou excessives. Le pouvoir du père ne doit pas être absolu, puisqu'il s'exerce sur des personnes, c'est-à-dire sur des agents moraux, qui ont des droits, en même temps que des devoirs : il est limité par ces droits mêmes. Il est donc absurde de prétendre que le père a droit de vie et de mort au sein de sa famille. Si les lois excusent le mari qui tue sa femme surprise en flagrant délit d'adultère, c'est à cause de la colère dont elles le supposent transporté; ce n'est point un droit qu'elles lui reconnaissent et elles le puniraient s'il se portait à cet acte de sang-froid.

Les transformations que Bonald opère entre les termes *cause, moyen, effet*, et ceux de *pouvoir, ministère, sujet*, quand il aborde l'étude de la société politique, ne sont pas non plus aussi irréprochables qu'il le croit. D'abord, il y a quelque chose de forcé à identifier les deux termes *effet* et *sujet*. L'un éveille dans l'esprit l'idée de production ; l'autre, celle de simple subordination : or, ce sont là deux idées bien différentes. Les mots *cause* et *moyen* ne sonnent pas non plus exactement de la même manière que ceux de pouvoir et de ministère. Les premiers ont un sens très général et tout métaphysique ; les seconds, un sens plus restreint et purement moral. Ils impliquent, dans la cause, le devoir de respecter, en agissant sur le moyen, la personne humaine, et dans le moyen, le droit corrélatif d'être respecté comme personne, c'est-à-dire traité autrement que comme simple moyen. Les sujets eux-mêmes sont des personnes et leur personnalité commande le respect. Il n'est donc pas exact de dire, avec Bonald, que le pouvoir politique doit être absolu : les droits éminemment respectables soit des ministres, soit des sujets, lui imposent des bornes qu'il ne doit pas franchir.

Que dire de la formule religieuse du principe bonaldien : « Dieu est à l'homme-Dieu ce que l'homme-Dieu est à l'homme » ? Elle est aussi contraire à la foi qu'à la raison. Elle tend, en effet, à représenter le Médiateur comme un simple demi-dieu et à faire considérer la médiation moins comme un acte libre de la bonté divine que comme un résultat nécessaire de la nature des choses. Mais c'est un point qui regarde les théologiens.

Nous ne discuterons pas les vues de Bonald touchant la famille. Nous nous bornerons à faire remarquer que c'est elle, et non l'individu, qu'il considère comme le premier élément de la société politique, et que c'est pour la constituer plus solidement qu'il revendique pour le père un pouvoir absolu et qu'il proclame l'excellence du droit d'aînesse. Ce sont là des idées qui ont trouvé de nos jours dans M. Le Play un habile défenseur, mais qui paraissent peu conformes aux principes de l'équité naturelle.

Les vues de notre auteur sur la société politique sont plus développées et méritent d'être examinées avec plus de soin. Que le pouvoir y doive être un et héréditaire, c'est une thèse parfaitement soutenable ; car l'unité et la stabilité du pouvoir offrent des avantages qu'on ne saurait méconnaître ; mais qu'il doive être absolu, c'est ce que nous ne saurions admettre. Le pouvoir du père lui-même, auquel Bonald compare celui du roi, ne l'est pas ; car il est tempéré, quoi qu'il en dise, par celui de la mère et même par celui de l'État, qui prend en main la défense de l'enfant toutes les fois que les droits de celui-ci lui paraissent lésés. Cependant, si un pouvoir devait être absolu, ce serait le pouvoir paternel, à cause du sentiment d'affection qui le modère naturellement.

Si l'hérédité du pouvoir a son utilité, en est-il de même de celle du ministère ou de la noblesse, comme s'exprime Bonald, c'est-à-dire des autres fonctions publiques ? Il est permis d'en douter. Que le pouvoir suprême soit offert périodiquement, comme un appât, aux convoitises ardentes des ambitieux qui brûlent de le posséder, la société sera périodiquement agitée par d'effroyables orages ; mais que les fonctions de moindre importance soient mises chaque année au concours entre tous les jeunes gens distingués par leur talent et leur savoir, une louable émulation animera tous les esprits, sans péril pour le corps social. Bonald n'est pas de cet avis. Suivant lui et suivant un auteur contemporain, qui exprime avec beaucoup d'originalité et d'éclat la même opinion, la noblesse est nécessaire pour discipliner le peuple et le conduire. Il suffit, en effet, qu'elle obéisse au souverain pour que les autres classes de la société, accoutumées à la respecter et à se régler sur elle, suivent son exemple, et il suffit aussi qu'elle conserve l'esprit de son institution, qui est l'esprit militaire, pour que les autres classes, qui subissent son prestige, deviennent, par une sorte d'entraînement, vaillantes comme elle et capables de résister à l'ennemi du dehors. C'est pourquoi là où il y a une noblesse, le peuple est discipliné et la nation tout entière à l'abri de la conquête.

C'est là une conception qui a certainement sa valeur comme explication du passé, mais qui ne saurait servir de programme pour l'avenir ; elle mérite d'avoir sa place dans la philosophie de l'histoire de notre pays, mais elle ne saurait figurer parmi les fins de sa politique. Il n'est guère possible, en effet, quoi que Bonald et M. Renan puissent en penser, que la noblesse renaisse jamais. C'est là une institution qui est éclose aux époques instinctives et inconscientes, alors que l'esprit humain, incapable d'analyser le concept de responsabilité, étendait volontiers à toute une race le mérite et le démérite d'un seul homme. Mais, aujourd'hui qu'il est devenu plus réfléchi et plus pénétrant, il voit dans chaque homme un être à part, un tout moral, qui est responsable de tous ses actes, mais rien que de ses actes. A cette conception psychologique plus juste doit répondre une organisation politique plus raisonnable, où les rangs ne seront certainement pas confondus, mais où celui de chacun sera déterminé par son mérite propre plutôt que par celui de ses ancêtres. Il y aura encore de l'*aristocratie* dans le sens étymologique du mot, c'est-à-dire une sélection fondée sur la valeur constatée des personnes; il n'y aura plus de noblesse, c'est-à-dire de classement établi sur la valeur supposée de la race. Mais cette aristocratie sans cesse ouverte et mobile pourra-t-elle lutter sans désavantage contre l'aristocratie immobile et fermée de certains États de l'Europe? nous n'en doutons pas. Toutes les autres classes de la société, y compris le clergé, qui n'est nullement une caste, comme on le dit quelquefois improprement, s'acquittent fort bien de leurs fonctions, bien qu'elles ne se recrutent pas par la naissance. Pourquoi la classe militaire ferait-elle seule exception à cette règle générale ? Il ne faut pas trop nous laisser influencer par des événements récents. Tel grand écrivain explique aujourd'hui nos défaites par la suppression de notre noblesse. Or, après Iéna, les Prussiens expliquaient leurs désastres précisément par le maintien de la leur, et déclaraient hautement qu'un lourd Poméranien poussé au combat par la cravache de ses nobles et sans espoir d'arriver à rien ne vaudrait jamais un Normand ou un Bourguignon, qui se sentait citoyen et portait dans sa giberne son bâton de maréchal de France [1]. La vérité est entre ces deux opinions, avec cette circonstance, toute en notre faveur, que notre système est en harmonie avec nos idées, tandis que celui des peuples germaniques est ou sera bientôt en désaccord avec leur manière de voir.

D'ailleurs, pour qu'une classe obtienne un rang à part dans la hiérarchie sociale, il faut qu'elle ait déployé une activité exceptionnelle et rendu à la société d'incomparables services. C'était, au moyen âge, le cas de la classe militaire et de la classe sacerdotale, dont l'une

---

[1] Thiers, *Histoire du Consulat et de l'Empire*.

avait maintenu, au prix de son sang, l'intégrité du territoire et dont l'autre avait, par son zèle et ses travaux, éclairé et moralisé la nation. C'était donc à juste titre que la reconnaissance publique les avait mises pour ainsi dire hors de pair. Mais, dans les temps modernes, d'autres classes ont déployé une activité égale et rendu des services également signalés. Par ses luttes gigantesques, non contre l'homme, mais contre la nature, la classe industrielle a transformé le monde et triplé la richesse générale, pendant que, par ses ardentes investigations, la classe savante reculait à l'infini les limites de la pensée et sondait l'univers jusqu'à ses dernières profondeurs. Voilà deux classes nouvelles qui demandaient avec raison leur place au soleil et qui se la faisaient chaque jour plus grande, sans que personne fût fondé à s'en étonner C'est pourquoi Saint-Simon et Auguste Comte proposaient de remplacer la classe militaire par la classe industrielle et la classe sacerdotale par la classe savante. *Remplacer*, c'était trop dire; car ni l'armée ni le clergé n'ont dit leur dernier mot. Mais nos deux réformateurs avaient parfaitement raison de revendiquer pour les deux classes en question une part de considération et d'influence proportionnée à leur apport dans le fonds social. Or, c'est ce que Bonald ne voulait pas. Il n'admettait qu'une seule forme légitime de gouvernement, celle qui donnait au roi, à la noblesse et au clergé la direction des affaires publiques. Comme si la forme du gouvernement ne devait pas changer avec celle de la société et se mouler, en quelque sorte, sur elle ! Comme si les hommes de l'ancien régime n'avaient pas provoqué la Révolution précisément en cherchant à conserver au clergé et à la noblesse une suprématie politique exclusive, quand ces deux classes ne possédaient plus, à l'exclusion des autres, la suprématie matérielle et morale !

Le point le plus important de la théorie du vicomte de Bonald, c'est la liaison indissoluble que cet écrivain établit entre la société politique et la société religieuse. Il fait voir, en effet, qu'il y a une singulière affinité entre le catholicisme et la monarchie, entre le luthéranisme et l'aristocratie, entre le calvinisme et la démocratie, si bien qu'à tout prendre le catholicisme paraît plus favorable à l'autorité et le protestantisme à la liberté. Cette corrélation entre les formes de la société religieuse et celles de la société politique, qui avait déjà été signalée par Bossuet, a été admise et par les amis et par les adversaires du vicomte de Bonald. La question qui les divise est seulement celle de savoir si c'est aux sociétés autoritaires ou aux sociétés libérales, soit de l'ordre religieux, soit de l'ordre politique, qu'il convient de donner la préférence. Tant que la Réforme n'avait pas de passé, on pouvait croire qu'elle n'aurait pas d'avenir et qu'elle ne serait qu'une crise passagère, à la suite de laquelle l'Angleterre et les autres nations qu'elle avait agitées, reviendraient purement et simplement à leur état régulier et normal. C'est un sentiment que le grand évêque de Meaux exprime avec complaisance. Mais, dès que les sociétés protestantes et libres eurent attesté leur vitalité par des signes irrécusables, on commença à penser que la liberté religieuse et la liberté politique pourraient bien être non seulement meilleures en elles-mêmes, mais encore mieux appropriées à l'état de majorité auquel était arrivée l'espèce humaine, que l'autorité politique et religieuse plus ou moins absolue qui lui avait été imposée pendant qu'elle avait eu besoin de tutelle. C'est ce qu'on peut déjà voir chez le penseur le plus grave du dix-huitième siècle, Montesquieu, et c'est ce qu'on voit encore mieux, chez plusieurs auteurs de nos jours, tels qu'Edgar Quinet et M. Ch. Renouvier. En face de ces écrivains qui préconisent à la fois la Réforme et la Révolution, se placent ceux qui glorifient le catholicisme et l'ancien régime tout ensemble : de Maistre et de Bonald sont à leur tête. Ils établissent, comme on l'a vu, entre le trône et l'autel une telle solidarité que toute liberté leur paraît hérétique et toute philosophie séditieuse. D'autres philosophes venus depuis ont prétendu qu'entre le catholicisme et la liberté l'incompatibilité n'était pas absolue et que l'idée d'un catholicisme libéral n'avait rien de contradictoire. Avaient-ils raison ? avaient-ils tort ? c'est ce que nous ne voulons pas examiner. Bornons-nous à reconnaître que, si Bonald n'a pas résolu à la satisfaction de tout le monde la question politico-religieuse, qui est la question vitale du siècle, il en a bien compris l'importance et la grandeur.

La théorie de la société politique et celle de la société religieuse appellent, comme leur complément naturel, celle de l'éducation des enfants ; car les enfants sont la société naissante, et il importe qu'ils soient pénétrés de bonne heure des sentiments et des idées que la société adulte doit avoir. D'après Bonald, l'éducation sera domestique ou sociale, suivant l'âge du sujet et suivant qu'il sera destiné à une profession particulière ou à une profession publique. La première aura pour but de former les sens et le cœur plutôt que l'esprit, car il n'est pas bon que le peuple sache trop de choses : Bonald n'a pas même l'air de tenir à ce qu'on lui apprenne à lire et à écrire. Nous sommes loin, avec lui, des grandes croisades entreprises de nos jours en faveur de l'instruction populaire. Quant à l'éducation publique, elle aura pour objet de développer les sens, le cœur et l'esprit, c'est-à-dire toutes les parties dont l'homme se compose. Elle sera la même pour tous ceux qui se destinent aux fonctions sociales ; car (Bonald le remarque après J.-J. Rousseau) il ne s'agit pas de former des gens d'église, des gens d'épée ou des gens de robe, mais des hommes, c'est-à-dire des sujets capables de devenir, à leur choix, des gens de robe, des gens d'épée ou des gens d'église. L'éducation sera donnée dans des collèges-pensions distribués sur la surface du territoire en assez grand nombre pour suffire aux besoins de la société. Les familles sociales y mettront leurs enfants à leurs frais, quand elles pourront payer, aux frais de l'État, quand elles ne pourront pas. C'est, comme on voit, l'origine de nos boursiers actuels. Pour les familles non sociales, elles pourront également y placer leurs fils, mais seulement si elles ont les moyens de les faire élever elles-mêmes. Il n'y aura d'exclusion que pour les familles juives : « Les juifs, dit Bonald, sont hors de toute société politique, parce qu'ils sont hors de toute société religieuse chrétienne. » Comme toute la jeunesse sociale doit être animée du même esprit et vivre en quelque sorte de la même vie, elle recevra la même instruction et aura les mêmes maîtres. L'enseignement roulera principalement sur le latin, et le corps enseignant sera un ordre religieux. Quant à la liberté d'enseignement, non seulement Bonald n'en dit rien, mais il est probable que, si on lui en avait parlé, il l'aurait rejetée avec horreur : elle lui aurait paru un vrai dissolvant social[1].

Cette théorie de l'éducation prête le flanc à des objections assez graves. Comme la théorie politique, dont elle n'est qu'une application, elle sacrifie trop complètement l'individu à l'État et rattache trop étroitement la société politique à la société religieuse. Bonald veut que les familles juives soient exclues du bénéfice de l'éducation sociale. La raison qu'il en donne, c'est qu'elles sont hors de toute société chrétienne. Mais, avec cette belle manière de raisonner, les familles protestantes pourront en être exclues également : il suffira de dire qu'elles sont hors de toute société catholique. Il n'y a là qu'une affaire de nuance. Pour revenir à la vérité et à l'équité, il faut prendre la société politique pour ce qu'elle est réellement, pour une société, non de religion, mais de droit et de justice. Tous les hommes étant capables de justice et de droit par cela seul qu'ils sont hommes, ils devront tous participer aux avantages comme aux charges de la société. S'ils sont hors de telle ou telle société religieuse, ils ne sont pas pour cela hors de la société humaine.

Bonald soutient que les hommes du peuple n'ont pas besoin de savoir lire : il suffit, dit-il, qu'ils aient de la moralité. Comme s'il était possible de séparer la mo-

---

[1] *Théorie du pouvoir*, t. III, liv. I.

ralité de l'intelligence et comme si un homme qui fait le bien mécaniquement et parce qu'on l'a dressé à le faire méritait le nom d'être moral! D'ailleurs, on ne voit pas ce que la société aurait à gagner à cette mutilation d'une partie de ses enfants, et on voit très bien ce qu'elle aurait à y perdre. Une société où la masse des travailleurs, dépourvue d'instruction, végèterait dans une éternelle enfance, serait sûre d'être vaincue dans le champ de la concurrence pacifique, comme sur les champs de bataille, par les sociétés plus éclairées, où l'industrie, le commerce, l'agriculture, la guerre, seraient cultivées par des mains intelligentes. Avec la théorie du vicomte de Bonald, considérée par ce côté, la France (nous ne craignons pas de le dire) descendrait bientôt au-dessous de l'Espagne, au-dessous même de la Turquie, dans la hiérarchie des nations.

Bonald demande que l'éducation sociale soit donnée par un corps, parce qu'un corps peut seul avoir cette unité de vues et cet esprit de suite qu'il faut apporter à l'éducation d'une nation tout entière. Sur ce point, nous n'avons rien à lui objecter. Mais il ajoute que ce corps doit être un ordre monastique, parce qu'il doit être perpétuel et qu'il ne peut l'être sans être lié par des vœux. C'est là une raison qui n'est pas des plus péremptoires. Si elle était valable contre le laïcisme du corps enseignant, elle le serait aussi contre celui des autres corps qui sont au service de l'État. Les officiers qui commandent nos armées, les magistrats qui siègent dans nos tribunaux, ne pourraient former des corps perpétuels qu'à la condition d'avoir bien et dûment fait leurs vœux d'humilité, de chasteté et d'obéissance. La vérité est que l'État étant laïque, il est naturel que le corps qui le représente au département de l'instruction publique, soit laïque aussi et que, tout en laissant aux ministres des diverses religions le soin d'enseigner les doctrines religieuses, il revendique, comme son propre domaine, l'enseignement des sciences profanes et des principes de la morale sur lesquels l'État lui-même repose.

Les défauts que nous venons de signaler dans certaines parties de la théorie pédagogique de Bonald ne ferment point nos yeux sur la valeur de quelques autres et sur les services que l'auteur a pu rendre touchant cette matière. Dans un temps où l'éducation était presque anéantie en France et où la barbarie menaçait de ressaisir la société naguère la plus civilisée de la terre, il eut le mérite d'appeler fortement l'attention sur cette question délicate où l'avenir de notre pays était si profondément engagé. Dans un temps où le grand courant de l'opinion entraînait tous les esprits à donner uniquement pour base à l'éducation l'étude des sciences positives, il osa réclamer en faveur de cette noble culture littéraire, en dehors de laquelle il n'y a point d'éducation vraiment libérale. A une époque enfin où on aurait pu, sous l'influence de l'esprit de liberté et d'individualisme, songer à faire de l'éducation une simple affaire privée et à l'abandonner à l'initiative de chacun, il comprit que c'était là une affaire sociale au premier chef et montra admirablement combien l'éducation publique l'emporte sur l'éducation domestique. Il demanda que cette éducation fût la même pour tous ceux qui se destinaient au service de l'État et qui devaient tenir d'une manière ou d'une autre la tête de la société. Il comprenaît sans doute que les classes éclairées et dirigeantes doivent avoir un certain fonds d'idées communes et de sentiments communs, parce que c'est là ce qui constitue l'unité morale d'une nation, et qu'une telle unité n'importe pas moins à sa grandeur que l'unité territoriale elle-même. Aussi nous sommes persuadé que l'empereur, qui l'avait lu, et Fontanes, qui lui était sympathique, s'inspirèrent de ses idées, en les appropriant à l'ordre de choses sorti de la Révolution, quand ils organisèrent l'Université et lui offrirent les fonctions de conseiller au sein de ce grand corps.

V

L'HOMME, LA CAUSE PREMIÈRE, LES CAUSES FINALES

Après avoir traité du langage, qui est la condition d'existence de la société, et de la société, sans laquelle l'homme ne pourrait se développer, Bonald traite de l'homme lui-même. Sur ce point, comme sur les précédents, il prend les questions telles que son siècle les pose, sauf à leur donner une solution différente. De même qu'il était parti, en ce qui concerne le langage, des idées de Condillac, quitte à les modifier plus ou moins sensiblement et à y ajouter une hypothèse, de même il part, en psychologie, des théories de Saint-Lambert et de Cabanis, mais pour les combattre à outrance. C'est ainsi qu'à la définition du premier : « L'homme est une masse organisée et sensible qui reçoit l'esprit de tout ce qui l'environne et de ses besoins » il oppose la sienne, qui a été si souvent citée depuis : « L'homme est une intelligence servie par des organes. »

S'il faut en croire Bonald, cette définition vaut mieux que la définition reçue : L'homme est un animal raisonnable. Elle place, en effet, en première ligne l'intelligence, qui est la partie supérieure et maîtresse de l'être humain, et rejette au second rang les organes, qui en sont la partie subalterne et inférieure, tandis que la définition vulgaire intervertit ce bel ordre et donne à la matière le pas sur l'esprit. L'une nous avertit d'abord de cultiver notre intelligence, pour lui conserver sa suprématie, et ensuite d'exercer nos organes, pour en faire de dignes ministres de notre intelligence, tandis que l'autre ne nous donne aucune indication de ce genre. Cette définition n'est pas moins excellente, suivant notre subtil auteur, au point de vue physiologique qu'au point de vue moral ; car, soit que les organes transmettent à l'intelligence les impressions d'où naissent les images, soit qu'ils lui envoient les expressions qui lui révèlent ses propres idées, soit qu'ils réalisent au dehors ses pensées et ses déterminations, ils sont toujours à son service [1].

Ces idées de Bonald peuvent donner lieu à plusieurs observations. Je remarque d'abord qu'elles ne sont pas déduites fort rigoureusement du fait du langage dont notre philosophe avait la prétention de tout faire sortir. Que la parole soit ou non d'origine divine, cela ne fait,

[1] *Recherches philosophiques*, chap. v.

en effet, absolument rien à la question de savoir si l'homme est une intelligence servie par des organes : il n'y a pas entre ces deux opinions de lien systématique, et c'est un défaut. Je remarque, en outre, que cette célèbre définition est moins originale qu'on ne le suppose. Avant Bonald, Bossuet avait déjà défini l'âme : « Une substance intelligente faite pour vivre dans un corps et lui être intimement unie », et avant Bossuet, saint Augustin l'avait définie : « Une substance qui participe à la raison et qui est faite pour régir un corps, *substantia qædam rationis particeps et regendo corpori accommodata*[1]. »

Ajoutons que cette définition si vantée et dont l'auteur paraît si content, est loin d'être irréprochable. Définir l'homme une intelligence servie par des organes c'est le placer dans la catégorie des intelligences et l'en distinguer par certains rapports avec l'organisme : or s'il est possible qu'il y ait des intelligences séparées de toute organisation, cela n'est pas évident, et Bonald ne le démontre pas, de sorte que le premier membre de sa définition contient une donnée hypothétique. C'est supposer, en outre, que tous les organes auxquels l'intelligence est unie sont à son service et exécutent ses ordres. Or cela n'est pas, car bon nombre d'entre eux ne sont nullement soumis à son empire et lui imposent, au contraire, le leur. Le second membre de cette définition renferme donc une donnée non-seulement hypothétique, mais positivement fausse. La définition courante : L'homme est un animal raisonnable, quoi qu'en dise Bo-

---

[1] Voir notre *Psychologie de saint Augustin*, chap. IV.

nald, vaut encore mieux que la sienne. Elle est, en effet, conforme à l'ordre chronologique et à l'ordre logique tout ensemble : à l'ordre chronologique, puisque l'homme est un être animé avant d'être un être raisonnable et que c'est, pour ainsi dire, sur la tige de l'animalité que s'épanouit sa raison ; à l'ordre logique, puisque l'animal est un genre à nous connu, et l'homme une espèce qui appartient à ce genre et dont la raison est l'attribut constitutif.

Pour justifier sa définition, Bonald s'appuie sur l'analogie qu'elle offre avec la vraie définition de la société, qui est, d'après lui, la suivante : La société est un pouvoir servi par des ministres. Il invoque aussi l'autorité de Cicéron, qui a dit que l'âme commande au corps comme un roi aux citoyens.

Maine de Biran caractérise admirablement ces preuves étranges et en met parfaitement à nu le vice radical. Ce sont, dit-il, des analogies arbitraires qu'on érige en raisons démonstratives ; ce sont des hypothèses sur un certain sujet dont on se se sert pour étayer des hypothèses sur un sujet tout différent ; ce sont des métaphores empruntées à un orateur, qui n'y attachait pas autrement d'importance, et où l'on découvre tout un monde d'idées qu'il ne soupçonnait pas. Au lieu d'observer, d'analyser, de décomposer, Bonald compare. C'est un écrivain, ajoute-t-il, ce n'est pas un philosophe[1].

Quant à la définition de Saint-Lambert : L'homme est une masse organisée et sensible, qui reçoit son esprit

---

[1] Maine de Biran, *Œuvres inédites*, t. III.

de tout ce qui l'environne et de ses besoins, Bonald n'a pas de peine à montrer qu'elle n'en est pas une ; car, si elle place l'homme dans le genre des êtres organisés et sensibles, elle ne marque point en quoi il diffère des autres espèces que ce genre contient. Mais l'auteur des *Recherches* est moins heureux, quand il s'évertue à établir que les besoins de l'homme n'ont aucune influence sur son développement; car ils sont évidemment les grands mobiles de son activité et les conditions indispensables de ses progrès : il ne faut pas raisonner contre l'évidence.

Bonald ne s'en tient pas à ces vues un peu sommaires sur la nature de l'homme : il essaye de pénétrer plus avant et de résoudre, à sa manière, la question de la spiritualité de l'âme.

De toutes les preuves sur lesquelles les matérialistes s'appuient pour combattre cette vérité, celle à laquelle ils attachent le plus d'importance est celle qui consiste à dire que la pensée s'explique par l'organisation. C'est pourquoi ils ne se lassent pas de faire voir que nos idées varient suivant les modifications que nos organes reçoivent de l'âge, du sexe, du tempérament et du climat. Cependant, selon Bonald, cette preuve si célébrée n'a pas grande valeur; car les variations dont on parle et leur corrélation avec celles des organes s'expliquent aussi bien dans le système des philosophes qui font de l'organisme le simple instrument de la pensée que dans l'opinion de ceux qui veulent qu'il en soit la cause première et efficiente.

A cette réponse, qui s'adresse à tous les matérialistes, Bonald en ajoute une toute spéciale pour Cabanis, son principal adversaire. Ceux, dit-il, qui dérivent la faculté de penser de l'ensemble de l'organisation (c'était, comme on sait, le cas du célèbre physiologiste) et qui ne cessent de répéter que, dans l'être humain, tout concourt, tout conspire, tout consent, ne sauraient expliquer pourquoi les hommes les mieux organisés et les mieux faits ne sont pas toujours les plus intelligents. Cela devrait être pourtant, puisque le cerveau, qui est l'organe spécial de la pensée, n'en est pas, suivant eux, l'organe exclusif et qu'il ne peut fonctionner sans le secours des organes qui lui fournissent soit les impressions dont il fait les images, soit les expressions dont il revêt les idées, soit les sucs qui le nourrissent, comme les autres parties du corps. Si la pensée avait sa racine dans l'organisation, le bon état de l'organisation en général devrait, vu la solidarité de tous ses éléments, avoir pour effet une splendide efflorescence de la pensée. Or c'est ce qui n'a pas lieu.

Mais ces attaques, déjà si sérieuses, que Bonald dirige contre le matérialisme, ne sont que des escarmouches en comparaison du coup droit qu'il tient en réserve contre lui et dont il se propose de le frapper. Je veux parler de sa fameuse preuve de la spiritualité de l'âme par le suicide et par le sacrifice volontaire de la vie : Vous voulez, dit-il à l'auteur des *Rapports* et à ses disciples, que nos idées ne soient que des impressions reçues par les extrémités nerveuses de nos organes, puis transmises au cerveau qui les élabore et les digère, comme l'estomac fait les aliments. Vous ajoutez que ces impressions, ainsi transformées par l'organe cérébral, y produisent des actions et des déterminations conformes à leur nature. « Rien de plus juste; mais la première, la plus universelle, la plus constante, la plus dominante de toutes les impressions, pensées, volontés, déterminations de nos organes et incontestablement *la plus conforme à la nature*, c'est l'impression, la pensée, la volonté, la détermination de leur propre conservation. La sensibilité physique, qui est notre vie même, puisque selon vous, *vivre* c'est *sentir*, ne peut avoir d'autre appétit que la vie et tout ce qui peut la conserver, d'autre aversion que la mort et tout ce qui peut nous en menacer... Mais alors comment expliquez-vous, je ne dis pas la pensée de la mort, dont tout ce qui finit autour de nous nous offre l'image, mais l'idée de mort volontaire, mais le désir, mais la volonté de mourir, mais l'action active ou passive qui suit cette volonté, le suicide ou le sacrifice? Si nos organes, comme vous le dites vous-même, ne peuvent *transmettre à notre centre cérébral que des impressions et des déterminations conformes à leur nature*, leur nature est la vie, leur pensée *naturelle* est de la désirer, leur détermination naturelle est de la *vouloir*, leur action *naturelle* de la conserver. » Comment pouvons-nous donc vouloir nous donner la mort? « Dans le système de l'organisation à la fois *voulante* et *agissante*, c'est, en effet, l'organisation qui se détruit elle-même, lorsqu'elle ne peut avoir d'autre volonté, ni faire d'autre action que la volonté et l'action de se conserver, contradiction évidente dans la volonté, et par conséquent impossibilité même physique dans l'action[1]. »

[1] *Recherches philosophiques*, chap. IX.

Cette démonstration de la spiritualité de l'âme n'est pas entièrement nouvelle : on la trouve déjà dans le *Phédon* et dans le quatrième livre de la *Connaissance de Dieu et de soi-même*, mais il faut savoir gré à Bonald de l'avoir exposée comme il l'a fait. Sa démonstration laisse parfois à désirer plus de précision dans le style et plus de vigueur dans la pensée ; elle aurait besoin d'être remaniée par un esprit plus net, plus désintéressé et plus soucieux de s'entendre avec lui-même. Cependant, telle qu'elle est, elle est un des morceaux qui font le plus d'honneur à cet écrivain, parce qu'elle repose sur une vérité solide, à savoir, l'empire de l'âme sur l'organisation, et qu'elle la met dans une assez vive lumière.

Après avoir essayé d'expliquer l'homme, Bonald essaye d'expliquer l'univers ; après avoir tâché de prouver qu'un principe intelligent anime et dirige notre corps, il s'efforce d'établir qu'une cause première intelligente a créé et organisé le monde. Il déclare hautement, à l'encontre de Cabanis et de ses autres adversaires, que, si Dieu existe, il est connu et que, s'il est connu, il existe. Il se contente d'exprimer en quelques lignes la première partie de cette proposition, mais il donne à la seconde de larges développements. Si, dit-il, il y a un Dieu, premier moteur du monde physique et législateur du monde moral, il n'a pas dû se cacher à des êtres qu'il a faits pour connaître l'un et pour s'harmoniser au sein de l'autre ; car, sans la connaissance de Dieu, le monde physique est inexplicable et le monde moral impossible. Aussi Dieu est-il connu de tous les hommes. Pour le prouver, il suffirait de faire remarquer que son nom n'est étranger à aucun d'eux et que ce nom doit exprimer une idée connue, car l'inconnu ne saurait être nommé. Ici nous retrouvons un des principes favoris de notre auteur, à savoir, que la pensée et la parole sont inséparables : sa démonstration affecte un caractère systématique.

Rien n'a plus contribué, suivant Bonald, à obscurcir l'idée de Dieu dans certains esprits et à leur faire croire que la matière est le principe de tout ce que nous voyons, que les progrès récents des sciencs physiques. Tant que les hommes ne s'étaient pas rendu compte du *comment* et du *pourquoi* immédiats des phénomènes qui frappaient leurs regards, il les attribuaient directement à la divinité, sans se préoccuper ni des lois ni des causes particulières dont elle se sert pour les produire. La foudre et les éclairs, la santé du corps et les biens de la terre, étaient regardés comme des effets directs de sa volonté : on ne plaçait entre elle et ces faits aucun intermédiaire. Mais, depuis que les hommes sont entrés, pour ainsi dire, dans le laboratoire de la nature et qu'ils se sont mis à étudier ses opérations, ils ont trouvé l'explication au moins immédiate des phénomènes dans la composition des corps et dans les lois qui les régissent. Seulement au lieu de remonter de ces lois et de ces causes particulières à la cause universelle qui les a produites et qui seule peut tout expliquer, ils se sont arrêtés à ces raisons moyennes, sans s'apercevoir qu'elles supposent une raison dernière et qu'au fond elles n'expliquent rien, parce qu'elles ont elles-mêmes besoin d'explication. Les croyances des premiers hommes, qui sont encore aujourd'hui celles des gens du peuple, ne sont pas fausses, car celui qui a fait les lois est réellement l'auteur de tous les effets qui en dérivent ; mais elles sont incomplètes, parce qu'elles ne tiennent pas compte des lois, qui sont les moyens par lesquels la cause première produit ses opérations. Les croyances de certains savants, au contraire, sont tout à fait erronées, puisqu'elles érigent en causes de simples moyens et méconnaissent la cause véritable.

Comme s'il avait pressenti ces objections, Cabanis cherche à y échapper, en disant, avant nos modernes positivistes, que les causes premières ne sauraient être connues par cela seul qu'elles sont premières : « Les faits généraux, dit-il, sont parce qu'ils sont ; ils ne s'expliquent point, et l'on ne saurait en assigner la cause. » Il ne faut pas dire *les causes premières*, répond Bonald ; car il n'y en a qu'une, comme il serait facile de le démontrer. Nous ne pouvons pas la connaître d'une connaissance sensible et toute d'imagination, car elle n'est ni figurable ni imaginable ; mais nous la connaissons, et Cabanis lui-même la connaît, d'une connaisssance suprasensible et intellectuelle, telle que celle que nous avons de la volonté, de la raison, de la justice, qui sont en Dieu ou plutôt qui sont Dieu lui-même. Il est bien facile de dire que les faits particuliers s'expliquent par les lois du monde, c'est-à-dire par des faits généraux et ceux-ci par d'autres plus généraux encore ; mais on ne songe pas que les faits, si généraux qu'on les suppose, ne sont que des *choses faites*, c'est-à-dire des causes secondes qui impliquent l'existence d'une cause première. Il y a peu de principes qui offrent autant de généralité que celui de l'attraction ;

cela n'a pas empêché Newton de recourir à un premier moteur pour l'expliquer [1].

Ce n'est pas seulement la cause première, ce sont encore les causes finales que Cabanis et ses amis rejettent du domaine de la connaissance. Ils ne voient dans les rapports entre les moyens et la fin, entre les organes et les fonctions, si nombreux et si frappants qu'ils soient, que des rencontres fortuites. Au lieu de dire, avec le genre humain, que nous avons reçu les yeux pour voir et les oreilles pour entendre, ils aiment mieux dire, avec Lucrèce, que nous voyons et que nous entendons, parceque nous nous trouvons par hasard avoir des yeux et des oreilles. Ils proclament les causes finales stériles, en se fondant sur le mot de Bacon : « Les causes finales sont comme les vierges consacrées aux autels : elles n'enfantent pas. » Bonald n'est pas de leur avis et oppose à l'autorité de Bacon celle de Leibniz et celle de Newton : « Si Dieu est auteur des choses, dit le premier, et s'il est souverainement sage, on ne saurait bien raisonner sur la structure de l'univers sans y faire entrer les vues de sa sagesse, comme on ne saurait bien raisonner sur un bâtiment sans entrer dans les fins de l'architecte. » Aussi le penseur allemand croit-il que détourner les hommes de l'étude des causes finales, ou, ce qui est la même chose, de la sagesse divine dans l'ordre des choses, c'est les détourner du but même de la philosophie.

Il n'y a rien, suivant Cabanis, de plus naturel et de plus simple que ces rapports entre les facultés et les

---

[1] *Recherches philosophiques*, chap. x.

fonctions, qu'on trouve si merveilleux. Comme elles dépendent les unes et les autres de l'organisation, il faut nécessairement qu'elles soient liées par d'étroits rapports. A cela, Bonald répond très bien qu'il ne suffit pas toujours qu'on soit organisé de manière à posséder une certaine faculté pour que cette faculté fonctionne. Je suis organisé de manière à voir, mais si la lumière n'existait pas, je ne verrais pas; je suis organisé de manière à entendre, mais si l'air n'existait pas, je n'entendrais pas. J'ai là deux facultés précieuses; mais, pour qu'elles fonctionnent, il faut que deux agents extérieurs qui semblent faits tout exprès pour les faire passer de la puissance à l'acte, se trouvent là à point nommé. Comment s'y trouvent-ils? C'est là qu'est le prodige. Les rapports entre les facultés et les fonctions ne sont donc pas aussi étroits et aussi nécessaires que Cabanis prétend qu'ils le sont, par suite de leur commune dépendance de l'organisation, puisque l'intervention de deux fluides étrangers à cette organisation est indispensable pour que les fonctions s'exercent. Ces fluides si bien appropriés à mes organes et sans lesquels ils resteraient à jamais inactifs, ne sont-ils pas la preuve qu'une intelligence a présidé à cette coordination des moyens à la fin sans laquelle les fonctions si compliquées de la vision et de l'audition eussent été impossibles.

Mais, reprend Cabanis, les merveilles de la nature en général et celles en particulier qui sont relatives à la structure et aux fonctions des animaux, tout admirables qu'elles sont, se réduisent à de simples faits et ne sont que les conditions nécessaires de chaque existence. Si ce raisonnement vaut pour ce cas particulier, répond

Bonald, il doit valoir pour tous les cas analogues. J'ai sous les yeux un tableau ou un poème et j'en admire les beautés; mais suis-je obligé, sous prétexte que ce sont là des faits, de croire qu'ils se sont *faits* tout seuls et qu'ils n'ont pas eu un auteur intelligent? J'admire l'issue d'une négociation, le gain d'une bataille, la symétrie d'un palais : devrai-je, parce que ce sont des faits, nier l'adresse du négociateur, l'habileté du général, le talent de l'architecte? Un enfant voit pour la première fois une montre et s'extasie sur la manière dont elle marque les divisions de la durée. Je lui dis : Ouvrez la boîte et vous verrez les ressorts qui produisent cet effet qui vous paraît si merveilleux. Mais, me répondrait-il, ces ressorts eux-mêmes, qui les a inventés? Qui les a disposés avec tant de précision pour indiquer les heures? Il lui a fallu une bien rare industrie! Point du tout, lui dirai-je. Cette disposition n'est qu'un fait, qui est la condition nécessaire de l'existence de la montre. — Voilà quelques-unes des conséquences auxquelles on aboutit, en appliquant aux faits de la société les procédés de raisonnement que Cabanis applique aux faits de la nature. Cela suffit pour en faire ressortir l'absurdité. Si les harmonies de la nature, si les merveilles de l'organisation, si l'appropriation des facultés aux fonctions et au milieu étaient l'effet du hasard et d'une rencontre fortuite de molécules, elles ne devraient pas exciter notre admiration, comme le veut l'auteur des *Rapports*, mais notre étonnement. Quoi de plus étonnant, en effet, qu'un hasard si intelligent et qui aurait tout réglé avec tant d'ordre et de sagesse[1] !

[1] *Recherches philosophiques,* chap. xi.

Les dissertations du vicomte de Bonald que nous venons d'analyser peuvent faire comprendre cette pensée de Leibniz, qu'il y a une philosophie éternelle, qui reste toujours identique dans son fond et dans son essence, mais qui varie dans ses détails et dans ses formes, à mesure que les sciences, avec lesquelles elle est en rapport et dont elle coordonne les grands résultats, varient elles-mêmes. Les raisonnements de l'auteur des *Recherches* sur l'existence de Dieu ne diffèrent pas beaucoup, en effet, de ceux qu'on peut lire dans Bossuet et dans Fénelon, mais ils s'en distinguent pourtant à quelques égards. Les sciences physiques ayant fait d'immenses progrès dans les temps modernes et étant parvenues à expliquer par des lois, c'est-à-dire par des faits généraux, la multitude des faits particuliers, certains savants, étrangers à la métaphysique, s'étaient montrés disposés à s'en tenir à cette explication insuffisante, au lieu de remonter à l'explication dernière et suprême. Cette disposition des esprits n'avait pas eu besoin d'être combattue au seizième et au dix-septième siècles, où elle se montrait à peine ; elle dut l'être après le dix-huitième siècle, où elle s'était manifestée avec tant de puissance. Ainsi Bonald fut amené à distinguer l'explication populaire et l'explication scientifique des phénomènes de l'univers, à montrer ce qu'elles avaient d'insuffisant l'une et l'autre et à les remplacer par une explication vraiment philosophique. En le faisant, il a contribué, d'une manière appropriée aux circonstances et à son tour d'esprit, à maintenir les traditions de la saine philosophie.

Même observation pour ce qui concerne les causes

finales. Bossuet et Fénelon s'étaient bornés à les faire ressortir avec leur talent ordinaire ; mais les détails dans lesquels ils étaient entrés ne répondaient plus aux besoins des esprits, à la fin du dernier siècle. Ce n'était plus, en effet, tel ou tel rapport de finalité, c'était le principe même de finalité qui était mis en question. Bonald le défend avec une dialectique assez vigoureuse et ne laisse debout aucune des objections par lesquelles Cabanis avait entrepris de le renverser. Il nous montre ces rapports de finalité, qu'on voudrait expliquer par notre seule organisation, s'étendant en dehors de notre organisation même et reliant entre eux non seulement les éléments qui composent l'homme, mais encore l'homme et le milieu ambiant[1]. Il prouve par des exemples bien choisis, quoiqu'on en ait quelquefois contesté la valeur, qu'on ne saurait nier les causes finales dans l'ordre de la nature, sans les nier dans l'ordre de la société et sans rendre impossible toute conversation sur les relations de l'œuvre à l'ouvrier.

Bonald est amené par sa polémique contre Cabanis et les autres physiologistes-philosophes du dernier siècle à traiter des questions qui sont, aujourd'hui plus que jamais, à l'ordre du jour et qui comptent parmi les plus grandes que l'esprit humain puisse agiter : celle de l'apparition de la vie sur ce globe, celle des générations spontanées, celle de l'évolution des espèces et celle des rapports de l'homme et de la bête.

Lorsqu'en 1816, Victor Cousin ouvre la lutte contre la philosophie du dix-huitième siècle, il ne l'attaque

---

[1] Voir sur ce sujet le beau livre de M. Janet : *les Causes finales*.

guère que sur le terrain de la psychologie et de la morale; il ne la serre pas de bien près sur celui de la politique et ne la suit nullement sur celui des sciences physiques et naturelles. C'est pourquoi il ne réussit à la chasser que d'une partie des positions qu'elle avait occupées. Il n'en est pas de même de Bonald. S'il dédaigne la psychologie, il prise fort la politique et cultive au besoin les sciences de la nature. Aussi il relance ses adversaires jusque dans leurs derniers retranchements et ne leur laisse aucune échappatoire. Il faut voir, par exemple, avec quelle vigueur il pousse Cabanis sur la théorie des générations spontanées.

A défaut de preuves directes, dit-il, on met en avant des preuves indirectes pour appuyer cette théorie. On parle des animalcules microscopiques qui sont maintenant encore produits par l'énergie spontanée de la matière, et on demande pourquoi les animaux plus parfaits, y compris l'homme, n'auraient pas été formés de même autrefois. A ceux qui font cette objection, Bonald répond très bien : En supposant que certains animalcules naissent spontanément aujourd'hui et en concluant que les grands animaux ont dû naître primitivement de la même manière, vous posez un principe incertain, et vous en tirez des conséquences qui participent à l'incertitude du principe. Quant à moi, je raisonne d'une manière tout opposée. Je pars de ce principe incontestable, que les grands animaux naissent par voie de génération et j'en conclus que les petits doivent naître de même. Nous raisonnons vous et moi par analogie, puisque nous allons, moi du grand au petit, vous du petit au grand, au sein du même genre. Seulement moi je pars d'un fait positif, et vous vous partez d'un fait conjectural. De ce que votre microscope n'a pu découvrir jusqu'à présent les germes de vos animalcules, il ne s'ensuit pas, en effet, qu'ils n'existent pas, car les bornes de votre instrument ne sont pas celles de la nature, tandis que la reproduction de tous les animaux grands ou petits que nous connaissons bien s'opère positivement par voie de génération.

Cabanis nous annonce, il est vrai, ajoute Bonald, une suite de belles expériences sur la génération spontanée des animaux et espère bien qu'elles ne laisseront aucun doute dans l'esprit de personne. Mais ces expériences, suivant notre auteur, qui raisonne ici contre Cabanis exactement comme M. Pasteur a raisonné de nos jours contre M. Pouchet, ne sauraient être concluantes, parce qu'il est presque impossible de soustraire la matière en infusion à l'influence de l'air, véhicule de beaucoup de germes, que différents agents peuvent féconder. Mais, en admettant, continue-t-il, que la fermentation de la matière ait été le moyen dont la nature s'est servie primitivement pour la reproduction des grands animaux, pourquoi y a-t-elle renoncé, pour recourir à un autre moyen sans analogie avec le premier? Pourquoi, quand elle pouvait produire directement les animaux les plus parfaits et même l'homme par la seule action du soleil sur les germes dont la terre était l'*uterus*, est-elle allée compliquer son œuvre des mystères de la distinction des sexes et de leur union, de la fécondation et de l'enfantement? Un tel changement n'a pas pu avoir lieu, car il est contraire aux procédés que suit constamment la nature. Elle n'a coutume, en effet, ni de passer d'un plan à un plan tout différent, ni de faire, à l'aide d'une grande complication de ressorts, ce qu'elle peut faire de la manière la plus simple[1].

Nous ne pousserons pas plus loin l'étude de cette partie intéressante de l'œuvre de Bonald, parce qu'elle ne se rattache pas très-étroitement à son principe fondamental de l'origine divine du langage. Nous nous bornerons à citer l'appréciation beaucoup trop flatteuse sans doute, mais juste à certains égards, qui en a été faite par un de nos critiques les plus éminents : « Il a, dit Sainte-Beuve dans un de ses articles sur Bonald, défendu la philosophie spiritualiste par les armes les mieux aiguisées et les plus habiles qu'elle ait maniées de nos jours. Les physiologistes de l'école de Lucrèce et de Lamarck qui pourront et oseront lui répondre (car la querelle à mort est entre eux et lui) sont encore à naître »[2]. On sait que Darwin et ses disciples l'ont osé de nos jours.

Mais laissons là les spéculations de Bonald sur l'homme, sur Dieu et sur la nature, qui forment le côté le plus plausible, mais le moins original de sa philosophie, pour revenir à l'ensemble de sa doctrine et voir ce qu'il faut en penser. Cette doctrine s'explique par les circonstances où elle a paru et par la guerre intellectuelle dont elle marque une des principales phases. Il faut, pour bien la comprendre, la considérer comme un retour offensif de l'esprit théologique qui, après avoir été longtemps attaqué avec violence par l'esprit phi-

---

[1] *Recherches philosophiques*, chap. XII.
[2] Sainte-Beuve, *Causeries du Lundi*, t. IV, p. 446

losophique, l'attaque violemment à son tour[1]. Non content de poser la révélation en face de la raison, Bonald prétend que la raison elle-même se ramène à la révélation, car elle naît de la parole, et la parole a été primitivement révélée. Il s'accorde avec les philosophes du dix-huitième siècle pour nier la distinction de la raison et de la foi ; seulement, pendant que ceux-ci donnent tout à l'une, celui-là donne tout à l'autre.

Il est à remarquer que cette doctrine du vicomte de Bonald, qui est le traditionalisme proprement dit, s'éloigne sensiblement de celle du comte de Maistre, qui mérite à peine le nom de traditionalisme. L'une, en effet, méconnaît toutes les parties de notre raison ; l'autre n'en méconnaît que la partie discursive : quant à la partie intuitive, elle est si loin de la méconnaître qu'elle en fait tout sortir, les langues comme les sciences, les institutions religieuses comme les institutions politiques. Pour de Maistre, les divers éléments de la civilisation ont leur racine dans notre nature spontanée, mais enfin dans notre nature, et n'en sont, en quelque sorte, que l'épanouissement ; pour de Bonald, ils y sont ajoutés après coup et n'en font point partie intégrante. Aux yeux du premier, ils sont quelque chose d'organique et de vivant, qui est identique à notre être même ; aux yeux du second, ils sont quelque chose de mécanique et d'inanimé que nous nous repassons les uns aux

---

[1] Voir, dans la préface de *la Théorie du pouvoir*, la déclaration de guerre que Bonald adresse à la philosophie régnante et qui se termine par ces vers bien connus :

> Dans son sein rejetons cette guerre
> Que sa fureur envoie au deux bouts de la terre.

tres, mais qui nous reste toujours plus ou moins étranger et extérieur. Partant du néant de la nature humaine, Bonald ne peut rien expliquer naturellement ; partant de la nature humaine considérée au moins sous l'une de ses formes, de Maistre explique au moins une partie de la réalité, sinon la réalité tout entière. L'un tient de Condillac qui n'admet rien d'inné et de naturel, pas même l'instinct, l'autre relève de Saint-Martin qui rend compte de tout par la spontanéité et l'inspiration.

La partie du système de Bonald à laquelle l'auteur attachait peut-être le plus d'importance est la partie politique[1]. Ce fut sans doute pour l'établir plus solidement qu'il conçut un beau jour sa théorie de l'origine divine du langage dont il n'est nullement question, au moins à ma souvenance, dans les trois volumes de sa *Théorie du pouvoir*. Ce fut sans doute aussi pour lui donner une sorte de sanction qu'il y joignit plus tard ces idées sur l'homme, sur Dieu et sur la nature auxquelles la seule curiosité scientifique ne l'aurait vraisemblablement jamais conduit. Le point de vue politique est tellement son point de vue de prédilection qu'il y ramène la religion elle-même. Il la considère moins, en effet, dans son essence et dans les fins éternelles qu'elle propose à chacun de nous, que dans ses rapports avec la société profane et dans l'utilité temporelle qu'elle peut avoir.

---

[1] Bonald lui-même autorise cette conjecture. Il dit quelque part que ses amis et lui diffèrent en ce qu'ils appliquent « des principes qui leur sont communs, M. de Maistre à la religion, M. de Bonald à la politique, M. de Lamennais à la philosophie. » (*Démonstration du principe constitutif*, introduction.)

Bonald a ceci de commun avec de Maistre, dans cet ordre d'idées, qu'il cherche à unir par des nœuds indissolubles la société civile et la société religieuse, de manière à en faire un tout homogène. Celui-ci veut, en effet, que la religion intervienne partout, dans la politique, dans l'éducation, dans la science, qui, sans elle, serait un élément de corruption ; celui-là veut aussi que la religion et l'État se pénètrent mutuellement, et incorpore pour ainsi dire le catholicisme à la monarchie royale, comme il l'appelle. C'est pourquoi la Révolution, qui a cherché à tout séculariser, parce qu'elle opérait sur une société divisée de croyances, leur apparaît, à tous deux, comme quelque chose de *satanique*. Il est cependant un point sur lequel le publiciste aveyronnais se sépare du théosophe savoisien : il ne partage pas ses opinions ultramontaines. Il soutient même, comme pourrait le faire un vieux-catholique de nos jours, que le pape n'est pas infaillible et que l'infaillibilité n'appartient qu'à l'Eglise en corps. Le Pape, ajoute-t-il dans un passage qui paraîtra sans doute peu orthodoxe, n'est pas le roi de la société religieuse, il n'en est que le connétable : « En effet, il a au-dessus de lui une autorité extérieure, celle du concile général, et le monarque n'en a et n'en peut avoir aucune[1] ».

Mais, si Bonald ne professe pas l'ultramontanisme proprement dit, comme son célèbre émule, il est cependant favorable, au moins implicitement, à la théocratie. Comme il explique par une tradition remontant jusqu'à Dieu même toutes les vérités religieuses, morales et

---

[1] *Théorie du pouvoir*, t. II, liv. V, chap. I et v.

politiques, la logique veut qu'il constitue le sacerdoce suprême, arbitre de toutes choses en matière politique aussi bien qu'en matière religieuse. S'il ne l'a pas fait, ses disciples l'ont fait pour lui. Aussi ils ont déclaré à la raison et à la philosophie une rude guerre dont nous exposerons l'histoire dans les chapitres suivants.

CHAPITRE III

LAMENNAIS OU LA DOCTRINE DU SENS COMMUN

Vie de Lamennais. — *Essai sur l'indifférence* : la religion et la philosophie — Question de la certitude, doctrine du sens commun. — Conséquences religieuses de la doctrine du sens commun. — De la *Religion*, des *Progrès de la Révolution*, conséquences politiques de la doctrine du sens commun — l'*Avenir*, les *Paroles d'un Croyant* et le *Livre du Peuple*, catholicisme libéral et religion progressive. —*Esquisse d'une philosophie*, métaphysique, Dieu, la Création, le mal ; Esthétique, le beau et l'art.—Conclusion.

I

VIE DE LAMENNAIS. — ESSAI SUR L'INDIFFÉRENCE LA RELIGION ET LA PHILOSOPHIE

L'esprit de réaction contre les doctrines du dix-huitième siècle ne s'était pas épuisé en enfantant coup sur coup de Maistre et de Bonald, qui avaient tous deux tenu le drapeau du passé d'une main si vigoureuse. Il produisit, trente ans après, un autre homme éminent qui ne le cédait point à ses prédécesseurs en intelligence et qui remua encore plus profondément le monde philosophique, parce qu'à la vive intuition de l'un et à la dialectique serrée de l'autre, il joignait la passion avec sa flamme. Il n'appartient, en effet, qu'aux hommes passionnés de passionner leurs semblables ; car, sur la scène de la vie comme au théâtre, la passion seule est contagieuse. Celle de Lamennais le fut d'autant plus qu'elle était plus intense et qu'il se trouva tour à tour en rapport avec les deux grands partis qui divisent notre pays et put ainsi les embraser successivement de l'ardeur dont il était dévoré. C'est comme partisan du passé qu'il s'offre à nous tout d'abord, et il n'y pas lieu d'en être surpris. Il était né, comme ses deux devanciers, dans une province reculée, fortement imprégnée de l'esprit catholico-féodal, et appartenait, comme eux, à une des classes que la Révolution avait frappées. Sa noblesse était trop récente pour lui inspirer des sentiments aristocratiques, mais sa profession devait surexciter au plus haut point ses sentiments religieux : il était prêtre. Ce fut là le jeune champion qui se plaça, dès les premières années de la Restauration, à côté de de Maistre et de Bonald vieillissants et qui tenta avec eux de faire reculer l'esprit moderne, jusqu'au jour où les événements du dehors et le mouvement de sa propre pensée produisirent en lui une révolution profonde et le forcèrent à rendre les armes à cet esprit nouveau qu'il avait si longtemps et si vaillamment combattu.

Hugues-Félicité-Robert de Lamenais naquit le 19 juin 1782 à Saint-Malo, dans cette même rue des Juifs où Chateaubriand avait vu le jour treize ans auparavant. Son père, qui était armateur, avait fait honorablement de brillantes affaires et avait été anobli par Louis XIV pour plusieurs actes de patriotisme ; mais la Révolution devait bientôt emporter et ses titres et sa fortune. Les biographes nous représentent le jeune Félicité comme un enfant un peu triste, par suite de la faiblesse de sa constitution et de la mort prématurée de sa mère ; ils nous le montrent assistant la nuit, en cachette, sous la Terreur, aux messes d'un prêtre non assermenté, dans une mansarde, devant une table transformée en autel, et ils voient là le germe de la sombre mélancolie qui le caractérisa de bonne heure et de la haine vivace qu'il nourrit si longtemps contre le dix-huitième siècle et la Révolution. Les deux maîtres qu'il eut n'effacèrent pas de son âme les premières impressions qu'elle avait reçues : il fut élevé tant bien que mal par son oncle Robert des Saudrais, traducteur d'Horace et du livre de Job, grand ennemi des jacobins et des philosophes, et par son frère l'abbé Jean, qui avait fondé en Bretagne plusieurs établissements d'instruction publique et qui l'engagea de bonne heure dans ses querelles contre l'Université. Mais, à côté des maîtres qu'on voit, les enfants précoces en ont généralement d'autres qu'on ne voit pas : ce sont les grands écrivains dont ils dévorent les ouvrages avec d'autant plus d'avidité qu'on ne leur en impose point la lecture. A l'âge où les autres enfants apprennent le rudiment, le jeune Félicité, enfermé pour ses petites mutineries dans une vaste bibliothèque, y lisait tous les auteurs qui lui tombaient sous la main, anciens et modernes, sacrés et profanes. Il paraît que, vers l'âge de douze ans, il s'était passionné pour ce Rousseau qu'il devait un jour attaquer avec tant de violence, mais pour lequel il conserva toujours une secrète sympathie. Ce fut peut-être dans les écrits de ce philosophe qu'il puisa les germes d'incrédulité qui se développèrent en lui beaucoup plus tard.

L'éducation de Lamennais ne fut, du reste, ni aussi complète ni aussi profonde qu'on s'est plu à le dire. Elle offrit, au contraire, comme celle de la plupart des solitaires, d'assez grandes lacunes dont nous devons prendre note, car elles expliquent celles que nous trouverons plus tard dans son esprit et dans ses œuvres. Réduit par la délicatesse de sa santé et par l'état de ses finances à vivre au fond de la Bretagne, à deux lieues de Dinan, dans sa solitude un peu sauvage de la Chênaie, il n'apprend point à connaître la société, avec la diversité et la richesse des aspects qu'elle présente à l'observateur. Ces passions qui font l'éternel objet des méditations des moralistes et dont l'étude est si propre à nous remplir d'indulgence, en même temps que de calme et de sérénité, il ne les analyse pas; ces opinions qui se donnent si ardemment carrière, en s'appuyant sur des raisons à peu près également plausibles, il ne les compare pas; ces lettres profanes elles-mêmes, qui peuvent suppléer jusqu'à un certain point à la connaissance directe de la vie, parce qu'elles en reproduisent la fidèle image, il ne les cultive presque pas. Sous l'influence d'un frère aîné déjà voué au sacerdoce, il se livre de bonne heure à des préoccupations exclusivement théologiques et s'habitue à considérer sous cet angle un peu étroit toutes les choses humaines. De là ce singulier mélange d'ignorance en matière pratique et de vigueur en matière spéculative, qui distingue la plupart de ses ouvrages, et le caractère un peu chimérique dont ils portent trop souvent l'empreint. Par ce côté, Lamennais nous paraît inférieur à de Maistre et à de Bonald, qui avaient été plus ou moins activement mêlés aux grandes affaires de leur temps et qui, malgré leurs utopies, possédaient le sens de la réalité à un degré plus ou moins remarquable.

Le premier ouvrage de Lamennais fut publié en 1808. Il a pour titre *Réflexions sur l'état de l'Église en France, pendant le dix-huitième siècle, et sur la situation actuelle.* Cet écrit, auquel d'ailleurs le jeune Breton n'avait pas mis son nom, fut saisi par la police, sans doute à cause de son caractère ultramontain. Lamennais le rééditera en 1814, en même temps qu'il faisait paraître, avec son frère l'abbé Jean de Lamennais, un autre livre intitulé *Tradition de l'Église de France sur l'institution des évêques.* Au retour de Napoléon, il ne se crut pas en sûreté en Bretagne, à cause de ces deux publications, et se réfugia en Angleterre. Après y avoir quelque temps erré sans ressources, il finit par trouver un asile auprès du vertueux abbé Carron et des demoiselles nobles qui l'aidaient dans ses bonnes œuvres. C'était Mlle de Lusinière, Mlle de Trémereuc Mlle de Villiers, qui conçurent pour lui une affection qui devait résister à tous les orages et pour lesquelles il fut toujours, même après sa défection, le bon, le cher, le très cher abbé Féli. L'abbé Carron prit un grand ascendant sur un jeune homme naturellement affectueux et qui éprouvait vivement (il l'avoue lui-même) le besoin d'être dirigé, et il finit par le pousser un peu indiscrètement dans une carrière devant laquelle il avait reculé jusqu'alors.

Lamennais n'avait fait sa première communion qu'à vingt-deux ans, ce qui n'a rien de bien étonnant, vu la longue suppression du culte, puis il s'était fait tonsurer à vingt-sept ans et n'avait pas osé depuis s'engager plus avant dans la carrière ecclésiastique. Son nouveau père spirituel triompha de ses hésitations et l'entraîna au sous-diaconat, au diaconat et à la prêtrise. Lamennais avait alors trente-quatre ans. Ce pas décisif à peine franchi, il s'en repentit amèrement et tomba (on le sait aujourd'hui) dans un morne désespoir qu'il renferma toute sa vie en lui-même, mais qui éclate pourtant dans deux ou trois lettres en quelques mots rapides et heurtés : « Je revins hier de Saint-Sulpice, écrit-il à son frère, qui avait aidé Carron à triompher de ses résistances, après avoir reçu le sous-diaconat. Cette démarche m'a prodigieusement coûté. » Et plus tard : « Quoique M. Carron m'ait plusieurs fois recommandé de me taire sur mes sentiments, je crois pouvoir et devoir m'expliquer avec toi une fois pour toutes. Je suis et ne puis qu'être extraordinairement malheureux. » Puis il ajoute ce trait énergique : « Tout ce qui me reste à faire est de m'arranger de mon mieux, et, s'il se peut, de m'endormir au pied du poteau où l'on a rivé ma chaîne. »

Ce fut pourtant dans cet état mental étrange et si différent de celui où on se le figure ordinairement, que Lamennais composa à Paris, en 1817, ce premier volume de l'*Essai sur l'indifférence*, qui semblait l'œuvre d'un apôtre voué avec élan à la propagation de la foi et trouvant tout son bonheur à la répandre. De là peut-être le caractère à la fois violent et fébrile qu'on y remarque. On dirait, suivant la réflexion de Sainte-Beuve, que l'auteur, mécontent de lui-même et des autres, prend un âpre plaisir à déverser sur tout le monde l'amertume dont il est rempli. C'est, du reste, cette amertume qui fait l'éloquence de Lamennais, éloquence bilieuse, à la Rousseau, qui mord sur les plus indifférents et dont un de ses adversaires, Frayssinous, a dit qu'elle réveillerait un mort.

Tout le monde connaît l'*Essai sur l'indifférence*. C'est une apologie du christianisme ou plutôt du catholicisme romain ; mais on se rend généralement moins bien compte des motifs qui l'ont inspirée et des circonstances qui l'ont fait éclore. Les apologies du christianisme abondent, en effet, dans l'histoire, depuis celles de saint Justin et de saint Augustin jusqu'à celles de Pascal et de Bossuet, et il semble au premier abord que le besoin d'un nouveau travail de ce genre ne se faisait pas bien vivement sentir. C'est une erreur. En philosophie, comme en littérature, chaque génération passe et doit passer sa vie à remanier les sujets traités par la génération précédente, et à refaire ses livres ; car d'une génération à une autre le point de vue change, si bien que le livre d'hier, par cela seul qu'il est d'hier, ne peut pas être le livre d'aujourd'hui. Le dix-neuvième siècle n'a pas cru devoir sa contenter de l'histoire romaine de Rollin, ni même des tragédies classiques de Racine, parce qu'elles ne répondaient plus à son tour d'esprit ni à ses mœurs ; il n'a pas cru non plus devoir s'en tenir aux traités théologiques de Bossuet, parce qu'ils n'étaient plus en harmonie avec les préoccupations de jour et avec l'état présent des intelligences. Du temps de Louis XIV, la grande question religieuse était celle des hérésies qui divisaient la religion chrétienne ; de nos jours, c'est celle de la philosophie qui semble vouloir anéantir la religion chrétienne elle-même. De nou velles questions appelaient des réponses nouvelles ; des attaques d'un nouveau genre exigeaient des moyens de défense nouveaux. Lamennais le comprit et composa son *Essai sur l'indifférence.*

Au moyen âge, la lutte de la raison contre l'autorité existait à peine. Le rationalisme timide d'Abailard s'humiliant et se rétractant lui-même, à la voix respectée du puissant abbé de Clairvaux, symbolise assez bien l'attitude plus que modeste de la raison en face de la foi, de la philosophie en face de la théologie, durant cette longue période. La scène change au seizième siècle et dans les siècles suivants. Fortifié par l'étude de l'antiquité sacrée et de l'antiquité profane et enflé de ses récentes découvertes, l'esprit humain s'attaque alors hardiment à l'Église d'abord, puis à l'Écriture, et semble vouloir bannir le christianisme de l'ordre scientifique et de l'ordre politique tout ensemble. Les noms de Luther et de Bayle, de Voltaire et de Rousseau, de Diderot et de Strauss marquent les progrès de cette guerre chaque jour plus redoutable et plus menaçante. Devant ces agressions audacieuses, que fait Lamennais ? Il les néglige, mais il conteste à la raison le droit de s'y livrer. Il se fonde pour cela sur ce qu'en dehors de la foi à l'autorité, elle est stérile et impuissante. C'était changer du tout au tout les bases de l'apologétique chrétienne, telle qu'on l'entend ordinairement, et substituer, par une manœuvre hardie, à mille petits combats de détail contre certains raisonnements particuliers, une grande bataille où la raison elle-même était chargée à fond et attaquée sur toute la ligne. C'était le *fidéisme*, à la manière de Pascal et de quelques auteurs du moyen age, qui venait relever le rationalisme théologique en déroute ; car, pour Lamennais, il ne s'agissait plus d'aller de la raison à la foi, mais d'aller de la foi à la raison.

L'intrépide polémiste avait une conscience assez nette de la grandeur et de l'originalité de sa tentative, si on en juge par ce qu'il écrit quelque part à Joseph de Maistre. Il reproche aux vieux théologiens ses confrères de s'imaginer que rien n'a changé depuis un siècle et de continuer à prouver la religion de l'ancienne manière, par les miracles et les prophéties. Ils ne voient pas, dit-il, que « ce genre de preuves ne fait maintenant aucune impression sur les esprits... Depuis que la raison s'est déclarée souveraine, il faut aller droit à elle, la saisir sur son trône, et la forcer, sous peine de mort, de se prosterner devant la raison de Dieu. » Il démontrera donc le christianisme, non par des preuves théologiques, qui impliquent avant tout la croyance au surnaturel, mais par des preuves philosophiques, qui rentrent dans l'ordre de la nature, si l'on peut appeler preuves un simple appel à la foi naturelle du genre humain. Il *naturalisera* la religion, comme de Maistre l'avait fait, soit pour s'approprier à un public plus ou moins incrédule et avoir sur lui plus de prise, soit parce qu'il est lui-même, à son insu, atteint à quelque degré de cette incrédulité dont il veut guérir les autres. Convaincu, à ce qu'il semble, que fonder la religion chrétienne sur des miracles opérés, il y a deux mille ans, dans les bourgades d'un petit peuple de l'Asie, c'est la fonder sur une base étroite et chancelante, il essaye de l'asseoir sur les croyances universelles de notre espèce et de l'identifier, pour ainsi dire, avec la raison publique¹. Mais il ne suffit pas à Lamennais de faire prévaloir son système dans l'ordre de la spéculation ; il faut encore qu'il le fasse passer dans la pratique Pour y parvenir, il fait appel au chef de la société religieuse et fait briller à ses yeux l'empire du monde, comme prix de son adhésion : sa philosophie et sa politique sont étroitement liées.

Voilà, suivant nous, le fond de l'*Essai sur l'indifférence* de Lamennais et de ceux de ses autres ouvrages qui appartiennent à sa première phase. Il ne nous reste maintenant qu'à les faire connaître en détail.

Avant de chercher à établir la vérité de la religion, Lamennais s'attache à en faire ressortir l'utilité. C'est, du reste, ce qu'ont fait la plupart des apologistes de notre siècle, et c'est précisément par là qu'ils se distinguent de ceux des siècles antérieurs. Mais autant la religion lui paraît utile et bienfaisante, autant il juge la philosophie inutile, pour ne pas dire funeste. Ce sont surtout les accusations qu'il élève contre cette dernière que nous devons, dans un livre comme celui-ci, exposer et discuter.

Le premier reproche que Lamennais adresse à la philosophie, c'est d'être née de la corruption des mœurs. Or, c'est là un reproche qui nous semble dénué de fondement. Sans doute le désir déréglé de se soustraire au frein du devoir a quelquefois poussé l'homme à se demander ce qu'il faut penser de l'autorité de la loi morale et de l'existence de son auteur ; mais ce qui l'y a

---

¹ On trouve déjà des vues de ce genre chez de Maistre (*Soirées*, IVᵉ Entretien), et chez de Bonald (*Recherches*, chap. 1 et ailleurs); mais Lamennais les a érigées en système.

porté le plus généralement, c'est le développement de sa raison. Dès que celle ci, en effet, fut assez développée pour scruter les secrets du monde matériel, elle dut être tentée de scruter aussi ceux du monde spirituel. Or, c'était là faire de la philosophie. Il faut donc ou condamner les progrès de la raison ou admettre la légitimité de la philosophie, qui en résulte naturellement.

Lamennais n'est pas plus favorable à l'intervention de la philosophie dans les choses politiques qu'à son immixtion dans les choses morales et religieuses. S'inspirant de la théorie ingénieuse de Joseph de Maistre sur les constitutions naturelles et les constitutions artificielles, il fait remarquer que l'on ne crée point une société, comme une manufacture, du jour au lendemain, et qu'il y a un immense péril à recourir, pour organiser l'État, aux combinaisons arbitraires de l'esprit, au lieu de laisser agir les lois nécessaires qui dérivent de la nature même. Puis de ce principe, que le raisonnement est dangerereux en politique, il semble conclure qu'il faut soustraire toutes les questions politiques à l'examen et à la discussion [1]. Ce serait là, suivant nous, une tentative aussi insensée qu'impuisante. Il n'est pas possible que l'homme qui étudie avec tant de curiosité les phénomènes du monde physique, bien qu'ils ne le touchent qu'indirectement et qu'ils échappent presque entièrement à son action, reste indifférent à ceux du monde social, qui l'intéressent si fort et qu'il dépend de lui de modifier.

[1] *Essai sur l'indifférence*, IIe partie, chap. III.

On conviendra d'ailleurs, si l'on veut bien y réfléchir, qu'il y a là la matière d'une science d'une importance capitale, faite pour s'imposer aux méditations des plus beaux génies. Aussi a-t-elle été cultivée avec éclat par des philosophes comme Platon, Aristote et Montesquieu, et aussi par des théologiens comme saint Augustin, saint Thomas et Bossuet, qui n'ont pas dédaigné d'en faire l'objet de leurs spéculations. Que ces hommes éminents se soient trompés quelquefois, en discutant ces questions si compliquées et si délicates, cela était inévitable ; mais il ne s'ensuit pas qu'on ne doive plus les discuter désormais, et qu'il faille laisser la routine régner souverainement dans un ordre de faits qui doit être soumis, comme tous les autres, à l'empire de la raison. De ce qu'on a quelquefois mal raisonné, en n'importe quelle matière, il ne faut pas conclure qu'on ne doit plus raisonner du tout, mais qu'on doit tâcher de raisonner avec plus de justesse et d'exactitude.

Lamennais ne s'inspire pas seulement des doctrines du comte de Maistre, mais encore de celles du vicomte de Bonald dans ses attaques contre la philosophie. Il affirme, avec ce dernier, que la religion seule met l'ordre dans les sociétés, parce qu'elle seule donne la raison du pouvoir et du devoir ; car la philosophie ne comprend rien à celui-ci et ramène celui-là à la force[1].

Ce sont là des assertions qui ne soutiennent pas l'examen. Si la philosophie ne comprenait rien au devoir, la morale, qui est la science du devoir, n'existerait pas, et les philosophes qui en ont traité n'auraient émis que des

---

[1] *Essai sur l'indifférence,* IIe partie, chap. IV.

opinions sans consistance. Or elle existe et les ouvrages des auteurs profanes qui l'ont cultivée ne le cèdent ni en élévation ni en exactitude à ceux des théologiens qui ont spéculé sur les mêmes matières. Bien plus, les derniers ont souvent mis les premiers à contribution : saint Augustin et saint Thomas ont, comme on sait, emprunté l'un à Platon, l'autre à Aristote les principes fondamentaux de leur éthique. C'est que la notion du devoir, quoi qu'en dise Lamennais, n'a rien d'incompréhensible ni qui dépasse la portée de notre raison : elle est contenue tout entière dans la notion de perfection. En même temps, en effet, que je conçois la plus haute perfection dont ma nature est susceptible, je conçois que je suis obligé de la réaliser dans la mesure où je le puis. L'une de ces deux idées implique l'autre.

Quant au pouvoir, nous ne voyons pas pourquoi l'auteur de l'*Essai* veut que la philosophie soit incapable de le distinguer de la force. Le simple bon sens l'en distingue déjà très bien. Il voit dans celle-ci une puissance qui s'impose violemment aux sujets et qui traite les hommes comme des choses ; dans celui-là une autorité qui est implicitement ou explicitement acceptée d'eux et qui les traite comme des personnes. Il reconnaît la première à ce qu'elle recherche uniquement son intérêt, et le second à ce qu'il se préoccupe avant tout de celui des sujets eux-mêmes. Or, cette distinction que le simple bon sens fait naturellement, la philosophie, qui n'est que le bon sens perfectionné, ne doit pas être incapable de la faire. Aussi l'a-t-elle toujours faite. On compte le petit nombre de personnes qui ont, comme les sophistes dans l'antiquité, comme Hobbes et Machiavel dans les temps modernes, identifié le pouvoir et la force, et ils sont universellement décriés.

Lamennais vante l'esprit de cosmopolitisme qui caractérisait les premiers chrétiens et cite avec admiration ces paroles d'un Père de l'Église : « Le monde entier n'est, à nos yeux, qu'une vaste république, patrie commune du genre humain. » En cela, il a raison ; mais il a tort de dire que c'était là une maxime nouvelle et profondément inconnue de tous les philosophes anciens. Qu'on lise l'histoire de la philosophie ancienne, et on verra que les stoïciens professaient cette maxime qu'il juge si nouvelle. Ils affirment, en effet, que si les biens de la terre sont faits pour les hommes, les hommes eux-mêmes sont faits les uns pour les autres et doivent se soutenir mutuellement. Ils représentent chaque homme tantôt comme une pierre d'une voûte immense dont toutes les parties sont étroitement liées et s'appuient les unes sur les autres, tantôt comme un membre d'un vaste corps auquel il emprunte et communique la vie. La fraternité ou plutôt l'unité des êtres humains ne pouvait être exprimée par des images plus énergiques. Aussi les disciples de Zénon, s'élevant au-dessus des préjugés des petites républiques grecques, conçurent-ils de bonne heure l'idée de cette cité universelle du genre humain, dont la raison était la vraie loi, Dieu le vrai souverain, et qui contenait dans son sein toutes les cités particulières.

Suivant l'auteur de l'*Essai*, le christianisme a le premier proclamé l'égalité des hommes, et brisé les fers des esclaves ; car l'inégalité paraissait toute naturelle à la philosophie et les esclaves lui inspiraient un profond dédain[1]. C'est là encore une assertion qui ne brille pas précisément par son exactitude. Avant le christianisme, le stoïcisme s'était élevé contre la plupart des distinctions sociales que l'orgueil a inventées; il avait déclaré que la seule noblesse est celle de l'âme et que c'est la vertu qui la confère. Quant à l'esclavage, nous reconnaissons que la religion chrétienne a contribué très puissamment, bien qu'indirectement, à son abolition en proclamant l'égalité de tous les hommes devant Dieu et en développant le sentiment de la fraternité humaine; mais la philosophie seule a osé l'attaquer en face. Les théologiens les plus célèbres, tels que saint Augustin et Bossuet, y voyaient comme dans les autres maux de la vie, un effet du péché originel et en même temps un moyen de salut pour ceux qui l'accepteraient avec un esprit de résignation. C'est pourquoi ils hésitaient à le déclarer illégitime. Les philosophes, au contraire, et à leur tête Montesquieu et J.-J. Rousseau, l'ont regardé comme tout à fait incompatible avec la dignité humaine, et l'ont absolument frappé de réprobation.

Lamennais fait très bien ressortir l'influence que la religion exerce sur les mœurs, en proposant à l'homme un idéal divin et en le portant à le réaliser par la perspective des peines et des récompenses éternelles; mais il a tort de refuser, dans cet ordre de faits, toute initiative et toute action à la philosophie. Elle propose, elle aussi, à l'homme l'idéal le plus sublime. Avant que le Christ eût recommandé à ses disciples d'être parfaits, comme le Père céleste est parfait, Platon

[1] *Essai sur l'indifférence*, II⁰ partie, chap. III et IV.

avait prescrit aux siens d'imiter Dieu et de s'efforcer de lui devenir semblables. Que si elle parle avec moins d'autorité et de précision des peines et des récompenses de la vie future, elle les proclame pourtant par l'organe de ses représentants les plus illustres et y trouve, sinon le fondement, au moins la sanction de la loi morale.

Il n'est donc pas vrai, quoi qu'en dise Lamennais, que la philosophie soit inutile ou funeste. Sans exercer une influence aussi étendue et aussi profonde que la religion, elle contribue, elle aussi, au perfectionnement de l'homme et au progrès des sociétés humaines.

II

QUESTION DE LA CERTITUDE : DOCTRINE DU SENS COMMUN

Après avoir comparé la philosophie et la religion au point de vue moral et social, Lamennais les compare au point de vue logique et scientifique; il se demande quelle est leur certitude à l'une et à l'autre, et en quoi la certitude consiste. C'est là, dit-il, une des plus importantes questions que l'on puisse se poser ; car, suivant la solution qu'on lui donne, la paix ou la guerre règnent dans l'homme et dans la société. L'homme est tranquille quand il est certain de posséder la vérité, et la société est calme quand elle est sûre d'obéir aux lois éternelles de l'ordre, qui n'est qu'une face de la vérité elle-même. Si les hommes et les peuples de notre temps sont si agités et si malheureux, c'est qu'ils doutent de tout, de la religion et de la morale, de la loi et du pouvoir, c'est que chacun ne veut croire que soi et n'obéir qu'à soi, et que l'anarchie dans les opinions engendre la discorde dans la vie. Le seul moyen de porter remède aux maux qui nous travaillent est de subordonner l'individu à la société, la raison de chacun à celle de tous, c'est-à-dire la liberté à l'autorité.

Nous convenons avec Lamennais que le désaccord dans les opinions engendre d'ordinaire le désaccord dans les actes, et que la société qui offre le plus d'unité dans ses croyances est la société la plus harmonique. Seulement, c'est, suivant nous, une grave question que celle de savoir si cette unité de croyances doit être obtenue par l'abdication des diverses raisons particulières ou par leur libre mouvement vers la même vérité et la même lumière.

Lamennais ne s'en tient pas à ces vues générales touchant la raison individuelle : il la démonte, en quelque sorte, pour en mieux mettre à nu toute la faiblesse. Il y trouve trois pièces principales, les sens, le sentiment, le raisonnement, et discute la portée de chacune d'elles. Ses objections contre la certitude des sens n'ont rien de remarquable ni d'original, elles avaient été exposées avant lui avec plus d'étendue et de force par la plupart des sceptiques, et n'ont en définitive qu'une assez mince valeur. Cet écrivain a beau me dire que les sens ne m'apprennent rien de certain ni sur moi-même ni sur les autres êtres, je tiens grand compte de leur témoignage dans la plupart des circonstances de la vie et je suis persuadé que Lammenais en faisait autant. Quand je rencontre sur mon chemin un ruisseau, je fais un détour pour trouver un gué ou un pont, au lieu de marcher droit devant moi et de m'exposer à me noyer ; quand je sens la pluie tomber par torrents sur mes épaules, je n'attends pas, pour être certain de sa réalité, qu'elle m'ait percé jusqu'aux os, je double le pas et me hâte de chercher quelque part un refuge. Le doute touchant le témoignage des sens n'est pas justiciable de la dialectique, mais de la comédie, et l'auteur de *Sganarell* en a fait bonne justice.

Lamennais ne se borne pas à contester l'autorité des sens et la réalité des objets sensibles : renchérissant sur les sceptiques les plus déterminés, il conteste la réalité de la sensation même : « Qu'est-ce que sentir, se demande-t-il ? Qui le sait ? suis-je même certain que je sens[1] ? » « Quand on fait la question : Qu'est-ce que sentir ? répond très bien Maine de Biran, ou l'on demande ce qu'on sait parfaitement *(certissima scientia et clamante conscientia)*, ou l'on ne sait ce qu'on demande[2]. » « Suis-je même certain que je sens ? » A cette question tout homme de bonne foi répondra *oui* sans hésiter. Que si quelqu'un répond *non* du bout des lèvres, c'est un bel-esprit qui s'amuse, et il répond *oui*, lui aussi, au fond du cœur. D'ailleurs si je ne suis pas sûr de ce que je sens, comment pourrais-je connaître sûrement l'opinion de mes semblables sur les questions qui m'intéressent ? En ruinant l'autorité des sens, Lamennais ruine celle du consentement universel des hommes, il met à néant son propre *criterium* de la certitude. Mais sur quoi cet au-

---

[1] *Essai sur l'indifférence*, IIIᵉ partie, chap. 1.
[2] Maine de Biran, *Œuvres philosophiques*, publiées par V. Cousin, t. II, note sur Lamennais.

teur se fonde-t-il pour contester la vérité de nos sensations? Sur ce que nous croyons en éprouver durant le rêve, dont nous reconnaissons l'illusion au réveil, et sur ce que le rêve et la veille sont deux états indiscernables. C'est là un langage inexact et contradictoire tout ensemble : inexact, car toute sensation éprouvée, même durant le rêve, est réelle, son objet seul peut être illusoire ; contradictoire, car si nous reconnaissons, au réveil, le caractère chimérique des idées du rêve, il faut bien que nous ayons un moyen de les distinguer de celles de la veille.

Non content de s'attaquer aux sens, Lamennais s'attaque au sentiment. Le sentiment que nous avons du vrai et du faux, du bien et du mal varie, dit-il, suivant les circonstances, au gré de nos passions et de nos intérêts. S'en rapporter à lui, ce serait convenir que la vérité d'aujourd'hui peut être l'erreur de demain. La force avec laquelle il nous entraîne n'est pas même, s'il faut l'en croire, une garantie de vérité ; car elle peut venir de notre constitution interne et non de la force irrésistible de la vérité, de sorte que nous ne sommes autorisés à tenir pour vrai rien de ce que le sentiment nous donne pour tel, pas même les axiomes. Nous n'avons pas besoin de réfuter en détail des assertions aussi exagérées et aussi étranges. Le sentiment du vrai et du faux, du bien et du mal, ne varie pas, quoi qu'en dise l'auteur de l'*Essai*, d'un homme à un autre, ni d'un moment à l'autre dans le même homme. Tous les hommes distinguent constamment, avec la plus grande clarté, la cause de l'effet, l'activité de la passivité, la justice de l'injustice, le mérite du démérite.

Qu'est-ce que Lamennais demande de plus ? A quel signe plus certain pouvons-nous distinguer la vérité de l'erreur qu'à l'évidence qui l'accompagne et qu'à l'unanimité qui résulte de cette évidence même ?

Les arguments de Lamennais contre le raisonnement ne valent pas mieux que ses arguments contre le sentiment. Il n'est pas vrai, comme il le prétend, que le raisonnement ébranle toutes les vérités ; il n'est pas vrai qu'il nous fasse rire de toutes les croyances de nos pères, en attendant que nos enfants rient des nôtres propres. Il y a des vérités qui sont au-dessus de ses atteintes et des croyances qu'il ne saurait ridiculiser, parce qu'elles sont l'expression de notre nature. Dire que le raisonnement est incertain parce que la mémoire, à laquelle il emprunte ses données, est elle-même incertaine, c'est ajouter à un paradoxe un paradoxe nouveau. Quoi ! quand je serre la main à un frère, à un ami que je vois tous les jours, je ne suis pas sûr que ce soit lui, parce que je n'ai que ma mémoire pour m'attester la fidélité de ma mémoire ! Quoi ! quand je raconte les événements de ma vie passée, je ne suis pas sûr d'être celui à qui ces événements sont arrivés, parce que le fait de mon identité personnelle n'est pas susceptible de démonstration ! Ce sont là des raisons qu'on regarderait comme de mauvaises plaisanteries, si on les produisait dans les entretiens de la vie commune : nous ne voyons pas pourquoi on les apprécierait plus favorablement dans une discussion philosophique.

Lamennais semble comprendre lui-même ce qu'il y a d'excessif dans ses objections : Douterons-nous, se demande-t-il, si nous pensons, si nous sentons, si nous sommes? Non, répond-il, la nature ne nous le permet pas. Nous ne pouvons ni démontrer pleinement aucune vérité, ni refuser d'admettre certaines vérités, et quelles vérités? les moins prouvées de toutes, celles qui échappent à toute démonstration. Nous trouvons ici chez Lamennais la même confusion d'idées qu'on a relevée chez Pascal. Cette nature, qui nous force à admettre que nous sentons, que nous pensons, que nous sommes, bien que ce soient là des vérités non démontrées, n'est pas autre chose, en définitive, que la raison en tant qu'elle saisit le vrai immédiatement et sans raisonner.

Mais ce n'est pas ainsi que Lamennais l'entend. Pour lui, la nature est la tendance qui nous porte, dès nos plus jeunes années, à obéir à l'autorité de ceux qui nous surpassent en raison et à conformer nos croyances aux leurs. En continuant de vivre, nous continuons de croire et apprenons seulement à distinguer, entre plusieurs autorités, celle qui mérite la préférence. Si l'autorité a présidé à la première éclosion de notre intelligence, elle doit présider aussi à ses développements ultérieurs : autrement il faudrait dire que la loi qui nous fait être et celle qui parfait notre être sont opposées l'une à l'autre [1].

Avant de tirer de son principe une telle conclusion, notre philosophe aurait dû remarquer que si le penchant à se soumettre à l'autorité d'autrui existe en nous durant notre enfance, il va en s'affaiblissant à mesure que nous avançons dans la vie, et qu'un moment arrive où il fait place au besoin de se rendre compte et d'examiner. Cela ne veut pas dire qu'il y ait opposition en-

---

[1] *Essai sur l'indifférence.* IIIe partie, chap. I.

tre la loi qui préside à l'éclosion de notre intelligence et celle qui en règle les développements. Cela veut dire seulement qu'il en est de l'homme moral comme de l'homme physique, qu'il est enclin à s'appuyer sur autrui tant qu'il a besoin d'appui, c'est-à-dire tant qu'il est faible et débile, mais qu'il prend plus de confiance en lui-même à mesure qu'il acquiert le sentiment de sa force et qu'il entre en possession de sa personnalité. Demander à l'homme mûr de croire aveuglément à l'autorité et de la prendre pour l'unique règle de tous ses jugements, c'est demander à l'homme fait de se remettre au maillot et de reprendre des lisières.

A côté des raisons peu concluantes que Lamennais produit en faveur de son système, il en fait valoir d'autres qui, malgré leur caractère excessif, ont quelque chose de plausible. Les différents moyens de connaître que nous possédons, dit-il, les sens, le sentiment, le raisonnement, empruntent à leur coïncidence chez un grand nombre de personnes une valeur qu'ils n'auraient point par eux-mêmes. Nos sens sont des instruments extrêmement imparfaits, mais, comme leurs imperfections varient avec les individus, leur accord sur un point est une preuve de vérité, et la preuve est d'autant plus forte que le nombre des témoignages est plus imposant. Un témoignage qui est unique ne produit qu'une simple probabilité, d'innombrables témoignages produisent une certitude pleine et entière. Il en est du sentiment et du raisonnement comme des sens : ils peuvent nous tromper et nous trompent souvent, quand nous ne les consultons qu'en nous mêmes et qu'ils affectent un caractère purement individuel. Ils ne peuvent nous tromper et ne nous trompent jamais, quand ils s'expriment par la voix du genre humain et qu'ils offrent un caractère universel. La certitude résulte du concours des diverses raisons : elle est une production sociale. C'est pour cela que celui qui s'isole et n'écoute que lui-même tombe dans le doute et ne sait plus à quoi se prendre.

Tant que nous avons considéré l'homme isolément, ajoute Lamennais, nous n'avons trouvé en lui qu'un amas de ténèbres et de contradictions. Entraîné par sa raison au scepticisme absolu, qui n'est que la privation de toute vérité et de toute vie, il y tomberait inévitablement, si un principe énergique de foi ne le forçait à déférer à l'autorité générale, qui rapproche les esprits, comme l'attraction rapproche les corps (c'est, comme on voit, le pur *fidéisme*). Il est dans leur nature d'obéir à cette loi, puisqu'il est dans leur nature de subsister et de vivre. Donc toute philosophie qui la méconnaît et qui tend à faire prédominer la raison individuelle, contient en elle un germe de dissolution et de mort. Elle tend à ramener l'homme à cet isolement moral qui est le pendant de cet isolement physique qu'on a nommé l'état de nature. La raison de l'homme n'est que la raison de la société dont il fait partie, et quand il essaye de l'en distinguer, quand il s'en sert pour réformer et la raison sociale et la société elle-même, il n'aboutit qu'à la destruction et au néant. Il ne faut pas s'en étonner, puisque nul être ne vit seul, que tous dépendent les uns des autres et sont, pour ainsi dire, en communion de vie.

Mais pour les êtres intelligents, vivre, c'est croire. Or la première de toutes les croyances est la croyance à l'existence de Dieu, qui est le principe de toute vie et la dernière raison de tout ce qui est[1]. Il importe donc de voir sur quoi elle se fonde. Suivant Lamennais, comme suivant Bonald, dont il ne fait guère ici que développer la doctrine, l'existence de Dieu est une vérité qui est universellement admise, et qui est attestée à la fois par les sens, le sentiment et le raisonnement, c'est-à-dire une vérité à laquelle tous les hommes, par toutes leurs facultés, rendent hommage : elle offre, par conséquent, le plus haut degré de certitude possible. C'est l'Être divin lui-même qui l'a révélée jadis à notre premier père, avec les autres vérités morales et religieuses qui s'y rattachent, en lui faisant don du langage, et une tradition à la fois universelle et ininterrompue l'a perpétuée jusqu'à nos jours, de sorte que sur ces matières fondamentales l'autorité de Dieu et celle du genre humain se confondent.

C'est en se plaçant à ce point de vue que Lamennais oppose de nouveau la religion à la philosophie. Celle-ci, dit-il, part de la raison individuelle et du libre examen et aboutit au scepticisme et à l'erreur ; celle-là s'appuie sur la raison universelle et sur l'autorité et reste dans la vérité et dans la foi ; la première énerve et divise les hommes, la seconde les unit et les vivifie ; l'une est un principe de mort, l'autre un principe de vie pour les individus et pour les sociétés. Les hommes, en effet, ne sont rien, et ne peuvent rien sans une foi commune et

---

[1] *Essai sur l'indifférence*, IIIe partie, chap. II.

conforme à la vraie raison, qui est celle du genre humain : « Actifs par leur nature, il faut qu'ils croient pour agir ; pour que leurs actions concourent au même but, il faut que leurs croyances soient uniformes ; il faut qu'elles soient vraies pour conserver l'ordre général et les êtres eux-mêmes dont le désordre ou la violation des lois naturelles amène infailliblement la destruction. »

On voit comment Lamennais résout le problème de la certitude de la connaissance humaine. Que puis-je savoir ? Rien ou quelque chose : telles sont, à ce qu'il semble, les deux seules réponses qu'on puisse faire à une question de ce genre, et ce sont, en effet, les seules qui aient été faites dans le passé. Ceux qui ont répondu *rien* sont les sceptiques ; ceux qui ont répondu *quelque chose* sont les dogmatiques. Eh bien, Lamennais paraît croire qu'il y a un milieu entre ces deux solutions opposées et qu'il n'est pas impossible de se frayer un chemin entre le scepticisme et le dogmatisme, tel qu'on l'entend ordinairement. A cette question : — Qu'est-ce que l'homme peut savoir? — il répond par une distinction. Pris individuellement, dit-il, il ne peut rien savoir avec certitude; mais pris collectivement il peut savoir certainement quelque chose; ce qui revient à dire que la raison individuelle est impuissante, mais que la raison commune ou universelle ne l'est pas. De là le nom de doctrine du sens commun ou du consentement universel donné à son système.

De nombreux auteurs, avant Lamennais, avaient invoqué le consentement universel des hommes en faveur de leurs doctrines. Il suffit de citer, parmi les anciens,

Cicéron, qui le regardait comme la voix de la nature même et qui l'opposait sans cesse aux épicuriens, c'est-à-dire aux matérialistes et aux athées de son époque, et, parmi les modernes, les philosophes écossais, qui font constamment appel contre leurs adversaires, les sceptiques, les matérialistes et les idéalistes, aux croyances naturelles du genre humain, au lieu de se borner à discuter rationnellement chacune de leurs assertions. De leurs écrits ce procédé a passé dans ceux de nos éclectiques, qui ne se sont pas fait faute non plus de l'employer contre les condillaciens. Mais il y a cette différence entre les auteurs que nous venons de citer et Lamennais, que, si les premiers s'en réfèrent souvent au sentiment commun, ils ne le regardent pourtant pas comme la seule, ni même comme la principale règle de leurs jugements, tandis que le second le considère comme le vrai et unique critérium de la certitude. La doctrine de Lamennais a donc une originalité incontestable. Si ce philosophe a eu un devancier, c'est seulement Bonald; car le sens commun de l'un ressemble assez à la tradition de l'autre.

Mais cette doctrine est-elle aussi vraie qu'elle est originale? C'est une autre question. Sans doute le témoignage des hommes n'est point à dédaigner. Si nous devons un certain nombre d'idées à nos moyens personnels de connaître, nous en recevons de nos semblables un plus grand nombre encore. Sans leurs enseignements, chacun de nous vivrait dans un point du temps et de l'espace, étranger au présent comme au passé de son espèce et ne pouvant même songer à son avenir. Ce que chaque homme aurait appris à grand' peine périrait avec lui, et la science, au lieu d'aller en se développant d'une génération à l'autre, serait toujours à recommencer. C'est cette idée de la solidarité intellectuelle des générations humaines qui constitue la partie sérieuse de la thèse de Lamennais, comme de celle de Bonald. Non seulement le témoignage des autres hommes nous procure une infinité de connaissances, mais il nous sert à contrôler celles que nous avons déjà : nous ne nous sentons parfaitement sûrs de nos opinions que quand elles sont partagées par les autres hommes. Quand tout le monde les rejette, nous nous prenons nous-mêmes à les révoquer en doute, à peu près comme ce personnage de la comédie qui se sent bien portant, mais qui commence à douter de sa santé et à se tâter avec inquiétude, du moment que tous lui crient à l'unisson qu'il est malade.

Il ne faut cependant pas que les côtés plausibles de la doctrine du sens commun nous ferment les yeux sur les erreurs qu'elle contient. Elle consiste, en effet, à prétendre que le consentement de tous les hommes est non pas un des moyens que nous avons d'arriver à la vérité, mais le seul moyen qui puisse nous y conduire, c'est-à-dire qu'il est le vrai critérium de la certitude. Or, c'est là, nous le répétons, une doctrine erronée, s'il en fut.

Le critérium de la certitude, est, en effet, un principe par lequel nous pouvons distinguer le vrai du faux, le certain de l'incertain, en dernier ressort et sans appel; c'est un principe premier, universel, invariable, infaillible, que chacun de nous porte en lui-même, de manière à pouvoir le consulter sans peine et en toute circonstance. Or, le critérium lamennaisien ne semble pas, à beaucoup près, remplir toutes ces conditions. Il n'est pas un principe premier ; car si j'admets que le consentement de tous les hommes est un indice de vérité, c'est parce que cela me paraît évident : ce prétendu principe premier en suppose donc un autre, qui est l'évidence. Il n'est pas universel; car s'il s'applique à un certain nombre de vérités, comme les vérités axiomatiques, en revanche, les vérités déduites, qui supposent des raisonnements dont peu de personnes sont capables, et les vérités de fait, qui ne sont accessibles qu'à un ou à quelques individus, lui échappent complètement. Il n'est pas invariable ; car le sens commun d'une époque n'est pas toujours exactement celui d'une autre. Il n'est pas non plus infaillible, comme l'histoire de bien des opinions cosmologiques ou morales en fait foi. Ajoutons que, bien loin d'être uni à notre intelligence de manière que nous n'ayons pas besoin de sortir de nous-mêmes pour le consulter, il est placé hors de nous dans le temps et l'espace, de sorte que la plupart des hommes ne peuvent y recourir et sont ainsi privés d'un moyen de discernement qui devrait être à leur portée, puisqu'il est absolument nécessaire à leur vie intellectuelle.

Outre les défauts que nous venons de signaler, le critérium de Lamennais en a un autre, qui est extrêmement grave : il est contradictoire. Cet auteur soutient, en effet, que les sens, la conscience et la raison nous trompent également, et que seul le consentement des hommes ne nous trompe pas. Or, comment connaissons-nous ce dernier, s'il nous est donné de le connaître? Par les sens, qui seuls nous révèlent les choses du dehors. Comment l'apprécions-nous? Par la raison, seul moyen d'appréciation que nous ait départi la sagesse divine. Et comment connaissons-nous les opérations auxquelles notre esprit se livre pour le connaître et pour l'apprécier? Par la conscience. Mais si toutes ces facultés sont trompeuses, elles nous tromperont sur le consentement universel comme sur autre chose. Beau critérium et bien certain, que celui auquel nous ne pourrons recourir qu'au moyen de facultés incertaines! Ce critérium est encore contradictoire dans un autre sens. Il suppose, effectivement, que des individus, dont chacun en particulier est incapable de connaître certainement la vérité, la connaîtront avec certitude dès qu'ils auront mis en commun les lumières qu'ils n'ont pas. C'est comme si on disait que tous les aveugles des deux mondes n'auraient qu'à se réunir pour voir clair.

Enfin, l'opinion de Lamennais touchant le vrai critérium est elle-même bien loin d'avoir pour elle ce consentement universel qui est, à ses yeux, le critérium suprême; car elle lui est à peu près exclusivement propre. Personne ne l'avait admise avant lui; personne, hors quelques disciples aujourd'hui disparus, ne l'a admise après lui, et la plupart des hommes continuent à croire qu'ils voient ce qu'ils voient et qu'ils sentent ce qu'ils sentent, sans se préoccuper de savoir quelle est à cet égard l'opinion de l'universalité de leurs semblables. Le principe de Lamennais porte donc en lui-même sa condamnation, et on peut dire à la lettre que sa fausseté est en raison directe de son originalité. Qu'on y songe et on verra que c'est là un argument *ad hominem* auquel il n'y a rien à répondre.

A ces arguments purement théoriques, on pourrait en ajouter qui sont plus particulièrement pratiques. Lamennais prétend qu'en dehors de son système il n'y a pas de vie intellectuelle : c'est bien plutôt dans son système qu'il n'y en aurait pas. Dès que le genre humain serait censé posséder toutes les vérités, on les recevrait de lui passivement, on ne les rechercherait pas activement ; l'imitation et la mémoire se substitueraient à l'intelligence et à la pensée. C'est ce qu'un philosophe profond, Maine de Biran, a très bien vu : « Mettez de côté, dit-il, toute raison et supposez que les hommes ne se conduisent que par un principe d'imitation, en faisant tout ce qu'ils voient faire aux autres, en croyant aveuglément tout ce qu'ils disent, sans en chercher les raisons, et quelle société aurez-vous ? Sera-ce une société d'êtres intelligents ? Sera-ce cette foi aveugle qui pourra développer, éclaircir et fortifier la raison, qui lui est restée étrangère ? En principe, loin d'être la vie de l'intelligence, n'en serait-elle pas plutôt la mort[1] ? » On voit qu'il en est de la doctrine de Lamennais comme de celle du comte de Maistre et du vicomte de Bonald : elle aurait pour dernière conséquence, si on la pressait un peu, la restauration de l'instinct et de la routine, en même temps que l'abdication de l'intelligence et de la liberté.

Sans doute la raison universelle peut, en maintes circonstances, régler la raison individuelle ; mais la raison individuelle, à son tour, est seule capable de donner à la raison universelle le mouvement et la vie ;

---

[1] Maine de Biran, *Œuvres philosophiques*, t. II, note sur Lamennais.

sans elle, on peut le dire, la civilisation resterait immobile et comme pétrifiée. Un homme de génie a une idée nouvelle. Il reste quelque temps seul de son avis, puis quelques esprits éminents se rallient à sa manière de voir, et enfin tous ceux qui sont au courant du mouvement scientifique finissent par l'adopter. Une fois que l'idée nouvelle en est là, bien qu'elle ne soit encore que l'apanage du petit nombre, comme ce petit nombre est une élite, sa fortune est faite. La foule l'acceptera bientôt, elle aussi, de confiance et sans être capable le plus souvent ni de la démontrer ni même de la comprendre; car, si le nombre a son autorité, l'intelligence a aussi la sienne, qui s'impose naturellement aux hommes avec empire.

Ce n'est pas, en effet, le grand nombre, c'est le petit, ce n'est pas la foule, ce sont les meilleurs qui ont fondé les grandes institutions qui nous abritent sous leur ombre, telles que la famille et la propriété. La foule n'a eu d'autre mérite que d'obéir à leur voix et de s'associer à leurs efforts. Dans l'ordre moral, comme dans l'ordre scientifique, elle n'a pas d'initiative : elle cède à une impulsion étrangère. Aux époques saines, elle a, comme le chœur des tragédies antiques, des sentiments honnêtes, mais d'une honnêteté un peu vulgaire, qui se rapproche plus de la morale de l'intérêt bien entendu que de celle de l'héroïsme et du dévouement. Tout ce qui implique une certaine élévation d'âme passe par dessus sa tête : elle ne le comprend pas. De là l'opposition que les poètes et les moralistes de l'antiquité gréco-romaine établissent sans cesse entre les sentiments distingués, qui sont l'apanage de l'élite, et les sentiments communs, qui sont ceux de la multitude. De là l'anathème que les premiers chrétiens, dans leur passion pour la beauté et la noblesse morales, lancent contre l'esprit du siècle et l'opinion du monde. Ce ne sont pas eux qui auraient dit que nous devons nous inspirer uniquement d'un tel esprit et prendre une telle opinion pour l'unique règle de notre conduite.

III

CONSÉQUENCES RELIGIEUSES DE LA DOCTRINE DU SENS COMMUN

Non content d'affirmer que l'autorité du sens commun est le seul critérium que nous ayons pour distinguer la vérité de l'erreur, Lamennais se sert de ce critérium pour distinguer la vraie religion des religions fausses. Mais auparavant il s'efforce d'établir qu'il n'y a qu'une seule religion vraie et qu'elle est indispensable pour le salut. La religion, dit-il, est l'ensemble des rapports qui existent entre Dieu et l'homme, entre le Créateur et la créature. Or, ces rapports sont nécessaires, car ils dérivent de la nature même des choses. Par conséquent, il n'y a qu'une bonne manière de les concevoir, il n'y a qu'une vraie religion. Cette religion, ajoute-t-il, est indispensable pour le salut. Tous les êtres, en effet, soit matériels soit immatériels, sont unis entre eux par des rapports qui constituent leurs lois, et, comme ils ne sauraient subsister en dehors des lois de leur nature, dès que ces rapports sont détruits ou gravement altérés, ils sont condamnés à périr. Que les différentes parties de notre corps cessent d'avoir les mêmes relations soit entre elles soit avec les substances qui nous environnent, telles que l'eau, l'air, la lumière, les plantes, notre corps périra inévitablement ; que notre âme cesse d'être en relation avec celles de nos semblables, parce que nous aurons été relégués, dès nos plus jeunes années, loin de toute société humaine, dans une solitude profonde, nos facultés animiques ne pourront ni s'épanouir ni se développer, et la mort de notre être moral en sera l'inévitable conséquence. Mais, si rien dans l'univers n'existe isolément, si tous les êtres de la création dépendent les uns des autres et se communiquent mutuellement soit la vie matérielle soit la vie morale, ils ne peuvent subsister, à plus forte raison, séparés de Dieu, qui est le principe de tout être et de toute vie. Point de salut pour l'homme, par conséquent, que dans son union avec Dieu, c'est-à-dire avec la vérité suprême, avec le souverain bien ; point de salut pour lui, en un mot, en dehors de la religion véritable.

Mais cette véritable religion, en dehors de laquelle tout salut est impossible, comment la reconnaîtrons-nous ? Ce ne sera point par la raison et les autres moyens personnels de connaître que la nature a mis à notre disposition, ce qui écarte immédiatement la religion dite naturelle, qui émane de cette source : ce sera par l'autorité, qui est, aux yeux de Lamennais, le seul critérium de la certitude. C'est à elle qu'il appartiendra, non seulement de nous révéler la vraie religion, mais

---

[1] *Essai sur l'indifférence*, IIIe partie, chap. IV.

encore d'en interpréter les maximes. Si l'interprétation en était abandonnée à la raison individuelle, elle deviendrait bientôt incertaine et flottante comme elle : il n'y aurait bientôt plus de religion. Pour qu'il y en ait une, il faut qu'il y ait une autorité, et une autorité visible, qui conserve à la doctrine l'unité, l'universalité, la perpétuité et la sainteté, qui en sont les caractères fondamentaux. Or, cette autorité visible, quelle est-elle ? Avant Jésus-Christ, dit Lamennais, c'était celle du genre humain; depuis Jésus-Christ, c'est celle de l'Église catholique ou universelle, héritière de toutes les traditions humaines. Le christianisme, qui s'appuie sur cette double autorité, est la vraie religion, et a existé, sous une forme ou sous une autre, depuis le commencement du monde jusqu'à nos jours. Il enseigne et a toujours enseigné l'existence d'un seul Dieu, la distinction du bien et du mal, la spiritualité et l'immortalité de l'âme, les peines et les récompenses de la vie future et d'autres vérités du même genre. C'est là le patrimoine commun de notre espèce. Elle l'a reçu, à l'origine, de l'auteur des choses, elle l'a conservé au milieu des ténèbres de l'antiquité, et l'Église catholique en est, à l'heure qu'il est, la fidèle dépositaire[1].

Non seulement l'autorité d'aucune religion n'est égale à celle de l'Église catholique, mais il n'y a en dehors d'elle ni autorité ni religion proprement dite. Le protestantisme et les autres hérésies ne sont que des branches détachées du catholicisme et ne remplissent point les conditions qu'une vraie religion doit remplir, puisque

---

[1] *Essai sur l'indifférence*, III⁰ partie, chap. VIII.

ceux qui les professent ne peuvent s'accorder sur la doctrine et qu'il n'existe parmi eux aucune autorité qui ait pour mission de trancher les différends : dans les sectes protestantes, comme dans les écoles philosophiques, c'est la raison individuelle qui domine sur les ruines de la raison générale. Quant au judaïsme, bien loin d'être la vraie religion que nous cherchons, il n'a jamais été une religion distincte. Les juifs, en effet, n'avaient d'autres dogmes, d'autre morale, ni même d'autre culte que les justes dispersés parmi les autres nations. Leur religion, dans ce qu'elle avait de spécial, était ignorée dans la plus grande partie du monde et n'obligeait que les habitants de la Judée, tandis que la vraie religion est connue de tous et s'impose à tous indistinctement.

Reste l'idolâtrie, qui n'est pas une religion non plus, car elle ne contient pas un dogme, une morale et un culte unis par des liens étroits et formant un tout indissoluble. Cependant elle n'est pas un vain tissu d'erreurs, comme on se le figure ordinairement, car elle renferme des vérités importantes par lesquelles elle se rapproche du christianisme. Ainsi, les idolâtres n'ignoraient pas le vrai Dieu, mais, n'osant lever les yeux jusqu'à lui, ils honoraient des génies secondaires destinés, dans leur pensée, à combler en quelque sorte l'abîme qui sépare le fini de l'infini : c'était, suivant Lamennais, une corruption de la doctrine du médiateur. Ils avaient aussi coutume pour la plupart de rendre leurs hommages soit à leurs ancêtres, soit aux morts vertueux qui avaient honoré leur nation. Aussi notre théologien-philosophe n'hésite pas à dire que l'idolâtrie « ne fut jamais que le culte des esprits bons et mauvais et le culte des hommes distingués par des qualités éclatantes, ou vénérés pour leurs bienfaits, c'est-à-dire au fond le culte des anges et celui des saints. » Le mot *dieux* employé au pluriel ne signifiait pas autre chose. Mais le culte que l'on rendait à ces anges vrais ou faux et à ces hommes sanctifiés ou divinisés n'excluait pas celui du Dieu éternel et suprême. Celui-ci était, en définitive, pour tout le monde, le seul et véritable Dieu, de sorte qu'on pourrait à la rigueur soutenir, avec Beausobre, que le polythéisme n'a jamais existé[1].

Lamennais fait valoir en faveur de cette thèse originale un grand nombre de preuves qu'il emprunte un peu confusément et sans beaucoup de critique aux annales des anciens peuples : « Primitivement, dit-il, les Indiens n'adoraient que Dieu, et reconnaissaient une seule cause intelligente qui avait formé le monde. Brahm est le nom de ce Dieu souverain dans l'antique religion de Brahma. Constamment caché, il est tout, il est l'essence inconnue de toute chose. » Les Chinois professaient également, suivant notre philosophe, un monothéisme parfaitement caractérisé : « Avant le chaos qui a précédé la naissance de la terre, dit Lao-Tseu, un seul être existait, immense et silencieux, immuable et toujours agissant, sans jamais s'altérer. On peut le regarder comme la *mère* de l'univers. J'ignore son nom, mais je le désigne par le mot raison. »

Les Perses semblent, au premier abord, rompre sur ce point capital l'imposante unanimité du genre humain, car ils admettent deux dieux, l'un bon et l'autre

---

[1] *Essai sur l'indifférence*, IV° partie, chap. III et IV.

méchant, Ormuzd et Ahriman, qui remplissent de leurs combats le ciel et la terre. Mais ce n'est là qu'un dualisme apparent : au-dessus de ces deux dieux ennemis, ils placent, en effet, un Dieu suprême, Zérouane-Akerene, l'Éternel, l'Ancien des jours, pour parler le langage de Daniel, qui doit un jour faire triompher le bien du mal, la lumière des ténèbres. Il faut dire la même chose des Égyptiens. A travers la multiplicité de leurs dieux secondaires, un œil attentif démêle sans peine un Dieu suprême et unique : « Ils appelaient Knef, dit Lamennais, ce Dieu souverain, unique, éternel. On le représentait avec un œuf sortant de sa bouche, pour rappeler qu'il avait créé l'univers par sa parole [1]. »

La Grèce elle-même, qui passe pour la terre classique du polythéisme, est loin d'avoir été aussi réfractaire au monothéisme qu'on se le figure ordinairement. Dans les hymnes orphiques, Zeus est appelé le premier et le dernier, le commencement, le milieu et la fin, et consdéré comme l'esprit qui anime tout et de qui toutes choses dépendent et tirent leur origine. Quant aux ouvrages des siècles postérieurs, il suffit de les ouvrir pour voir que leurs auteurs prennent le mot *Dieu* dans un sens absolu et y attachent exactement la même idée que nous.

Après cette énumération ingénieuse, mais qui rappelle par plus d'un trait le syncrétisme alexandrin du commencement de notre ère, car Lamennais ne distingue pas suffisamment le panthéisme du monothéisme

---

[1] *Essai sur l'indifférence*, IV⁰ partie, chap. vi.

véritable, le célèbre apologiste passe aux autres dogmes du christianisme, à l'immortalité de l'âme, à la loi morale, à la chute primitive, à l'Incarnation, à l'efficacité du culte et des sacrifices, et cherche également à prouver qu'ils ont été et sont encore répandus dans tout l'univers. Nous ne le suivrons pas dans les détails de cette longue démonstration, qui du reste ne pouvait être parfaitement concluante, car, lors même que les croyances dont il parle seraient toutes universelles, elles s'expliqueraient aussi bien par les tendances naturelles de l'homme, considéré dans l'ensemble de son évolution historique, que par une tradition qui aurait passé successivement d'une génération à une autre. Il n'a pas de peine à faire voir que la doctrine de l'immortalité de l'âme a été admise par la plupart des peuples et que la métempsychose, les honneurs rendus aux morts et la nécromancie elle-même la supposent. Quant à celle du péché originel, il est plus difficile d'en établir l'universalité et, sur ce point, l'auteur prend souvent pour des preuves topiques des analogies plus ou moins lointaines. Quoi qu'il en soit de toutes ces considérations, Lamennais conclut avec un auteur anglais qu'il n'y a pas eu plusieurs religions, mais qu'il n'y en a jamais eu qu'une seule. Révélée à l'homme dès l'origine des choses, elle s'est développée progressivement, sans varier dans son essence, pour s'approprier aux besoins croissants des sociétés humaines.

Il ne faut donc chercher la vraie religion, qui est la chrétienne, ni dans le protestantisme, ni dans le mosaïsme, ni dans l'idolâtrie, mais dans tout cela à la fois. Elle contient, en effet, épurées et perfectionnées, les doctrines qui sont communes à tous les cultes et qui constituent la raison générale, la foi universelle de l'espèce humaine : « La même chose qu'on appelle maintenant la religion chrétienne, dit saint Augustin, existait chez les anciens, et n'a jamais cessé d'exister, depuis l'origine du genre humain jusqu'à ce que le Christ lui-même étant venu en la chair, on a commencé à appeler chrétienne la vraie religion qui existait auparavant. » Seulement les chrétiens connaissent maintenant ce que les hommes antérieurs à Jésus-Christ ne faisaient que croire, de même que les élus connaissent ce que nous nous bornons à croire dans cette vie ; car il y a des degrés infinis dans l'intelligence, bien que la foi ne change pas. Du reste, le salut est acquis, suivant la remarque de Clément d'Alexandrie et de saint Justin, à ceux qui ont accompli la loi ancienne comme à ceux qui accomplissent la loi nouvelle ; car ce ne sont plus là deux religions, c'est la même religion, considérée ici en deçà, là au delà de la croix, c'est-à-dire dans deux phases différentes de son développement[1].

C'est là une conception qui ne manque ni d'originalité ni de grandeur. Elle nous montre notre espèce tout entière se nourrissant de la même vérité, vivant de la même vie et se réglant sur la même loi, sous l'empire d'un Christ qui ne repousse personne de son sein, et qui n'a rien de commun avec celui que Bossuet appelle un Christ aux bras étroits. L'humanité ne nous y apparaît point coupée, pour ainsi dire, en deux moi-

---

[1] *Essai sur l'indifférence*, quatrième partie, chap. IX, X et XI.

tiés, dont l'une, antérieure à Jésus, végéterait dans les ténèbres et à l'ombre de la mort, tandis que l'autre, postérieure à sa venue, se développerait sous une chaude et féconde lumière et fleurirait pleine de sève et de verdeur. Cette conception a un avantage sur celle des anciens théologiens, c'est qu'elle paraît plus conforme à la sagesse et à la justice de Dieu, et qu'elle semble mieux d'accord avec les lois qui président à l'évolution historique du genre humain. Elle nous fait envisager un progrès régulier, un développement normal, là où l'ancienne théologie n'avait voulu voir (on le dirait du moins) qu'une brusque solution de continuité, qu'un hiatus immense.

Comment cette idée grandiose s'est-elle présentée à l'esprit de Lamennais, comment l'illustre écrivain a-t-il été amené à en faire le point central de sa doctrine, et comment est elle devenue avec le temps la foi d'une partie considérable, de la partie la plus vivante, on peut le dire, du monde catholique? c'est ce qu'il s'agit d'examiner. A la fin du dix-huitième siècle et au commencement du dix-neuvième, la croyance au surnaturel s'était, sinon complètement éteinte, au moins sensiblement affaiblie, dans la plupart des esprits. Habitués par la culture toujours croissante des sciences à regarder les lois de la nature et de l'histoire comme fixes et immuables, ils éprouvaient une peine infinie à admettre, sous le nom de miracles, ces dérogations aux lois de l'univers sur lesquelles seules le christianisme leur paraissait fondé. C'est pourquoi la vieille théologie, avec les arguments toujours les mêmes qu'elle tirait des prophéties et des miracles de l'Ecriture, avait peu de prise sur eux et parvenait difficilement à s'en faire écouter. Il y avait dans l'air des doutes, formulés ou latents, qui étouffaient en quelque sorte sa voix et l'empêchaient de résonner dans les âmes et d'y trouver un écho. Ce fut alors que de Maistre, Bonald et Chateaubriand parurent et firent valoir, à la place des preuves théologiques qui semblaient surannées et frappées de désuétude, des preuves profanes et pour ainsi dire laïques plus jeunes et plus vivantes, je veux dire celles qui étaient tirées de l'importance morale, politique, littéraire du christianisme et de ses rapports intimes avec les parties les plus profondes de notre nature.

Lamennais suivit la voie que ces esprits d'élite avaient tracée, mais il la suivit à sa manière, c'est-à-dire en poussant leurs principes à leurs dernières conséquences et en allant, en toutes choses, plus loin qu'eux. « Les traditions antiques, avait dit Joseph de Maistre, sont toutes vraies, le paganisme entier n'est qu'un système de vérités qu'il suffit de remettre à leur place. » Lamennais s'empara de cette vue contestable peut-être, mais remarquable, pour renouveler toute la polémique religieuse et montrer la religion elle-même sous un jour nouveau que d'honnêtes ecclésiastiques, uniquement imbus de la théologie des séminaires, ne soupçonnaient pas : « Tout ce qu'il y a d'universel dans l'idolâtrie, dit-il à son tour, est vrai ; il n'y a de faux que ce qui est divers ; le symbole de l'humanité, aussi vieux qu'elle, ne diffère pas du symbole chrétien ; celui-ci n'en est que le développement. »

Ce n'était pas la première fois que des esprits ingénieux signalaient des rapports frappants entre les

croyances religieuses des différents peuples. Le juif
Philon et la plupart des Pères, dans l'antiquité, le savant
Huet et beaucoup d'autres, dans les temps modernes,
s'étaient plu à faire ressortir les analogies qu'il y a entre
le christianisme et l'hellénisme. Seulement ils les avaient
expliquées par de prétendus emprunts que Pythagore,
Platon, Aristote et les autres philosophes de la Grèce
auraient faits aux livres hébreux. Mais la théorie de
Joseph de Maistre et de Lamennais était tout autrement
originale et profonde. Elle consistait à soutenir que
toutes les traditions religieuses des différents peuples
n'étaient que des rameaux divers d'une tradition unique,
identique avec la révélation faite à notre premier père.

C'était là une doctrine séduisante, mais difficile à
établir. Aussi l'auteur de l'*Essai*, malgré l'érudition,
assez étendue pour le temps, qu'il mit au service de sa
thèse, ne réussit-il pas complètement à la faire prévaloir, et ne parvint-il à satisfaire ni les théologiens
ni les philosophes. Les théologiens ne sauraient, en effet,
se résoudre à considérer le peuple juif comme un peuple
ordinaire et qui n'aurait, malgré le témoignage des saints
livres, aucun privilège sur les autres peuples. Ils ne
sauraient non plus se décider à regarder le paganisme
et le christianisme comme ayant un fond identique; car
alors la rapide diffusion de la religion chrétienne serait
un fait des plus simples et il n'y aurait plus lieu de l'invoquer, comme une sorte de miracle, en faveur de cette
religion elle-même. L'apologétique et la prédication per-
draient du même coup un de leurs lieux communs les
plus frappants. En outre (chose plus grave, s'il est possible!) le caractère chrétien de toutes les religions une

fois admis, il faudrait bien admettre aussi qu'elles ont toutes une légitimité et une sainteté relatives et qu'elles sont toutes réellement, bien qu'inégalement favorables à la vie morale. On ne pourrait plus dire d'une manière absolue : hors de l'Église point de salut. Enfin, si le christianisme n'est que le paganisme nettoyé et perfectionné, comment s'assurer qu'il ne fera point place un jour, lui aussi, à un culte encore plus épuré et plus parfait, et qu'il n'est pas, lui aussi, une forme particulière et passagère de la religion éternelle et universelle? Toutes les analogies mènent à une telle conclusion, c'est-à-dire à cette doctrine de la religion progressive du genre humain que Lamennais professera sur la fin de sa carrière.

On voit que, si la théorie de Joseph de Maistre et de Lamennais (car elle leur est commune, bien que ce dernier l'ait plus développée et y ait attaché son nom) était, par certains côtés, de nature à plaire aux catholiques de notre temps, en ouvrant à leur pensée un plus vaste horizon, elle entraînait, au point de vue théologique, des conséquences assez graves et assez difficiles à concilier avec la rigueur et l'immutabilité du dogme. C'est sans doute pour cela qu'après avoir fortement remué les classes instruites de notre nation, et le clergé plus que toutes les autres, elle a fini par être rejetée.

Quant aux philosophes, ils devaient avoir encore plus de peine que les théologiens à accepter le nouveau christianisme que Lamennais avait conçu. Suivant la plupart d'entre eux, en effet, il en est des systèmes religieux comme des systèmes philosophiques et des chefs-d'œuvre de l'art : par certains côtés, ils se ressemblent, et, par d'autres, ils diffèrent. Or leurs ressemblances tiennent à ce qu'ils ont tous leurs racines dans la nature humaine, et leurs différences viennent de la différence des circonstances où ils se sont produits et des facultés qui ont concouru à leur production. Si donc plusieurs religions ressemblent, à certains égards, à la religion chrétienne, ce n'est pas, d'après eux, une raison pour prétendre qu'elles n'en sont que de simples reproductions. Autant vaudrait dire que les plus célèbres systèmes philosophiques se rapprochant de celui de Platon et les plus célèbres poèmes de ceux d'Homère, ils ne sont les uns et les autres que des copies des œuvres de ces maîtres illustres. Des religions, des philosophies, des poésies qui se ressemblent supposent bien, disent-ils, un modèle, comme Lamennais le donne à entendre ; mais ce modèle n'est pas extérieur, il est intérieur. C'est l'idéal religieux, moral, poétique que chaque homme, que chaque peuple porte en lui-même et dont les religions, les philosophies, les poésies, ne sont que des réalisations diverses et semblables tout ensemble. Leurs ressemblances ne tiennent donc pas à cet élément adventice qu'on nomme la tradition, mais à cet élément essentiel qu'on appelle la raison et qui est le fond même de notre nature. Sur ce point, comme sur tant d'autres, nous retrouvons face à face et en opposition le traditionalisme et le rationalisme.

Le premier volume de l'*Essai sur l'indifférence* eut un grand succès. L'auteur, inconnu la veille de la publication du livre, se trouva le lendemain, suivant l'expression de Lacordaire, investi de l'autorité de Bossuet et considéré comme un vrai père de l'Église. C'est qu'il né s'était pas borné, comme Frayssinous, à se mettre sur la défensive à l'égard de l'incrédulité : il avait pris contre elle une offensive hardie et avait ainsi entraîné tous ceux (et le nombre en est grand) qui se laissent séduire par l'audace et la vaillance. Aussi, l'auteur des *Conférences* disait-il, après l'avoir lu : « En voilà un qui va nécessairement grandir, pendant que moi je diminuerai, *illum necesse est crescere, me autem minui.* » Le second volume, où Lamennais avait mis l'homme en demeure de se prononcer entre l'ultramontanisme et le scepticisme universel, et placé, comme il s'exprime lui-même, la raison aux abois dans l'alternative ou de vivre de foi ou d'expirer dans le vide, n'excita pas un enthousiasme aussi général et partagea le public éclairé. Si Lamennais eut contre lui la plupart des docteurs de la Sorbonne, il eut pour lui Bonald, dont il s'était souvent inspiré : « Laissez, lui écrivait ce dernier, laissez coasser toutes ces grenouilles. » S'il irrita le parti libéral, il enchanta Joseph de Maistre, qui se reconnaissait en lui et qui, tout en faisant ses réserves touchant le système, l'engageait à ne pas même se défendre contre ses agresseurs : « Ne laissez pas dissiper votre talent, lui écrivait-il. Vous avez reçu de la nature un boulet, n'en faites pas de la dragée. »

Le prêtre breton, qui avait l'humeur guerroyante de ses ancêtres et dont son frère Jean disait si bien : « Dieu l'a fait soldat », ne suivit ce conseil qu'à moitié. Il composa une *Défense de l'Essai*, où il exposait, en les expliquant, à peu près les mêmes vues que dans l'ouvrage lui-même. En même temps il écrivait dans le *Conservateur* et dans le *Défenseur* des articles qui dessinaient encore mieux son attitude de polémiste ultramontain et qui ajoutaient encore à sa renommée. Aussi put-il croire, à un certain moment, que sa doctrine allait être adoptée à Rome et ne tarderait pas à devenir celle de tout le monde catholique. Il était encouragé dans ce sentiment par les sympathies de tout le jeune clergé et par celles du Pape Léon XII lui-même, qui n'avait, dit on, d'autre ornement dans son cabinet que l'image du Christ et le portrait de Lamennais, et qui accueillit l'illustre écrivain de la manière la plus aimable dans un voyage qu'il fit à Rome en 1824.

IV

DE LA RELIGION. — DES PROGRÈS DE LA RÉVOLUTION CONSÉQUENCES POLITIQUES DE LA DOCTRINE DU SENS COMMUN

Si Lamennais s'était borné à composer son *Essai sur l'indifférence*, il aurait seulement laissé la réputation d'un adversaire éloquent, mais paradoxal de la philosophie, d'un apologiste vigoureux bien que téméraire de la religion chrétienne. Mais il ne s'en tint pas là. Après avoir combattu la philosophie du dix-huitième siècle et la révolution, dans leurs principes fondamentaux, et établi à sa manière les conditions de la société religieuse, il essaya de déterminer celles de la société politique. Ce fut l'objet d'un livre qu'il publia en 1826, et qui est intitulé *De la Religion considérée dans ses rapports avec l'ordre politique et civil*. C'était passer de la question plus ou moins spéculative des rapports de la foi et de la raison à la question plus exclusivement pratique des rapports de l'Église et de l'État.

La question des rapports de l'Église et de l'État a reçu plusieurs solutions différentes. Tantôt on a prétendu que l'Etat doit être subordonné à l'Église, tantôt on a soutenu que l'Église doit être subordonnée à l'État ; suivant quelques-uns, ces deux puissances ont chacune leur domaine propre, où elles peuvent et doivent agir avec une pleine indépendance ; suivant d'autres, leurs sphères d'action ne sont pas aussi distinctes qu'on le dit et elles risquent à chaque instant de s'y heurter, de sorte que ce qu'elles ont de mieux à faire, c'est de s'entendre, au moyen d'un concordat, sur leurs droits et leurs devoirs respectifs. De ces diverses solutions, la première, la solution théocratique, est celle qu'admet Lamennais. Il s'attaque vivement, à l'exemple de Joseph de Maistre, à la célèbre Déclaration de 1682, dont les deux premiers articles sont que la souveraineté temporelle est complètement indépendante de la souveraineté spirituelle et que le concile est supérieur au Pape. Les arguments qu'il dirige contre le premier de ces articles sont particulièrement curieux, parce qu'ils se rattachent à l'ensemble de son système. Suivant lui, tout pouvoir a une loi à laquelle il doit être soumis, sans quoi ses actes seraient frappés de nullité. Or, la loi du pouvoir politique est la loi morale, loi traditionnelle que le sentiment général révélait, avant Jésus-Christ, à tous les peuples de la terre et au nom laquelle ils étaient fondés, dans certaines circonstances graves et exceptionnelles, à frapper de déchéance des souverains indignes. Mais aujourd'hui cette loi est identifiée avec celle de l'Église et a le Pape pour organe et pour interprète. Quand un souverain a prévariqué, il appartient au Pape d'apprécier sa conduite et aux sujets de se conformer à sa décision. Le Pape possède donc, à défaut d'un pouvoir direct sur le temporel, un pouvoir indirect qui produit absolument les mêmes effets. C'est l'empire absolu d'un seul homme sortant assez à l'improviste, comme on voit, de l'autorité absolue du genre humain.

Si Lamennais avait bien réfléchi à une telle doctrine, il aurait vu qu'elle n'est conforme ni à l'état présent de la société ni aux vrais principes de la raison. La théocratie a pu être à sa place dans les vieilles monarchies de l'Orient, alors que les nations, encore dans l'enfance, avaient besoin d'être menées, pour ainsi dire, à la lisière par une élite d'hommes intelligents et éclairés ; elle a pu être pratiquée, au moins en partie, au milieu des ténèbres et de la servitude du moyen âge, alors que les populations ignorantes et opprimées n'avaient d'autre ressource, dans leur misère et leur désespoir, que de tendre leurs mains suppliantes vers une Église fortement organisée, relativement instruite, et de se mettre sous son égide et sous celle de son chef. Mais afficher la prétention de restaurer aujourd'hui un tel régime, après trois siècles de libre examen et de science positive, après que la révolution de 1789 a inauguré l'ère de la majorité non seulement pour la France, mais pour les autres peuples de l'Europe, c'est commettre un anachronisme déplorable ; car il ne peut que surexciter contre la religion toutes les forces, désormais affranchies, de l'esprit humain et des sociétés modernes, et nous faire perdre en luttes stériles, sinon désastreuses, un temps qui pourrait être beaucoup mieux employé.

Dès que Lamennais se place au point de vue de la théocratie pure, il est naturel qu'il critique notre législation actuelle, qui est essentiellement laïque, et qu'il propose d'y introduire de graves modifications. Ainsi, il lui reproche d'être athée, parce qu'elle garde le silence sur l'existence de l'Être suprême. C'est là une accusation dénuée de fondement. Si notre législation se tait sur l'existence de Dieu, c'est que cette vérité n'est pas de son ressort ; mais elle est si loin de la nier que plusieurs de ses prescriptions l'impliquent de la manière la plus positive. Telles sont celles qui ont rapport au serment et celles qui concernent la protection due aux différents cultes, ainsi que la rétribution affectée aux ministres de chacun d'eux. S'il y a une loi athée, on l'a dit spirituellement, ce n'est pas du moins celle des finances. Lamennais ne l'ignore pas, mais il cherche par tous les moyens à dénaturer l'État moderne, c'est-à-dire à lui ôter son caractère profane et libéral, pour lui donner un caractère théologique et théocratique. C'est pourquoi il demande une loi qui rétablisse les tribunaux ecclésiastiques, tels qu'ils existaient sous l'ancien régime, une loi qui livre au clergé l'éducation de toute la jeunesse française, une loi qui supprime ce mariage civil, grâce auquel les femmes des protestants ne sont plus considérées comme des concubines, ni leurs enfants regardés comme des bâtards ; c'est pourquoi il insiste pour qu'on applique aux sacrilèges la peine la plus sévère de toutes, celle des parricides.

En demandant tout cela, Lamennais est parfaitement conséquent, mais il est souverainement déraisonnable, comme le déclarait dès lors Royer-Collard. Ce penseur éminent rend parfaitement justice à la logique, comme à la loyauté de l'auteur ultramontain ; il convient que, si un seul des dogmes de la religion catholique passe dans la loi, il faut que cette religion tout entière y passe. Mais alors, ajoute-t-il, « non seulement son royaume est de ce monde, mais ce monde est son royaume; le sceptre a passé dans ses mains, et le prêtre est roi. » C'est pour cela que l'orateur libéral s'oppose à la loi sur le sacrilège avec une fermeté respectueuse mais invincible, montrant ainsi qu'il est des circonstances où un chrétien doit savoir, dans l'intérêt de l'État et dans celui de la religion elle-même, résister aux prétentions d'un sacerdoce envahisseur et tenir, sans défaillance comme sans bravade, le drapeau de la société civile.

Le livre de Lamennais semblait un défi jeté à la France laïque par le parti clérical. Aussi le ministère public se mit en devoir de le poursuivre et l'épiscopat lui-même, qui était encore généralement gallican, rédigea contre lui une protestation en forme, qui fut signée par un grand nombre de prélats. L'écrivain ultramontain fut défendu devant le tribunal par Berryer. Le jeune avocat prétendit que la déclaration de 1682, que Lamennais avait attaquée, n'était qu'une simple opinion sans conséquence et ne pouvait avoir force de loi dans un pays de libre discussion. Malgré l'éloquence de son défenseur, l'auteur fut condamné à 30 francs d'amende et aux dépens. Les journaux religieux furent fort mécontents de la sentence : « Un prêtre de Jésus-Christ, s'écria le *Mémorial catholique*, et quel prêtre ! a été traîné devant le juge ordinaire des prostituées et des escrocs, pour y recevoir d'un substitut une leçon de droit canonique ! » Lamennais lui-même sentit le coup, si le mot qu'on lui prête est vrai : « Je leur montrerai ce que c'est qu'un prêtre ! » Aussi il s'opiniâtra de plus en plus, en vrai Breton qu'il était, dans son ultramontanisme et invoqua de plus en plus les principes de liberté en faveur de cette doctrine d'ailleurs si peu libérale. Le nouveau Lamennais commençait à percer sous l'ancien.

Cette évolution est très curieuse à observer dans un livre éloquent que notre philosophe écrivit, en 1829, et qui est intitulé : *Des Progrès de la Révolution et de la guerre contre l'Église*. Le ministère Martignac venait de publier les célèbres ordonnances qui interdisaient aux petits séminaires de recevoir d'autres élèves que ceux qui se destinaient à l'état ecclésiastique et d'y confier l'enseignement à des congrégations non reconnues par l'État. C'était, comme on sait, la Société de Jésus qui était visée par ce dernier article. Lamennais critique vivement ces mesures et déploie, dans l'attaque qu'il dirige contre elles, toutes ses qualités de polémiste supérieur, l'élévation des idées, la rigueur des déductions et la sobriété nerveuse du style. Malheureusement ses principes ne sauraient être admis par quiconque est un peu familier avec les matières philosophiques. Le premier et le plus important, c'est que l'unité de l'État a pour condition l'unité des croyances et que la société politique repose sur la société spirituelle comme sur son fondement. C'est sans doute là un principe vrai, si par société spirituelle Lamennais entend celle qui est formée par la communauté des doctrines morales que la raison révèle naturellement à tous les hommes et qu'ils ne sauraient méconnaître pratiquement sans commettre, suivant la gravité du cas, un délit ou un crime. Il est faux, s'il veut parler d'une société fondée sur la communauté de doctrines purement traditionnelles, propres à une religion, mais étrangère à une autre, et dont l'oubli pratique constitue un péché plutôt qu'un crime véritable. Une unité spirituelle de ce dernier genre peut certainement être utile à la société politique, mais les gouvernements n'ont le droit ni de l'opérer ni de la maintenir par la violence. Autrement, comme nous l'avons dit ailleurs, les supplices infligés aux premiers chrétiens et à tant de martyrs après eux, auraient été parfaitement légitimes. Ils avaient, en effet, pour but de maintenir et l'unité religieuse et l'unité politique à laquelle elle servait de base.

Lamennais pose encore un autre principe, c'est que la soumission du peuple au prince a pour condition la soumission du prince à Dieu et à son représentant sur terre. La soumission du prince à Dieu, nous la comprenons, si on entend par là la soumission aux lois de la justice absolue dont Dieu est considéré comme le centre éternel! Encore y a-t-il lieu de se demander si la révolte contre un prince injuste est toujours permise et s'il ne faut pas se l'interdire toutes les fois qu'elle n'est pas déterminée par un soulèvement général et spontané de la conscience publique. Quant à la soumission au représentant de Dieu, elle ne saurait être obligatoire pour ceux qui ne le reconnaissent pas, pour les hérétiques, pour les schismatiques, pour les incrédules de toutes les nuances, ni même pour les croyants qui admettent sa compétence dans l'ordre spirituel, mais non dans l'ordre temporel.

Après avoir exposé ses vues politiques, Lamennais nous fait connaître ses vues pédagogiques qui n'en sont, à vrai dire, qu'une application. Partant de son principe fondamental, que la société politique suppose toujours et partout une société spirituelle qui lui sert de support, c'est-à-dire une Église, et qu'en dehors de cette dernière, les idées du devoir et du droit s'évanouissent et font place à celles de l'intérêt et de la force brutale, il déclare que l'État est tout à fait incompétent en matière pédagogique.

Il est bien clair, en effet, que si l'État ne sait rien, que s'il n'a ni principes ni doctrines, il est incapable d'enseigner comme de gouverner et qu'il doit se laisser diriger, dans cette double fonction, par ceux qui savent par ceux qui possèdent des doctrines et des principes, c'est-à-dire par les ministres de la religion. Mais personne n'ignore qu'à défaut des principes de la religion et de la morale révélées, l'État possède ceux de la religion et de la morale naturelles, qui ne sont inconnus d'aucun peuple de la terre et qui ont servi de base au droit romain comme à notre Code civil. L'État peut donc confier à ses agents la mission d'enseigner ces principes, avec leurs conséquences, à tous les membres de la société politique, puisqu'ils émanent de la raison qui nous est commune à tous, sauf à laisser aux ministres des diverses religions le soin d'enseigner, de leur côté, les croyances qui leur sont particulières, quand elles ne contredisent pas ces principes primordiaux et essentiels. C'est ce que Lamennais, placé à son point de vue de traditionaliste exclusif et immodéré, ne peut ni ne veut comprendre. Admettant que la vérité et la justice sont inaccessibles à la raison et ne nous sont connues que par la tradition, il est naturel qu'il attribue le droit de les enseigner, non à ceux que la nature a doués d'une raison suffisamment éclairée, mais à ceux qui conservent le dépôt des traditions primitives. Ce traditionalisme outré que nous avons déjà signalé dans son système philosophique et dans son système politique, nous le retrouvons (et cela fait honneur à sa logique sinon à son bon sens) dans son système pédagogique lui-même.

Il faut s'être rendu compte, comme nous venons de le faire, des principes de Lamennais pour comprendre les attaques qu'il dirige contre l'enseignement national et laïque. Il s'indigne que l'État ose se charger non seulement de l'instruction secondaire, mais encore de l'instruction primaire au lieu de la laisser tout entière aux mains de l'Église, comme si, en communiquant aux enfants du peuple les connaissances nécessaires à la pratique de la vie civile, l'État empêchait l'Église de lui enseigner celles qui importent à leur destinée éternelle ! Il trouve étrange que l'instituteur leur apprenne seulement la lettre du catéchisme, au lieu de leur en expliquer le sens, comme s'il était tenu de cumuler les fonctions de ministre du culte avec les siennes propres ! Mais là où ses invectives dépassent toute mesure, c'est quand il parle des ministres qui avaient rédigé les célèbres ordonnances, de Vatimesnil, de Portalis, de Feutrier, hommes sages et modérés s'il en en fut. Il compare Feutrier, l'honnête évêque de Beauvais, qui avait remplacé Frayssinous dans la direction des affaires ecclésiastiques, tantôt à Caïn, l'auteur du premier meurtre, tantôt à Ahriman, le dieu du mal, dans la religion mazdéenne, et voit dans le gouvernement de Charles X, qui n'a pourtant jamais passé pour être bien hostile au christianisme, le plus exécrable despotisme qui ait jamais pesé sur les consciences chrétiennes.

Le livre de Lamennais produisit dans le public des impressions diverses. Ce ne fut pas par le parti libéral, mais par le parti royaliste et gallican, qu'il fut le plus mal accueilli. Pendant que le *Globe* rendait pleinement justice à l'auteur et reconnaissait de bonne grâce l'indépendance de son caractère et la franchise de son langage, la *Gazette de France* lui reprochait d'avoir écrit un ouvrage des plus dangereux, où le jacobinisme s'alliait à l'ultramontanisme. Plusieurs prélats l'attaquèrent aussi dans leurs mandements, notamment Mgr de Quélen, archevêque de Paris, et Mgr Belmas, archevêque de Cambrai. Lamennais leur répondit dans deux lettres qui, pour le ton et l'éloquence, font penser à celle de J.-J. Rousseau à Christophe de Beaumont. Si l'archevêque de Paris y est peu ménagé, celui de Cambrai n'y est pas ménagé du tout. C'était un ancien évêque de Carcassonne, qui avait jadis prêté serment au gouvernement de la Révolution. Lamennais ne se gêne pas pour répondre à la critique qu'il fait de son livre et à la défense qu'il entreprend de la Déclaration de 1682, que ce langage, qui pourrait être bien placé dans la bouche du citoyen Belmas, évêque d'Aude, devient scandaleux sur les lèvres de Mgr Belmas, archevêque de Cambrai[1].

[1] V. Viel-Castel. *Histoire de la Restauration*, t. XVIII.

Malgré quelques défauts de logique que nous avons signalés dans le système de Lamennais, nous ne craignons pas de dire qu'il est généralement bien lié, et que les deux parties qui le composent, la partie philosophique et la partie politique, ont entre elles une étroite connexion. En philosophie, cet écrivain commence par battre en brèche l'autorité de la raison, puis il cherche à établir sur ses ruines une foi d'un certain genre ; en politique, c'est également à la souveraineté de la raison qu'il s'attaque tout d'abord, puis il s'efforce de la remplacer par une autorité *sui generis*.

Durant la période de l'existence de Lamennais que nous venons de retracer, l'écrivain ultramontain ne fut pas seulement un philosophe et un publiciste, mais encore un chef d'école. Non content de consigner ses idées dans des ouvrages éloquents, il les communiqua à un groupe d'esprits distingués qui se montrèrent d'autant plus avides de les répandre, que chez eux le prosélytisme philosophique était avivé par l'enthousiasme religieux. Le plus remarquable et le plus fidèle de ces disciples de la première heure fut un jeune ecclésiastique de Poligny, nommé Philippe Gerbet, que l'auteur de l'*Essai sur l'indifférence* avait rencontré, avec son ami de Salinis, au séminaire de Saint-Sulpice. D'une humeur douce et d'un esprit facile, le disciple s'attacha au maître avec tant de dévouement qu'il se retira avec lui dans la solitude de la Chênaie et y passa dix ans à se pénétrer de ses sentiment et à vivre de sa vie.

Ce fut là que les deux amis conçurent, dès 1825, la pensée de réunir autour d'eux un certain nombre de jeunes prêtres que Lamennais animerait de son esprit et qui se chargeraient de propager ses doctrines. Pour cela, il fallait de l'argent ; mais, dans notre pays, dès qu'il s'agit d'associations religieuses, l'argent ne manque jamais, et on en eut bientôt. Alors les hommes affluèrent de toutes parts. La Franche-Comté envoya à la Chênaie, outre Gerbet, les abbés Blanc, Godin, Bonnet et aussi l'abbé Gaume, qui devait plus tard acquérir une si grande notoriété. La Lorraine fournit l'abbé Rohrbacher, qui allait bientôt remanier dans le sens romain les annales de l'Église ; le Dauphiné fut représenté par l'abbé Combalot, un fougueux missionnaire, et la Bourgogne par Lacordaire, un orateur d'un ordre plus élevé, qui n'arriva que vers 1830. Sans appartenir tout à fait à l'école, deux Méridionaux, de Salinis et de Scorbiac, lui payaient un large tribut. Le but de l'association, comme son nom de société de Saint-Pierre l'indique suffisamment, était de rendre au successeur du prince des apôtres tout son prestige et toute son autorité : c'était une association tout ultramontaine.

À côté de cette société purement ecclésiastique, Lamennais fonda une société essentiellement laïque, qui comptait dans ses rangs Éloi Jourdain, connu plus tard sous le nom de Charles Sainte-Foy, Léon et Eugène Boré, la Provotaye, Deniel, Curis et Cyprien Robert. A une époque ultérieure, Maurice de Guérin, du Breil de Mazan, de Kertanguy et de la Morvonnais en firent aussi partie. C'était comme un tiers ordre, qui devait agir à sa manière sur le monde et qui devait avoir sur lui d'autant plus de prise qu'il n'en était séparé ni par les habitudes ni même par l'habit[1].

---

[1] V. Ladoue, *Mgr Gerbet*, t. I, p. 77.

Non content de faire toutes ces recrues, Lamennais leur mettait une arme dans les mains : c'était le *Mémorial catholique*. Rohrbacher s'en servit pour combattre les publications historiques entachées de gallicanisme ; Guéranger, pour attaquer la diversité des liturgies au sein de l'unité catholique ; Gerbet, pour repousser les assauts que Benjamin Constant et A. Comte dirigeaient contre l'Église, l'un dans la *Religion considérée dans ses sources, ses formes et ses développements ;* l'autre dans ses articles du *Producteur* touchant la science et le pouvoir spirituel. Le jeune prêtre ne s'en tint pas là. Il lutta énergiquement contre le rationalisme de Cousin, de Jouffroy et de Damiron, tel qu'il se produisait dans le *Globe*, et repoussa vivement la prétention qu'il affichait de remplacer le christianisme.

Gerbet n'épargna même pas la doctrine de Descartes, dont le rationalisme lui paraissait une simple dérivation, et la poursuivit jusque dans l'enseignement des séminaires, où elle avait fini par s'introduire et par devenir prédominante. Il fit plus, il condensa ses vues sur ce sujet important dans un ouvrage intitulé : *Des doctrines philosophiques sur la certitude dans leurs rapports avec les fondements de la théologie (1826).* Il s'y attachait à démontrer l'influence funeste que la philosophie de Descartes avait, suivant lui, exercée sur la théologie des deux derniers siècles, et à établir la nécessité de substituer, dans cette science, la méthode d'autorité à la méthode rationaliste. Il fut réfuté par un jésuite breton bien connu, par le Père Rozaven, qui discuta non sans vigueur la plupart de ses assertions.

Mais, malgré les arguments du savant ecclésiastique, la doctrine lamenaisienne continua à séduire le monde par ses airs de bravoure et de défi, et à faire son chemin dans le clergé à cause du rôle prépondérant qu'elle assignait à cet ordre au sein des sociétés modernes.

V

L'*AVENIR*, LES *PAROLES D'UN CROYANT*, LE *LIVRE DU PEUPLE*
CATHOLICISME LIBÉRAL ET RELIGION PROGRESSIVE

Avant 1830, Lamennais passait à la fois pour un croyant exalté et pour un écrivain éloquent, et ses amis et ses ennemis s'accordaient à le placer, non loin de Pascal et de Bossuet, parmi les grands défenseurs de la religion catholique et les grands représentants de la prose française. Après 1830, il donna au monde le spectacle d'un catholique autoritaire, s'il en fut, devenant d'abord un catholique libéral, puis un démocrate plus ou moins étranger au catholicisme, et étonnant ses contemporains par l'épanouissement d'un génie poétique qu'ils ne soupçonnaient pas. C'est là une transformation qui peut paraître, au premier abord, des plus singulières et qu'il s'agit avant tout d'expliquer et de faire comprendre.

Suivant l'auteur de l'*Essai sur l'indifférence* et de la *Religion*, il y a, nous l'avons vu, une loi morale et religieuse que Dieu a révélée à l'homme dès le commencement, et qui doit régir tous les peuples de la terre. S'identifiant avec la raison générale, elle s'impose aux diverses raisons particulières qui, sans elle, seraient livrées à toutes les fluctuations du doute et de l'erreur; bien plus, elle rend à la fois le commandement respectable et l'obéissance obligatoire, et il n'y a en dehors d'elle que la force brutale d'une part, et la servitude, de l'autre. Cette loi souveraine, cette raison absolue, qui est celle de Dieu même, n'a manqué à aucun temps et à aucun pays ; mais, dans les âges chrétiens et chez les nations chrétiennes, elle a revêtu un caractère nouveau et s'est rendue en quelque sorte visible. L'Église en est devenue la dépositaire et l'interprète. Or, comme l'autorité de l'Église réside dans son chef, celui-ci est l'organe de la raison absolue et de la loi morale. Ce n'est donc ni à la raison ni à la conscience, mais au chef de l'Église, qu'il faut demander la solution de toutes les questions morales, politiques et religieuses.

Lamennais mit au service de cette doctrine, qui est proprement le traditionalisme ultramontain, toutes les ressources de son érudition et toute la vigueur de son talent, frappant avec une égale ardeur et sur les gallicans, qui ne voulaient pas que le Pape fût infaillible tout seul, et sur les royalistes, qui n'admettaient pas que son autorité s'étendît aux choses purement politiques, et sur les philosophes, qui pensaient qu'il y avait des principes soit de pratique, soit de spéculation hors de lui et, qu'il n'était pas, en définitive, la loi morale incarnée et la raison vivante. Dans sa lutte longue et acharnée contre les gallicans et les royalistes, qui avaient renouvelé, en se faisant des concessions mutuelles, l'ancienne alliance de l'autel et du trône, le prêtre breton, qui ne tenait qu'à l'autel, se montra de plus en plus dédaigneux du trône et des diverses institutions qui lui servaient de support. Il ne visait qu'au triomphe de la raison générale et de l'Église, qui lui servait d'interprète, et, en présence de ce grand intérêt, les ministres, les princes, les rois, les évêques eux-mêmes, lui paraissaient bien peu de chose. Aussi les attaquait-il, dès l'époque de la Restauration, avec une véhémence démocratique qui pouvait faire pressentir ses emportements ultérieurs.

Comme Lamennais n'avait d'autre point d'appui contre les puissants du jour que l'opinion, et que l'opinion était essentiellement libérale, il fut amené peu à peu à faire au libéralisme d'assez larges concessions. « Quand les catholiques, écrivait-il dès 1829, se seront mis, eux aussi, à crier *liberté*, bien des choses changeront », et il songe déjà à réclamer, ainsi que le clergé l'a tant fait depuis, la liberté comme en Belgique. Quelques jours après, il regrettait que le clergé ne fût pas en mesure de prendre la tête du mouvement libéral, et déclarait que tout devait se faire par les peuples, mais par les peuples transformés par le christianisme. C'était l'idée du christianisme social, de la république chrétienne, sous la présidence du Pontificat romain, qui s'emparait de cette vive et active intelligence. Il s'élève, en effet, contre ceux qui ne veulent entendre parler de la liberté des enfants de Dieu que dans un sens spirituel et qui ont sans cesse à la bouche ces paroles célèbres : « Rendez à César ce qui est à César et à Dieu ce qui est à Dieu ». — Suivant lui, le christianisme a affranchi les peuples dans tous les sens : en même temps qu'il les a soustraits à l'empire du péché et de l'erreur, il les a délivrés de la servitude des hommes.

On comprend, d'après cela, que le grand mouvement de 1830 ait médiocrement affecté Lamennais. Il déclara même, dès le premier moment, que la révolution ne lui paraissait pas assez complète et qu'elle aurait dû aboutir à la république comme à sa terminaison naturelle. Il ajouta qu'il importait à l'Église d'apprécier cet immense évènement à sa juste valeur et de se rendre compte de la position qu'il lui faisait au sein des sociétés modernes. Il était, disait-il, de son intérêt et de celui des peuples de conclure une étroite alliance. Les peuples y gagneraient un élément de stabilité qui leur faisait maintenant défaut, et l'Église maintiendrait par-là l'ascendant qu'elle exerçait sur eux et qui menaçait de lui échapper. Elle devait donc proclamer hautement la liberté des cultes, la liberté de l'enseignement, la liberté de la presse, et renoncer sans hésiter à ses émoluments et à ses honneurs, de manière à montrer clairement aux peuples qu'elle était avec eux contre leurs tyrans. Ce fut dans cet esprit que Lamennais fonda et rédigea, avec l'abbé Gerbet, qui en avait eu la première idée, avec l'abbé Lacordaire, l'abbé Rohrbacher, le comte de Montalembert, le comte de Coux et d'autres encore, le fameux journal l'*Avenir*.

Bien des circonstances poussaient Lamennais et les lamennaisiens vers ce christianisme libéral : l'exemple de la Belgique catholique protestant contre l'oppression de l'hérétique Hollande ; celui de la Pologne orthodoxe s'insurgeant contre la Russie schismatique, et surtout celui de la malheureuse Irlande, reconquérant pied à pied chacun de ses droits sur l'Angleterre, en suivant la direction de son grand agitateur O'Connell, Lamennais et ses disciples s'imaginèrent beaucoup trop facilement que le catholicisme, qui exerçait encore en France tant d'influence et sur l'opinion et sur le gouvernement, y était opprimé par la révolution, comme il l'était ailleurs par le schisme et l'hérésie, et revendiquèrent à grand bruit pour les catholiques des franchises et des droits qu'on ne pouvait, croyaient-ils, leur refuser sans injustice. Quoi qu'il en soit, c'était là une attitude nouvelle que prenait le parti catholique et qui devait exciter en sa faveur un certain intérêt. Accoutumés à le voir du côté de l'autorité, les peuples le virent cette fois, avec une surprise mêlée de satisfaction, du côté de la liberté. De la défense des libertés de l'Église, les néocatholiques passèrent tout naturellement à celle de la liberté en général, et, quand un peuple surtout un peuple catholique, eut maille à partir avec son souverain, ils prirent presque toujours fait et cause pour le premier. Ce fut là pour l'Église, si décriée sous la Restauration, à cause de son caractère officiel et de son alliance avec le pouvoir, la source d'une popularité qu'elle ne connaissait pas depuis longtemps et que les évènements survenus depuis n'ont pas entièrement détruite.

En inaugurant au sein du catholicisme cette politique nouvelle, Lamennais restait beaucoup plus fidèle à ses anciens principes qu'il ne le semble au premier abord. Le principe fondamental de sa philosophie est, en effet, que la raison universelle est infaillible, tandis que les raisons particulières sont trompeuses, de sorte que, quand la première a parlé, les secondes n'ont plus qu'à se taire. *Vox populi vox Dei*, tel était le fond de sa doctrine. Mais, si cette doctrine est vraie en philosophie, elle doit l'être aussi en politique, ce qui revient à dire que l'opinion publique est la reine du monde et qu'en dehors du suffrage universel il n'y a point de salut pour les sociétés. Or, avant même d'être officiellement consulté, ce suffrage universel semblait se prononcer dans toute la France et dans toute l'Europe, par les mille voix de la presse et au grondement du canon insurrectionnel, pour l'esprit nouveau contre l'esprit ancien, pour la liberté contre la tyrannie. Là, par conséquent, était la vérité, là était le salut. Il était impossible que l'Église ne le vît pas ; car alors elle eût été en opposition avec cette raison universelle dont elle était l'organe et à laquelle, d'après l'auteur de l'*Essai sur l'Indifférence*, elle empruntait à la fois son autorité et son infaillibilité.

Ce ne fut pas seulement la logique qui pousse Lamennais dans cette voie, ce fut encore l'idée qu'il avait toujours eue, comme Joseph de Maistre, qu'une nouvelle évolution du christianisme était, pour ainsi dire, dans l'air et ne tarderait pas à se produire. L'auteur des *Soirées* avait pensé que cette évolution s'accomplirait par voie de synthèse, c'est-à-dire par l'apparition d'un homme de génie qui unirait dans sa tête la religion et la science et mettrait fin à ce dix-huitième siècle qui n'était, disait-il, fini que dans les almanachs. Lamennais crut-il être cet homme ? je l'ignore. Quoi qu'il en soit, en attendant qu'il pût concilier la religion et la science, il essaya de concilier l'autorité et la liberté, l'action de l'Église et celle du peuple ; avant de tenter la synthèse que de Maistre avait conçue dans l'ordre spéculatif, il l'essaya dans l'ordre pratique, et ce fut le pouvoir temporel, pour lequel il n'avait jamais eu beaucoup de tendresse, qui en fit les frais. Le prêtre ultramontain l'érigeait en simple délégué de la nation, soumis à toutes ses exigences, révocable à volonté et n'ayant d'autre fonction que de concentrer, dans l'intérêt du bon ordre, l'ensemble des services publics. Quant à l'Église, elle ne devait rien recevoir du pouvoir civil, mais elle devait vivre à son égard dans une pleine indépendance. C'était une sorte de république guelfe, de démocratie théocratique où l'élément ecclésiastique serait tout et où l'élément laïque ne serait rien. Seulement pour l'établir il ne fallait rien moins que dénoncer le Concordat (chose grave s'il en fut) et renoncer à la fois aux charges qu'il impose à l'Église et aux avantages qu'il lui confère. Or c'était à quoi ni l'État ni l'Église ne pouvaient consentir.

L'État pouvait-il, en effet, accorder aux membres d'une association immense, formée en dehors de ses cadres, le droit de se réunir quand ils voudraient et de communiquer, sans sa permission, avec un chef étranger investi d'une autorité morale sans bornes? Pouvait-il leur reconnaître le droit d'ouvrir des écoles à volonté et d'y donner un enseignement qui échapperait à sa surveillance et qui lui serait peut-être hostile? Pouvait-il les autoriser à avoir des évêques nommés en dehors de son intervention et à fonder des ordres religieux sans nombre, qui ne manqueraient pas de rétablir sur une grande échelle les biens de mainmorte et d'accaparer la plus grande partie du territoire, comme ils l'avaient fait sous l'ancien régime? Il était évident que non. Pas plus après qu'avant la révolution, l'État ne pouvait reconnaître une société indépendante de lui à ce degré : c'eût été reconnaître un État dans l'Etat.

Du côté de l'Église, la thèse de Lamennais ne rencontrait pas des difficultés moins grandes. Il s'agissait pour elle de renoncer non seulement à la protection de l'État et aux honneurs dont il entourait la religion, mais encore au budget qu'il lui allouait annuellement. Or, en admettant que la foi fût assez vive au premier moment pour subvenir aux besoins du culte, elle pouvait se refroidir, et alors les ministres de la religion végéteraient dans un état aussi préjudiciable à leur dignité qu'à la prospérité de la religion elle-même. Il s'agissait, en outre, de reconnaître la liberté des cultes, celle de l'enseignement, celle de la presse, comme bonnes et légitimes, non seulement chez les catholiques, mais encore chez les dissidents. Or, c'était là autant de points que l'Église ne pouvait admettre; car elle avait toujours distingué la liberté du bien de la liberté du mal et n'avait jamais cessé d'encourager l'une et de combattre l'autre. Il s'agissait enfin de rajeunir la religion, en la retrempant dans le grand courant de l'opinion publique et en lui infusant largement cet esprit moderne sans lequel nulle institution, à ce qu'il semblait aux novateurs, ne pouvait vivre. Or, en se prêtant à une telle tentative, l'Église se serait elle-même proclamée une institution purement humaine et soumise aux lois ordinaires qui président à l'évolution de l'humanité. Sur ce point encore la cour de Rome ne pouvait donner raison aux rédacteurs de l'*Avenir*.

Lamennais, Lacordaire et Montalembert ne se rendaient point compte de ces difficultés redoutables quand ils s'acheminèrent un beau jour, avec toute la naïveté des chrétiens primitifs, vers les murailles de la ville sainte afin de consulter sur leur œuvre l'oracle du Vatican. Il faut lire le récit que Lamennais nous a laissé de ce voyage dans le plus naturel et le plus gracieux de tous ses livres, dans ses *Affaires de Rome*. On y voit quelle fut la surprise de ces trois nobles esprits, quand ils se trouvèrent perdus, avec leur foi vive et leurs généreux entraînements, au milieu d'une cour réservée et silencieuse, sans pouvoir obtenir du Pape un mot qui impliquât soit l'approbation soit l'improbation des doctrines qu'ils avaient professées et de la ligne de conduite qu'ils avaient suivie. Lacordaire entendit ce langage muet, mais Lamennais ne voulut pas le comprendre, et se mit à faire des réflexions amères sur le caractère de cette puissance romaine dont il avait été quinze ans le porte-drapeau.

Rome répondit enfin aux trois illustres pèlerins, mais ce fut après leur départ, quand ils étaient déjà sur la route de France, à Munich. Elle condamnait formellement, dans l'encyclique du 15 août 1832, les doctrines de l'*Avenir*. Lamennais et ses amis se soumirent immédiatement et déclarèrent qu'ils allaient sur-le-champ supprimer leur journal ; mais ils furent profondément froissés, le maître surtout, dans leurs convictions les plus intimes. Dans l'encyclique dirigée contre eux, le pape Grégoire XVI traitait, en effet, la liberté de conscience, d'opinion erronée et absurde ou plutôt de délire, et la liberté de la presse de chose exécrable et dont on ne saurait avoir trop d'horreur. Cependant, quand il fut sommé de se soumettre plus explicitement qu'il ne l'avait fait d'abord, Lamennais déclara qu'en tout ce qui concernait le dogme et la discipline, il acceptait purement et simplement les décisions du souverain Pontife. Il revendiquait seulement (ce qui était assez peu conforme, il faut le dire, à ses principes ultramontains) le droit d'avoir une opinion à lui, en politique, et de choisir parmi les partis qui divisaient son pays, celui où il lui conviendrait de se ranger ; mais on lui refusa un tel droit. Pour avoir la paix, il signa tout ce qu'on voulut, puis il s'enfuit humilié, irrité, exaspéré dans sa solitude de la Chênaie.

Ce fut dans ce moment de crise et sous ces ombrages druidiques que Lamennais couva dans son imagination ardente le plus pathétique de ses ouvrages, les *Paroles d'un croyant*[1], livre singulier, étrange, tout pétri de douceur et d'amertume, d'amour et de haine. Lui avait-il été inspiré par le désir de fixer nettement sa situation à l'égard de la cour de Rome et de couper enfin le câble qui l'attachait encore à la rive, pour cingler vers de nouveaux cieux, à travers un océan inconnu ? Peut-être. Mais il lui fut inspiré aussi par les émotions douloureuses qu'avaient produites dans son âme la sanglante répression des troubles de Paris et de Lyon, les souffrances récemment dévoilées des prisonniers de Venise et du Spielberg, ainsi que les massacres commis en Pologne par un pouvoir impitoyable, massacres qu'il a stigmatisés dans un morceau lyrique que

---

[1] L'idée lui en fut, dit-on, suggérée par la lecture des *Pèlerins polonais*, de Mickiewicz.

tout le monde connaît et dont le refrain est dans toutes les mémoires : « Dors, ô ma Pologne, dors en paix dans ce qu'ils appellent ta tombe : moi je sais que c'est ton berceau ! »

Nous n'analyserons pas en détail les *Paroles d'un croyant*, car si la poésie y coule à pleins bords, la philosophie y fait presque entièrement défaut. Dans cet ouvrage, comme dans les précédents, Lamennais oppose constamment Satan et le Christ, les méchants et les bons : c'est là l'éternelle antithèse qui sert de texte à ses tirades les plus éloquentes. Seulement ici les bons ne sont plus à droite, comme sous la Restauration, mais à gauche ; ce ne sont plus les rois et les prêtres, mais les hommes du peuple et les démocrates. Quant aux rois, on sait comment il les traite, on connaît le morceau lugubre où il nous montre, par une nuit sombre et sous un ciel sans astres, sept monarques assis sur un trône composé d'ossements, buvant du sang humain dans un crâne, et conspirant, le pied sur un crucifix, contre la liberté, contre la science, contre la religion, contre tous les biens qui font l'honneur et la grandeur de l'humanité. La scène des sept spectres est plus effrayante encore et rien, dans la *Divine Comédie*, n'en surpasse la beauté sinistre ; mais à quoi peuvent servir ces horribles peintures, semblables aux hallucinations d'un malade, sinon à ôter aux hommes le sens de la réalité et à déchaîner sans motifs contre les chefs d'État les passions populaires ?

Lamennais n'est pas plus favorable aux lois qu'aux gouvernements : « Qu'est-ce que ces meules qui tournent sans cesse, dit-il, et que broient-elles ? Fils d'Adam, ces meules sont les lois de ceux qui vous gouvernent, et ce qu'elles broient, c'est vous. » Quant aux biens de la terre, il juge que les hommes devraient les partager en frères, de même que les abeilles partagent en sœurs les fruits de leur travail. Pour l'insuffisance des salaires, au lieu de l'expliquer soit par la concurrence, soit par l'insuffisance des produits, il en cherche la raison dans la cupidité et dans la méchanceté de quelques-uns. Quoi de plus faux qu'une telle doctrine et de plus propre à allumer parmi les hommes la guerre civile? Lamennais semble d'ailleurs en donner lui-même le signal. Il parle d'un combat qui sera livré entre les bons et les méchants, entre les opprimés et les oppresseurs, et auquel il faut que désormais chacun s'apprête. C'est la grande bataille, qui doit toujours, suivant les rêveurs, être la dernière et qui toujours en engendre une multitude d'autres. Puis viennent ces lugubres litanies qui sonnent, en quelque sorte, le tocsin de l'insurrection et au sinistre refrain desquelles les pavés se lèveraient d'eux-mêmes : « Seigneur, nous crions vers vous du fond de notre misère. — Comme les animaux qui manquent de pâture pour donner à leurs petits, nous crions vers vous, Seigneur! — Comme la brebis à qui on enlève son agneau, nous crions vers vous, Seigneur! — Comme la colombe que saisit le vautour, nous crions vers vous, Seigneur! »

Et cependant, à côté de ces pages sombres et irritées, qui font penser aux prédications ardentes de Knox et des puritains, que de morceaux pleins de suavité et de tendresse, qui leur servent, pour ainsi dire, de repoussoir! Il suffit de citer la touchante élégie de la mère et de la fille et celle du pauvre exilé.

L'effet des *Paroles d'un croyant* fut immense, particulièrement sur les gens du peuple et sur les jeunes gens. Sainte-Beuve, que Lamennais avait chargé de faire imprimer l'opuscule et qui n'en avait pas senti lui-même toute la chaleur communicative, raconte qu'il en fut averti d'une singulière façon. L'imprimeur le prit un jour à part et lui dit : « Vous êtes chargé de l'impression d'un écrit de M. de Lamennais qui va faire bien du bruit ; mes ouvriers eux-mêmes ne peuvent le composer sans être comme soulevés et transportés ; l'imprimerie est toute en l'air. » L'ouvrage fut condamné par la Cour de Rome et méritait de l'être. L'encyclique disait, dans un latin assez peu soucieux de la politesse, que c'était un livre peu considérable par son volume, mais immense par sa perversité *(mole quidem exiguum, pravitate tamen ingentem)*. On condamna aussi le système de l'*Essai sur l'indifférence*, qui avait eu tant de succès et avait recruté à l'Église tant d'adhérents depuis quinze ans : le Lamennais autoritaire payait pour le Lamennais révolutionnaire.

Avec le *Livre du peuple* et les dernières pages des *Affaires de Rome*, commence pour Lamennais une troisième phase intellectuelle. A la fin de ce dernier ouvrage, il se demande ce que la papauté va faire, maintenant qu'elle a rompu si radicalement avec la société moderne. Continuera-t-elle à combattre les aspirations des peuples ? Mais le mouvement qui les emporte est si irrésistible et si général que les résistances que Rome y opposerait ne sauraient l'arrêter et qu'elle y perdrait le peu de popularité qui lui reste. Renoncera-t-elle aux maximes qu'après un mûr examen elle a cru devoir embrasser ? Mais ce serait s'infliger à elle-même le plus éclatant démenti et donner à toutes les nations le signal du mépris de son autorité. Elle ne peut, en effet, être considérée comme infaillible qu'à la condition de se montrer immuable. Lamennais croit donc que l'Église est dans une impasse d'où il lui sera impossible de sortir, si le christianisme ne subit pas, comme l'a pressenti de Maistre, quelque grande transformation.

Cette transformation du christianisme est d'autant plus vraisemblable, suivant Lamennais, que celle qui s'accomplit en ce moment dans l'ordre politique a en lui son principe et dérive directement de la grande maxime chrétienne : « Soyez parfaits comme votre Père céleste est parfait. » Cette maxime, en effet, contient et enveloppe en elle, sous une forme théologique, la doctrine du progrès indéfini tout entière ; car la perfection de Dieu étant infinie, l'homme y tendra durant un temps indéfini et s'en rapprochera indéfiniment, sans l'atteindre jamais. Lamennais croit donc au progrès illimité, préconisé naguère par les disciples de Saint-Simon. Seulement ce n'est pas, suivant lui, sous l'influence d'une religion nouvelle, mais sous celle de la religion chrétienne, qu'il doit se réaliser. Et par ces mots de *religion chrétienne* Lamennais n'entend point ici le catholicisme, qui est, dit-il, devenu étranger à la race humaine, ni le protestantisme, qu'il a trop violemment attaqué autrefois pour s'y rallier aujourd'hui. Il entend par là un christianisme qu'il ne définit pas nettement et dont on ne peut rien dire, sinon que c'est un christianisme progressif et évolutionniste, par opposition au christianisme fixe et immobile des âges antérieurs.

Nous retrouvons dans le *Livre du peuple* à peu près la même doctrine que dans les *Affaires de Rome*. Là aussi Lamennais célèbre avec enthousiasme l'idée religieuse, qui coordonne dans une vaste synthèse tous les devoirs de l'homme et l'empêche, en ouvrant à ses regards de vastes horizons, d'incarner ses espérances dans la boue de cette terre. Mais il ajoute qu'il ne faut pas confondre la religion, essentiellement une et impérissable, avec les formes qu'elle revêt suivant les temps et les lieux, et il donne assez à entendre que le christianisme n'est, lui non plus, qu'une de ces formes locales et passagères. Pourtant il rend hautement justice à cette grande religion et énumère avec complaisance les bienfaits qu'elle a répandus sur les hommes. Elle a, dit-il, inspiré aux peuples modernes un esprit d'équité et de douceur tout à fait inconnu de l'ancien monde, et, si le bien qu'elle a fait a été mêlé de quelque mal, ce n'est pas elle, ce sont les passions des hommes qu'il faut en rendre responsables. Il ne faut pas désespérer d'elle, même aujourd'hui. Bientôt, en effet, le christianisme, dégagé de l'enveloppe matérielle qui le recouvre, comme un suaire, reparaîtra plus jeune et plus brillant que jamais.

Les idées de Lamennais que nous venons d'exposer sont peut-être mieux d'accord avec le principe fondamental de l'*Essai sur l'Indifférence* que les conséquences plus orthodoxes qu'il en avait d'abord déduites dans le troisième volume de cet ouvrage. Il admettait alors, on s'en souvient, une religion universelle, identique à la raison générale, et facilement reconnaissable à travers les formes diverses des religions particulières;

mais il ne la distinguait pas du christianisme. Maintenant cette religion n'est plus, à ses yeux, le christianisme proprement dit : elle est seulement au fond du christianisme, comme au fond de toutes les religions de la terre, ce qui est bien différent. D'après notre auteur, la raison générale reste toujours l'essence de toutes les religions, mais elle ne s'épuise dans l'organisation d'aucune et en crée successivement un grand nombre. Elle reste, ce qu'elle est, l'esprit qui flotte, dégagé de toute matière, au-dessus du monde social et qui, en prenant une forme appropriée, y réalise progressivement l'ordre et l'harmonie. Ce n'est plus la conception catholique et traditionaliste : c'est une conception philosophique et rationaliste, assez analogue à celle qui consiste à voir dans toutes les religions positives autant de sectes de la religion naturelle.

On voit comment Lamennais a passé successivement du catholicisme autoritaire et ultramontain de l'*Essai sur l'Indifférence* au catholicisme libéral de l'*Avenir*, puis au christianisme révolutionnaire des *Paroles d'un croyant*, pour aboutir à la religion progressive des *Affaires de Rome* et du *Livre du Peuple*. Ce qui frappe dans cette évolution d'un esprit d'élite, c'est le peu de place qu'y tiennent les motifs de crédibilité, tirés de la théologie proprement dite ou même de la philosophie pure, et le rôle prépondérant qu'y jouent les considérations relatives aux destinées du genre humain et à l'organisation des sociétés humaines. Par là Lamennais reste fidèle à lui-même et à ses maîtres de Maistre et de Bonald, dont le christianisme était, comme le sien, plus extérieur et social qu'intérieur et métaphysique. Il offre également, sous ce rapport, de singulières affinités avec Saint-Simon et Auguste Comte, qui fondent aussi leurs systèmes sur des spéculations historiques plutôt que sur des raisonnements philosophiques.

Des nombreux amis de Lamennais, aucun ne le suivit dans sa défection. Le plus fidèle d'entre eux, Gerbet, crut même devoir publier, dans l'*Université catholique*, une protestation où l'émotion perce à travers le luxe des métaphores. Il constate d'abord que tous les disciples du philosophe breton ont passé à la droite du Pontife romain et que le maître seul est resté à gauche, comme dans une scène du jugement dernier. Il veut bien espérer pourtant que la situation de l'ancien défenseur de l'Église n'est pas définitive et que les mérites qui s'élèvent de son passé auront la vertu de sauver ce nouveau Tertullien. En attendant, les fidèles ne doivent pas fléchir dans la foi, parce qu'un des leurs, et le plus illustre, y a renoncé, pas plus qu'ils ne devraient cesser de croire à l'ordre du monde, pour avoir vu une étoile de première grandeur s'éteindre dans les plaines du firmament. La nouvelle hérésie est gigantesque, à la vérité, mais elle a l'inconsistance, comme la haute stature des fantômes. Qu'est-ce, en effet, qu'une morale chrétienne sans croyances chrétiennes, c'est-à-dire qu'une charité qui ne s'appuie pas sur la foi? C'est une doctrine illusoire et chimérique, qui ne peut séduire personne.

VI

ESQUISSE D'UNE PHILOSOPHIE. — MÉTAPHYSIQUE : DIEU, LA CRÉATION, LE MAL.

Par la publication du *Livre du peuple* et des *Affaires de Rome*, Lamennais est entré dans une nouvelle phase de son évolution intellectuelle ; il n'appartient plus ni à l'Église catholique ni à aucune des écoles qui ont la prétention de la représenter. Aussi nous n'analyserons ni l'*Esclavage moderne*, ni *Une Voix de prison*, ni les *Amschaspands et les Darvands*, qu'il composa depuis et qui n'ont pas d'ailleurs une grande importance. Mais nous croyons devoir consacrer quelques pages à l'ouvrage considérable par lequel il couronna sa carrière, à l'*Esquisse d'une philosophie*.

Commencée vraisemblablement au milieu de la Restauration et achevée seulement après la Révolution de 1848, l'*Esquisse* présente assez souvent la trace des variations qu'a subies la pensée de son auteur. Néanmoins la grandeur du sujet, la hauteur des vues, la noblesse du style en font un monument qu'on ne saurait passer sous silence dans une histoire comme celle ci. L'*Essai sur l'indifférence* ne contient qu'une thèse paradoxale et erronée touchant la certitude et une théorie contestable des religions ; l'*Esquisse* renferme toute une philosophie, où Dieu, l'univers et l'homme sont étudiés et en eux-mêmes et dans les rapports qu'ils ont entre eux. Si cet ouvrage fit moins de bruit que l'*Essai*, cela tient précisément à ce qu'il a un caractère plus désintéressé et à ce qu'il est écrit sur un ton moins passionné et moins déclamatoire.

Lamennais conçoit la philosophie à la manière de tous les grands métaphysiciens, comme une théorie de l'ensemble des choses. Elle comprend, suivant lui, toutes les sciences, avec les relations qui les unissent entre elles, et leur imprime le sceau de l'unité. Née du désir de savoir porté à sa plus haute puissance, la philosophie a souvent ébranlé les notions traditionnelles qui servent de fondement à la vie pratique, et il était difficile qu'il en fût autrement; car l'esprit, livré à tout son essor, ne peut pas toujours s'arrêter à temps. Mais il ne faut pas la condamner à cause de ses écarts : ce serait condamner la raison humaine et rendre tout progrès impossible. Il faut seulement contrôler les résultats variables auxquels on arrive par la raison individuelle, en les rapprochant des immuables principes de la raison universelle. Nous retrouvons ici le criterium du sens commun si célébré dans l'*Essai sur l'indifférence*. Mais ce n'est pas seulement par le criterium qu'il préconise, c'est encore par la méthode qu'il suit que Lamennais semble vouloir rattacher ses nouvelles spéculations aux anciennes. Au lieu de donner pour point de départ à la philosophie l'étude de l'âme, il la suspend tout entière à une certaine notion de l'être absolu; il ne suit pas la méthode psychologique, mais la méthode ontologique.

L'idée d'être, dit Lamennais, est l'idée la plus générale et la plus importante qu'on puisse concevoir. Qu'on supprime son objet et rien n'existe dans l'ordre de l'existence; qu'on la supprime elle-même et rien n'existe dans l'ordre de la connaissance, car la connaissance ne serait pas, si elle n'était la connaissance de rien. Or, ce qui existe nécessairement, ce qui est un, infini, éternel, l'Être, en un mot, c'est Dieu. Il est celui qui est[1]. L'idée de Dieu ainsi comprise, dit très bien notre philosophe, est au fond de tous les systèmes. Qu'est-ce, en effet, qu'un système, sinon un enchaînement de causes par lequel on arrive à une cause première et nécessaire? Pour le théiste, cette cause est le Créateur; pour l'athée, c'est la création. L'athée attribue à l'être fini, relatif, contingent, les caractères de l'Être nécessaire; il confond l'œuvre avec l'ouvrier. Éternelle, selon lui, la matière est douée de certaines propriétés primitives, immuables, qui, ayant leur raison en soi, sont elles-mêmes la raison de tous les phénomènes successifs. Il ne nie donc pas Dieu, il le déplace. Quelques-uns, ajoute Lamennais, qui semble penser dès lors à nos modernes positivistes, sans contester absolument son existence, déclarent qu'il échappe à leur esprit incapable de s'en former aucune idée. Il est pour eux le grand *ignotum*. Cependant ils ne laissent pas, eux aussi, de rattacher tous les phénomènes de l'univers à certaines énergies primitives, nécessaires, éternelles. Or, ceci, qu'est-ce autre chose que replacer Dieu au sommet de la science d'où on l'avait banni? Dans l'hypothèse du dualisme, il y a également quelque chose de premier et d'absolu, à savoir, la lutte de deux principes, qui explique la mutuelle opposition des phénomènes.

---

[1] *Esquisse d'une Philosophie*, 1re partie, liv. I, chap. VI.

Mais cet Être absolu, qui est au fond de tous les systèmes, est-il l'être universel et indéterminé ou un être personnel et parfait? Est-il un être en puissance, qui se développe sans cesse, ou un être toujours en acte et qui possède de toute éternité l'existence dans sa plénitude? C'est pour cette dernière conception que Lamennais se prononce, en s'inspirant des doctrines chrétiennes. Suivant lui, l'absolu possède certaines propriétés qui le déterminent et le constituent ce qu'il est; car un être indéterminé n'est pas un être véritable. Il renferme premièrement la puissance; car pour être, il faut pouvoir être, et l'existence implique une énergie par laquelle elle est perpétuellement réalisée. Il renferme, en second lieu, l'intelligence; car l'intelligence est une perfection et, s'il ne la possédait pas, une qualité lui manquerait, il ne serait pas parfait et infini. L'intelligence, dans l'être absolu, est la connaissance qu'il a de lui-même, et elle est lui-même : elle est l'intelligence et l'intelligible tout ensemble. Mais, entre la puissance qui réalise éternellement la substance divine et l'intelligence qui l'informe, il faut un lien, un *nexus*. Ce lien, ce *nexus*, c'est l'amour. « Considéré dans sa substance, l'Être infini étant un de l'unité la plus absolue, il s'ensuit que chacune de ses propriétés est l'être tout entier selon sa substance [1]. » Mais, comme ces mêmes propriétés sont essentiellement distinctes entre elles, il s'ensuit que l'une n'est pas l'autre. C'est le dogme de la Trinité chrétienne; c'est la doctrine d'un seul Dieu en trois personnes.

---

[1] *Esquisse d'une philosophie*. 1re partie. liv. I. chap. VII.

La première personne de la Trinité, la propriété primordiale qui explique tout et n'a pas besoin elle-même d'être expliquée, c'est la Puissance ou le Père. Le Père est l'énergie interne par laquelle l'Être est et se maintient : « Par la conscience intime qu'il a de soi, dit Lamennais, le Père conçoit ce qu'il est et engendre son Fils, égal en tout et coéternel à son Père [1] ; » car ils ne seraient pas ce qu'ils sont, l'un la puissance infinie, l'autre l'intelligence infinie, s'ils existaient l'un sans l'autre. Considéré dans sa nature, le Fils est Dieu tout entier, puisque Dieu est un et indivisible ; considéré comme propriété ou personne de l'Être divin, il est l'intelligence par laquelle ce dernier se conçoit lui-même; il est la Pensée, la Parole intérieure, le Verbe que le Père se prononce éternellement. « Si l'Être se réalise perpétuellement par le Père, s'il se connaît par le Fils, il se sent ou jouit de lui-même par l'Esprit, qui, en terminant Dieu, consomme intérieurement sa félicité souveraine [2]... » De ces trois personnes de la Trinité divine qu'on appelle le Père, le Fils et l'Esprit, l'une est le principe de toute force chez les êtres créés, l'autre le principe de toute intelligence, l'autre le principe de toute union et de toute vie.

De la question de la nature de Dieu, Lamennais passe à celle de la création de l'univers. Dès la plus haute antiquité, dit-il, l'esprit humain semble avoir oscillé, sur ce point, entre deux erreurs. Quelques-uns se sont représenté l'univers comme une émanation de l'Être

---

[1] *Esquisse d'une philosophie*, 1re partie, liv. I, chap. x.
[2] *Esquisse*, 1re partie, liv. I, chap. xi.

infini. Cette opinion, qui est connue sous le nom de panthéisme, est complètement fausse, puisqu'elle nie la réalité propre de l'univers, c'est-à-dire le fait qu'il s'agissait d'expliquer. D'autres ont supposé que la matière aurait éternellement coexisté, à l'état de principe indépendant, avec Dieu lui-même et que celui-ci l'aurait façonnée à sa fantaisie. Cette hypothèse, qui porte le nom de dualisme, n'est pas plus admissible que la précédente; car elle implique que ni Dieu ni la matière ne contiennent tout l'être et que, par conséquent, le vrai Dieu, qui est infini, n'existe pas.

Pour échapper aux difficultés inhérentes à ces deux systèmes, on a eu recours à un troisième : on a dit que Dieu avait créé l'univers, soit en le tirant du néant, soit en faisant passer les créatures qui le composent à l'être, en tant que créatures. Lamennais condamne la première de ces deux doctrines, qui est la doctrine chrétienne, comme impliquant une impossibilité radicale; mais il admet la seconde. Le Verbe ou entendement divin contient, dit-il, les types de tous les êtres particuliers. Or, « créer c'est produire ou réaliser au dehors ce qui auparavant n'avait d'existence que dans l'entendement divin. Et puisqu'en créant, Dieu donne l'être, cet être qu'il donne, il le tire de soi, car il ne peut évidemment exister aucune portion d'être qui n'ait sa source dans l'être infini[1] ».

D'après Lamennais, la création des êtres finis ne s'opère pas par voie d'émanation, mais par suite d'un acte libre; elle ne retranche rien de l'Être infini, puisque les

---

[1] *Esquisse d'une philosophie.* 1re partie. liv. II. chap. I.

types des êtres finis continuent à résider dans son sein; elle n'y ajoute rien, car il n'en résulte aucune véritable production d'être ou de substance. Elle consiste seulement en ceci, que la substance divine se communique sans diminuer et sans déchoir, sous la condition de certaines limites, dont le principe est en elle, et que les êtres qui en résultent continuent à adhérer, en un certain sens que nous ne comprenons pas, à ce Dieu qui est la racine de toute vie, de tout mouvement, de toute existence. Lamennais conclut de ces diverses considérations que la création est, suivant la conception antique, une sorte de sacrifice de l'Être divin qui a bien voulu limiter sa propre substance pour constituer des êtres distincts de lui.

L'auteur de l'*Esquisse* ne se borne pas à admettre la création, dans le sens particulier où il l'entend, il cherche à l'expliquer et émet sur ce point des vues qui rappellent celles de Platon, de Plotin et de Leibniz. Non seulement, dit-il, il y a en Dieu une multitude d'idées, qui servent de modèles et de types à la multitude des êtres, mais ces idées sont distinctes les unes des autres, et, pour qu'elles le soient, il faut que quelque chose les termine et les distingue dans l'entendement divin, sans quoi elles se confondraient toutes dans une idée unique. Or, « créer des êtres, dit ingénieusement notre philosophe, c'est réaliser tout ensemble et au même moment leur idée et sa distinction. La substance et les propriétés auxquelles cette idée correspond, de distinctes qu'elles étaient en Dieu, deviennent actuellement distinctes hors de lui par la réalisation de la distinction qui devient limite et limite substantielle. La distinction réalisée ou devenue limite est ce qu'on appelle matière[1] ». En effet, la matière inerte et ténébreuse n'a d'autre fonction que de borner l'esprit, tandis que l'esprit implique, avec l'unité absolue, l'infini lui-même.

L'unique fonction de la matière étant de limiter, tout ce que les êtres ont de positif ou d'intelligible est étranger à leur élément matériel et appartient à ce qu'il y a en eux de spirituel. Cependant la connaissance de l'esprit ne va pas sans celle de la matière qui le limite, de même que la connaissance d'un corps ne va pas sans celle des lignes qui le terminent et en marquent les contours. « Il n'existe point de pure matière, dit Lamennais (et c'est une doctrine qu'on trouve aussi chez un grand métaphysicien de notre temps) : l'idée même en est contradictoire. L'existence d'une chose qui limite implique celle d'une chose limitée[2]. » C'est dire que dans tout corps il y a de l'esprit (*spiritus intus alit*). On pourrait ajouter que dans tout esprit, excepté en Dieu, il y a de la matière, puisque tout esprit, excepté Dieu, est limité et que la matière est précisément sa limite. Cette limite avance ou recule plus ou moins : de là l'immense hiérarchie des êtres qui vont croissant indéfiniment en perfections, depuis l'atome inorganique jusqu'à l'âme libre et intelligente. C'est, comme on voit, la loi de continuité, qui tient tant de place chez tous les philosophes célèbres, depuis Aristote jusqu'à Leibniz, et depuis Leibniz jusqu'à Auguste Comte.

Cette théorie de la création est couronnée par celle

---

[1] *Esquisse d'une philosophie*, 1re partie, liv. II, chap. III.
[2] *Esquisse*, 1re partie, liv. II, chap. V.

du progrès cosmique ; car, aux yeux de Lamennais, la création est essentiellement progressive : « Toute créature, dit-il, n'a d'être que parce qu'elle participe à la substance infinie et à ses propriétés essentielles, à un degré marqué par la limite qui la circonscrit, et réalise ainsi hors de Dieu son idée préexistante dans l'entendement divin... Elle tient à l'infini par ce qui constitue radicalement son être, au fini par ce qui le termine[1]. » Toutes les créatures de l'univers, ajoute-t-il, peuvent se développer indéfiniment, d'une part parce qu'elles ont leur racine dans la substance divine, qui est inépuisable, de l'autre, parce qu'elles sont destinées à la manifester de plus en plus, sous la condition du fini et de la limite. La création ira donc manifestant de plus en plus le Créateur, sans jamais l'égaler : autrement le Créateur se reproduirait lui-même et la création cesserait d'être la création, puisqu'elle n'aurait plus de limites.

La description que notre auteur fait de la nature divine et des trois attributs qui la constituent essentiellement, la puissance, l'intelligence, l'amour, est pleine de noblesse et d'élévation. Cependant on ne peut pas dire qu'il ait réussi à établir démonstrativement que ces trois attributs doivent être considérés, en philophie, comme autant de personnes réellement distinctes dans l'unité d'un seul Dieu. Ou chacun d'eux, en effet, comme l'a très bien dit M. Jules Simon, a conscience de lui-même et a un *moi* distinct de celui des deux autres et alors nous avons, non seulement trois personnes, mais encore trois dieux, ou ils ont tous les trois une conscience

---

[1] *Esquisse d'une philosophie*, 1re partie, liv. II, chap. vi.

unique et se rapportent à un seul et même *moi*, et alors ils ne sont plus de vraies personnes ; ils ne sont que de simples attributs de l'Être divin. Le christianisme s'est parfaitement rendu compte de cette difficulté. C'est pourquoi il ne nous donne pas la doctrine de la Trinité pour une doctrine philosophique et susceptible de démonstration, mais pour un mystère, c'est-à-dire pour une vérité incompréhensible.

Les vues de Lamennais sur la création ne sont pas non plus irréprochables. Il affirme que Dieu, quand il donne l'être à ses créatures, le tire de lui-même et se borne à limiter sa propre substance : or, cette manière de voir ne diffère pas sensiblement de celle des panthéistes de toutes les époques. Il est vrai que, suivant lui, Dieu a créé le monde librement et que le monde, une fois produit, est devenu distinct de la substance divine ; mais enfin la pente à la doctrine de l'unité de substance n'en existe pas moins dans son système. Il ne veut pas que le monde soit sorti de Dieu par voie d'émanation, comme le prétend le panthéisme alexandrin. Qu'importe, s'il admet qu'il en est sorti par voie de participation ou d'écoulement ? Écoulement ou émanation, où est la différence ? L'une de ces métaphores vaut l'autre.

Bien que ces vues de Lamennais offrent des points vulnérables et n'aient pas été de sa part l'objet d'une élaboration suffisante, elles font honneur à l'esprit qui les a conçues. Avant lui, la théodicée de l'école traditionaliste était assez maigre et assez pauvre, comme on peut s'en convaincre en lisant Bonald et de Maistre. Le premier, qui était un publiciste plutôt qu'un métaphysicien, s'était borné à démontrer tant bien que mal l'existence de Dieu et ne s'était préoccupé sérieusement ni de sa nature ni de ses rapports avec le monde. Le second, dont l'esprit avait plus de mouvement et d'essor, s'était déjà élevé à une plus grande hauteur, car il avait longuement traité du gouvernement du monde par la Providence ; mais il avait beaucoup trop incliné à considérer Dieu comme un souverain terrestre et avait imprimé à sa théodicée un caractère d'anthropomorphisme beaucoup trop marqué. Lamennais montra, dans la sienne, plus de profondeur et rouvrit, non sans éclat, la carrière depuis longtemps fermée de la métaphysique.

Après avoir traité successivement de Dieu et de l'acte par lequel il crée l'univers, Lamennais traite de l'univers lui même. L'univers existe. Il implique, par conséquent, une certaine force qui le soutient et le maintient dans l'existence; il a une certaine forme, un certain ordre sans lequel il ne serait pas ce qu'il est, et qui ne s'explique que par un principe intelligent; il a des parties qui ont entre elles une certaine union et qui supposent un certain principe de vie. Cette force, cette intelligence, cette vie qui éclatent dans l'univers, ne sont autre chose que la puissance, l'intelligence, l'amour de l'Être divin, en tant que les créatures peuvent les imiter et y participer : c'est l'imitation et la participation platoniciennes tout ensemble.

Il y a, dans le monde, trois classes d'êtres : les êtres inorganiques, les êtres organiques et les êtres intelligents. « Ces différents êtres liés entre eux d'une manière intime, se supposent mutuellement, comme les parties d'un tout, et l'univers n'est sous ce rapport qu'un vaste organisme auquel on a donné le nom de nature, parce qu'en effet il se compose de toutes les natures diverses harmoniquement unies. » Les êtres intelligents sont en quelque sorte greffés sur les êtres organiques et ceux-ci sur les êtres dépourvus d'organisation ; mais les uns et les autres réfléchissent, à leur manière, les attributs du Créateur. On trouve dans les êtres inorganiques la force électro-magnétique, la lumière et l'attraction, qui sont comme de pâles reflets de la puissance, de l'intelligence et de l'amour divins ; on trouve, dans les êtres organiques, l'activité spontanée, la perception et la sensation, qui en sont déjà des images plus fidèles ; enfin, les êtres humains nous en offrent, dans leur volonté, dans leur raison et dans leur sensibilité, la reproduction la plus exacte qu'on puisse concevoir.

Mais ce n'est que bien lentement que le monde est arrivé à cet état : « Parmi les anciennes cosmogonies, il n'en est point qui ne parle d'une époque où l'univers, dépourvu encore de toute organisation, ne présentait, au sein de la nuit, qu'un chaos immense, » où il était « comme un tout aqueux et fluide, c'est-à-dire comme ce qui, pour nous, éloigne le plus l'idée d'existences particulières et déterminées. » Cette conception traditionnelle de l'état primitif des choses concorde parfaitement avec les derniers résultats de la science contemporaine. Celle-ci, en effet, en remontant vers le passé, arrive à des formes de moins en moins nombreuses, de moins en moins complexes, et aboutit finalement à une époque où nulle organisation n'existait sur la terre et où notre globe n'était qu'un simple amas de gaz. La métaphysique confirme les données de la science. La première personne de l'Être divin, qui est la puissance, a dû agir d'abord et réaliser au dehors la substance et sa limite, l'esprit et la matière. La seconde et la troisième, qui sont l'intelligence et l'amour, n'ont dû agir qu'après, pour ordonner et vivifier le monde, qui était sorti confus et inerte de la matrice universelle[1].

Cependant le mal existe dans ce tout si vaste et si bien ordonné. Qu'est-ce donc que le mal et comment s'explique-t-il ? Suivant Lamennais, il consiste uniquement dans la limitation des êtres, et cette limitation était absolument nécessaire à leur création ; car qui dit un être créé dit un être qui a commencé, qui a tiré son existence d'ailleurs, c'est-à-dire un être limité. Se plaindre qu'il y ait du mal dans la création c'est donc se plaindre qu'il y ait une création ; c'est prétendre que Dieu aurait dû se renfermer dans la solitude inaccessible de son être, c'est considérer l'acte créateur comme une chute de l'Être divin, ce qui est une erreur manifeste[2].

Ce sont là des idées fort plausibles et en faveur desquelles on peut invoquer l'autorité des plus grands philosophes. On en trouve, en effet, le germe dans Platon, dans saint Augustin et dans la plupart des métaphysiciens dont le christianisme s'honore, et Leibniz leur avait, longtemps avant Lamennais, donné leur plein et entier développement. Il y a pourtant une certaine différence entre les idées de l'un et celles de l'autre. Le premier, qui vivait à une époque où la loi du progrès

---

[1] *Esquisse d'une philosophie*, 1re partie, liv. III, chap. III.
[2] *Esquisse*, 2e partie, liv. I, chap. IV.

n'avait pas encore été nettement formulée, mais qui l'avait pourtant entrevue, n'en tire pas tout le parti possible pour appuyer l'optimisme dont il fait profession, tandis que Lamennais, qui vivait dans un temps où cette loi était généralement reconnue, s'en empare et en fait un des principaux fondements de sa doctrine. A ceux qui se plaignent qu'il y a du mal dans la nature et que ce monde n'est pas le meilleur possible, il répond qu'il n'est pas, à la vérité, le meilleur possible actuellement, mais qu'il est en train de le devenir; car c'est un monde qui doit passer par une série indéfinie de progrès et qui est réservé à d'immenses perfectionnements ultérieurs.

A l'appui de cette doctrine, Lamennais trace le tableau des convulsions qui ont tourmenté les entrailles de notre planète, ainsi que des déluges qui en ont dévasté la surface, et montre les résultats féconds qui ont suivi ces scènes de destruction : « Représentez-vous, dit-il, les éruptions, les commotions, les bouleversements volcaniques, les vastes oscillations des eaux envahissant peu à peu ou subitement d'immenses portions de la terre naissante, tandis que leur retraite en laissait à découvert d'autres enrichies de leurs sédiments... Vous croyez voir la ruine d'un monde, vous assistez à sa formation[1]. »

Parmi les solutions données à la question du mal, une des plus célèbres est la doctrine du péché originel. Lamennais ne l'admet pas et fait valoir contre elle des raisons qui ne sont ni bien fortes ni bien neuves, mais qui ne manquent pas d'intérêt, parce qu'elles nous révè-

---

[1] *Esquisse d'une philosophie*, 2ᵉ partie, liv. I, chap. IV.

lent quels étaient, à cette date, les sentiments religieux de l'auteur de l'*Essai sur l'indifférence*. Il ne voit dans le récit de la Genèse que ce que Jean Reynaud y vit un peu plus tard, je veux dire le symbole de ce qui se passe en chacun de nous. Nous naissons tous en effet, suivant lui, dans l'innocence, dont l'idée est inséparablement liée à celle du premier âge de la vie. Mais cette innocence n'est pas la perfection : elle est l'état d'enveloppement de la conscience et de la raison, le sommeil de l'intelligence et du sens moral. A l'instant où ces hautes facultés s'éveillent et se développent, l'homme acquiert la science du bien et du mal et avec elle l'usage de la liberté; il devient capable de bien faire, mais aussi de faillir. Heureuse capacité, s'il en fut; car elle est pour lui l'initiation à la vie des êtres libres et la condition des immenses progrès qu'il doit un jour réaliser.

Le même mouvement d'ascension qui emporte la nature et l'homme, emporte l'humanité tout entière. Partie de l'état d'innocence, qui n'était aussi pour elle qu'un état d'enfance, elle s'élève par le travail et la lutte à toute la perfection dont elle est susceptible. A mesure qu'elle avance, elle voit la sphère du mal se resserrer, et celle du bien s'agrandir. Toutefois, comme elle rencontre toujours sur sa route de nouvelles limites et qu'elle est toujours impatiente de les franchir, elle éprouve toujours de nouveaux froissements et pousse toujours vers le ciel de nouvelles plaintes. Mais qu'est-ce que cette impatience, mêlée de douleur, sinon l'énergique et perpétuel aiguillon du progrès? Supprimez-la, et l'humanité, contente des domaines qu'elle a conquis sur le mal, s'endormira dans l'oisiveté au lieu de poursuivre, à travers le temps et l'espace, sa marche triomphante. C'est ainsi que la plupart des prétendus maux qui provoquent les lamentations des hommes, nous apparaissent, quand nous les considérons d'un œil philosophique, comme des biens véritables.

Parmi les auteurs de notre temps qui se sont posé la question du mal, il en est peu qui l'aient traitée avec autant d'élévation que Lamennais, malgré les erreurs qu'il a mêlées à ses théories. C'est qu'au lieu de l'envisager isolément, il l'a rattachée, d'une part, à l'idée de Dieu, de l'autre, à une certaine conception de l'ensemble des choses. Nous nous garderons bien cependant de prétendre qu'il l'a résolue d'une manière définitive et qu'elle ne doit plus désormais offrir aucune difficulté à la pensée humaine. Ainsi, pour ne parler que de l'une des vues les plus frappantes qu'il ait émises, cette ère splendide qu'il promet à nos descendants, est-elle aussi positive qu'il veut bien le dire, et, dans le cas où elle le serait, pouvons-nous songer sans tristesse, étant des hommes et non des stoïques, qu'elle ne luira que sur nos tombeaux? Ce qu'il me faut, ce n'est pas une félicité problématique et en quelque sorte par procuration : c'est un bonheur à la fois certain et personnel, et ce n'est que dans les perspectives que m'ouvre la doctrine de l'immortalité de l'âme que j'en aperçois le doux rayonnement. Pourquoi Lamennais, qui l'admet, a-t-il traité du mal sans la faire intervenir, comme donnée essentielle, dans la question qu'il voulait résoudre? Que l'homme se résigne noblement aux maux inséparables de notre humanité et subisse courageusement ses souffrances individuelles, puisqu'elles sont nécessaires au bien de tous, il fait son devoir. Mais Dieu ne ferait pas le sien, pour ainsi dire, s'il acceptait ses sacrifices sans lui en tenir compte et s'il ne rétablissait pas un jour cette harmonie entre le bien et le bonheur, qui nous apparaît comme une loi de notre nature. C'est là un point que Lamennais a trop négligé de faire ressortir.

VII

ESTHÉTIQUE : LE BEAU ET L'ART. — CONCLUSION.

Non content d'étudier Dieu, l'univers et l'homme, Lamennais étudie les œuvres de ce dernier, je veux dire l'industrie, l'art, la science et la société. Nous ne le suivrons pas dans les considérations auxquelles il se livre sur ces grands sujets : nous nous bornerons à faire connaître quelques-unes de celles qu'il expose sur l'art, parce qu'il y déploie ses qualités d'artiste et ses qualités de penseur tout ensemble.

Suivant Lamennais, l'art a pour objet le beau. Or, le beau, « c'est le vrai, en tant qu'il est, dans sa manifestation, simultanément perçu par l'intelligence et senti par l'amour. » Sans vérité, point de beauté : le faux déplaît, choque, repousse. Mais la vérité ne suffit point, à elle seule, pour constituer la beauté : il faut qu'elle soit unie à la forme et qu'elle soit manifestée par elle. Par le vrai, qui en est le fond, le beau parle à l'intelligence ; par la forme, qui en est la manifestation, il s'adresse à la sensibilité. Puisque le beau n'est que la manifestation du vrai, et que rien ne saurait être manifesté que par la forme, il s'ensuit que le beau n'est que le vrai, c'est-à-dire l'Être, en tant que doué de forme. Mais l'Être, considéré en soi, c'est l'infini, l'esprit, l'idéal; la forme, c'est le fini, la matière, le réel, car elle est par essence une limite. C'est pourquoi on pourrait encore définir le beau la manifestation de l'idéal par le réel, de l'esprit par la matière, de l'infini par le fini.

Le sentiment du beau suppose le sentiment de l'utile et contient déjà en germe le sentiment du vrai ; car il n'y a pas opposition, comme quelques-uns se le figurent, mais harmonie entre ces grandes faces des choses : « Les proportions les plus parfaites dans leur rapport avec le beau, sont également les plus parfaites dans leur rapport avec l'utile. Dans un organisme vivant, les formes les plus belles sont en même temps les mieux appropriées à leurs fonctions. Nul art ne dérive de soi, ne subsiste par soi-même, pour ainsi dire solitairement. L'art pour l'art est une absurdité. L'art est fait pour manifester la perfection de l'être et pour y ajouter. Aussi il ne doit point flotter au gré d'une pensée sans règles : il doit être soumis aux lois essentielles de notre nature. Ces lois résultant de l'union des lois de l'ordre physique et de l'ordre intellectuel, l'art, sous ce rapport, correspond à la faculté qu'on a nommée imagination, ou au pouvoir que l'homme possède de revêtir l'idée d'une forme sensible qui la manifeste extérieurement[1]. »

---

[1] *Esquisse d'une philosophie.* 4e partie, liv VIII, chap. I.

L'art est, ainsi que la science, indéfiniment progressif. Puisque le vrai est un élément essentiel du beau, à mesure que la conception du premier s'élève, il est naturel que celle du second s'élève également. Ce qui trompe, à cet égard, c'est qu'au lieu de considérer l'art dans ses relations avec le vrai en général, d'où émane le beau, on le considère dans ses relations avec une conception particulière du vrai. Or, cette conception une fois reproduite, aussi parfaitement qu'elle peut l'être, sous la forme de l'art, il est certain que l'art décline nécessairement s'il continue à la reproduire encore. Pour qu'il progresse, il faut qu'une conception nouvelle et supérieure du vrai s'empare des esprits et prenne la place de la conception ancienne. Elle engendrera alors tout naturellement une conception nouvelle et supérieure du beau. C'est par là qu'il faut expliquer et les décadences apparentes de l'art et ses progrès véritables.

De toutes les œuvres d'art sorties de la main de l'homme, la plus grande, la plus imposante, la plus complète, celle qui ressemble le mieux à la création, cette œuvre du suprême artiste, c'est le temple. On pourrait l'appeler la création de l'homme, de même qu'on a quelquefois appelé la création le temple de Dieu. Le temple a varié avec les temps et avec les lieux et s'est modifié avec la conception que l'on s'est faite de Dieu et du monde : le temple grec ne ressemble pas au temple oriental et le temple chrétien ne ressemble pas au temple grec. Lamennais fait du temple chrétien une description magnifique où le sentiment religieux qui l'avait jadis animé semble respirer encore. Il nous le montre enveloppant dans son ample sein toutes, les formes de l'existence, depuis la plante jusqu'à l'homme, et donnant successivement naissance à tous les arts, à la sculpture, à la peinture, à la musique, à la danse, à la poésie et à l'éloquence elle-même qui parle du ciel, par la voix du prêtre, aux multitudes agenouillées.

La théorie de Lamennais que nous venons d'exposer, se distingue par la grâce des détails, mais elle n'est pas irréprochable pour les vues d'ensemble. Dire que le beau est à la fois perçu par l'intelligence et senti par l'amour, c'est le définir par ses effets plutôt que par son essence. Dire qu'il est le vrai manifesté, l'idée réalisée dans une forme, c'est en donner une définition juste au fond, mais beaucoup trop abstraite et qui aurait besoin d'être élucidée par des exemples. Déclarer la doctrine de l'art pour l'art manifestement absurde, c'est émettre une opinion vraie en un sens, mais fausse en un autre, comme les savantes discussions de Hegel en font foi. Lamennais est mieux inspiré, quand il soutient que l'art est susceptible de progrès. Le beau consistant dans l'union de l'idée et de la forme, il suffit, en effet, que l'idée progresse pour que le beau finisse par progresser également ; car, tôt ou tard, l'idée finit par se faire la forme qui lui convient.

C'est parce que l'architecture de toutes les grandes époques a exprimé des idées (Lamennais lui-même en fait la remarque), que ses monuments sont si précieux pour l'histoire des civilisations éteintes. De même que l'on reconstruit, au moyen de quelques débris de squelette, tout un monde animal depuis longtemps disparu, de même on peut reconstruire, à l'aide de quelques pans d'édifice, tout un monde social évanoui et deviner non seulement ses formes extérieures, mais encore la pensée intime qui leur donnait le mouvement et la vie. En présence des temples gigantesques de l'Inde, qui naissent en quelque sorte des entrailles de la terre et se développent çà et là en masses confuses et désordonnées, qui ne sent que c'est l'idée de l'être immense, indéterminé, universel, qui s'est exprimée dans ces prodigieux monuments? Devant le temple grec, au contraire, dont les lignes sont si nettes, les contours si harmonieux, les proportions si irréprochables, on se croirait devant la demeure, légèrement agrandie et embellie, de l'homme. On reconnaît l'expression de l'idée panthéistique, d'un côté, celle de l'idée anthropomorphique de l'autre.

Lamennais tire de ses principes sur l'art des conséquences importantes non seulement pour l'histoire, mais encore pour l'art lui-même : « Imiter l'art ancien, dit-il, est un précepte absurde, parce qu'il exigerait que l'artiste fût pénétré de la conception antique, qu'il y crût[1]. » L'imitation matérielle des formes, séparée de la croyance à l'idée, ne peut enfanter que des œuvres sans vie. Est-ce à dire qu'à défaut de l'art ancien, il faille imiter la nature même? Pas le moins du monde. L'art ne copie pas, il crée ; il ne reproduit pas les apparences phénoménales telles qu'elles sont et pour elles-mêmes : il s'en sert comme de simples moyens pour réaliser au dehors un type intérieur, un idéal. Lamennais enveloppe, comme on voit, et à juste titre, dans la même condamnation le système classique et le système réaliste.

[1] *Esquisse*, 2ᵉ partie, liv. VIII. chap. III.

L'esthétique de Lamennais n'a pas seulement un caractère idéaliste, elle a encore un caractère en quelque sorte aristocratique et hiératique qui s'explique très bien par le passé de son auteur. L'art qu'il admire le plus est, en effet, celui qui a élevé les temples ou qui s'est développé dans leur enceinte. C'est pourquoi il parle avec enthousiasme non seulement de l'architecture, mais encore de la sculpture du moyen âge. Il fait très bien remarquer que, sous l'influence du spiritualisme chrétien, celle-ci s'attache à faire pour ainsi dire jaillir l'esprit du sein de la matière et traite cette dernière avec un rare dédain. Uniquement soucieuse de l'idée, elle s'absorbe dans l'étude de la tête, où réside l'être intelligent, et néglige le reste du corps, où l'animal fait sa demeure. C'est pourquoi Lamennais prodigue ses éloges à Dante, à Milton et aux autres poètes qui ont su faire vibrer dans l'âme la corde religieuse. Il juge également avec beaucoup de faveur la poésie héroïque, telle qu'elle se manifeste dans l'épopée et dans la tragédie, et y voit un merveilleux moyen d'unir les hommes entre eux par l'admiration et la sympathie. La poésie comique, au contraire, qui peint les mœurs vulgaires et exprime des sentiments vulgaires, n'excite que ses mépris et lui paraît plus propre à développer l'esprit d'égoïsme que l'esprit de sociabilité. De là le fameux réquisitoire qu'il a dirigé contre le rire et dont deux poètes éminents, Lamartine et M. de Laprade, se sont plus tard inspirés.

L'esthétique est, comme on voit, une des parties les plus intéressantes du livre de Lamennais. Cependant nous pourrions adresser à l'auteur plusieurs reproches. D'abord, il ne traite qu'un petit nombre des questions que les esthéticiens ont coutume de se poser, et encore ne les traite-t-il pas toujours avec tous les développements qu'elles comportent : il sacrifie trop la théorie à l'histoire. Ensuite, la partie historique de son travail elle-même n'est pas exempte d'imperfections. Les époques primitives y sont appréciées plus favorablement que les époques critiques, et on y préconise un peu trop l'art du moyen âge au dépens de celui de la renaissance et des âges modernes.

Quant à la philosophie de l'*Esquisse* en général, nous ne pouvons qu'en indiquer rapidement les bons et les mauvais côtés. Aujourd'hui que les sciences ont pris de si vastes développements, c'est une bien grande entreprise que celle d'en faire la synthèse, et pourtant il importe que cette synthèse soit faite, sans quoi l'esprit se perdrait dans les détails et ne verrait jamais les choses d'un regard d'ensemble. Or, c'est cette entreprise que Lamennais a tentée, et il est juste de lui en faire un titre d'honneur; seulement il n'a pas toujours procédé comme il aurait dû dans un pareil travail.

D'abord, il admet dans l'*Esquisse*, comme dans l'*Essai*, un criterium inadmissible, le consentement universel des hommes. Il ne comprend pas qu'y recourir ce n'est pas fonder la philosophie, mais la renverser et la détruire; car la philosophie ne consiste pas à s'enquérir de ce que les autres ont pu penser, mais à penser soi-même. De plus, après avoir posé ce criterium, il en fait assez rarement usage. Tantôt, en effet, il l'invoque, comme il le fait quand il s'agit d'établir l'existence de Dieu; tantôt il le néglige et le remplace par le raisonnement, comme quand il traite du mal et du péché originel. Or c'est là un défaut ; car, quand on pose un principe et qu'on le donne comme contenant en lui toute vérité, il n'est pas permis de n'en user que de loin en loin et d'une manière intermittente. Ajoutons que, dans la dernière partie de son ouvrage, Lamennais rejette formellement ce criterium qu'il avait établi dans la première ; car il déclare qu'il n'y a pas d'autorité supérieure à celle de la raison et à celle de l'expérience qui lui sert de contrôle. Or, c'est là passer positivement du traditionalisme au rationalisme.

La méthode de Lamennais ne laisse pas moins à désirer que son criterium. Il nous transporte d'emblée au sein de l'Être absolu, il nous décrit ses attributs comme s'il en avait la science infuse et en fait sortir, sans hésiter, les existences passagères. Il prend, en un mot, son point de départ en Dieu, et non dans l'homme ; il suit la méthode ontologique, non la méthode psychologique. Il montre même un singulier dédain pour cette dernière, malgré les noms de Socrate et de Descartes, de Kant et de Maine de Biran qui la recommandent, et ne veut entendre parler que de la première, de celle qui a été suivie par Parménide et Plotin, Spinoza et Hegel. Elle lui paraît seule conforme à la raison, qui veut que l'on commence l'étude des choses par le commencement, c'est-à-dire par le principe qui les engendre et les explique.

Lamennais ne songe pas que ce qui est le commencement dans l'ordre de l'existence n'est pas toujours le commencement dans l'ordre de la connaissance. C'est ainsi qu'en physique la cause existe avant les effets, et pourtant nous n'arrivons à la connaissance de la cause que par celle de ses effets. Or, il en est précisément de même en philosophie. Nous ne pouvons rien affirmer de la cause première que nous n'ayons puisé dans l'étude de ses effets, notamment dans celle du plus grand de tous, qui est l'homme. Où Hegel prend-il l'idée d'être, qui sert de fondement à toute sa philosophie, sinon dans son être propre ? car, suivant l'excellente remarque de Leibniz, l'homme n'a l'idée d'être que parce qu'il est lui-même un être et qu'il en a le sentiment. Où Spinoza prend-il l'idée de la substance à la fois pensante et étendue, d'où il fait tout sortir par des procédés purement rationnels, sinon dans cette expérience pour laquelle il professe un si profond mépris ? Ce que nous disons de Hegel et de Spinoza est bien plus vrai encore de Lamennais. Son Dieu, en effet, est bien plus riche d'attributs que le leur, puisqu'il est à la fois puissance, intelligence et amour, et ce n'est évidemment qu'en lui-même, dans le sentiment de ses propres facultés morales que ce philosophe a pu en puiser, à son insu, la première idée.

On voit suffisamment, après la longue étude que nous avons faite de Lamennais, ce qu'il faut penser de lui et de son œuvre. Né au fond de la religieuse Bretagne, élevé dans les principes du catholicisme le plus absolu, confirmé dans les idées et les tendances de sa jeunesse par son éducation ecclésiastique et par son entrée dans le sacerdoce, il attaque d'abord la société moderne et la philosophie dont elle est issue, avec toute la fougue d'une âme aussi impétueuse que sincère. Il croit que, si la révolution dérive de la philosophie du XVIIIe siècle, la philosophie du XVIIIe siècle dérive, à son tour, de la philosophie de Descartes, et que la première n'a fait qu'appliquer aux questions politiques et religieuses le principe de la souveraineté de la raison que la seconde avait proclamé dans l'ordre métaphysique : et c'est contre ce principe qu'il dirige tous ses efforts. C'était substituer le raisonnement à l'exégèse, la méthode philosophique à la méthode historique.

Mais, durant sa longue et éclatante polémique contre la philosophie et la raison, Lamennais tomba dans deux contradictions extrêmement graves et qu'il lui était, du reste, à peu près impossible d'éviter. D'abord il combattit la raison individuelle, principe de la philosophie cartésienne et de toute philosophie, avec sa propre raison : c'était une première contradiction. Ensuite il substitua à l'autorité de la raison individuelle, considérée par lui comme de nulle valeur, celle de la raison universelle, qu'il investit d'une autorité souveraine : c'était une seconde contradiction, car une collection de raisons individuelles sujettes à l'erreur ne sauraient constituer une raison universelle infaillible. Lamennais ne s'en tint pas là. De cette infaillibilité prétendue de la raison universelle il conclut l'infaillibilité d'une Église qui est bien universelle de nom, mais qui ne l'est pas de fait, de sorte qu'il ne peut guère, à son point de vue, lui attribuer une infaillibilité véritable. Enfin, par une démarche intellectuelle que nous n'avons point à juger ici, il va de l'infaillibilité de l'Église, envisagée comme adéquate à l'humanité tout entière, à celle d'un seul homme, qui est son chef.

Comme s'il n'avait pas suffi à Lamennais de construire un système dont les divers éléments semblent s'opposer les uns aux autres, il finit par en composer un second qui semble s'opposer au premier considéré dans son ensemble. Un jour arriva où celui que Lamennais avait déclaré seul capable de prononcer sur le vrai et le faux, déclara faux le système de Lamennais lui-même. Ce dernier n'avait, à ce qu'il semble, qu'à s'incliner devant cette autorité qu'il avait passé sa vie à établir, et devant laquelle il avait voulu courber toutes les intelligences. Il n'en fit rien. Il s'agissait, on s'en souvient, de savoir si les hommes doivent jouir de la liberté de conscience et de la liberté de la presse. Lamennais tenait pour l'affirmative, le pape pour la négative; mais le premier prétendait avoir pour lui l'opinion publique, c'est-à-dire précisément cette raison universelle sur laquelle seule il avait toujours fait reposer et l'autorité du pape et celle de l'Église et de la religion elles-mêmes. C'est pourquoi il renonça non seulement à l'ultramontanisme et au catholicisme, mais encore au christianisme, et finit par n'accepter d'autre autorité que celle de la raison, sans trop distinguer désormais, si ce n'est pour la forme, cette raison universelle qu'il avait en quelque sorte divinisée, de cette raison individuelle qu'il avait combattue. L'adversaire acharné du rationalisme mourut rationaliste, le dernier des Pères de l'Église, comme on l'avait quelquefois appelé, mourut en dehors de l'Église.

Tout, d'ailleurs, annonçait depuis longtemps un tel dénouement. Le vieil ultramontain, qui avait jadis tenu tête à tout le parti libéral, avait passé, avec armes et bagages, dans le camp du libéralisme, et les Béranger, les Jean Reynaud, les Henri Martin avaient remplacé dans ses affections les amis de sa jeunesse; le vieil ennemi de la révolution et des révolutionnaires avait siégé en 1848, à la Chambre, au sommet de la Montagne, et avait rédigé le *Peuple constituant*. Cependant l'Église espéra jusqu'au dernier moment ressaisir celui qui avait été tour à tour son défenseur éloquent et son rude adversaire. Il faut lire chez ses biographes le récit des obsessions dont il fut l'objet de la part du haut clergé, de la part d'une nièce pieuse et de la part de ses anciens amis, qui étaient désolés de le voir mourir en dehors des conditions requises pour le salut, lui qui avait procuré le salut à tant d'autres et qui avait fulminé contre l'incrédulité de si terribles anathèmes. Rien n'y fit. « Il se coucha, comme on l'a dit, dans son obstination devenue raisonnée et mourut dans sa colère[1]. » En 1854, par une froide et brumeuse journée de décembre, on vit passer, à travers Paris un mort suivi de quelques amis, entre deux haies de soldats. Quand on fut arrivé au champ du repos, quand on eut descendu son corps dans la fosse commune, où il avait voulu être enseveli, et qu'on l'eut recouvert de terre, le fossoyeur demanda, comme s'il s'agissait d'un mort ordinaire : Il n'y a pas de croix ? et on lui répondit : Non. Telle fut la fin de l'auteur de *l'Essai sur l'indifférence*. L'ancien apologiste du christianisme fut conduit à sa dernière demeure sans que l'image du Christ brillât devant lui et sans que les prêtres, ses anciens confrères, entonnassent devant lui leurs chants de deuil, spectacle déchirant pour beaucoup, mélancolique pour tous; car il témoigne de la fragilité de nos opinions les plus fermes

[1] Ernest Renan, *Essais de morale et de critique*.

et de l'instabilité de nos croyances en apparence les plus inébranlables.

Nous avons cru devoir étudier en détail la doctrine de Lamennais, moins à cause de sa valeur propre, bien qu'elle soit réelle, qu'à cause de l'influence qu'elle a exercée sur le mouvement religieux de notre époque. Avant lui, le parti ultramontain, malgré les appels réitérés de J. de Maistre, ne s'était point encore constitué et n'avait pas même encore une ombre d'existence. C'est Lamennais qui l'a créé, qui l'a organisé et qui lui a donné la force qu'il possède en ce moment. Personne, en effet, n'a plus contribué que lui à abaisser aux pieds de la papauté l'aristocratie épiscopale, et à réduire les évêques au modeste rôle de représentants du pouvoir central, dont Rome est le siège. Mais, si Lamennais a produit, à une certaine date, le catholicisme ultramontain, qui domine aujourd'hui avec tant d'empire, il a produit un peu plus tard ce catholicisme libéral, qui a rallié longtemps un certain nombre de natures généreuses, de sorte que les deux grands courants d'idées qui se sont déroulés de nos jours au sein de l'Église, ont eu également en lui leur principe et leur source. Le rationaliste ne s'est pas accusé chez lui avec moins de force que le catholique ultramontain et que le catholique libéral, bien qu'il n'ait pas exercé la même influence sur ses contemporains. A tous ces titres, Lamennais aura sa place dans l'avenir : il restera comme l'un des types les plus expressifs, comme l'un des représentants les plus fortement caractérisés de l'époque orageuse et tourmentée où nous vivons.

CHAPITRE IV

BALLANCHE, OU LE TRADITIONALISME LIBÉRAL

Essai sur les Institutions sociales : Philosophie politique. *Palingénésie sociale :* Métaphysique et Philosophie de l'histoire.

I

ESSAI SUR LES INSTITUTIONS SOCIALES
PHILOSOPHIE POLITIQUE

Lamennais ne fut ni le premier ni le seul qui essaya, à un certain moment, de concilier la tradition et la raison, l'autorité et la liberté, l'esprit catholique et l'esprit moderne. Un écrivain moins vigoureux, mais qui n'était pas sans mérite, le Lyonnais Ballanche, avait tenté avant lui la même entreprise, et d'autres, tels que Buchez, Bordas-Demoulin et le Père Gratry, la tentèrent aussi un peu plus tard. Ballanche croit, comme de Maistre, de Bonald et l'ancien Lamennais, qu'il n'est pas possible de refaire la société d'après des conceptions purement rationnelles, et sans tenir compte de son passé historique ; mais, à la différence de ses trois grands devanciers qui cherchaient à immobiliser et à pétrifier l'humanité dans les formes mortes et inertes qu'elle avait autrefois revêtues, il veut qu'elle vive, qu'elle se développe et se fasse constamment des institutions en rapport avec sa vie et son développement. C'est un traditionaliste, mais un traditionaliste éclairé, qui ne s'effraye pas des innovations, et semble parfois les appeler comme le complément naturel des traditions elles-mêmes.

Pierre-Simon Ballanche naquit à Lyon en 1776. Il était, comme Saint-Martin et Maine de Biran, d'une constitution naturellement débile, et les maladies dont il fut affligé, durant ses jeunes années, la rendirent plus débile encore. Il lui en resta une singulière impressionnabilité nerveuse et une sensibilité toute féminine. Dans l'intervalle de ses souffrances et durant ses souffrances mêmes, le jeune malade lisait beaucoup (ce qui lui était facile, car il était fils d'un imprimeur), et il se laissait naturellement guider, dans le choix de ses lectures, par ses dispositions intimes. Ses auteurs favoris étaient ceux en qui prédominait la sensibilité : Virgile, Fénelon, J.-J. Rousseau, Bernardin de Saint-Pierre. Cependant il lut aussi un écrivain bien différent, Joseph de Maistre. Les *Considérations sur la France* le frappèrent vivement, et produisirent sur lui une impression profonde dont on retrouve la trace dans la plupart de ses ouvrages.

En même temps que le jeune Ballanche s'instruisait dans les livres, il recevait l'enseignement plus pénétrant des faits eux-mêmes. Après avoir salué, comme toutes les âmes généreuses, l'aurore si brillante de promesses de la Révolution, il en avait vu avec horreur la période sanglante. Il était à Lyon, durant ce siège mémorable, dont la fin fut marquée par des exécutions si atroces ; son imagination en fut fortement ébranlée, et il en fit le sujet d'une sorte d'épopée lyonnaise qui n'a jamais vu le jour. Il écrivit un peu plus tard son livre du *Sentiment considéré dans ses rapports avec la littérature et les arts* (1801), puis ses *Fragments d'Élégie* (1808), et enfin son *Antigone* (1814), poème en prose dans le genre des *Martyrs*, de Châteaubriand, qui avait mis à la mode ce genre de composition, aujourd'hui tombé dans un juste discrédit.

Les œuvres philosophiques de Ballanche datent presque toutes de la Restauration. Ce fut, en effet, à cette époque que cet esprit, indécis et flottant jusque-là, se sentit éclairé d'une grande lumière et crut avoir trouvé sa voie. Ce problème de la marche de l'humanité qui s'était souvent présenté à sa pensée, durant le grand ébranlement de la Révolution et durant les guerres épiques du premier Empire, lui parut alors résolu de la manière la plus simple et la plus naturelle par le retour des Bourbons. Cette vieille maison de France qui venait reprendre sa place, longtemps restée vide, dans la société nouvelle, cette antique dynastie qui allait, comme autrefois, identifier ses destinées avec celle de notre nation et la diriger dans l'avenir, comme elle l'avait fait dans le passé, tout cela devait frapper un esprit qui aimait le progrès, mais qui ne le comprenait pas en dehors d'une certaine continuité sociale. Aussi crut-il de la meilleure foi du monde que le sort de la France était désormais fixé et qu'elle n'avait plus qu'à développer, sous l'action d'un pouvoir libéral, les institutions qu'elle venait de recevoir, pour opérer dans son sein la fusion graduelle des classes, et pour se gouverner de plus en plus elle même. Une égalité progressive et une liberté croissante, telle lui paraissait être, pour nous comme pour les autres peuples de l'Europe, la réponse à faire à la question que le sphinx avait, dès le début, posée aux hommes du XIXe siècle.

Toutes ces vues sont développées en détail dans un ouvrage que Ballanche publia en 1818, et qui a pour titre : *Essai sur les Institutions sociales dans leurs rapports avec les idées nouvelles*. C'est un livre qui tient à la fois de la philosophie de l'histoire et de la politique, deux sciences d'ailleurs étroitement unies entre elles, car la première est à la seconde ce que la théorie est à la pratique. L'auteur lyonnais y fait d'abord ressortir l'importance de l'esprit de conservation. Il regrette, non sans raison, que des génies turbulents aient porté la discussion sur le principe même de la société, qui devrait toujours rester au-dessus de toute contestation, comme celui de la famille, comme celui de la patrie, comme celui de l'honneur, cette religion civile, ainsi qu'il l'appelle admirablement. « Les doctrines sociales, dit-il, ne peuvent jamais être mises entièrement à nu. La statue d'Isis était couverte d'un triple voile : le premier était soulevé par les néophytes ; le second, par les prêtres du sanctuaire ; mais le troisième était sacré pour tous [1] ».

[1] *Essai sur les Institutions sociales*, chap. I, p 21. Edition in-18.

Si Ballanche tient à stabilité, il ne tient pas moins au progrès, et reconnaît que le mouvement est aussi nécessaire à l'esprit qu'à matière elle-même. L'esprit, dit-il, se développe comme le corps, sans s'en apercevoir et d'une manière insensible, mais ses développements n'en sont pas moins réels. Ils s'accomplissent non seulement sous l'action de chaque homme vivant pris en particulier, mais encore sous l'action de tous ceux qui l'ont précédé dans la vie. C'est déjà l'idée qu'Auguste Comte développera plus tard, que les vivants sont gouvernés par les morts : « Nos destinées futures ont donc cela de *fatal*, ajoute notre auteur, qu'elles sont, en quelque sorte, la conséquence nécessaire de nos destinées passées[1]. » De cette double loi de conservation et de progrès, Ballanche conclut qu'on a eu tort, en 1789, de rompre complètement avec le passé, mais qu'on aurait peut-être tort aujourd'hui de chercher à renouer avec lui des liens qui paraissent brisés pour jamais. Il incline à penser qu'au lieu de s'évertuer à rendre à la société les institutions qu'elle n'a plus, il faut laisser à la vie nouvelle, qui s'agite dans son sein, le soin de se façonner elle-même des organes qui lui soient appropriés.

Si le libre mouvement de la vie moderne doit produire de nouvelles formes sociales, il doit aussi, suivant Ballanche, enfanter de nouvelles formes littéraires ; car toutes les parties d'une civilisation se tiennent et se répondent. C'est donc commettre un véritable contre-sens que de vouloir conserver la littérature d'une époque

---

[1] *Essai sur les Institutions sociales*, chap. II, p. 50.

après la ruine des idées, des mœurs et des institutions auxquelles elle était unie et dont elle était, pour ainsi dire, la fleur. C'est ce que ne comprennent pas ceux qui essayent aujourd'hui de galvaniser notre littérature du XVIIe siècle. Ils ne voient pas qu'elle est morte comme cette époque fameuse, et que, pour exercer une influence semblable à la sienne, notre littérature actuelle doit avant tout ne pas lui ressembler et vivre de sa vie propre. Il n'y a plus rien de commun, en effet, entre nous et le siècle de Louis XIV ; aussi mille traits nous échappent dans les ouvrages de ses grands écrivains. Bossuet est plus vieux pour nous que l'antiquité, et nous avons besoin, pour le goûter, comme pour goûter Pindare, d'un long travail d'initiation [1].

Il est impossible, comme on voit, d'être plus ingénieusement romantique que ne l'est ici l'auteur de l'*Essai*. Cependant ses idées ne sont pas exemptes d'exagération, et l'on s'étonne qu'un écrivain qui avait un si vif sentiment de la continuité de la vie sociale n'ait pas eu, au même degré, le sentiment de la continuité de la vie littéraire. Un peuple, en effet, ne compte, dans les lettres comme dans la politique, qu'à la condition de demeurer fidèle à son propre génie et de rester lui-même. Nous reconnaissons pourtant qu'il faut avoir égard à la différence des temps comme à celle des lieux, et qu'il y avait à l'époque où vivait Ballanche, toute une littérature à organiser, qui se distinguât à la fois de la littérature autoritaire du XVIIe siècle et de la littérature trop libre du XVIIIe.

---

[1] *Essai sur les Institutions sociales*, chap. IV.

Si les hommes de notre temps sont si divisés d'opinions en matière politique, religieuse et littéraire, cela vient, suivant l'auteur des *Institutions*, de ce qu'ils ne s'accordent pas touchant l'origine du langage. Les uns l'expliquent, ainsi que les idées qu'il contient et la société qui en résulte, par l'action divine; les autres y voient une simple invention humaine : les premiers donnent tout à Dieu et les seconds tout à l'homme. Ballanche cherche à les mettre d'accord en montrant quelle est la part de Dieu et quelle est la part de l'homme dans ce grand phénomène social. Il se place d'abord au point de vue des traditionalistes ou *archéophiles*, comme il les nomme, et fait ressortir ce qu'il y a de plausible et, suivant lui, de foncièrement vrai, dans leur manière de voir. D'après eux, l'homme est un être éminemment social : la société ne lui est pas moins nécessaire que l'atmosphère même qui l'environne. Mais, s'il est né pour la société, il doit avoir été doué, dès le principe, du sens social par excellence, de la parole, sans laquelle la société serait impossible. Après avoir fait la part des traditionalistes ou *archéophiles*, Ballanche essaye de faire celle des novateurs ou *néophiles*. Suivant lui, si la parole a eu autrefois une grande influence sur la pensée, et l'a en quelque sorte produite de toutes pièces, celle-ci peut maintenant se passer d'elle et se développer en dehors de son action : elle est désormais émancipée [1].

Le principe de l'émancipation de la pensée une fois posé, Ballanche en tire toutes les conséquences qu'il contient au point de vue religieux, au point de vue po-

---

[1] *Essai sur les Institutions sociales*, chap. x, IIme partie, p. 350.

litique et au point de vue littéraire. Au point de vue religieux, suivant lui, l'émancipation ne saurait être complètement réalisée, parce que nous n'en éprouvons point le besoin et aussi parce que le christianisme est, dans cet ordre d'idées, la perfection même. Nous n'avons donc, d'après notre auteur, qu'une chose à faire, c'est de maintenir la pensée chrétienne calme et immobile, au fond du sanctuaire, puisqu'elle est parfaite et par conséquent étrangère au mouvement, et de laisser son libre essor à la pensée profane, qui est imparfaite, comme tout ce qui est de l'homme, afin qu'elle puisse se rapprocher de plus en plus de cette perfection qu'elle ne possède pas. C'est une sorte de séparation de l'Église et de l'État fondée sur des raisons d'un caractère frappant et élevé[1].

Le gouvernement sous lequel la pensée profane peut le mieux se donner carrière est le gouvernement constitutionnel ; aussi c'est celui auquel les préférences de l'écrivain lyonnais sont acquises. Mais un tel régime appelle des institutions de détail qui soient en harmonie avec lui. Suivant l'honnête Ballanche, qui se représente volontiers les autres hommes à son image, le système de l'utilité sera désormais banni des relations sociales, et la justice dominera partout avec empire. La guerre, qui a si longtemps divisé les nations, disparaîtra et fera place aux arts de la paix, qui n'exigent pas moins de génie et qui n'entraînent pas tant de calamités. Le sentiment patriotique lui-même, dans ce qu'il a d'exclusif, ne pourra tenir devant l'amour croissant de l'humanité

---

[1] *Essai sur les Institutions sociales*, chap. xi, 1re partie.

considérée dans son ensemble, et les peuples désapprendront peu à peu la haine qui les armait les uns contre les autres. Ballanche veut même que la peine de mort ne soit plus tolérée dans une société devenue assez éclairée pour comprendre qu'elle n'a pas le droit d'ôter irrévocablement le repentir au coupable et de pervertir par le spectacle de la mort une multitude d'innocents[1].

Sous notre nouveau régime politique, nous aurons une nouvelle littérature. L'éloquence parlementaire en sera la forme la plus caractéristique, parce qu'elle sera la mieux appropriée, non seulement à notre tour d'esprit, mais encore à nos institutions. La critique existera toujours, mais elle se transformera : elle s'occupera moins des mots que des choses et cherchera moins la raison des beautés littéraires dans leur conformité avec des règles convenues que dans leur rapport avec la vie sociale, dont elles sont l'expression. La muse de l'histoire est la plus jeune des muses et celle qu'attend le plus magnifique avenir ; car elle a, en ce moment, tout un monde à découvrir et à explorer. Ballanche s'exprimait ainsi avant l'éclosion de ces merveilleux esprits qui s'appellent Thierry, Guizot, Thiers, Mignet, Michelet et Fustel de Coulanges. Non content de prédire, en quelque sorte, cette magnifique floraison de notre littérature historique, l'auteur de l'*Essai* en signale les conditions essentielles. Il faut, suivant lui, que l'historien ajoute au sentiment de la tradition le génie de l'observation. A. de Humboldt n'applique-t-il pas déjà ce dernier génie à l'étude des langues des Mexicains, comme à celle des

---

[1] *Essai sur les institutions sociales*, chap. xi, IIIe partie.

plantes des différentes zones? Schlegel ne s'en sert-il pas pour résoudre la question de l'origine des langues, désormais transformée en question de l'ordre expérimental? Enfin l'archéologie n'est-elle pas en train de s'élever, en s'appuyant sur des monuments positifs et des vestiges certains, au rang des sciences naturelles? Ces remarquables paroles datent de soixante ans et on les dirait écrites d'hier. Il en est de même de celles que Ballanche adresse à ses contemporains pour les pousser à diriger enfin leurs investigations vers ces vieilles civilisations orientales qui sont là, sous nos yeux, comme des débris d'un monde éteint et qui peuvent nous révéler tant et de si précieux secrets. C'est, comme on voit, l'esprit qui anime aujourd'hui nos Sociétés d'orientalistes qui, dès 1818, demandait satisfaction [1].

L'*Essai* n'est pas un livre de philosophie dans le sens vulgaire du mot, puisqu'il roule principalement sur la religion, la politique et la littérature. Cependant, comme il contient des vues très générales sur ces trois grands objets et que la philosophie est, en un certain sens, l'ensemble des idées générales qui se dégagent des diverses sciences particulières, on peut dire qu'il contient une sorte de philosophie. Il fait, comme on l'a vu, la part à peu près égale aux amis de l'ancien régime et à ceux de la Révolution : c'est, suivant l'expression de Ballanche lui-même, un traité d'alliance entre le passé et l'avenir. Aussi fut-il accueilli poliment par les deux partis en présence, mais il ne les réconcilia pas. Pendant que le Lyonnais Lemontey déclarait à son com-

---

[1] *Essai sur les Institutions sociales*, chap. XI, IIe partie.

patriote, dans le *Journal du Commerce*, qu'il était un libéral sans le savoir, de Maistre lui écrivait une lettre où il lui disait qu'il avait un pied dans la bonne voie, mais qu'il marcherait gauchement jusqu'à ce qu'ils y fussent tous les deux. En définitive, l'*Essai* reste comme une œuvre de conciliation, où les doctrines à concilier ne sont pas suffisamment coordonnées entre elles, mais où les vues ingénieuses et les traits heureux abondent.

II

PALINGÉNÉSIE SOCIALE: MÉTAPHYSIQUE ET PHILOSOPHIE DE L'HISTOIRE

Après l'*Essai*, Ballanche composa un autre ouvrage encore plus important, qui est intitulé *Palingénésie sociale*. Il s'était proposé de retracer dans ce livre, qui est resté inachevé, l'ensemble des destinées humaines. Ainsi, on y trouve, au moins à l'état d'ébauche, une sorte de métaphysique ou de science de l'homme, dont il faut chercher le complément dans la *Vision d'Hébal*, et une sorte de philosophie de l'histoire ou de science de l'humanité.

La métaphysique de Ballanche mérite à peine ce nom, car elle est extrêmement vague, et n'affecte point une forme démonstrative; mais elle offre plusieurs détails curieux qu'on n'a point remarqués jusqu'à présent et sur lesquels il est bon d'appeler l'attention.

Le philosophe lyonnais nous transporte d'abord, comme l'auteur du *Timée*, dans le monde des idées, mères éternelles des êtres, et nous montre comment ils jaillissent tous, à flots pressés, de cette source intarissable. Il nous fait assister à la formation de notre planète avec ses plaines et ses collines, ses lacs et ses mers, vastes espaces où bientôt volent, rampent et nagent des milliers d'animaux sans maîtres. C'est une création qui paraît d'abord sans but, un spectacle qui est d'abord sans spectateur ; car de ces règnes bruts et aveugles nulle pensée ne surgit, nul sentiment ne prend son essor. Mais voilà que tout à coup du sein du principe universel des choses se détache, pour devenir lui-même, un principe particulier, doué d'intelligence et de liberté, capable de faire le bien ou le mal : c'est l'être humain. Malheureusement cet être nouveau aspire à une puissance supérieure à celle qui lui a été dévolue et se heurte à un obstacle invincible. Il tombe, et un long cri de douleur s'échappe de tout l'univers, parce que l'homme a succombé à l'épreuve. Mais le Créateur vient au secours de sa créature déchue et lui prépare une longue série d'expiations, en vue d'opérer son relèvement[1]. C'est sous cette forme un peu fantastique et en s'inspirant des traditions des religions de l'Orient, encore plus que de celles du christianisme, que Ballanche expose les dogmes de la création, de la chute et de la rédemption. On croirait, en le lisant, lire un écrivain mystique de la famille de Jacob Bœhme, ou tout au moins de celle de Saint-Martin.

L'imagination de notre auteur ne se donne pas moins librement carrière dans l'exposition qu'il fait du dogme

[1] Vision d'Hébal.

de l'immortalité, bien que sur ce point ses vues aient paru à quelques-uns beaucoup plus acceptables : « La substance intelligente, dit-il, finira par être bonne, mais d'une bonté acquise par elle-même ; car le bonheur auquel elle est appelée, il faut qu'elle le mérite... Dieu veut, en effet, dit saint Paul, que tous les hommes soient sauvés et parviennent à la connaissance de la vérité. » C'est là, comme on voit, une doctrine d'une orthodoxie fort équivoque, mais d'une remarquable hardiesse, c'est celle de la pluralité des existences après la mort, de la victoire définitive du bien sur le mal et de la consommation finale des choses au sein de Dieu, doctrine émanée aussi de la haute Asie plutôt que de la Judée. Cette doctrine, qui a échappé à la plupart des biographes et des critiques, s'accuse encore dans ces lignes de Ballanche : « En sortant de cette vie, nous n'entrons pas dans un état définitif. Toute créature doit parvenir à sa fin, et tant qu'une destinée humaine a quelque chose à accomplir, c'est-à-dire un progrès à faire, rien n'est fini pour elle. Or pour elle l'accomplissement, c'est la perfection, comme pour tous les ouvrages du Créateur... Voilà ce qui rend impossible que tout finisse avec cette vie ; voilà ce qui rend impossible aussi que, sitôt après cette vie, il ne se trouve pas un autre état de liberté où l'homme puisse continuer de graviter vers sa perfection relative jusqu'à ce qu'il y soit parvenu [1]. »

Ballanche va jusqu'à dire que l'homme perd, dans ses vies ultérieures, cette personnalité qui résulte de la

[1] *Palingénésie sociale*, p. 131.

persistance du souvenir ; mais il affirme du moins que c'est à sa propre volonté et à ses propres mérites qu'il doit ses heureuses métamorphoses et son ascension dans des sphères de plus en plus radieuses. Son âme est une chrysalide, comme on l'a dit bien souvent ; mais « il faut qu'elle se donne à elle-même les ailes brillantes sur lesquelles elle doit s'élever de région en région, jusqu'au séjour de l'immutabilité et de la gloire éternelle[1]. » Ces derniers mots expriment peut-être la seule différence qui sépare la doctrine de Ballanche sur la vie future de celle que Jean Reynaud professa un peu plus tard. Suivant ce dernier, l'âme voyage, sans s'arrêter jamais, d'étoile en étoile et de cieux en cieux ; suivant le premier, elle voyage plus ou moins longtemps de la sorte, mais elle finit par se fixer. Pour l'un, le ciel, comme il le dit, n'est pas une demeure, mais un chemin ; pour l'autre, il est d'abord un chemin et devient, à la fin, une demeure.

Mais comment concilier cette doctrine avec la croyance aux peines éternelles ? Ballanche l'ignore et s'en inquiète moins, ce semble, qu'il ne convient à un chrétien comme lui. Il nous donne même à entendre, en s'inspirant sans doute des idées évolutionnistes de Joseph de Maistre, qu'un jour viendra peut-être où l'Église cessera d'enseigner l'éternité des peines. « Ce n'est pas, dit-il, que la religion, prise en elle-même et dans son fond, soit progressive : elle ne peut pas l'être. Mais, à mesure que le temps marche, les voiles tombent, les sceaux du livre sacré se brisent, un nouvel esprit éclate

---

[1] *Palingénésie sociale*, p. 139.

sous la lettre des vieux textes et les choses apparaissent sous un jour tout nouveau[1]. » On a lu, dans le *Messie* de Klopstock, l'histoire de ce démon qui, après s'être laissé entraîner par Satan dans sa révolte, se repent de sa faute, à la vue d'un ange non déchu qu'il avait aimé, pleure la mort de Jésus et maudit les esprits malins acharnés à la perte des hommes. Ce démon repentant voit alors un regard de Dieu tomber sur lui et entend cette douce parole retentir à son oreille : « Viens, Abdiel Abbadona, ton sauveur t'appelle. » Eh bien, l'aimable, mais un peu téméraire théosophe espère qu'un jour la touchante inspiration qui a produit Abbadona attendrira la rigueur du dogme. Klopstock, en effet, dit-il, était un grand poète : or il y a toujours, chez les grands poètes, quelque chose de prophétique, et il devient de plus en plus évident que celui-ci a été l'organe du christianisme de ce temps de mansuétude et de tolérance, de même que Dante avait été l'interprète du christianisme farouche du moyen âge.

Il s'agit moins d'apprécier la doctrine que nous venons d'exposer[2] que de la caractériser et d'en montrer l'influence. Elle porte certainement quelques traces de mysticisme, mais d'un mysticisme sobre et sévère, parce qu'il est plus ou moins contenu, d'une part, par la sagesse de l'orthodoxie catholique, de l'autre, par la justesse de l'esprit français. Au lieu de spéculer à

---

[1] C'est la pensée exprimée depuis par Lamartine :

> Les siècles page à page épèlent l'Évangile,
> Vous n'y lisiez qu'un mot, et vous en lirez mille !

[2] Voir cette appréciation dans notre *Philosophie au XIXᵉ siècle*, 1ʳᵉ série, chapitre intitulé : P. LEROUX et J. REYNAUD.

perte de vue, comme Jacob Bœhme et tant d'autres, touchant la nature de Dieu et l'œuvre de la création, Ballanche se tient sur ces deux points dans une réserve relative et aime mieux pécher par excès de modestie et de prudence que par excès d'audace et de présomption. Ses vues sur la destinée de l'âme sont plus hardies et seraient même fort téméraires sous la plume d'un théologien qui reçoit ses idées des mains de l'autorité: mais elles le sont un peu moins sous celle d'un philosophe auquel on n'interdit pas aussi sévèrement de tenter des routes nouvelles et de suivre jusqu'au bout le libre mouvement de sa pensée.

Cette doctrine des existences successives à laquelle Ballanche aboutit, il y a en effet été conduit (il importe de le faire remarquer) par les principes mêmes de sa philosophie. Dès qu'on fait profession de croire que le progrès est la loi universelle des choses, il est assez naturel de le transporter de la terre dans le ciel et de substituer, là aussi, l'évolution ascensionnelle de la vie à une vie immobile et stationnaire. C'est ce qu'a fait Ballanche. Il a rattaché à sa palingénésie historique, dont tout le monde parle, une palingénésie métaphysique à laquelle presque personne n'a fait attention.

Cette palingénésie métaphysique, Ballanche l'a transmise (on ne l'a pas assez remarqué non plus) aux saint-simoniens, notamment à Pierre Leroux et à Jean Reynaud, qui, n'étant plus retenus par les liens de la foi, l'ont exposée sans scrupule, avec toutes ses conséquences. C'est ce qui ressort non seulement de l'analogie de ses vues et de celles du brillant auteur de *Terre et Ciel*, mais encore d'un mot de Sainte-Beuve dont l'éminent critique n'a peut-être pas compris lui-même toute la portée : « La lecture de ses *Prolégomènes*, dit-il, vers 1828, contribua fortement à inspirer le souffle religieux à l'école, encore matérialiste alors, de Saint-Simon. Témoin de l'effet produit par cette lecture sur quelques-uns des plus vigoureux esprits de l'école, je puis affirmer combien cela fut direct et prompt. »

Ballanche ne s'en tient pas à la philosophie de l'homme, il traite encore de celle de l'humanité et déroule devant nous, en même temps que le tableau de nos destinées individuelles, celui de nos destinées sociales. C'est même, comme le faisait pressentir le titre de son livre, cette dernière partie de son œuvre qui est la principale et qu'il met sur le premier plan.

L'idée qui domine toute cette partie de l'ouvrage de Ballanche est celle d'une chute primitive dont l'homme se relève par une série d'efforts, par des initiations successives et par des actes répétés de dévouement qui, émanés de quelques-uns, profitent à tous ; car le théosophe lyonnais admet, comme de Maistre, le mystérieux principe de la réversibilité. Suivant lui, le sort de notre espèce, immédiatement après la déchéance, fut extrêmement malheureux ; ce fut au point que l'homme prit en haine la propagation de son être, comme s'il lui eût répugné d'engendrer pour donner à la douleur de nouvelles proies. Mais il commença à se relever en luttant contre une nature marâtre et en formant le sol qui devait le porter et le nourrir. En faisant la terre, il se faisait, en quelque sorte, lui-même : ce fut le premier degré de l'initiation. Si la nature était dure pour l'homme, la société ne l'était pas moins : elle vivait sous le sévère régime des castes. Les patriciens et les plébéiens (il y en eut partout et non pas seulement à Rome) furent, en effet, longtemps sans avoir les mêmes dieux, sans participer au même culte, sans se marier de la même manière ; les derniers étaient sous le coup d'une sorte d'excommunication. Toutefois, avec le temps, les barrières s'abaissent, une demi-égalité s'établit entre les diverses classes, grâce à l'initiation de quelques natures supérieures.

Ces natures supérieures, ces grands hommes (qu'on les appelle comme on voudra), Ballanche les décrit avec la même exactitude et la même finesse que Hegel et V. Cousin. Suivant lui, un grand homme est d'autant plus grand qu'il exprime mieux l'esprit du temps et du lieu où il vit et qu'il concentre plus fortement en lui-même les sentiments qui agitent toute une époque et toute une nation. Quand ces sentiments sont portés à un degré d'exaltation exceptionnel chez une nature impressionnable, surtout chez une nature féminine, ils lui donnent un caractère intuitif et prophétique, si bien qu'elle devient alors comme un organe dont la Providence se sert pour agir d'une manière spéciale sur l'humanité. C'est ainsi que l'auteur lyonnais explique le rôle des sibylles dans l'antiquité grecque et romaine, celui des druidesses chez les Gaulois, et celui de Jeanne d'Arc à l'époque la plus critique de notre histoire. Il fait seulement remarquer qu'un personnage n'a une véritable grandeur et une intuition véritable qu'autant qu'il reste en communion d'esprit avec la génération qu'il personnifie ; mais que, du moment où il cesse d'en représenter les aspirations, il perd toute sa puissance et que son rôle est désormais fini. C'est ce qu'il a exprimé d'une manière saisissante dans l'histoire de la sibylle de Samothrace, cette poétique personnification d'une époque évanouie, qui disparaît devant Orphée, le brillant représentant d'une ère nouvelle, lequel disparaîtra, à son tour, quand l'initiation sera étendue à un plus grand nombre d'hommes et que le plébéianisme se dégagera plus encore du joug des castes qui le tiennent asservi[1].

Les patriciens d'une époque, s'il faut en croire l'auteur de la *Palingénésie*, ont été pour la plupart les plébéiens d'une époque antérieure. C'est ce que le célèbre Vico nous fait entendre, quand il nous dit, dans sa description des trois âges de l'humanité, que, sous les dieux, le mutisme était le partage des héros; et que, sous les héros, le mutisme était le partage des hommes; mais que, sous le règne des hommes, tout le monde arrive à l'usage de la parole. Il y a donc comme une série d'initiations par lesquelles l'humanité s'affranchit successivement et grâce auxquelles toutes les couches sociales émergent graduellement à la lumière. Malheureusement ces initiations ne s'accomplissent que par la mort de l'initiateur, en vertu d'une loi mystérieuse assez analogue au dogme chrétien de la Rédemption, qui veut que le salut de l'homme s'opère par le sang d'une victime innocente. C'est, chez les Romains, celui de Lucrèce et de Virginie; c'est, chez nous, celui de Jeanne d'Arc et de Louis XVI, ce roi vraiment palingénésique, qui avait essayé d'ouvrir à ses sujets une ère nouvelle et qui paya de sa vie son initiative généreuse.

---

[1] *Palingénésie sociale*, p. 139 et 283.

Cette émancipation, à laquelle tend tout le mouvement historique et qui implique non seulement la liberté, mais encore l'égalité des hommes entre eux, a été, suivant notre auteur, fort avancée par le christianisme. Avant son avènement, les vainqueurs et les vaincus, les patriciens et les plébéiens, formaient deux castes séparées et ennemies, parce qu'ils avaient d'autres dieux, d'autres cérémonies et se mariaient sous d'autres auspices. Depuis l'apparition de cette religion bienfaisante, la loi des castes n'existe plus, parce que tous les hommes, sans distinction, adorent le même Dieu, pratiquent le même culte et s'unissent devant les mêmes autels. L'égalité civile est sortie de l'égalité religieuse : « Il y a donc, dit très bien Ballanche, un droit public tout entier qui a été frappé de mort par le christianisme et qu'on ne peut ressusciter sans abolir le christianisme lui-même[1]. » Il faut qu'on le sache bien, ajoute l'écrivain lyonnais, le christianisme est tout ce qu'il y a au monde de plus opposé au régime des castes, à la loi initiatrice de la théocratie ; car il impose à tous les mêmes épreuves : c'est l'initiation devenue générale et populaire. Aussi on peut dire qu'à ne considérer que les grandes lignes, le christianisme et la démocratie se confondent.

L'idée d'un christianisme libéral et démocratique une fois posée, Ballanche en tire hardiment toutes les conséquences. Et d'abord, il proteste énergiquement contre cet esclavage des noirs qui avait si longtemps déshonoré la civilisation chrétienne. Il croit que ces malheureux,

---

[1] *Palingénésie sociale*, p. 64.

bien qu'ils soient encore fort arriérés et qu'ils semblent encore séparés de nous par tout un cycle palingénésique, doivent enfin entrer, comme nous, dans ce monde civil, d'où ils ont été si longtemps exilés. Il ne se montre pas moins sympathique aux déshérités de notre race qu'à ceux des races étrangères et inférieures; il se félicite de voir la société civile s'affranchir successivement de toutes ses tutelles et ouvrir à tous indistinctement les grandes sources des lumières et du savoir. Il n'y a plus, en fait de nobles, s'écrie-t-il, que des individus, non des races, et les individus qui sont nobles sont ceux qui sont au niveau de leur siècle : les autres ne le sont pas.

Cependant, si favorable qu'il soit à la démocratie, Ballanche ne demande pas que le peuple se gouverne démocratiquement : il peut se donner une dynastie. Mais cette dernière ne sera légitime qu'à la condition d'être l'expression du peuple et de vivre de sa vie. Aussi le publiciste lyonnais compare-t-il une dynastie tantôt à la Sibylle de Samothrace, dont la destinée était liée à celle de la forme de civilisation qu'elle personnifiait, tantôt au lierre qui meurt avec l'arbre qui le porte, tantôt à l'hamadryade dont la vie est celle de l'arbre même[1]. Sitôt qu'une dynastie ne représente plus la société et ne sympathise plus avec elle, dépouillée du sens divinatoire des destinées sociales, elle a le sort de la vieille Sibylle, elle s'éteint et meurt. Aussi Ballanche soutient dans la *Vision d'Hébal*, que si une famille auguste a été emportée en trois jours par l'ouragan po-

[1] *Palingénésie sociale*, p. 283.

pulaire, c'est qu'elle n'avait pas su plonger ses racines dans la vraie terre et s'identifier avec nos destinées.

A partir de 1831, où il avait publié ou plutôt imprimé pour quelques amis sa *Vision d'Hébal*, Ballanche ne semble pas avoir vaqué bien activemement à l'étude des lettres et de la philosophie. On dirait que la pensée du paisible théosophe, éveillée et mise en mouvement par la Restauration, qui renouait, pour ainsi dire, le fil de nos destinées sociales, s'arrêta, déconcertée et indécise, devant la révolution de Juillet, qui rompait de nouveau le lien qui rattachait l'avenir au passé et jetait notre pays dans les voies de l'inconnu où il est encore. Il resta plus fidèle que jamais à ce christianisme qui, malgré quelques hérésies involontaires et inconscientes, avait toujours été le fond de sa croyance et de sa vie, mais il ne répudia pas non plus ces doctrines libérales auxquelles il s'était toujours plu à l'associer. Tout en vivant à l'Abbaye-aux-Bois, dans la société catholique et royaliste de Mme Récamier et de Chateaubriand, il s'intéressait aux travaux de nos plus hardis réformateurs et montrait pour toutes les nouveautés une vive sympathie.

Le jugement à porter sur Ballanche ressort suffisamment de l'exposition que nous venons de faire. C'était une nature bienveillante et candide, amoureuse du bien et incapable de soupçonner le mal : de là les efforts auxquels il se livra pour concilier les partis les plus opposés et pour faire disparaître de la société présente jusqu'aux dernières traces des institutions sévères d'une autre époque. C'était une intelligence intuitive et spontanée, mais peu rigoureuse et peu méthodique : de là les divinations souvent heureuses qu'il a jetées sans preuves et sans ordre, comme des oracles sibyllins, dans ses divers ouvrages, en nous laissant le soin de les recueillir et de les coordonner.

Aussi, en étudiant ces idées éparses, qu'aucun lien systématique ne semble d'abord rattacher entre elles, on est tenté de se demander si on n'a pas affaire à un simple lettré plutôt qu'à un philosophe. On incline à le croire, quand on songe que notre auteur n'a point de psychologie et que le peu de métaphysique qu'il nous a laissé n'offre point un caractère rationnel. Mais on est conduit à une opinion différente, quand on se dit qu'il n'était point dépourvu de cet esprit généralisateur qui est, en définitive, l'esprit philosophique lui-même, puisqu'il s'est élevé à une conception telle quelle de l'homme et des sociétés humaines.

La vérité est que l'écrivain lyonnais n'a pas été philosophe à la manière de Maine de Biran et de Victor Cousin, mais qu'il l'a été à la manière du vicomte de Bonald et du comte de Maistre : il a philosophé, comme ces derniers, en étudiant l'humanité plutôt que l'homme, en consultant la tradition et l'histoire plutôt que la conscience et la raison. Remarquons pourtant que, s'il a suivi leur méthode, il l'a suivie librement et sans se préoccuper d'arriver à un résultat théologique préconçu. C'est pourquoi, au lieu de le ranger dans l'école traditionaliste proprement dite, il vaudrait peut-être mieux le placer simplement dans la grande école historique dont elle n'est qu'une variété et dont Vico, l'adversaire de l'individualisme et du rationalisme cartésiens, a été le fondateur. On s'expliquerait mieux par là comment il touche, d'un côté à Joseph de Maistre, dont il s'est inspiré, et de l'autre à Pierre Leroux et à Jean Reynaud, qui lui doivent le fond de leurs doctrines[1].

---

[1] Outre les ouvrages que nous avons cités, Ballanche avait composé *Le Vieillard et le jeune homme* (1819) et *L'homme sans nom* 1820). Il nous reste également de lui plusieurs manuscrits qui ont été déposés à la bibliothèque de Lyon. Parmi les travaux intéressants dont il a été l'objet, nous signalerons seulement l'article un peu indulgent de M de Laprade. *(Questions d'Art et de Morale)*, et l'article un peu sévère de M. Charles *(Dictionnaire philosophique* de M. Franck).

CHAPITRE V

BUCHEZ OU LE TRADITIONALISME SAINT-SIMONIEN

Introduction à la science de l'histoire, — Traité complet de philosophie au point de vue du catholicisme et du progrès

I

INTRODUCTION A LA SCIENCE DE L'HISTOIRE

« C'est une chose assez naturelle que, sur la limite de deux ères, l'une qui commence et l'autre qui finit, il se trouve des hommes pourvus, comme le Janus de la Fable, de deux faces, l'une pour regarder ce qui a été et en tirer les derniers enseignements, l'autre pour considérer ce qui s'avance et en prévoir les résultats. » Ces paroles que Ballanche s'appliquait avec raison à lui-même, ne s'appliquent pas moins bien à son contemporain Buchez. Il tenta, lui aussi, de réconcilier l'Église et la société nouvelle et de faire vivre en bonne intelligence les disciples de Joseph de Maistre et ceux de Jean-Jacques Rousseau. Il crut que la religion ayant proclamé la liberté, l'égalité et la fraternité des hommes dans l'ordre moral, et que la Révolution s'étant proposé de les réaliser dans l'ordre social, ces deux puissances n'étaient pas faites pour se heurter et se repousser, mais pour se rapprocher et s'unir. C'est à opérer ce rapprochement et cette union qu'il consacra presque toute sa vie.

Philippe Buchez naquit, au milieu de la Révolution, en 1796, dans un village belge qui faisait alors partie du département des Ardennes, et fit des études qui ne paraissent avoir été ni bien fortes ni bien sérieuses, durant les années tourmentées du premier empire. Dès le début de la Restauration nous le trouvons à Paris, d'abord employé de l'octroi, puis étudiant en médecine, alternant, comme beaucoup de ses camarades, entre les dissections de l'amphithéâtre et les discussions politiques. Ces dernières le passionnèrent beaucoup, car il devint avec Bazard et Flottard, l'un des fondateurs de la charbonnerie française et s'engagea dans l'affaire de Belfort avec assez d'audace pour y risquer sa tête.

Cependant Buchez ne partageait point les opinions irréligieuses de l'opposition de quinze ans. Né dans une famille chrétienne et élevé par une mère pieuse, il invoquait contre elles, non les enseignements de la philosophie spiritualiste, qui renaissait alors brillamment dans l'enceinte de la Sorbonne, mais les dogmes de la foi, tels qu'ils sont contenus dans les livres sacrés. Ce fut alors qu'il fut initié au nouveau christianisme de Saint-Simon, qui lui apparut comme un essai de conciliation entre la religion et la révolution. Avec quelle ardeur il embrassa la doctrine nouvelle, avec quelle vivacité il l'exposa dans le *Producteur*, avec quelle ténacité il défendit ensuite, contre ses principaux représentants, ses croyances chrétiennes, dans les conférences de la rue Taranne, tout le monde le sait et lui-même a pris soin de nous le raconter. Après sa scission avec l'école saint-simonienne, il entreprit plusieurs publications importantes; il rédigea presque seul (de 1831 à 1832 et de 1835 à 1838) le journal néo-catholique l'*Européen;* puis il écrivit, avec Roux-Lavergne, l'*Histoire parlementaire*, qui ne comprend pas moins de 40 volumes. Ces travaux lui acquirent, dans le monde catholique et dans le monde républicain, assez de popularité. Aussi fut-il nommé, en 1848, membre, puis président de l'Assemblée constituante, qu'il défendit assez faiblement contre l'attentat du 15 mai. Rentré dans la vie privée, après le coup d'État, il mourut en 1866.

Comme la plupart des penseurs des deux écoles socialiste et traditionaliste, auxquelles il a successivement appartenu, Buchez a été amené à la philosophie par l'ardent besoin de porter remède aux maux de la société plutôt que par le désir calme et désintéressé de savoir : sa doctrine a un caractère pratique plutôt que spéculatif. Aussi est-ce par le tableau plus ou moins noir des plaies qui rongent le corps social qu'il ouvre son *Introduction à la science de l'histoire*. Cette peinture n'a rien de bien neuf, ni de bien original : elle ressemble à celles que nous avons déjà vues chez Saint-Simon et Fourier, chez P. Leroux et Proudhon, sans en avoir l'énergie et la vigueur. L'auteur y fait ressortir l'égoïsme des gouvernants, qui ne songent qu'à leur intérêt particulier, au lieu de s'occuper de l'intérêt général, et qui ne savent que diviser les hommes, au lieu de les unir. Il y montre la société partagée en deux classes ennemies, la classe des hommes qui possèdent et qui jouissent, de père en fils, et celle des hommes qui n'ont rien et ne peuvent laisser à leurs enfants que l'héritage de leurs privations et de leurs misères. Il ajoute que les générations d'aujourd'hui n'ont pas même, comme celles d'autrefois, pour se consoler de leurs souffrances présentes, la perspective d'un avenir plus heureux ; car elles ne croient plus, elles se sont peu à peu laissé gagner par le scepticisme. C'est pour les tirer de cette triste situation que Buchez a composé son livre.

Il se demande d'abord ce que c'est que l'homme et ce que c'est que la société, et il répond à ces questions d'une manière assez exacte, bien qu'un peu sommaire. Pour lui, comme pour Bonald et Ballanche, l'homme est, avant tout, un être social ; car on ne pourrait l'isoler de la société sans l'anéantir. Quant à la société, elle est une agglomération d'hommes unis entre eux par la communauté de but ; dès que cette condition vient à disparaître, la société elle-même s'évanouit. Définition assez remarquable, comme on voit, et qui peut jeter un certain jour sur notre situation présente. C'est, en effet, à l'extrême divergence de nos aspirations qu'il faut attribuer la dissolution sociale dont nous sommes actuellement menacés. Quoi qu'il en soit, les buts divers de l'activité sociale ne peuvent, suivant Buchez, être bien connus et sainement appréciés que par l'étude des sociétés diverses. C'est donc à la science de l'histoire qu'il faut demander, en même temps que le secret de la vie des sociétés, l'explication de nos misères actuelles et l'art d'y mettre fin.

Voilà par quel chemin Buchez arrive au sujet de son ouvrage.

Mais l'histoire est-elle réellement une science ? Cet écrivain n'en doute pas. Elle est, en effet, suivant lui, un ensemble parfaitement systématisé de principes, de faits et de conséquences, qui nous donne à la fois la vue précise de ce qui a été et la prévision exacte de ce qui sera. C'est ainsi qu'elle a été conçue par tous les hommes d'État. Tous, en effet, ont demandé au passé des leçons sur l'avenir. Or ils n'auraient jamais songé à le faire s'ils n'avaient pas regardé l'histoire comme un système de faits assez bien liés pour que l'on puisse conclure de la réapparition de l'un à celle de l'autre. Peut-on cependant prévoir l'avenir dans l'ordre social, comme dans l'ordre naturel ? Buchez en est convaincu. L'espèce humaine a, dit-il, deux mouvements, dont l'un est fatal et l'autre libre. Le premier peut être calculé, comme tous les mouvements possibles : il n'y a à cela nulle difficulté. Quant au second, bien qu'il soit libre, il ne faut pas croire pour cela qu'il soit arbitraire et qu'il échappe à toute espèce de lois. La liberté, en effet, est soumise à certains motifs qui la sollicitent, et ces motifs sont susceptibles d'une détermination plus ou moins précise. Il n'y a donc pas là non plus d'obstacle insurmontable à une prévision certaine ni, par conséquent, à l'organisation d'une science de l'histoire.

Cette science une fois définie et sa possibilité établie, il ne s'agit plus que de la faire. Elle repose tout entière, suivant Buchez, sur deux idées principales, sur celle d'humanité et sur celle de progrès. Ces deux idées furent inconnues de toute l'antiquité : c'est le christianisme qui les a découvertes et c'est le dix-huitième siècle qui les a mises en pleine lumière. Les anciens se représentaient chaque société comme passant de la vie sauvage à la vie civilisée et périssant ensuite de la corruption que la civilisation engendre. Ils n'établissaient pas, entre les sociétés successives, cette intime solidarité qui fait que celle qui meurt lègue tous ses travaux, soit matériels soit intellectuels, à celle qui naît, et que celle-ci les transmet à son tour, accrus par son activité propre, à celle qui la remplace. L'idée de l'humanité, considérée comme un tout vivant, dont les générations diverses sont les parties, fut ignorée d'eux : nous en devons la connaissance à la religion chrétienne. Elle seule nous a appris que nous sommes tous les fils d'un même père, et qu'un jour viendra où il n'y aura plus qu'un seul troupeau et qu'un seul pasteur. Aussi c'est chez un grand chrétien, chez l'auteur de la *Cité de Dieu*, que le sentiment de l'unité humaine se fait jour pour la première fois, et c'est chez un autre, chez Vincent de Lérins, qu'on voit poindre pour la première fois l'idée de la perfectibilité sociale. Perrault, Pascal, et, plus tard, Turgot, Condorcet, Saint-Simon, n'ont fait que reproduire et développer ces deux grandes conceptions[1].

Après avoir fait l'histoire de l'idée de progrès, Buchez en donne la définition, et ce n'est pas là la partie la moins remarquable de son travail ; il y montre, en effet, une précision et une netteté qui lui font honneur et qu'on ne rencontre pas souvent dans ses ouvrages. Qui dit progrès dit, suivant lui, un mouvement en avant, mais

---

[1] *Introduction à la science de l'histoire*, liv. I, chap. II et III.

un mouvement régulier, assez analogue aux progressions en mathématiques. Le progrès, ainsi entendu, résulte de la nature de l'homme et des conditions d'existence où il est placé. C'est ce que Buchez tâche de nous faire comprendre. Qu'on mette, dit-il, un être constamment actif en présence d'un être passif, mais indéfiniment modifiable, et qu'on suppose que le premier agisse constamment sur le second, dans un but identique, qu'est-ce qui en résultera ? C'est que l'être passif sera indéfiniment modifié par l'être actif et qu'il finira par devenir ce que celui-ci avait voulu qu'il fût. Et il deviendra tel, non pas subitement, mais graduellement ; car chaque acte ajoutera quelque chose à l'acte précédent et, à supposer que les actes soient égaux, la transformation s'opérera d'une manière régulière et constante. Or l'homme, qui a pour essence l'activité, est placé en présence de plusieurs sujets passifs, susceptibles d'être indéfiniment modifiés. Le premier est son organisme ; le second est le monde social ; le troisième est le monde extérieur. Mais l'homme peut certainement produire une multitude d'actes qui déterminent dans son organisme une multitude de modifications, lesquelles finissent, en s'y accumulant, par lui donner des propriétés qu'il n'avait pas. C'est ce qu'il fait, quand il tente par des efforts successifs et répétés, toujours dirigés dans le même sens, d'approprier son corps à une fonction qu'il était auparavant incapable de remplir, comme cela se voit dans l'apprentissage de la plupart des arts et des métiers.

L'homme peut également agir sur le milieu social et sur le milieu physique où il se trouve placé. Il est vrai que l'action de chaque individu est si disproportionnée à l'étendue de ces deux milieux, qu'elle n'y produit que des effets insignifiants ; mais, si l'on considère l'ensemble des actions individuelles dans leur rapport avec le double sujet sur lequel elles opèrent, on verra qu'elles y déterminent de profondes modifications. De là les transformations des institutions, de l'industrie, des arts, en un mot de tous les éléments de la civilisation humaine. Qu'on songe d'ailleurs que les modifications une fois produites, soit dans l'ordre organique, soit dans l'ordre social, soit dans l'ordre physique, sont transmissibles, et on verra que le progrès est une chose très naturelle et très vraisemblable.

Buchez va plus loin, il prétend que le progrès n'existe pas seulement dans l'ordre humain, mais encore dans l'ordre géologique. A mesure, dit-il, que la géologie fouille plus profondément dans les entrailles du sol, elle y découvre des animaux de plus en plus imparfaits, preuve manifeste que la création terrestre, dans son ensemble, est progressive, et qu'elle s'est élevée graduellement des êtres les plus infimes jusqu'à l'homme qui la couronne. Cet écrivain admet le progrès jusque dans l'ordre divin et religieux. Suivant lui, il n'y a pas eu seulement trois révélations religieuses, comme les théologiens le disent, celle d'Adam, celle de Moïse et celle de Jésus-Christ ; il y en a eu quatre, celle d'Adam, celle de Noé, celle qui a été faite, s'il faut en croire notre auteur, aux Indiens et aux Égyptiens, et enfin celle qui a éclairé les chrétiens eux-mêmes. Il y a donc eu quatre termes de progression dans la vie religieuse de l'humanité : l'âge adamique, l'âge noachique, l'âge brahmanique ou égyptien et l'âge chrétien. Le premier nous a révélé la famille; le second, la tribu ou la cité; le troisième, la grande société, avec ses fonctions diverses; le quatrième, l'humanité dans son unité parfaite et sa noble aspiration vers Dieu, centre de toutes les perfections.

Nous ne suivrons pas Buchez dans la description fantaisiste qu'il fait de ces différents âges, sur lesquels il semble avoir eu des mémoires particuliers. Nous nous bornerons à indiquer rapidement ce qu'il dit de l'âge chrétien, parce que sa pensée fondamentale, celle d'un catholicisme social, s'y montre à découvert: suivant lui, en effet, le Christ est venu au monde pour nous rendre heureux, non seulement dans l'autre vie, mais encore dans celle-ci, et ce n'est pas seulement notre salut spirituel et individuel, mais encore notre salut temporel et social qu'il a eu en vue en revêtant notre nature. C'est peut-être encore là du christianisme, mais c'est un christianisme qui rappelle singulièrement celui de Saint-Simon : « La parole du Christ, dit Buchez, c'était le salut du monde et l'espoir du pauvre .. Partout où il y eut une église, on établit un fonds commun pour les pauvres, un fonds de secours, même pour ses ennemis. » Si nobles que soient ces paroles, je m'assure que Bossuet les aurait traitées de charnelles; car elles font descendre Dieu du ciel pour sauver les corps autant et plus que les âmes. Le christianisme de Buchez se rapproche encore de celui de Saint-Simon par son caractère éminemment autoritaire et centralisateur. Au milieu de la dissolution générale, produite dans l'empire romain par le débordement des hérésies et les invasions des barbares, une chose surtout le frappe d'admiration, c'est la papauté s'élevant au-dessus de ce chaos, pour y faire briller la lumière et pour soumettre les forts et les faibles, les grands et les petits à d'égales lois.

Le caractère saint-simonien du christianisme de Buchez se montre aussi, bien entendu, dans l'organisation qu'il rêve pour la société. Suivant lui, la première de ses lois est le but d'activité ; car ce but étant posé, la société se forme, s'organise, se développe, et, ce même but disparaissant, la société elle-même disparaît. C'est de cette loi essentielle que naît, avant tout, la fonction de conservation spirituelle du but social, laquelle a pour agent une classe sacerdotale, puis celle de conservation matérielle du but social, qui est déférée à la classe noble ou militaire, puis celle de conservation des individus qui composent la société, qui est représentée par la classe industrielle, puis celle de direction plus ou moins suivie vers le but d'activité sociale, laquelle appartient au gouvernement. C'est là une analyse du corps social qui pourrait être mieux faite, mais qui est curieuse en ce qu'elle trahit, chez Buchez, ce mélange de saint-simonisme et de catholicisme qui a été sa vie même. Le saint-simonisme et le néocatholicisme s'accordent, en effet, à confier au sacerdoce, avec la mission de conserver dans les âmes la foi au but social, le soin de l'éducation ainsi que la culture des sciences et des arts.

Le travail de Buchez est incontestablement une construction historique digne d'examen, d'autant plus que l'auteur nous le propose comme le fondement d'une construction politique correspondante. Voyons donc ce qu'il faut penser d'une œuvre à laquelle il attache lui-même tant d'importance.

Et d'abord, les deux thèses que l'auteur soutient, au commencement de son livre, à savoir, que l'histoire est une science et que l'humanité est en progrès, ne sont établies que d'une manière imparfaite et chancelante. Il ne suffit pas, en effet, de dire que l'espèce humaine est soumise à deux mouvements, qui ont tous deux leurs lois, pour prouver que la détermination de ces lois est possible ; car ces mouvements peuvent être et sont par le fait si compliqués qu'il est presque impossible d'en marquer les phases et d'en prévoir le retour. Il n'y a, sous ce rapport, nulle comparaison à faire entre l'astronomie et l'histoire : on prédit à coup sûr une éclipse, on ne prédit pas à coup sûr une révolution. Quant à la doctrine du progrès, Buchez la défend par des raisons ingénieuses ; pourtant quelques-unes de ces raisons se retournent contre elle. Il montre très bien que nous pouvons, par des actes répétés, modifier en mieux notre organisme et qu'en vertu des lois de l'hérédité, ces modifications sont transmissibles. Il semble, d'après ce beau raisonnement, que l'organisme humain a dû se perfectionner constamment, depuis les siècles les plus reculés jusqu'à celui où nous avons le bonheur de vivre. Malheureusement les faits, qui sont plus concluants que tous les raisonnements du monde, prouvent que, sous le rapport esthétique et sous le rapport athlétique, le corps d'un Grec du temps de Périclès ou d'un Romain du temps des Scipions, n'avait rien à envier à celui d'un Français ou d'un Prussien de nos jours.

L'idée fondamentale du livre de Buchez, que c'est la

poursuite d'un même but soit de conservation, soit d'expansion et de développement, qui sert de base à toute société, nous paraît d'une justesse incontestable. Les hommes s'unissent, en effet, d'autant plus étroitement les uns aux autres qu'ils ont plus travaillé, plus combattu, plus souffert ensemble, et c'est ordinairement la communauté de luttes, de périls et même de défaites qui cimente l'unité d'une nation. Rien n'a plus contribué que la guerre de Cent Ans autrefois, que les guerres de la république et du premier empire, de nos jours, à constituer et à consolider la nationalité française.

Buchez a raison de vouloir qu'il y ait, dans la société, un pouvoir dirigeant, qui en coordonne toutes les parties et les fasse concourir d'une manière régulière et harmonique au but qu'elle se propose. Seulement il accorde à ce pouvoir, qui est le gouvernement, trop et trop peu. Il lui accorde trop, en ne réservant pas avec assez de soin les droits des individus qui ne peuvent agir utilement qu'à la condition d'avoir une certaine initiative. Il lui accorde trop peu, en plaçant hors de lui et en détachant de ses attributions ce qu'il nomme la conservation spirituelle et la conservation matérielle du but social, et en les confiant à deux corporations plus ou moins indépendantes de son autorité.

Somme toute, Buchez n'aboutit pas, dans son livre, à des résultats bien positifs et bien sérieux. Il ne prouve pas, comme il s'en était flatté, que nous pouvons prévoir les faits de l'ordre social, tout aussi bien que ceux de l'ordre naturel, et que nous pouvons les modifier d'une manière indéfinie. Il n'indique pas les moyens de guérir ces plaies sociales qu'il appelle l'égoïsme des gouvernements et l'hostilité des classes, à moins qu'on ne veuille regarder comme une sorte de panacée ce régime du moyen âge qu'à l'exemple de Saint-Simon il propose à notre imitation. Malgré ces réserves (et elles sont graves), nous convenons que l'ouvrage de Buchez mérite d'être lu. Publié en 1833, il porte la trace de la fièvre de transformation qui avait saisi notre pays vers l'époque de la révolution de Juillet, et qui fit éclore tant d'œuvres remarquables dans le domaine de la poésie et de la critique, de l'histoire et de la philosophie. Notre nation eut alors comme un regain de jeunesse qui lui donna une exaltation généreuse, une audace entreprenante, à telles enseignes qu'elle ne doutait de rien et se croyait en mesure de tout refaire et de tout renouveler. On dédaignait les détails, on ne voulait entendre parler que des généralités; on méprisait l'analyse, on n'admirait que la synthèse. Le livre de Buchez est empreint de l'esprit de cette époque hardie. On peut en rejeter, comme nous l'avons fait, les grandes conclusions, mais on est bien obligé de rendre justice aux idées larges qu'il contient, et à la manière dont l'auteur a su les enchaîner.

II

TRAITÉ COMPLET DE PHILOSOPHIE

Si le christianisme doit gouverner les sociétés en même temps que les consciences, et se préoccuper du bien temporel en même temps que du bien spirituel des hommes, il est naturel qu'au lieu de se renfermer dans les limites de la théologie, il tâche de s'annexer la philosophie, avec les diverses sciences qui en relèvent. Il n'y aura donc plus de philosophie proprement dite, mais une philosophie chrétienne ou plutôt catholique. Ainsi le veut cette doctrine d'un christianisme social et autoritaire dont Buchez s'est constitué l'apôtre. Ce fut sans doute pour réaliser cette pensée, qu'il publia, en 1840, un ouvrage en trois volumes intitulé : *Traité complet de Philosophie au point de vue du catholicisme et du progrès*. Il n'avait jamais lu ni la *Métaphysique* d'Aristote, ni les *Méditations* de Descartes, ni la *Théodicée* de Leibniz, ni les autres grands monuments de la philosophie, et ne connaissait guère les hautes questions qu'elle avait agitées que par de vulgaires manuels, comme la *Métaphysique* de l'abbé Para du Phanjas et la *Philosophie de Lyon* de l'abbé Valart, qu'il cite sans cesse ; mais il n'était pas homme à se laisser arrêter par une considération semblable. Il ne s'agissait pas pour lui, en effet, d'avoir une philosophie qui satisfît aux exigences de l'esprit scientifique, mais d'en avoir une qui répondît aux besoins sociaux. Nous reconnaissons là cet esprit saint-simonien que nous avons déjà vu à l'œuvre plus d'une fois, et dont le caractère le plus saillant est de subordonner la philosophie à la politique, et de donner à la pratique le pas sur la spéculation. Tel il nous est apparu chez Bazard, chez P. Leroux, chez A. Comte lui-même, durant sa deuxième phase, et, avant tous les autres, chez Saint-Simon, tel il nous apparaît chez Buchez. malgré la révolution qui s'est opérée dans ses croyances religieuses.

Bien que cet écrivain ne paraisse pas éprouver pour la philosophie une tendresse bien vive, il tient cependant à ce qu'elle existe et se développe. C'est qu'elle est à ses yeux la réduction de toutes les sciences à l'unité, et qu'il veut, comme la plupart des saint-simoniens, que l'unité règne en toutes choses. Si la philosophie est si négligée aujourd'hui, c'est, dit-il non sans raison d'ailleurs, qu'elle n'est pas au niveau du siècle, c'est qu'elle n'a su ni faire entrer dans les cadres de sa logique la théorie des méthodes modernes qui ont produit, dans les sciences naturelles, des découvertes si merveilleuses, ni annexer à son ontologie et à sa morale ces sciences sociales qui sont la grande préoccupation de notre époque et que de vrais philosophes ne devraient pas laisser en dehors de leur domaine. C'est le reproche déjà adressé aux spiritualistes par P. Leroux et A. Comte, qui y a échappé, pour ce qui le concerne, en ramenant presque toute la philosophie à la classification des sciences et à la sociologie.

Quoi qu'il en soit, sans cette grande étude il n'y a plus, suivant Buchez, de lien entre les esprits, et chacun d'eux est condamné à l'isolement le plus funeste. C'est le triste spectacle qui frappe en ce moment nos yeux. Comme il n'y a plus de principes communs ni de méthode commune entre les hommes de notre temps, il n'y a plus entre eux de langage commun : ils cessent de s'entendre. Et pourtant le besoin de s'entendre fut-il jamais plus pressant qu'aujourd'hui? Il y avait autrefois, parmi nous, une philosophie qui était enseignée à l'élite des jeunes gens formés pour les carrières libérales et savantes, et qui imprimait à leurs idées et à leurs sentiments une direction unitaire on ne peut plus favorable à l'harmonie de la société. Il faut y revenir; car il importe que les jeunes gens qui étudient dans nos grandes écoles et qui s'y préparent à la vie publique, s'y pénètrent des mêmes doctrines, si l'on veut qu'ils soient animés du même esprit et qu'ils fraternisent ensemble[1]. C'est, comme on voit, la condamnation anticipée et catégorique de la scission récemment opérée dans notre enseignement. Mais ces doctrines, qui doivent être communes à tous les esprits, où les prendre? Dans la philosophie catholique, qui est celle des séminaires, ou dans la philosophie protestante, qui est celle de l'école Normale? Buchez se prononce pour la première, qui lui paraît avoir un caractère plus social, mais il se réserve d'en combler les lacunes ou plutôt de la refaire.

Il ne trouve, en effet, la vraie philosophie catholique ni dans la *Philosophie de Lyon* ni dans la *Somme* de saint Thomas, deux ouvrages qui ne s'attendaient pas à être ainsi rapprochés l'un de l'autre, et qui sont tous deux, suivant Buchez, beaucoup plus païens qu'on ne se l'imagine d'ordinaire. Ils sont, en effet, infectés des idées d'Aristote, et la doctrine d'une raison naturelle s'y étale sans déguisement. Or, aux yeux de notre saint-simonien converti, la raison résulte de l'éducation, et la nature humaine n'est autre chose que l'instinct, fait animal, s'il en fut. Nous ne jugeons pas cette doctrine : nous laissons au lecteur le soin d'en faire justice. On comprend assez, en effet, que si notre nature n'était que l'instinct animal, et que si la raison n'était qu'un

---

[1] *Traité complet de philosophie*, t. I, p. VIII.

produit de l'éducation, en élevant convenablement un animal, on arriverait infailliblement à faire de lui un être raisonnable.

Buchez tâchera donc d'organiser lui-même cette philosophie chrétienne qu'il ne trouve organisée nulle part. Comment s'y prendra-t-il pour cela? Comme on s'y est pris, suivant lui, pour organiser le christianisme lui-même. C'est ici que les vues de notre réformateur deviennent curieuses et intéressantes ; car elles nous livrent le dernier mot de sa doctrine, et nous font pénétrer jusqu'au fond de sa pensée. Il distingue, dans l'histoire du christianisme, quatre périodes différentes. La première et la plus féconde est celle où la doctrine chrétienne se constitua définitivement, et repoussa la plupart des hérésies par lesquelles elle était battue en brèche : elle s'étend depuis l'enseignement des apôtres jusqu'à saint Augustin. Or, ce qui caractérise les Pères de cette première période, c'est qu'ils ne font presque aucun usage des méthodes païennes et que l'induction, le syllogisme, la réfutation par l'absurde leur répugnent presque également. Ils se bornent à citer les textes de l'Écriture, sans les accompagner du moindre raisonnement : c'est la méthode affirmative ou chrétienne[1]. Malheureusement cette méthode fut dédaignée à partir de saint Augustin, qui remit en honneur la dialectique des platoniciens et la logique des stoïciens tout à la fois. C'est à son influence et à celle d'Aristote qu'il faut, suivant notre auteur, attribuer cette scolastique du moyen âge dans laquelle se consuma, pendant tant de

---

[1] *Traité complet de philosophie*, t. I. p. 48.

siècles, l'esprit humain. De saints papes, comme Grégoire IX, essayèrent de remédier au mal, mais sans y réussir. Il se forma, dit Buchez (après Bautain qu'il se dispense de citer), il se forma à leur instigation une secte dite des *biblici*, qui se bornaient à lire et à commenter la Bible, par opposition à celle des *sententiarii*, qui appliquaient la dialectique aux matières religieuses et construisaient sous le nom de *Sommes*, d'immenses encyclopédies. Mais ces derniers l'emportèrent sur les premiers, de sorte que le moyen âge resta toujours sous l'empire des méthodes grecques, et que ses docteurs, sans en excepter saint Thomas, admirent, comme les païens, une raison naturelle.

Buchez traite, comme on voit, la philosophie païenne à peu près comme un ecclésiastique bien connu a traité la littérature païenne : il en fait une sorte de ver rongeur qui mine et détruit insensiblement les fondements de notre société, et il propose de la remplacer par la philosophie chrétienne. Mais il ne s'aperçoit pas que remplacer la philosophie païenne, qui affirme et raisonne, par une prétendue philosophie chrétienne, qui affirmerait sans raisonner, ce ne serait pas remplacer une philosophie par une autre, mais supprimer toute philosophie. Qu'est-ce, en effet, qu'une philosophie d'où le raisonnement est banni et d'où la raison est absente? Cependant, si absurdes que soient les conclusions de Buchez, elles sont logiques. Elles sont la dernière conséquence de ce saint-simonisme qui sacrifie en tout et partout l'esprit critique à l'esprit organique, au point de placer le moyen âge au-dessus des âges modernes et de préférer l'Inde et le Thibet à la Grèce et à Rome.

Elles sont aussi le dernier mot de ce mennaisianisme qui met, en toutes choses, l'autorité à la place de la liberté. la croyance aveugle à la place des convictions raisonnées, système dégradant, qui aurait certainement scandalisé Arnaud, Bossuet, Malebranche, Fénelon, en un mot tous les philosophes chrétiens du xviie siècle, et qui déshonore la foi en la séparant de la raison.

Buchez divise la philosophie, comme on le faisait autrefois, en logique, ontologie et morale. Il assure gravement que la logique est la première des sciences, comme si la logique, qui est une simple discipline de l'esprit, ne supposait pas la psychologie, qui en est la théorie, et ne devait pas chercher dans cette dernière les principes destinés à lui servir de base. Mais, suivant Buchez, qui parait s'inspirer ici d'une idée fausse du baron d'Eckstein, la psychologie n'est que la science de l'individu et ne peut, par conséquent, nous fournir que des principes individuels : l'universel lui échappe. C'est pourquoi il traitera d'abord de la logique et prendra pour cadre de ses observations tantôt la *Logique de Port-Royal*, tantôt la *Philosophie de Lyon*, deux bons vieux livres qui n'ont rien à démêler avec la psychologie.

Le premier objet qu'il étudie c'est l'idée, qu'il définit, d'une manière médiocrement spiritualiste, l'union d'un phénomène de passivité qui se produit dans la substance cérébrale et d'un phénomène d'activité qui a lieu dans l'âme et émane de l'âme. Il fait remarquer, à ce sujet, que toutes nos idées supposent dans notre esprit des catégories préexistantes auxquelles elles se rapportent. Seulement il ajoute que ces catégories ne sortent pas du fond de notre nature, mais qu'elles nous ont été enseignées et inculquées par le langage, principe de toute pensée et de toute raison[1]. On reconnaît à ce dernier trait, le disciple du vicomte de Bonald. Buchez passe ensuite au jugement, et combat assez bien Destutt de Tracy et les autres sensualistes, qui le regardaient comme un phénomène purement passif et qui l'expliquaient par la seule sensation ; mais il s'oublie peut-être plus que de raison quand il ajoute que certaines phrases, telles que celles du genre narratif, ne contiennent pas de jugement, attendu que les affirmations qu'elles énoncent n'ont rien de commun avec les sentences rendues par un juge du haut d'un tribunal. On sent ici le philosophe improvisé qui s'est dévoué, en vue du salut social, à enseigner sans s'être donné le temps d'apprendre.

De toutes les questions de la logique, celle que Buchez traite avec le plus de détail et de soin est celle du criterium de la certitude. Après avoir vainement cherché ce criterium dans les principes bien connus de Descartes et de Kant, de Cousin et de Lamennais, il croit l'avoir découvert dans un principe où personne ne l'avait vu avant lui, dans le principe du devoir, dans la loi de la vie, en un mot, dans la morale. Et il attache tant de prix à la découverte qu'il a faite, qu'il n'hésite pas à la regarder comme le complément du christianisme lui-même.

L'idée qu'a eue Buchez de donner à l'élément moral la prédominance sur tous les autres éléments de notre nature, n'est pas aussi singulière qu'il le semble au pre-

---

[1] *Traité complet de philosophie*, t. I, p. 257.

mier abord. C'était celle de Socrate et d'Épictète dans l'antiquité, de Port-Royal et de Kant dans les temps modernes. C'était même, à le bien prendre, celle de Proudhon, dans son livre *De la justice dans la Révolution et dans l'Église*, et celle d'A. Comte, dans sa *Politique positive;* car le premier voulait qu'on subordonnât tout à la justice, et le second demandait qu'on déférât à la morale la présidence du monde philosophique. Mais, en donnant à la morale la haute main sur toutes choses, aucun de ces penseurs n'avait songé à en faire l'unique pierre de touche en matière de vérité, ni à l'ériger en criterium universel de la certitude. Buchez est le seul qui ait eu une pensée semblable.

Quelle est la valeur d'une telle conception? Il n'est pas difficile de le voir. On entend par *criterium* le caractère général qui distingue la vérité de l'erreur. Or, s'il y a des vérités qui se rapportent aux êtres intelligents et libres, il y en a qui concernent les êtres inintelligents et nécessités, et, si le criterium de la morale nous révèle les premières, il ne nous dit absolument rien des secondes : il est applicable à l'ordre pratique, non à l'ordre de la spéculation. L'ordre pratique lui-même n'est pas tout entier de son ressort. Je pourrai, à l'aide de ce principe, juger si tel homme a bien ou mal agi au point de vue du devoir, mais non s'il a bien ou mal agi au point de vue de l'intérêt : s'il me donne la solution de la plupart des questions de la morale, il ne me suffit pas pour résoudre celles de l'économie politique et de la politique proprement dite.

Nous n'analysons point l'ontologie de Buchez, parce qu'elle n'offre rien de remarquable et que les idées de cet écrivain sur Dieu et sur l'âme manquent souvent d'exactitude, toujours de profondeur. Quant à sa morale, il ne l'a point rédigée, bien qu'il l'eût annoncée au public et qu'elle dût être la partie principale de son œuvre, celle à laquelle toutes les autres auraient été subordonnées. Nous voyons seulement, d'après le peu qu'il en dit, qu'à l'exemple des *biblici*, et conformément aux règles de méthode qu'il avait établies, il n'essayait même pas de la constituer philosophiquement et la prenait purement et simplement dans l'Évangile. Nous voyons, en outre, qu'au lieu de lui donner un caractère plus ou moins rationnel, il la faisait uniquement reposer sur le sentiment. L'amour des autres, poussé jusqu'à l'oubli de soi-même, semblait en être le principe fondamental. Par là la morale de Buchez se rapproche non seulement de celle de Saint-Simon, mais encore de celle d'Auguste Comte : elle est aussi, à sa manière, une morale de l'altruisme. Mais aimer les autres, c'est rechercher leur bien à tous ou du moins celui du plus grand nombre d'entre eux, c'est s'efforcer, suivant la formule saint-simonienne, d'améliorer le sort de la classe la plus pauvre et la plus nombreuse. Sur ce point, comme sur beaucoup d'autres, Buchez reste saint-simonien.

Mais pour travailler au bien du plus grand nombre, il faut le connaître et pour le connaître, il faut étudier la société en elle-même et dans ses développements, examiner avec soin ce qui est utile au corps social et ce qui lui est nuisible, ce qui contribue à ses progrès et ce qui y met obstacle ; car le bien c'est ce qui est social et progressif, le mal ce qui offre les caractères opposés.

Ainsi, au lieu de consulter notre conscience sur ce que nous devons faire ou éviter, nous consulterons la politique et l'histoire. Cette morale, dont Buchez avait voulu faire un criterium universel, aura donc elle-même un criterium et un criterium assez vague et assez inconsistant, car il change suivant les partis et varie au gré des passions. Ce sera la raison d'État et le salut public, tels que l'histoire et la politique nous les montrent ; ce sera la souveraineté du but et la justification des moyens par la fin, c'est-à-dire un principe au nom duquel on a plus d'une fois légitimé de graves atteintes portées au droit naturel. Buchez lui-même n'a pas reculé devant les conséquences de ce système. Convaincu que le mouvement de la Ligue, au XVIᵉ siècle, et celui de la Révolution, au XVIIIᵉ, étaient favorables à l'unité nationale et au progrès social, il a essayé, dans son *Histoire parlementaire*, d'excuser la plupart des excès qu'ils entraînèrent : les horreurs de la Saint-Barthelemy et celles de la Terreur ont eu également en lui un juge plein d'indulgence. Marat lui-même, le hideux Marat, semble trouver grâce devant lui : « Son journal, dit-il, était mal écrit, mais souvent plein de bon sens. » Espérons que ce n'était pas, dans la pensée de Buchez, le jour où il demandait trois cent mille têtes d'aristocrates!

On voit que, si Buchez a remué beaucoup d'idées philosophiques, il mérite à peine le nom de philosophe. Jamais, en effet, il n'a étudié la philosophie pour elle-même ; il l'a toujours étudiée pour autre chose, je veux dire en vue d'un système social préconçu, dont elle devait être la simple confirmation. Ce système n'est autre que celui de l'autorité améliorant, bon gré mal gré, le sort des masses. Seulement l'autorité n'est pas la même ici que chez Saint-Simon et A. Comte ; elle n'est pas prise dans le domaine de l'abstraction et de la spéculation, mais dans le champ de la réalité et de l'histoire : c'est l'autorité catholique, faisant tout plier devant elle et n'admettant, ni dans l'ordre spirituel ni dans l'ordre temporel, aucune dissidence. A la fois démocrate et autoritaire, jacobin et ligueur, saint-simonien et chrétien, sans qu'on ait jamais su bien au juste, suivant l'expression de M. Renouvier, jusqu'où allait son christianisme, Buchez a été un des types les plus complets du désordre qui régnait de son temps dans les idées, et de l'audace qui poussait à les réaliser, dès qu'on en croyait la réalisation possible. Type curieux aux époques tranquilles, où les spéculations restent confinées dans la sphère de la théorie, mais dangereux aux époques troublées, où on tente de les faire descendre dans les faits, si fausses et si incohérentes qu'elles soient!

Malgré ses défauts ou peut-être à cause de ses défauts, Buchez a eu d'assez nombreux disciples. Les principaux sont, outre Roux-Lavergne, le docteur Cerise, qui concourut avec le maître à la rédaction de l'*Européen*, et M. Ott, celui des buchéziens qui a le plus écrit et auquel on doit *Hegel et sa philosophie* (1844), le *Traité d'économie sociale* (1851) et *De la raison* (1873). On peut également rattacher à ce groupe de catholiques libéraux Arnaud de l'Ariège, un des membres les plus respectés de nos assemblées délibérantes.

CHAPITRE VI

BAUTAIN ET D'AUTRES TRADITIONALISTES

Système de Bautain. — Ses vues en psychologie, en morale et en politique. Autres traditionalistes : Bonnetty, Ubaghs, Donoso Cortès, Ventura.

I

SYSTÈME DE BAUTAIN

Ce qu'il y a de plus intéressant dans l'histoire des idées morales, ce n'est pas le cours suivi et paisible d'une pensée qui va méthodiquement des principes aux conséquences qu'ils contiennent, et des théories aux applications qu'elles comportent : ce sont les mouvements impétueux d'une âme qui, obéissant à la logique du cœur plutôt qu'à celle de l'esprit, se précipite brusquement d'une doctrine dans une autre, et donne au monde le spectacle d'un changement à vue, d'une soudaine et éclatante transformation. Dans l'histoire, comme dans le drame, ce qui frappe ce n'est pas une situation toujours la même, ce sont les catastrophes ou tout au moins ce qu'on nomme, en termes d'art, les péripéties. C'est ce que nous avons vu, en exposant la philosophie de Lamennais, et ce que nous allons voir encore, en retraçant celle de Bautain, avec cette différence toutefois, que le premier passa de la science sacrée à la science profane, tandis que le second déserta la science profane pour la science sacrée, et porta dans le camp des théologiens des armes fabriquées et fourbies dans les ateliers des philosophes.

Louis-Eugène-Marie Bautain naquit à Paris, le 17 février 1796. Après avoir fait d'excellentes études, sous les meilleurs maîtres de l'Université, parmi lesquels il aimait à citer l'ingénieux et brillant Villemain, il entra à l'École normale (1813). Il s'y lia étroitement avec Jouffroy et Damiron, et suivit avec eux les leçons de Victor Cousin, qui, plus âgé de quelques années que ses disciples, exerçait sur eux une singulière fascination et leur apparaissait comme le prince de la jeunesse. Ses années d'école finies, il fut reçu agrégé, puis docteur, avec une petite thèse sur la satire, comme on en faisait dans ce temps-là, et fut nommé immédiatement professeur de philosophie au collège de Strasbourg (1816). Il avait alors vingt ans. Il remplit ces fonctions avec toute l'ardeur de la jeunesse et avec tout le succès qui la couronne ordinairement. Aussi la haute administration venait à peine de lui conférer le titre définitif de sa chaire qu'elle le chargeait, en outre, de l'enseignement de la philosophie à la faculté des lettres. Bautain ne recula pas devant cette double tâche et s'en acquitta à ravir, fécondant ses souvenirs de l'École normale par les méditations les plus intenses, et par l'étude acharnée des systèmes les plus abstraits de l'Allemagne contemporaine.

Un tel régime intellectuel ne pouvait se prolonger longtemps impunément. Un jour que le jeune professeur faisait sa leçon à la faculté, avec sa chaleur ordinaire, il sentit le fil de ses idées se rompre dans sa tête et s'arrêta court sans pouvoir le renouer. Il venait d'être atteint d'une infirmité cérébrale qui le condamna pour quelques mois à une triste et pénible inaction. Ce fut pendant sa maladie qu'il perdit cette confiance en soi-même et cet orgueil de la vie qui fait les chercheurs indépendants et les philosophes. Il tomba dans cet état de prostration et de découragement, que le fondateur de la Société de Jésus demandait à ceux qu'il voulait ramener à la religion, et qui implique, avec la conscience de sa propre faiblesse, le besoin de trouver au dehors une force et un point d'appui qu'on ne trouve pas au dedans de soi. Il rencontra alors dans le monde une personne déjà d'un certain âge, mais d'une rare distinction, qui joignait à une connaissance approfondie de la philosophie allemande les sentiments les plus religieux. Mlle Humann, sœur du futur ministre de Louis-Philippe, fut pour Bautain ce que Mme Bœcklin avait été pour Saint-Martin, à Strasbourg même, une initiatrice, sinon à la haute mysticité, du moins à la mysticité moyenne, et une vraie directrice de conscience. Sous cette influence féminine et presque maternelle, et sous celle d'un milieu tout chrétien auquel il ne demandait pas mieux que de s'accommoder, le jeune malade ouvrit l'Évangile et éprouva bientôt, comme un grand spiritualiste du XVIIIe siècle, mais d'une manière plus efficace et plus durable que le saint livre parlait à son cœur. Cet esprit saturé d'abstractions et fatigué de la multiplicité des systèmes, savoura avec délices ces pures doctrines qui peuvent être l'aliment des forts, comme celui des faibles, tant elles sont bien appropriées à tous les besoins de l'homme. La foi se substitua chez lui à la raison, la religion à la philosophie.

Il est dans la nature de tout sentiment sincère et profond d'être contagieux. Aussi, quand Bautain remonta dans sa chaire, après la crise qu'il avait traversée et qui avait fait de lui un homme nouveau, l'esprit religieux dont il était animé donna à sa parole quelque chose de plus vivant et de plus entraînant que jamais, de sorte que plusieurs de ses auditeurs, parmi lesquels quatre Israélites de distinction, passèrent comme lui sous la bannière du christianisme. Ce fut le noyau de ce qu'on appela, à un certain moment, l'École de Strasbourg[1]. Le maître et les disciples ne s'en tinrent pas là. Un jour vint où, dans l'ardeur de leur foi nouvelle, ils éprouvèrent le besoin de la répandre avec plus d'autorité, et allèrent demander à Mgr de Trevern, évêque du diocèse, de vouloir bien les admettre aux honneurs du sacerdoce. Si le prélat y consentit avec empressement, c'est ce qu'il est facile de penser. Ce fut au point qu'au lieu de leur faire suivre un cours régulier de théologie au séminaire, il se borna à leur faire faire à Molsheim, dans la maison des hautes études, une sorte de retraite,

---

[1] Elle comptait dans ses rangs, outre les quatre Israélites, Théodore Ratisbonne, Isidore Goschler, Jules et Nestor Lewel, — Adolphe-Carl-Eugène de Regny, Henri de Bonnechose, Alphonse Gratry. Adrien de Reinach Jacques Mertian.

à la suite de laquelle ils furent ordonnés prêtres[1]. Cette circonstance ne contribua pas peu à fortifier, chez Bautain et ses amis, la tendance qu'ils avaient déjà à subordonner le raisonnement au sentiment, et à mettre les procédés didactiques de l'école au-dessous des inspirations spontanées de la nature.

Ce caractère de la doctrine de Bautain s'accuse nettement dans le premier ouvrage important qui soit sorti de sa plume, dans son opuscule intitulé : *De l'enseignement de la philosophie en France au xixe siècle* (1833). Il y a, disait-il, trois écoles qui se disputent aujourd'hui l'empire, au sein des établissements laïques : l'école de Condillac, l'école écossaise et l'école éclectique. La première, qui a exercé tant d'influence au xviiie siècle, décline de jour en jour et ne recrute plus d'adhérents nouveaux. Qui voudrait, en effet, à l'heure qu'il est, s'emprisonner dans la doctrine à la fois hypothétique et étroite de la sensation transformée ? L'école écossaise, dont les idées ont été importées en France par Royer-Collard, a eu le mérite de ruiner dans les esprits les hypothèses du sensualisme condillacien et de remettre en honneur la vraie observation psychologique ; mais elle a eu le tort de se renfermer dans l'étude de l'homme individuel et de faire constamment appel à des principes premiers dont Kant a démontré le caractère purement subjectif et partant l'irrémédiable incertitude. Quant à l'école éclectique, elle a eu l'heureuse pensée de consulter la conscience du genre humain, en même temps que celle de l'individu, et de compléter les données de la

---

[1] L'ordination de Bautain eut lieu en 1828.

psychologie par celles de l'histoire de la philosophie; mais, faute d'un criterium, pour faire un choix entre les doctrines dont cette dernière lui offre le tableau, elle est incapable de distinguer celles qui sont vraies de celles qui sont fausses.

Après avoir attaqué les écoles qui règnent dans l'enseignement laïque, Bautain prend à partie celles qui dominent dans l'enseignement des séminaires, c'est-à-dire la vieille scolastique et la nouvelle philosophie du sens commun. Il reproche à la première, qui conserve si soigneusement les formes de la philosophie du moyen âge, d'en avoir oublié l'esprit, et de ne pas comprendre, comme on le faisait à cette époque, qu'il faut croire avant de raisonner. Au lieu d'enseigner d'autorité et au nom de la foi l'existence de Dieu, le devoir, l'immortalité de l'âme, on les soumet, à l'exemple de Descartes, à un doute méthodique et on s'évertue ensuite à les établir par des procédés tout rationnels. Mais comment ne voit-on pas qu'en habituant le monde à mettre la foi de côté sur ces questions importantes, on l'habitue à s'en passer et à n'en plus avoir ? Pour la philosophie du sens commun, il n'échappera à personne qu'en subordonnant l'autorité de l'Église à celle de la raison générale, elle subordonne la foi religieuse et surnaturelle à une croyance toute profane et purement humaine.

Quelle est donc la doctrine que Bautain veut substituer à celles dont il se flatte d'avoir démontré l'inanité ou tout au moins l'insuffisance ? C'est ce qu'il s'agit maintenant d'examiner. Dès qu'il rejette la raison particulière et la raison générale, comme également humaines et relatives, il ne peut faire appel qu'à la raison divine, identique à la raison absolue. Mais cette raison, où est-elle et où rend-elle ses oracles ? Là où Bautain l'a naguère entendue, dans l'Écriture sainte et dans la parole révélée, dont elle garde le dépôt. Et qu'on n'objecte pas au mystique de Strasbourg qu'il est peu philophique d'admettre la parole révélée sans preuves. Il répondrait qu'il faut bien toujours et en tout état de cause, quand on se met à philosopher, partir de certains principes qui sont admis sans être prouvés, et que ceux que nous fournit la parole révélée ont au moins un avantage sur les autres, à savoir, la richesse et la beauté de leurs conséquences. En même temps, en effet, qu'ils dirigent la raison, ils se justifient par elle ; en même temps qu'ils servent de point de départ à la science de l'homme et à celle de la nature, ils y trouvent une éclatante vérification. C'est dans ce travail de justification et de vérification que consiste, suivant Bautain, la vraie philosophie. Elle se confond avec la vraie religion, en ce qu'elle part, comme elle, de la foi à la parole révélée ; mais elle s'en distingue en ce qu'elle se sert de la raison pour l'expliquer et en rendre compte.

Cette doctrine de Bautain prête le flanc à plusieurs objections. Ce philosophe récuse l'autorité de notre raison parce qu'elle lui paraît relative, et ne veut s'en rapporter qu'à la raison divine, qui est absolue. Mais comment connaissons-nous les vérités émanées de la raison divine, sinon par notre raison propre, qui leur imprime nécessairement un caractère de relativité, si elle est réellement relative ? Bautain tombe ici, comme Lamennais et comme tous ceux qui font reposer la foi sur le doute, dans une flagrante contradiction. Quant à l'assertion que la révélation doit être admise sans preuves, parce que dans toute démonstration il y a des vérités qu'on ne démontre pas, elle ne soutient pas l'examen. Les vérités qu'on ne démontre pas sont celles qui sont évidentes par elles-mêmes ; or la révélation n'est certainement point dans ce cas.

On voit en quoi le système de Bautain se rapproche de celui de Lamennais et en quoi il s'en éloigne. Tous deux sacrifient la raison à la foi et rentrent par conséquent dans ce qu'on appelle indifféremment le scepticisme théologique ou le fidéisme. Mais le dernier s'appuie sur la foi au témoignage des hommes pour motiver la foi à la parole divine, tandis que le premier, supprimant cet intermédiaire, fait directement appel à la foi à la parole divine; de là le nom de fidéisme humain et celui de fidéisme divin par lesquels on les distingue quelquefois l'un de l'autre.

Les idées que Bautain avait simplement et brièvement exposées dans son opuscule sur l'enseignement de la philosophie, il les développa avec plus d'élévation et d'ampleur dans son grand livre intitulé : *Philosophie du Christianisme*, 2 vol. in-4° (1833). Frappé des progrès toujours croissants du rationalisme et de l'ambition qu'il affichait de remplacer le christianisme dans la direction des choses humaines, il appela l'attention de l'Église sur le redoutable ennemi qui la menaçait et lui portait déjà l'épée au front, pendant que ses candides lévites s'escrimaient encore, avec d'innocents syllogismes, contre les systèmes décrépits du siècle dernier. Il fit plus, il essaya de le combattre. Il s'arma d'abord contre son adversaire d'un de ses aveux les plus récents.

de l'aveu de sa radicale impuissance en matière de métaphysique, tel qu'il le trouvait formulé dans la *Critique de la raison pure* : « Ici, dit-il, je vous renvoie aux antinomies de Kant, où vous verrez les plus forts arguments pour ou contre l'existence de Dieu, opposés l'un à l'autre, s'équilibrant, se neutralisant ou s'effaçant, comme les termes positifs et négatifs dans une équation, et donnant pour résultats zéro, d'où Kant conclut que la métaphysique est impossible..... Cette décision est le coup le plus rude qui ait jamais été porté au rationalisme[1]. » Sans se donner la peine de refaire les analyses du philosophe allemand et de vérifier l'exactitude de ses conclusions, Bautain somma donc le rationalisme d'évacuer sans délai la région des causes et des principes, qui appartenait de droit au christianisme, et de se renfermer désormais dans le champ des phénomènes et des applications. Si, en effet, la métaphysique n'est pas une affaire de science, mais de croyance, il est juste que la raison l'abandonne à la foi.

A l'appui de cette opinion, le philosophe de Strasbourg invoquait l'histoire en même temps que le bon sens. Il faisait voir que, dans les premiers âges de l'Église, on se bornait à citer l'Écriture, quand il s'agissait d'éclairer l'esprit et de diriger la vie, et que ce ne fut que plus tard qu'on se mit à raisonner, à propos et hors de propos, sur les principes régulateurs de la pensée et de la conduite humaines : la méthode naturelle fit place alors à la méthode scolastique ; le bon sens, au syllo-

---

[1] *Philosophie du christianisme*, tome II, p. 75.

gisme. Cette révolution ne s'accomplit pourtant pas sans résistance. Beaucoup de docteurs qui tenaient plus à la pratique qu'à la spéculation et qui préféraient les dogmes de la Bible, qui nourrissent le cœur, aux sentences d'Aristote qui aiguisent l'esprit, protestèrent contre les nouveaux procédés introduits dans les écoles : de là la lutte qui s'engagea vers le xi⁰ siècle, entre les *doctores biblici* et les *doctores sententiarii*.

Les arguments de Bautain paraissent au premier abord assez plausibles ; mais on trouve, à la réflexion, qu'ils ne sont pas des plus péremptoires. En admettant que nous ne puissions pas connaître les vérités métaphysiques par la raison, cela ne prouve pas que nous pouvons les connaître autrement, de sorte que la conclusion de cette belle démonstration est le scepticisme et non le christianisme. Mais est-il bien vrai que nous ne pouvons connaître par la raison les vérités de ce genre? Bautain l'affirme, en s'appuyant sur l'autorité du rationalisme critique ; mais rien ne nous empêche de le nier en nous fondant sur celle du rationalisme dogmatique, puisque c'est d'autorité plutôt que de preuves qu'il s'agit. Nous ne sommes nullement forcés de choisir, comme notre auteur le voudrait, entre une foi sans raison et un scepticisme sans limites.

Quant à la distinction qu'il établit entre la méthode naturelle et la méthode scolastique, elle est assez ingénieuse, car elle répond à celle de l'esprit mystique et de l'esprit dialectique, qui se sont partagé le christianisme au moyen âge, ou plutôt à tous les âges, et on comprend que Bautain, ayant à choisir entre les deux, ce soit au premier qu'il ait donné la préférence. Il avait de tout temps été un peu mystique et c'était par le mysticisme qu'il était arrivé à la foi : il était donc naturel qu'il voulût faire prendre aux autres la route qui l'y avait conduit. Cependant on hésitera, si religieux qu'on soit, à s'y engager trop avant sur ses traces, si l'on songe qu'il aboutit, en la suivant, à condamner, sous le nom de rationalisme, tout le mouvement philosophique du moyen âge et des âges modernes, auquel le mouvement scientifique et le mouvement politique sont si étroitement liés. La philosophie moderne n'est, en effet, à ses yeux, qu'une philosophie païenne, qui part du doute pour se donner le plaisir de tout prouver ou de tout nier. Aussi les principes de Bautain ne vont à rien moins, comme on a déjà pu le pressentir, qu'à la supprimer et à la remplacer par l'Écriture et la théologie [1].

Ajoutons que toute la polémique instituée par cet écrivain contre la raison et en faveur de la foi semble reposer sur une confusion de mots et un malentendu. Bautain appelle en effet raison, on ne l'a pas assez remarqué, ce que nous appelons raisonnement et s'évertue à démontrer, ce que personne ne lui conteste, que la raison ainsi comprise est impuissante, parce qu'elle ne porte point ses principes en elle même et est obligée de les tirer d'ailleurs : « La raison, dit-il, n'est point un principe, ni la puissance des principes, mais seulement la faculté de déduire des principes ce qu'ils renferment[2]. » Dès que Bautain prend le mot *raison* dans cette acception, il est tout simple qu'il soutienne que l'homme, réduit aux sens

---

[1] *Philosophie du christianisme*. t. II, p 17-18.
[2] *Philosophie du christianisme*, t. I. p. 170.

et à la raison, n'a que des connaissances sensibles : il n'a, en effet, que celles que les sens lui donnent et celles que le raisonnement en tire, lesquelles sont homogènes aux premières. Il est tout simple aussi qu'il prétende que, pour s'élever à des connaissances supérieures, l'homme a besoin d'une faculté plus haute, qu'il appelle, non pas raison, mais intelligence pure. Nous voulons bien qu'il en soit ainsi. Seulement nous croyons que l'homme exerce spontanément cette faculté, dès que les choses soit intérieures, soit extérieures le sollicitent à l'exercer ; tandis que l'auteur de la *Philosophie du christianisme* affirme qu'il ne l'exerce que sous l'action de la parole et à la suite d'un acte de foi : « Il faut, dit-il, qu'une parole supérieure vienne lui annoncer les principes, lui dire que Dieu est, qu'il est créateur, et il faut qu'elle croie cette parole, sous peine de rester païenne et ignorante [1]. » Ainsi, d'après Bautain comme d'après Bonald, c'est la parole qui produit la pensée, c'est le mot *Dieu* qui éveille en nous l'idée de Dieu : de pareilles énormités ne se discutent pas.

Quand on part d'une telle théorie de la raison, on doit être conduit à simplifier singulièrement la science rationnelle de l'être divin, la théodicée. C'est, en effet, ce qui est arrivé à l'écrivain que nous étudions. Les preuves si multipliées et si développées que tous les grands philosophes chrétiens, depuis saint Augustin jusqu'à Fénelon, avaient données de l'existence de Dieu, Bautain les considère comme non avenues. Il en est de même des hautes considérations auxquelles ils s'étaient élevés sur

---

[1] *Philosophie du christianisme*, t. I, p. 175.

la nature du premier Être et sur ses attributs essentiels : elles sont, à ses yeux, dépourvues de valeur. Bien loin de connaître Dieu, dit Bautain, nous ne nous connaissons pas nous-mêmes, nous ne connaissons que nos manières d'être ; le fond de notre être, comme Kant l'a très bien vu, se dérobe à nous et échappe à toutes nos prises. Dès que nous ignorons le principe de notre vie individuelle, comment pourrions-nous saisir celui de la vie universelle ? Aussi, s'il faut en croire le mystique de Strasbourg, Dieu ne peut être connu que de lui-même : c'est l'abîme insondable, le feu dévorant dont nul ne saurait approcher, que nul ne saurait contempler, dont nul ne saurait se faire ni une idée ni une image. Réduits à nos moyens personnels de connaître, nous ne pouvons savoir ni ce que Dieu est ni s'il est : la parole révélée seule peut nous en instruire.

Mais cette parole révélée, que nous dit-elle et quelles sont les idées essentielles dont nous lui sommes redevables ? La première et la plus importante, suivant notre auteur, est l'idée d'être. Un philosophe célèbre croit que tout homme a cette idée, parce qu'il est lui-même un être et qu'il en a conscience : Bautain n'est pas de cet avis. Il pense que, pour que nous l'ayons, il faut que Dieu, l'Être des êtres, nous la communique en même temps que le mot qui l'exprime : « Il faut, dit-il après Bonald, qu'il se soit manifesté à un homme ou à des hommes, et qu'il leur ait appris lui-même son nom sacré [1]. » Mais l'idée de l'être, à l'état vague et

---

[1] *Philosophie du christianisme*, t. I, p. 227.

indéterminé, ne suffit pas pour constituer une religion et régler la vie humaine. Aussi Dieu l'a-t-il précisée et déterminée, dans la mesure du possible, en nous révélant le dogme de la Trinité. Bautain s'ingénie à expliquer ce mystère par une série de comparaisons qui sont loin de dissiper les ténèbres qui le couvrent. C'est, suivant lui, sous la condition du ternaire que nous connaissons tout. Nous ne pouvons pas imaginer un corps qui ait moins de trois dimensions, former un jugement qui ait moins de trois termes, concevoir un acte de vertu qui ne suppose pas au moins trois choses, un agent libre, une loi qui le régit et un rapport entre cet agent et cette loi. Si tous les objets de l'ordre physique, de l'ordre logique et de l'ordre moral sont des trinités bien caractérisées, on voit bien qu'il doit en être de même de Dieu, le plus grand objet de l'ordre métaphysique.

Après avoir justifié à sa manière la conception de la Trinité, Bautain s'efforce de prouver qu'en dehors d'elle il n'y a place que pour l'athéisme, le scepticisme et surtout le panthéisme, l'erreur la plus séduisante de notre temps. Cette conception, en effet, dit-il, « est l'idée du principe éternel pleinement manifesté en lui-même avant toute création, l'idée de Dieu s'engendrant et se contemplant, se connaissant et s'aimant de toute éternité... Si vous n'admettez pas, avec l'idée du Un absolu, celle de son éternelle génération en lui-même, vous n'aurez jamais qu'une métaphysique panthéistique[2]. »

Bautain n'a pas trouvé dans le camp des rationalistes

---

[1] *Philosophie du christianisme*, t. I, p. 274, t. II, p. 93.

beaucoup d'adversaires. Trois d'entre eux seulement, à ma connaissance, ont dirigé contre lui, non des attaques en règle, mais de simples escarmouches, Damiron, Saisset et M. Franck. Le premier le combattit, dès 1834, à une époque où il n'avait encore publié que sa brochure sur l'enseignement de la philosophie. Il critiqua avec assez de justesse le principe de la foi à l'Écriture, qui sert de fondement à tout le système, et montra qu'il conduisait directement à la restauration de cette scolastique dont l'auteur ne voulait pas. Quant à Saisset, il eut occasion de toucher deux ou trois fois à la doctrine de Bautain dans son article sur la philosophie du clergé, qui parut dans la *Revue des Deux Mondes*, en 1844. Il s'attacha moins à la réfuter qu'à la caractériser, à en déterminer la vraie nature. Elle consistait, disait-il, « à réduire la raison aux vérités d'expérience et de raisonnement, et à lui interdire absolument le domaine des principes, c'est-à-dire l'ordre entier des vérités morales et religieuses. » Il rapprochait ensuite Bautain de Lamennais et voulait bien convenir qu'il y avait eu progrès de celui-ci à celui-là dans la philosophie du clergé : « C'est, disait-il avec une haute ironie, c'est un premier pas vers la vérité que de reconnaître, avec M. Bautain et son école, qu'il y a un certain nombre de vérités d'expérience et de raisonnement qui sont indépendantes de l'autorité de l'Église, et qu'on peut savoir que l'aimant attire le fer et que le soleil se lèvera demain **sans consulter l'Écriture sainte.** » Depuis, M. Franck a consacré à Bautain un article qui n'a d'autre défaut que d'être trop court, où il expose avec précision et repousse avec force les opinions de l'auteur de la *Philosophie du christianisme*[1].

La doctrine de Bautain souleva, au sein du clergé, une opposition bien plus vive. Parmi les adversaires qui entrèrent en lice contre lui, il faut citer un ecclésiastique qui défendit le lamennaisianisme, dans un ouvrage diffus[1], où il mêlait parfois à de lourds arguments des personnalités malséantes. Non content de relever dans la thèse du jeune Gratry, disciple de Bautain, des incorrections fâcheuses (*character* au neutre, *vivuntur* pour *vivunt*) et de dire malignement que c'était là du latin de l'École polytechnique, il traitait la respectable Mlle Humann de Sunamite en chef, de femme-Messie de la nouvelle école et insinuait que Bautain avait cherché dans sa liaison avec cette illuminée, bien posée et bien apparentée, un moyen non seulement de communiquer avec l'autre monde, mais encore de faire son chemin dans celui-ci. La scolastique que Bautain avait également attaquée, trouva des défenseurs plus sérieux dans Picot, rédacteur de l'*Ami de la religion*, qui reprocha à l'éloquent professeur de condamner l'enseignement des séminaires sans le connaître, et dans M. Rœss, supérieur du grand séminaire de Strasbourg, qui ne se gêna pas pour lui dire que, si l'abbé de Bonnechose, son élève, critiquait le latin de la scolastique, c'est qu'il ne le savait pas. Mais le coup le plus sensible que Bautain reçut lui fut porté par Mgr de Trévern, qui l'avait d'abord si bien accueilli et lui avait même confié la direction de son

---

[1] *Philosophes modernes* (1879).
[2] *De l'enseignement philosophique de M. l'abbé Bautain* (in 8°
de 648 pages, Strasbourg, chez Leroux, 1833).

petit séminaire. A la suite de plusieurs entretiens où le professeur et le prélat ne purent s'entendre, ce dernier adressa au premier une liste de six articles qu'il le sommait de signer, sous peine de voir dénoncer son enseignement à l'Église comme hétérodoxe et dangereux. Bautain résista quelque temps; mais Rome s'étant prononcée contre lui, sans manquer du reste aux égards dus à son mérite, il n'hésita pas à signer les six articles en question, c'est-à-dire à rétracter les diverses erreurs qu'on avait notées dans sa doctrine. Les principales étaient, que c'est la foi, non la raison, qui est le vrai criterium de la certitude; que la raison, réduite à elle seule, est incapable d'établir l'existence de Dieu, et que l'autorité de l'Écriture n'a pas besoin d'être prouvée[1].

A partir de ce moment, la vie de Bautain n'offre plus d'incidents remarquables. Après avoir enseigné la philosophie à la faculté des lettres de Strasbourg, jusqu'en 1840, et dirigé quelque temps le collège de Juilly, il fut nommé, en 1853, professeur de théologie morale à la faculté de théologie de Paris et partagea désormais sa paisible existence entre l'enseignement et la prédication. Il mourut en 1867, la même année que Victor Cousin, son ancien maître. Il renouvela en plusieurs circonstances, notamment à la fête des écoles, qui fut célébrée à Sainte-Geneviève, en 1855, le désaveu qu'il avait fait jadis de ses premières doctrines, bien qu'il y fût resté assez attaché. Après avoir cité les paroles de saint Paul sur la puissance de la raison naturelle, « capable de

---

[1] *Biographie du clergé contemporain*, par un solitaire, t. VIII, article *Bautain*.

s'élever par ses seules lumières jusqu'à la connaissance de Dieu », le fidéiste vieilli s'écria : « Et moi aussi j'ai résisté à ce texte, et pendant quelque temps j'ai fait tout pour y échapper. Afin de donner un plus beau champ à la parole de Dieu, j'étais porté à affaiblir la valeur de la raison humaine. Mais l'Église, toujours sage, a redressé une mauvaise tendance qui pouvait devenir un égarement[1]. » Néanmoins il importe de rechercher jusqu'à quel point les ouvrages que Bautain composa durant la dernière période de sa vie, portent la trace de ses anciennes opinions et se rattachent à son système.

II

LES VUES EN PSYCHOLOGIE, EN MORALE, EN POLITIQUE

En déclarant que la vraie philosophie doit emprunter tous ses principes à l'Écriture sainte, non à la raison, et que celle-ci doit se borner à déduire les conséquences des principes consignés dans celle-là, Bautain avait tracé un programme qu'il ne lui était pas facile de réaliser. L'Écriture contient, à la vérité, des principes, mais ils n'y sont pas formulés d'une manière abstraite et scientifique : ils s'y présentent sous une forme concrète et populaire, tantôt entremêlés à la trame des récits, tantôt dissimulés sous le voile des symboles, tantôt à demi étouffés par les mouvements de la passion et par les cris de l'âme, de sorte que ce n'est pas un petit travail que

---

[1] *Discours sur Bautain* par M. Campaux.

de les dégager, de les préciser et de les mettre en lumière. Ajoutons que, si elle s'explique assez longuement sur Dieu et le devoir, elle ne disserte guère sur les facultés et les méthodes, et que, si on en peut tirer les éléments d'une théodicée et d'une morale, il n'est pas aisé d'en extraire les matériaux d'une psychologie et d'une logique. Bautain semble l'avoir senti. Aussi, quand il voulut faire de la psychologie, c'est-à-dire traiter de l'esprit humain et de ses facultés, il cita bien quelquefois l'Écriture, mais il s'appuya le plus souvent sur les moyens de connaître tout personnels et purement humains qu'il avait si violemment combattus.

Suivant Bautain, la psychologie ne doit pas se contenter d'étudier l'âme en elle-même, parce que rien n'est connaissable à l'état isolé ; elle doit encore l'étudier dans ses rapports avec la nature qui la contient, avec la société où elle se développe et avec Dieu dont elle relève : il faut qu'elle s'éclaire des lumières de la physiologie, de celles de la philologie et de celles de la théologie. Physiologiste en même temps que théologien (car il s'était fait recevoir docteur en médecine à Strasbourg, en 1826), Bautain était, ce semble, plus capable que nul autre de réaliser le plan qu'il avait conçu. Malheureusement son goût malsain pour le merveilleux et l'extraordinaire compromit le succès d'une entreprise qui méritait d'avoir une meilleure issue.

Dès le début de son grand ouvrage intitulé *Psychologie expérimentale, ou l'Esprit humain et ses facultés*, il se demande ce que c'est que la nature, avec laquelle l'âme est en rapport, et fait remarquer qu'elle ne se confond pas avec le monde. Le monde, tel qu'il nous apparaît, est, dit-il, le produit de la nature : c'est la nature objectivée et passée en manifestation. Mais, pour que ce passage s'opère, il faut qu'un troisième principe intervienne : c'est l'esprit de la nature, qui comprend l'esprit psychique et l'esprit physique, lesquels engendrent par leur combinaison l'esprit du monde. Mais l'homme étant un microcosme, c'est-à-dire un petit monde, doit contenir en lui tout ce qu'il y a dans le grand. Il y a donc en lui une âme et un corps, et aussi un esprit psychique ou esprit de l'âme, un esprit physique ou esprit du corps et un esprit intermédiaire qui résulte de leur union. Il est clair que pour faire des distinctions si étranges, Bautain n'a consulté ni cette raison que d'ailleurs il n'aime pas, ni même ces saints livres auxquels seuls il voulait demander ses inspirations.

Le commerce de l'esprit de l'homme avec la nature est, d'après Bautain, la première condition de la connaissance; plus ce commerce est animé par l'action des objets et la réaction du sujet, plus nos facultés acquièrent d'énergie. Notre auteur fait très bien voir, en s'inspirant de J.-J. Rousseau et en devançant M. Spencer, qu'à notre époque de science livresque, nous ne comprenons pas assez l'importance de la connaissance personnelle et expérimentale. Nous ne savons jamais bien, dit-il, que ce que nous avons expérimenté, et l'habitude de mettre toujours un livre entre nous et les objets, c'est-à-dire, au fond, d'apprendre par ouï-dire, est le vrai moyen de n'avoir que des idées factices. La pensée est presque toujours en raison directe de la sensation qui la stimule et qui lui fournit ses matériaux; car on ne pense bien que ce qu'on a bien senti.

Si Bautain attribue aux objets extérieurs une grande influence sur notre développement psychologique, il attribue une influence plus grande encore à la parole, par laquelle nous communiquons avec nos semblables. Il montre peu d'originalité touchant la question de son origine, car il la résout comme de Bonald; mais il déploie un certain talent dans l'analyse qu'il en fait. Il nous trace, en particulier, une description de l'action oratoire qui ne déparerait pas la meilleure des rhétoriques. Malheureusement il laisse échapper, ici encore, certains traits qui trahissent un auteur plus imaginatif que judicieux. Ainsi, il découvre entre les deux voyelles, A et O, des rapports que jusqu'à lui on n'avait jamais soupçonnés : « L'O, dit-il, est l'A pleinement objectivé, comme la sagesse divine est la manifestation de Dieu, comme l'univers est la manifestation de la sagesse divine. » Quant au verbe, comme il unit l'être à la manière d'être, il lui paraît le médiateur universel, il est, à ses yeux, la vie du discours, de même que le Verbe divin est la vie du monde[1]. Qu'on vienne dire, après cela, que la Bible ne sert à rien pour faire de la psychologie !

La plus haute de nos facultés, suivant Bautain, est celle qui nous met en rapport avec Dieu et à laquelle cet auteur donne le nom d'intelligence. Cette faculté répond-elle, comme quelques-uns l'ont dit, à la raison éternelle des éclectiques ou, comme d'autres l'ont cru, à la *surintelligence (sovrintelligenza)* de Gioberti ? c'est ce que nous ne voulons pas examiner. Ce qu'il y a de certain, c'est qu'elle ne se manifeste en nous, d'a-

---

[1] *L'Esprit humain*, t. II. p. 205-251.

près le philosophe de Strasbourg, que consécutivement à l'action de la parole, à la foi en la parole et à l'opération de Dieu, qui en est inséparable : « Elle naît dans l'âme, dit-il, quand l'objet qui lui correspond agit sur l'âme, c'est-à-dire Dieu lui-même par l'intermédiaire de la parole de l'homme[1]. » Il semble, à entendre Bautain, que Dieu ne peut pas agir seul et intérieurement sur nous et que, pour nous parler efficacement au dedans, il a besoin que quelqu'un nous parle en même temps du dehors. C'est l'antique doctrine du *Logos* et du *Maître intérieur* gâtée par la récente théorie de la parole ; c'est le platonisme et l'augustinisme altérés par le bonaldisme.

On voit que si Bautain a conçu la psychologie d'une manière assez large, il l'a souvent corrompue par des imaginations bizarres. Mais ce qu'il importe surtout de remarquer, c'est que l'Écriture, où il devait puiser tant de lumières, ne lui a pas été d'un grand secours dans cette science. Ou il ne l'a pas consultée ou il l'a consultée sans fruit, ce qui constitue, dans un cas comme dans l'autre, un argument décisif contre son système.

Quant à la morale de Bautain, elle paraît assez en harmonie avec sa théorie de l'impuissance de la raison. Suivant lui, en effet, la philosophie morale doit être subordonnée à la théologie morale ; car celle-ci est fondée sur la révélation, qui est certaine, celle-là sur la raison, qui est incertaine[2]. Mais c'est là une argumentation qui renferme une contradiction flagrante. Si, en effet, la

---

[1] *L'Esprit humain*, t. II, p. 320.
[2] *La Conscience*, p. 1 et suivantes.

raison est incertaine, on ne voit pas comment elle peut prouver la révélation avec certitude; dans cette supposition, la raison et la révélation tombent d'une même chute et sont enveloppées dans la même ruine. A cela, Bautain répond que la théologie morale possède des principes d'une évidence immédiate, tandis que la philosophie morale n'en possède pas. Mais ce sont là des assertions erronées, s'il en fut. Les principes de la théologie morale ne sont pas immédiatement évidents, car elle les tire de l'Écriture, et l'autorité de l'Écriture a besoin d'être démontrée. Tel est l'avis non seulement de l'Église, mais encore des plus célèbres théologiens de la France et de l'Allemagne qui se livrent à tant de travaux d'exégèse pour mettre hors de doute l'authenticité, l'intégrité et la vérité des livres saints. La philosophie morale n'a pas besoin de tant de recherches pour établir les principes sur lesquels elle repose. Elle les tire directement de la raison, qui nous fournit des règles aussi claires et aussi sûres pour bien vivre que pour bien penser. Quand elle nous dit, en effet, que nous avons le devoir de nous respecter nous-mêmes et de respecter les autres, nous savons bien que c'est là un principe aussi certain que celui de l'égalité du tout et de la somme de ses parties.

Bautain s'arme, en outre, contre la morale philosophique des divergences de ceux qui la professent. Il voudrait qu'ils fussent d'accord sur les principes et d'accord sur les conséquences, d'accord, en un mot, en tout et sur tout. Or ils ne le sont pas. Il n'est point de question plus importante en morale que celle du Bien, puisque toute les autres en dépendent. Eh bien, dit Bautain, lisez le *Cours de droit naturel* de Jouffroy, et vous verrez de combien de manières différentes elle a été résolue par les philosophes [1]. Je lui réponds d'abord que les solutions énumérées par Jouffroy diffèrent plus par la forme que par le fond et rentrent souvent les unes dans les autres. Dire que le bien c'est la fin des êtres, que le bien c'est l'ordre, que le bien c'est la perfection, c'est dire, en d'autres termes, à peu près la même chose. — Je lui réponds, en second lieu, que la question du bien est une des plus ardues de la morale spéculative et que la divergence des solutions qu'on en donne n'implique pas toujours une divergence correspondante dans la solution des questions de la morale appliquée. Deux artistes peuvent n'être pas d'accord sur la définition métaphysique du beau et admirer pourtant les mêmes beautés dans les œuvres artistiques. Deux géomètres peuvent n'être pas d'accord sur la nature métaphysique de l'espace et s'accorder néanmoins sur les grandes vérités de la géométrie. De même deux philosophes peuvent différer d'opinion sur l'idée du bien, et l'appliquer toutefois aux mêmes actions. Zénon et Épicure professent des principes fort opposés ; cependant ils s'accordent souvent dans la pratique, car ils recommandent également le courage et la tempérance, la prudence et la justice.

Du reste, s'il y a eu des dissidences dans la philosophie morale, il y en a eu aussi dans la théologie morale ; si la première a eu ses stoïciens et ses épicuriens, la seconde a eu ses jansénistes et ses molinistes. Bautain n'est donc pas très bien venu à s'écrier, en modifiant légèrement

[1] *Conscience*. p. 8.

le mot de Pascal : « La vérité philosophique est autre au delà du Rhin, autre en deçà[1] » ; car il s'expose à se faire demander si cela est particulier à la vérité philosophique.

Nous reconnaissons pourtant à Bautain un mérite, c'est d'avoir essayé de mettre sa morale d'accord avec sa métaphysique ; car, dans l'une comme dans l'autre, il pose en principe qu'il faut sacrifier la raison à l'autorité. Seulement c'est là un principe qu'il n'applique pas toujours. Au lieu, en effet, de déduire sa morale de l'Écriture, comme il l'avait fait pressentir, il l'emprunte généralement aux traités de la scolastique. Or ces traités sentent singulièrement le rationalisme et le paganisme, puisque c'est la raison toute païenne d'Aristote qui les a inspirés. Sur ce point il abandonne, à notre grande surprise, le sentiment pour le raisonnement et fausse compagnie à ses chers *biblici* pour se rallier à ces *sententiarii* qu'il a si sévèrement condamnés.

Bautain consacra la première partie de sa vie à la métaphysique et à la psychologie, et la seconde à la morale. Il ne s'occupa guère de politique qu'accessoirement et en passant, dans quelques-uns de ces sermons connus sous le nom de *Conférences*, où des ecclésiastiques distingués ont eu, de nos jours, l'idée de faire appel à la raison des profanes plutôt qu'à la foi des croyants et de présenter le christianisme par son côté politique et social plutôt que sous son aspect théologique et religieux. Notre auteur prononça les discours auxquels nous faisons allusion au commmencement de 1848, dans

---

[1] *Conscience*, p. 9.

la chaire de Notre-Dame, où il montait pour la première fois. C'était, comme on sait, l'époque où Pie IX, récemment investi de l'autorité pontificale, semblait vouloir inaugurer l'alliance de l'esprit chrétien et de l'esprit moderne et où l'un de ses conseillers, un nouveau Savonarole, le Père Ventura, s'écriait à Rome même que, si les rois de la terre se montraient hostiles à l'Église, elle pourrait bien se tourner vers la démocratie, comme autrefois vers les barbares, et couronner, après l'avoir humecté des eaux du baptême, le front de cette héroïne sauvage. Bien que Bautain ait imité quelque part ce mouvement oratoire, son amour pour la liberté et la démocratie ne dépasse point les limites de la modération ; il reste même souvent fort en deçà.

L'orateur fait très bien voir que la religion doit s'accorder avec la liberté politique, puisqu'elle fait partie comme elle des choses de l'ordre moral. Il établit parfaitement qu'en formant d'honnêtes gens elle forme des citoyens libres ; car c'est parmi les hommes qui ont assez d'énergie morale pour se gouverner eux-mêmes que l'action gouvernementale peut se réduire en quelque sorte à son *minimum* et la liberté politique recevoir son *maximum* d'extension. Cependant il ne faut pas croire qu'il conçoive la liberté comme nous et qu'il l'admette dans les termes où elle est formulée par nos lois depuis 1789. Comme il n'y a rien de plus propre à maintenir la société que la foi des populations, le gouvernement ne doit pas, suivant lui, souffrir qu'on l'attaque. De là la condamnation de l'hérésie qui s'ingère de discuter les questions que l'Église a résolues une fois pour toutes, et celle de la philosophie, qui, en minant la croyance au surnaturel, mine les fondements de la religion elle-même. Il n'y a d'admissible, en fait de philosophie, que la philosophie chrétienne : cette philosophie, en effet, selon les expressions de Bautain, n'est point opposée à la religion, elle lui est au contraire très amie et très soumise.

C'est assez dire que notre auteur voudrait qu'il n'y eût dans l'État qu'une seule religion reconnue. Il s'indigne, comme l'avait fait Lamennais, bien qu'avec moins d'emportement, que le gouvernement paye plusieurs cultes qui se contredisent et se font la guerre : n'est-ce pas, dit-il, payer les erreurs qui nous égarent et alimenter les principes de division et de mort qui nous travaillent? Ce n'est pas que Bautain veuille supprimer la liberté de penser, mais la manière dont il l'entend, après le vicomte de Bonald, n'en laisse subsister qu'une vaine ombre. Pensez, dit-il, ce que vous voudrez tout bas et dans votre coin, mais n'en dites rien. C'est dans ce grand et noble langage que Bautain s'exprime sur l'un des droits les plus sacrés de l'homme, sur celui que les martyrs du christianisme ont conquis au genre humain au prix de leur sang ! Il ne voit pas qu'avec de tels principes on justifierait toutes les tyrannies qui ont pesé sur les consciences et qu'on étoufferait, dans son germe, tout libre développement de la vie morale et religieuse.

Malgré cela, Bautain se croit sincèrement partisan de la liberté et de la religion tout ensemble. C'est pourquoi il célèbre avec enthousiasme et à plusieurs reprises O'Connell, qui a, dit-il, défendu énergiquement cette double cause. Il ne voit pas qu'O'Connell n'a défendu, en définitive, que sa liberté et celle des siens, et que le vrai libéral se reconnait à cette marque, qu'il défend la liberté de ses adversaires comme la sienne propre, et qu'il souffre et saigne des coups qui sont portés à l'une autant que de ceux qui sont portés à l'autre. La liberté de conscience, en effet, dont il s'agit principalement ici, ne doit pas être considérée comme une concession bénévole, faite pour tel temps et dans telle mesure, mais comme un droit strict et en quelque sorte bilatéral dont nous acceptons le bénéfice pour nous à la charge de le reconnaître à autrui.

Le système de Bautain est certainement un des plus curieux qui se soient produits au sein du clergé, dans le cours du dix-neuvième siècle. Cet écrivain fut, s'il faut l'en croire, amené à le concevoir par l'antipathie qu'il éprouvait contre le rationalisme et par l'admiration que lui inspirait la doctrine de Kant[1]. De même que les théologiens s'étaient appuyés, en d'autres temps, soit sur le platonisme, soit sur le cartésianisme, pour combattre un sensualisme antichrétien, de même Bautain se servit, à son époque, du criticisme kantien pour lutter contre un rationalisme qui lui paraissait éminemment dangereux pour la foi. Mais on peut lui reprocher d'avoir reproduit d'une manière trop vague et trop sommaire les arguments que le philosophe allemand développe d'une manière si ferme et si précise. La partie dogmatique de son œuvre ne laisse pas moins à désirer que la partie critique. Il nous propose de croire sans preuves aux livres sacrés des Hébreux : pourquoi pas à ceux des

---

[1] *Philosophie morale*. Préface.

Indiens, à ceux des Perses, à ceux des Arabes? car, en l'absence de toute preuve, il y a entre les uns et les autres parité complète.

Malgré tous ces défauts, Bautain eut un mérite, celui de faire entrer dans le mouvement du siècle une portion du clergé qui sans lui serait restée stationnaire, et de faire pénétrer la vie dans des esprits que la scolastique avait comme pétrifiés. Il lui suffit pour cela de les mettre en contact, quoique ce fût pour lui faire la guerre, avec la philosophie du temps, c'est-à-dire avec une philosophie vivante. Mgr Maret, le Père Gratry et d'autres encore relèvent de lui à quelques égards et sont plus ou moins marqués de son empreinte.

III

AUTRES TRADITIONALISTES : BONNETTY, UBAGHS, DONOSO CORTÈS, VENTURA

Bautain ne fut pas le seul auteur catholique qui défendit le traditionalisme et combattit le rationalisme sous le gouvernement de Juillet et durant les années qui suivirent. Il fut secondé, dans cette entreprise hasardeuse, par plusieurs écrivains qui ne manquaient pas de mérite. Le plus célèbre fut Bonnetty, directeur des *Annales de philosophie chrétienne*, vaste recueil fondé en 1830, qui compte aujourd'hui plus de 90 volumes. Bonnetty s'éleva surtout, à l'exemple de Gerbet, de Bautain et de Buchez, contre l'enseignement philosophique des séminaires, qu'il trouvait très mal conçu et où il voyait la source de toutes les erreurs qui nous inondent. C'est, disait-il, un bizarre amalgame de platonisme, de péripatétisme et de cartésianisme, c'est-à-dire des systèmes païens et rationalistes, comme on peut s'en convaincre en lisant la *Philosophie du Mans* ou celle *de Lyon*. Les jeunes lévites qui étudient soit ces manuels, soit les grands ouvrages dont ces derniers contiennent la quintessence, y apprennent une philosophie naturelle, distincte et séparée de la tradition. Aussi, c'est de là que nous est venue la religion dite naturelle, qui s'est transformée insensiblement en religion panthéiste et humanitaire.

« Votre méthode, dit Bonetty, en s'adressant aux professeurs de philosophie du clergé, est radicalement et matériellement fausse, et c'est de cette méthode que découlent logiquement toutes les erreurs actuelles sur Dieu. » Les erreurs sur l'âme, le devoir, la société, en découlent également. Elles viennent de ce que « les philosophes catholiques ont eu l'imprudence d'accorder que la raison seule, au moyen des idées innées, ou intuition, ou participation à la raison divine, peut inventer ou découvrir Dieu, l'âme humaine, sa nature, ses devoirs envers Dieu, envers elle-même, envers ses semblables, et de plus constituer une véritable société civile. » Le remède à tant de maux est bien simple; suivant l'honorable directeur des *Annales*, il est dans le dédain de l'enseignement rationaliste d'un côté, et dans le recours à la tradition et à la parole sainte de l'autre: « Sainte parole de Dieu, s'écrie-t-il, parole extérieure et primitive, nous savons que c'est par vous que toutes choses ont été faites, et pourtant, parmi les peuples chrétiens, on a inventé une science et une sagesse d'où vous avez été exclue ! »

Le mal que Bonnetty prétend guérir n'est pas d'hier : il y a, dit-il, bien des siècles qu'il dure. Depuis bien des siècles, en effet, certains philosophes catholiques se sont imaginé qu'il y avait je ne sais quelle philosophie capable de traiter avec autorité de Dieu et de ses attributs, de l'homme et de ses devoirs, sans rien emprunter à la religion et sans affecter un caractère théologique. Cette erreur dans laquelle sont tombés tous les maîtres de nos écoles, les franciscains comme les dominicains, les oratoriens comme les jésuites, et à laquelle les hommes les plus illustres, un saint Thomas et un saint Bonaventure, un Bossuet et un Fénelon, n'ont pas échappé, est la source de tous nos malheurs. C'est de là que sont sorties (Bonnetty le dit en toutes lettres) les conceptions utopiques des romans de George Sand, et la morale gnostique du *Raphaël* de Lamartine, les objections de l'*Esquisse* de Lamennais et les doctrines ultradémocratiques de Ledru-Rollin.

Voilà où on en était, en 1852, dans une partie noble du catholicisme français, car ces idées de Bonnetty ne lui étaient pas particulières : c'étaient celles que Bautain et Buchez avaient naguère émises, et elles avaient recruté depuis nombre d'adhérents. Ces philosophes scolastiques dont le XVIIe et le XVIIIe siècles s'étaient tant moqué et dans lesquels on avait si longtemps personnifié l'esprit d'immobilité et de routine, on en était venu à les redouter comme des libres penseurs et des révolutionnaires. On s'écriait que la raison et le paganisme tenaient encore trop de place dans leurs œuvres, au grand détriment de l'esprit moderne, qu'elles corrompaient continuellement. Il fallait, par conséquent, en revenir aux travaux du christianisme pur, où la raison naturelle et la culture païenne ne brillaient que par leur absence. C'était la pensée de l'abbé Gaume, c'était l'idée qui avait inspiré le *Ver rongeur*, que Bonnetty transportait du domaine de la littérature dans celui de la philosophie. Le directeur des *Annales* ne l'ignorait pas. Aussi il soutenait la thèse du célèbre abbé en même temps que la sienne, mais il regardait la sienne comme la plus importante des deux. Après avoir fait remarquer que tous les rationalistes et semi-rationalistes avaient pris parti pour les classiques païens, il ajoutait : « Mais la question essentielle n'est pas dans le plus ou moins d'auteurs païens lus et commentés dans les classes. La question essentielle, nécessaire, décisive, est celle de l'enseignement de la philosophie, c'est-à-dire du dogme et de la morale philosophiques. »

L'esprit qui inspirait le directeur des *Annales* dans ses théories, il le portait dans l'appréciation de tous les ouvrages et de tous les actes de quelque importance qui se produisaient autour de lui. Tantôt il repoussait les attaques si habiles que le Père Chastel avait dirigées contre la philosophie traditionnelle (juin et juillet 1849, avril et juin 1852); tantôt il traitait du rationalisme dangereux et du traditionalisme véritable (janvier, juin et juillet 1853); un autre jour il s'attachait à interpréter les actes du concile d'Amiens et à montrer la conformité de ses décisions avec la doctrine des *Annales de Philosophie*. Il rallia ainsi autour de lui beaucoup d'adhérents, mais il rencontra aussi un certain nombre de contradicteurs. Il eut généralement pour lui les rédacteurs de l'*Univers*, toujours prompts à soutenir les opinions extrêmes et paradoxales ; mais il eut contre lui les écrivains plus sensés et plus modérés du *Correspondant* et de l'*Ami de la Religion*, notamment M. l'abbé Cognat, esprit sage et bien équilibré qui s'honora en combattant avec la même fermeté le traditionalisme exagéré de Bonnetty et l'ultramontanisme intempérant de M. Veuillot.

Comme les esprits s'exaltaient de plus en plus et que la querelle menaçait de s'envenimer, Rome crut devoir intervenir. Elle soumit à la signature de Bonnetty plusieurs propositions qui impliquaient l'abandon de toute sa doctrine, celles-ci, par exemple : — Le raisonnement peut prouver avec certitude l'existence de Dieu, la spiritualité de l'âme, la liberté de l'homme ; — la raison précède la foi et elle y conduit l'homme avec le secours de la révélation et de la grâce ; — la méthode dont se sont servis saint Thomas, saint Bonaventure et les autres scolastiques après eux ne conduit point au rationalisme et elle n'a point été cause que, dans les écoles contemporaines, la philosophie soit tombée dans le naturalisme et le panthéisme. Bonnetty signa ces propositions, et la querelle du traditionalisme fut pour quelque temps, sinon éteinte, au moins assoupie.

Nous avons suivi, en France, à peu près dans toutes ses phases les destinées du traditionalisme ; mais cette doctrine ne se renferma point dans les limites de notre pays et il n'y a pas lieu d'en être surpris. Une philosophie qui a quelque vitalité et quelque puissance déborde ordinairement par delà les frontières et s'impose, dans les contrées les plus diverses, aux esprits qui lui sont appropriés. C'est ainsi qu'au xvii° siècle, le cartésianisme s'était répandu, non seulement en France, mais encore en Hollande, en Allemagne, en Suisse et dans tous les autres États de l'Europe ; c'est ainsi qu'au xviii° siècle l'idéologie de Condillac et les doctrines politiques de Rousseau et de Montesquieu avaient franchi les monts et avaient séduit la plupart des philosophes et des publicistes de l'Italie. De nos jours, la philosophie française a peut-être exercé moins d'influence au dehors, et s'est peut-être un peu laissé primer par la métaphysique allemande. Cependant le positivisme d'Auguste Comte a de bonne heure pénétré en Angleterre et y a laissé une trace profonde, pendant que notre philosophie spiritualiste s'introduisait sans effort de l'autre côté des Alpes et y ralliait à son drapeau des intelligences d'élite. Les théories traditionalistes de Bonald et de Lamennais n'ont pas non plus été sans action chez les nations qui offraient avec la nôtre une certaine communauté d'idées et de sentiments, telles que la Belgique, l'Espagne et l'Italie elle-même.

De toutes les villes belges, celle où ces théories se sont répandues avec le plus de facilité et développées avec le plus d'éclat est la ville de Louvain, siège d'une grande université catholique. Mais ce qu'il y a de remarquable, c'est qu'elles y ont pris un caractère à part et y ont constitué un traditionalisme mitigé et adouci qui a la prétention de rester à égale distance du traditionalisme pur et du pur rationalisme. Les traditionalistes belges ne sont pas de ceux qui veulent que

Dieu n'ait mis dans l'esprit de l'homme aucune idée des vérités métaphysiques et morales, et qui estiment que la première connaissance de ces vérités émane de l'enseignement extérieur; mais ils n'attribuent pas pour cela à l'esprit humain une spontanéité complète et une indépendance absolue. Tout en lui reconnaissant une activité propre et continue, ils croient qu'il a besoin, pour parvenir à un véritable usage de la raison et à la vue distincte des vérités qu'il porte en lui, d'un enseignement venu du dehors. Ce n'est pas, disent-ils, que cet enseignement soit pour l'homme la cause *efficiente* de l'usage de la raison, mais il en est la condition *sine qua non*. A ces dernières propositions déjà passablement traditionalistes, malgré les restrictions qu'ils y apportaient, ils en ajoutaient d'autres qui le paraissaient encore plus, celles-ci, par exemple, que les vérités métaphysiques ne sauraient être prouvées, et que l'existence de Dieu n'est pas susceptible de démonstration, les preuves qu'on en donne se ramenant à une foi d'un certain genre, qui implique la simple croyance plutôt qu'une véritable évidence.

En présence de ces assertions, l'autorité ecclésiastique ne pouvait manquer de s'émouvoir. Aussi, dès 1843 et 1844, elle signala au docteur Ubaghs, le principal représentant du traditionalisme belge, quelques propositions de sa Logique et de sa Théodicée qui appelaient une correction. Plus tard, en 1858 et 1859, un chanoine de Liège, nommé Lupus, publia un livre intitulé : *Le traditionalisme et le rationalisme examinés au point de vue de la philosophie et de la doctrine catholique*, où il prenait à partie, en même temps que Bonald et Bonnetty, le docteur Ubaghs et ses amis de l'université de Louvain. Ce qui rendit le coup plus sensible aux traditionalistes belges, c'est que l'ouvrage du chanoine de Liège reçut les éloges de la *Civiltà cattolica*, connue par ses rapports avec le Saint-Siège, et fut recommandé par le jésuite Perrone, l'aigle de la théologie contemporaine. Cependant ils ne perdirent pas courage et répondirent à Lupus dans les *Annales* de Bonnetty, pendant qu'un traditionaliste français, l'abbé Peltier, chanoine de Reims, publiait un *Anti-Lupus*, où il attaquait M. Cognat, en même temps que Lupus lui-même. M. Ubaghs et ses collègues de l'université de Louvain, Laforêt, Lefebvre et Beelen, forts de la pureté de leurs intentions, en appelèrent alors à Rome (1860). Après de longues et vives discussions, ils furent condamnés, le 2 mars 1866, non seulement comme traditionalistes, mais encore comme ontologistes, ainsi que nous le verrons dans la suite de cette histoire. La principale opinion d'Ubaghs visée dans le décret était l'impossibilité prétendue où nous serions, suivant lui, de connaître aucune vérité métaphysique sans le secours d'un enseignement extérieur, c'est-à-dire, en dernière analyse, sans le secours de la révélation.

Le mouvement traditionaliste ne pénétra pas seulement dans la Belgique, il se fit sentir jusque dans l'inerte et immobile Espagne. Cette nation, qui n'avait jamais eu de philosophie, puisqu'elle n'avait jamais eu assez de liberté d'esprit pour raisonner et discuter ses croyances, sembla un instant, par l'organe de Donoso Cortès, saluer la philosophie de la tradition comme la seule qui fût en harmonie avec ses aspirations et ses instincts. Le fougueux marquis de Valdegamas n'avait du reste rien de ce qu'il fallait pour fonder une philosophie tant soit peu originale. C'était un homme de parti, obstinément attaché au passé et dont l'amour désintéressé du vrai n'était certainement pas la passion dominante ; c'était un politique, et un politique rétrograde, égaré dans la philosophie. Aussi se borna-t-il, dans ses leçons de 1836 et de 1837 et dans le livre qui en fut la reproduction, à développer les idées de Bonald sur l'origine du langage et celles de Bonald et de Maistre sur l'organisation de la société. Le sacrifice de la liberté à l'autorité, du progrès à la tradition, lui paraît, comme à ses maîtres français, la première loi d'un État bien constitué, et, en dehors de la théocratie, il ne voit point de salut pour les nations modernes. Un esprit plus sage et plus mesuré, Balmès, subit, lui aussi, à quelque degré, l'influence de l'auteur de la *Législation primitive*. Bien qu'il se rattache au rationalisme mitigé plutôt qu'au traditionalisme, il admet l'origine divine du langage.

Le principal représentant du traditionalisme en Italie a été le Père Ventura, membre, puis général de l'ordre des Théatins. Après avoir joui d'une grande faveur sous le pape Léon XII, il perdit son crédit sous Grégoire XVI, à cause de ses tendances libérales et de ses rapports avec Lamennais. Il ne le recouvra que dans la première année du règne de Pie IX, dont il fut le conseiller et l'inspirateur, jusqu'au moment où la révolution romaine et les mouvements qui la suivirent le forcèrent à s'exiler et à chercher un refuge en France. Il y composa plusieurs ouvrages à la fois libéraux et ultramontains, tels que ceux qui ont pour titres : *La Raison philosophique et la raison catholique ; De la vraie et de la fausse philosophie ; De l'origine des idées.* Il fit même, à la chapelle des Tuileries, un grand nombre de conférences sur les devoirs du pouvoir politique chrétien et sur les droits des nationalités devant celui qui allait, quelques semaines plus tard, déclarer la guerre à l'Autriche et affranchir l'Italie.

Ventura est assez peu favorable au pouvoir temporel. Il le fait reposer, comme saint Thomas son maître, sur le consentement des peuples plutôt que sur le principe d'hérédité ; mais, en revanche, il fait du pouvoir spirituel une émanation de Dieu même et lui soumet toutes les couronnes. C'est la doctrine de Lamennais, à un certain moment de son évolution intellectuelle. Pour lui, comme pour le rédacteur de l'*Avenir*, la liberté des peuples et celle de l'Église sont solidaires, et la Révolution française n'est qu'un corollaire de la religion chrétienne. En même temps que Ventura déchaîne la liberté politique et ne lui assigne d'autres limites que les décisions de l'Église, il enchaîne la liberté philosophique, en lui imposant pour unique procédé la méthode scolastique, et en lui donnant les perspectives de la *Somme* de saint Thomas pour unique horizon. C'est en se plaçant à ce point de vue moitié traditionaliste et moitié scolastique, qu'il apprécie tous les philosophes qui ont marqué dans l'histoire. Il n'éprouve que du mépris pour Platon et Aristote, et confond Descartes et Malebranche dans le même dédain. C'est la doctrine de l'abbé Gaume et de Bonnetty développée avec la verve déréglée d'un improvisateur italien. Doctrine insensée, mais curieuse, car elle nous fait connaître à fond et dans ses dernières conséquences cette philosophie traditionaliste qui croit se rehausser en outrageant la raison et ses plus dignes réprésentants, et qui, après avoir affiché la prétention de nous élever au-dessus de nous-mêmes, ne réussit qu'à nous faire retomber au-dessous[1].

[1] Voir la savante *Histoire de la philosophie italienne au dix-neuvième siècle* par M. Louis Ferri, t. II. p. 198.

CHAPITRE VII

M. L'ABBÉ MARET ET LE P. GRATRY
OU LE SEMI-RATIONALISME CHRÉTIEN

Philosophie de M. l'abbé Maret : *Essai sur le panthéisme, Théodicée chrétienne*
— Vie de Gratry. — Dignité de la raison. Dieu prouvé par le procédé dialectique. — Le procédé dialectique identique à l'induction et au procédé infinitésimal. — Réfutation de l'hégélianisme ou Dieu démontré par l'absurde. — Dieu saisi par le sens divin et la méthode morale. — Destinée de l'homme et destinée de l'humanité.

I

PHILOSOPHIE DE M. L'ABBÉ MARET : *ESSAI SUR LE PANTHÉISME THÉODICÉE CHRÉTIENNE*

Après avoir si longuement retracé l'histoire de l'école traditionaliste et de ses principaux représentants, nous allons faire connaître une école qui s'éleva en face d'elle, au sein du catholicisme, et qui compta, elle aussi, des adhérents distingués. Nous voulons parler de cette école semi-rationaliste qui, s'inspirant de saint Augustin et de Descartes, de Bossuet et de Malebranche, essaya de concilier la raison et la foi, les aspirations de la société civile et celles de la société religieuse, au lieu de les mettre en conflit. Elle fut inaugurée, vers le commencement de ce siècle, par le cardinal de la Luzerne et par Frayssinous, évêque d'Hermopolis. Frayssinous, le plus célèbre des deux, se révéla, comme on sait, par des conférences qu'il fit à diverses époques, sous le Consulat, sous l'Empire et sous la Restauration.

Prenant la parole au lendemain de ce XVIII⁰ siècle, où toutes les croyances de l'homme avaient été remises en question, et après cette Révolution qui en avait partout supprimé l'enseignement, Frayssinous comprit que le public auquel il s'adressait était presque aussi prévenu contre les principes de la religion naturelle, que contre ceux de la religion révélée elle-même. Aussi ce furent les premiers qu'il s'appliqua d'abord à établir. C'est par là que ses conférences se rattachent à la philosophie et rentrent dans notre sujet.

Frayssinous ne créa point de système, mais il emprunta aux systèmes les plus célèbres et les plus autorisés les preuves qu'ils donnaient du libre arbitre et de la spiritualité de l'âme, de l'existence de Dieu et de la loi morale, en les dégageant des hypothèses auxquelles ils les avaient parfois mêlées. Il invoque volontiers le sens commun, comme les traditionalistes, pour raffermir les grandes vérités qui sont en quelque sorte le patrimoine éternel du genre humain, mais il se garde bien de l'invoquer seul, comme ils le font, et de jeter pour ainsi dire l'interdit sur nos autres moyens de connaître. Il s'en réfère volontiers à l'évidence du sens intime en matière de certitude, à l'exemple de Descartes et des cartésiens, mais il n'a garde de révoquer en doute, comme quelques-uns d'entre eux, la certitude des sens et de mettre ainsi l'esprit humain sur le chemin du scepticisme universel. Il aime mieux reconnaître, comme un auteur de l'âge précédent, comme le P. Buffier, une évidence et une certitude égales aux dépositions de toutes nos facultés, du moment qu'elles se produisent dans des conditions convenables. Frayssinous portait dans la question des rapports de l'Église et de l'État la même mesure que dans celle des rapports de la foi et de la raison, et se montrait politique circonspect autant que philosophe modéré. Bien loin de demander avec hauteur que le pouvoir temporel se soumît au pouvoir spirituel et se bornât à exécuter ses décisions, il traçait à chacun des deux sa sphère, et estimait qu'ils ne pouvaient en sortir sans se discréditer l'un et l'autre, et sans nuire au bien public.

Après Frayssinous, le semi-rationalisme et le gallicanisme déclinèrent rapidement, au sein de l'Église, sous l'influence toujours croissante du traditionalisme et de l'ultramontanisme, et finirent par n'y trouver presque plus d'interprètes importants et écoutés. La vogue et la popularité étaient à Lamennais et à ses disciples, qui rallièrent autour d'eux tout ce qu'il y avait de jeune et de bouillant dans le clergé de France, pour marcher à l'assaut de la science indépendante et de la société civile. Les études philosophiques elles-mêmes restèrent quelque temps fort négligées dans ce grand corps, et cela se conçoit: dès qu'on y regardait la philosophie comme une maîtresse d'erreurs, il était bien naturel qu'on n'allât pas chercher la vérité à son école.

Ce fut, quelque étrange que la chose puisse paraître,

la lutte qui s'engagea entre l'Église et l'Université qui détermina, au sein de la première, une sorte de renaissance des études philosophiques. Il fallut bien, pour combattre victorieusement les doctrines de ses adversaires, se mettre en état de les comprendre et de leur opposer des doctrines meilleures. Parmi ceux qui prirent part à cette polémique et qui y portèrent le plus de mesure et d'habileté, on peut citer un compatriote et un ancien protégé de Frayssinous, Affre, archevêque de Paris. Ce prélat tint à se séparer non seulement de Lamennais qui soutenait la radicale impuissance de la raison, mais encore de Bautain qui lui refusait le pouvoir de s'élever jusqu'aux grandes vérités morales et religieuses : il reconnut que Dieu et le devoir ne sont point inaccessibles à ses investigations. Malheureusement, sous l'influence de l'esprit traditionaliste qui soufflait de toutes parts, ce que Affre donnait à la raison d'une main, il le lui retirait de l'autre. Si elle peut connaître la morale et la religion dites naturelles, c'est, suivant lui, qu'elles lui ont été primitivement révélées, et qu'elles se sont transmises jusqu'à nous par une tradition ininterrompue.

Mais Affre était un administrateur plutôt qu'un philosophe. Aussi, il laissa bientôt à un de ses administrés les plus éminents, à M. l'abbé Maret, le soin de remettre en honneur, très timidement d'abord, avec plus d'assurance plus tard, ce rationalisme chrétien qui avait fait autrefois la gloire d'Arnaud et de Malebranche, de Bossuet et de Fénelon.

M. Maret (Henri-Louis-Charles), évêque de Sura *(in partibus)*, primicier de Saint-Denis et doyen de la

Faculté de théologie de Paris, est né à Meyrueis (Lozère), le 5 avril 1805. Il fit ses études classiques au collége d'Alais et ses études théologiques au séminaire d'Issy, où il se lia avec Lacordaire. Nous tenons de bonne source qu'il lut, vers cette époque, Voltaire, Rousseau et la plupart des philosophes du XVIII° siècle ; mais cette lecture n'altéra point ses sentiments religieux et laissa sa foi entière. Ordonné prêtre en 1830, il exerça d'abord le ministère sacré comme vicaire à Saint-Philippe du Roule. Durant les loisirs que lui laissaient ses fonctions, le jeune vicaire lisait les journaux, les revues et les publications de toute sorte qui se rattachaient à la question religieuse. L'*Avenir* de Lamennais le toucha médiocrement; mais, en revanche, les œuvres de Ballanche et de Buchez, le *Catholique* du baron d'Eckstein et les écrits de Bautain, ces derniers surtout, le frappèrent et lui ouvrirent un horizon nouveau. Ce fut alors que cet esprit méditatif se mit à réfléchir sur les rapports de la foi catholique avec la science contemporaine, et qu'il se demanda quel était le principal ennemi contre lequel la première devait aujourd'hui se défendre. Cet ennemi lui parut être le panthéisme. De là son *Essai sur le Panthéisme* qu'il composa dans sa modeste chambre de vicaire de Saint-Philippe, rue de Chartres, 2, pendant les années 1838-1839, et qui parut au commencement de l'année 1840.

Bien que l'*Essai* fasse déjà la part assez large à la raison, il se ressent encore beaucoup de l'influence du traditionalisme et du fidéisme qui dominaient à l'époque où il fut écrit. Il semble même, pour dire toute ma pensée, avoir été inspiré par la lecture du grand fidéiste de Strasbourg. Dans une lettre éloquente de la *Philosophie du christianisme*, ce dernier reprochait, en effet, au clergé de s'oublier dans les exercices enfantins d'une scolastique stérile ou de s'escrimer à contre-temps contre l'athéisme et le déisme du xviii° siècle, pendant qu'un ennemi bien autrement redoutable, armé de toutes les ressources de la science moderne, s'emparait peu à peu de toutes les positions, envahissait insensiblement sans avoir été reconnu, la société tout entière, et frappait déjà aux portes de l'Église pour le renverser. Le panthéisme, s'écriait Bautain, voilà la grande hérésie du xix° siècle. Après Bautain, Isidore Goschler, celui de ses disciples auquel il reconnaissait le plus de sagacité philosophique, avait développé son idée dans une thèse médiocre qui fit néanmoins quelque bruit. Ce fut cette idée que M. l'abbé Maret reprit avec plus de talent dans son ouvrage.

Le nouvel écrivain s'attache à faire voir que le panthéisme est le trait, sinon unique, au moins caractéristique et essentiel de la philosophie du xix° siècle. Il fait, suivant lui, le fond des grands systèmes de la moderne Allemagne, de celui de Schelling et de celui de Hegel, qui ont eu au dedans et au dehors de ce pays un si long retentissement. S'il s'accuse moins nettement dans l'éclectisme et le saint-simonisme, les deux principales doctrines qui se soient produites en France, à notre époque, en dehors de l'Église, il s'y laisse pourtant apercevoir à des regards attentifs. Pour le saint-simonisme, cela est évident et il est inutile d'y insister; pour l'éclectisme, M. l'abbé Maret croit pouvoir l'établir sans trop de peine. Il voit, en effet, des germes de panthéisme dans cette théorie de la raison impersonnelle qui semble identifier la raison humaine avec la raison divine, dans cette doctrine de la création où l'on n'admet pas plus de Dieu sans création que de création sans Dieu, et surtout dans cette proposition du fondateur de l'éclectisme, que le principe des choses est à la fois Dieu, nature et humanité.

Nous ne voulons pas défendre V. Cousin contre les accusations que M. l'abbé Maret dirige contre lui. Nous ferons seulement remarquer que cet esprit aussi mobile qu'élevé a passé successivement de la philosophie écossaise à la philosophie de Kant, de la philosophie de Kant à celle de Hegel, de celle-ci à celle de Descartes, et que c'est uniquement sur la phase hégélienne de son évolution mentale que peuvent porter équitablement les critiques qu'on lui adresse. Ajoutons que, si dans certains passages de ses écrits Cousin semble identifier Dieu, l'homme et la nature, dans d'autres, il les distingue avec le plus grand soin. C'est ce qu'il fait notamment, quand il s'attache à établir, à l'exemple de Maine de Biran son maître, ce grand principe de la personnalité de l'homme qui sera l'éternel écueil du panthéisme[1]. Si l'auteur de l'*Essai* est sévère envers Cousin, il est injuste envers ses disciples. Il englobe dans l'accusation générale de panthéisme Théodore Jouffroy, un philosophe plus réservé que téméraire, et auquel on a toujours reproché la circonspection tout écossaise plutôt que l'audace germanique de ses conceptions, le

---

[1] Voir le beau travail de M. Bersot, intitulé : *Victor Cousin et la philosophie de notre temps* (*Débats*, 11 et 12 novembre 1879).

penseur qui a si bien décrit, dans ses *Mélanges*, l'empire du pouvoir personnel sur les instincts, et qui a si fortement réfuté, dans son *Cours de droit naturel*, le fatalisme et le panthéisme lui-même comme incompatibles avec la noble morale qu'il se proposait d'établir. M. l'abbé Maret ne se contente pas de voir le panthéisme partout, en dehors de l'Église, au xix° siècle : il tire de ce fait une conclusion plus importante que ce fait lui-même, et qui paraît avoir été le but de son livre. Il en conclut que la raison, séparée de la révélation et abandonnée à elle-même, aboutit nécessairement aux plus déplorables erreurs, en un mot, que le rationalisme a pour dernière conséquence le panthéisme.

Quand l'*Essai sur le panthéisme* parut, il produisit une assez vive émotion dans le camp des rationalistes. Émile Saisset, qu'on trouve toujours au premier rang, à cette époque, parmi les défenseurs de la science profane et de la société civile, l'attaqua dans son article intitulé : *Philosophie du clergé*, dont nous avons déjà parlé plus haut. Il y décrivait d'abord, à grands traits, l'attitude du clergé français durant les trente dernières années : il le montrait proclamant avec Lamennais la radicale impuissance de la raison, reconnaissant avec Bautain sa compétence dans les choses d'expérience et de raisonnement, et arrivant avec M. l'abbé Maret à lui accorder le pouvoir de s'élever jusqu'à la loi du devoir et jusqu'à Dieu lui-même. Puis, il faisait voir que ce dernier auteur n'allait pas encore assez loin, car il mettait à sa concession une condition qui tendait à la détruire, c'est que la raison, pour s'élever à ces grandes vérités, devait opérer sous la direction de la religion chrétienne. Abandonnée à elle-même, elle tombait nécessairement dans les plus graves erreurs; le rationalisme, en d'autres termes, aboutissait inévitablement au panthéisme. Saisset repousse avec vigueur une telle assertion. Il fait remarquer que, si ce n'est plus à la philosophie, comme au temps de l'*Essai sur l'indifférence* et de la *Philosophie du christianisme*, mais au rationalisme, que le clergé prétend s'attaquer, c'est cependant au fond le même ennemi qu'il vise. Qu'est-ce, en effet, que le rationalisme, sinon l'appel à la seule raison en matière de vérités morales ou religieuses? Or, la philosophie elle-même n'est pas autre chose.

C'est ainsi, ajoute Saisset, que la philosophie a été comprise par tous ces grands hommes du xviie siècle, qu'on semble, par pudeur, excepter de l'anathème lancé contre leurs successeurs actuels. Descartes commence sa philosophie par le doute méthodique, un doute qu'il étend à toutes choses, même à l'existence de Dieu, et il ne demande qu'à sa seule raison le moyen d'en sortir. Bossuet et Fénelon, Malebranche et Leibniz traitent de l'existence de Dieu et de ses attributs, de l'action de la Providence et de la nature du mal par les seules lumières naturelles et sans recourir jamais à l'autorité. Voilà donc des auteurs qui sont, aux termes de la définition de M. l'abbé Maret, non seulement des philosophes, mais encore des rationalistes. A plus forte raison faut-il dire la même chose de Platon, d'Aristote et des autres grands génies de l'antiquité. De plus, comme le rationalisme, d'après l'auteur de l'*Essai*, conduit nécessairement au panthéisme, tous les illustres philosophes que nous venons de citer devront être panthéistes au premier chef. Comment se fait-il donc qu'ils ne le soient pas?

A cette objection de fait, qui a déjà une assez grande force, Saisset ajoute une objection *a priori*, qui a peut-être encore plus de valeur, car elle ne laisse à l'adversaire aucune échappatoire. Soutenir que le rationalisme aboutit nécessairement au panthéisme, c'est soutenir, dit-il, que la raison, librement et sincèrement consultée, juge que de tous les systèmes le panthéisme est le plus conforme à ses lois essentielles, c'est-à-dire qu'il est de tous le plus raisonnable, ou plutôt qu'il est le seul raisonnable. Il faudra donc dire désormais de ce système ce que Pascal et après lui Lamennais disaient du scepticisme, qu'il est le vrai. Mais Saisset ne prend pas tous ces raisonnements au sérieux. Il croit que le panthéisme est seulement pour ses adversaires ce que le scepticisme était naguère pour Lamennais, un épouvantail destiné à faire peur à l'esprit humain de lui-même, et à le rejeter tout tremblant dans les bras de la foi. Entre le catholicisme et le panthéisme pas de milieu! c'est là un mot de parti, comme on en fait souvent dans l'ardeur des luttes politiques ; ce n'est pas l'expression froide et sévère d'une vérité démontrée.

Bien que l'*Essai sur le panthéisme* ne fût pas une réfutation décisive du rationalisme considéré en lui-même et qu'il en signalât seulement une des conséquences possibles, il obtint un assez grand succès, comme le prouvent les articles de journaux et de revues qui lui furent consacrés, et les traductions qui en furent faites en italien, en allemand et plus tard en espagnol. C'est que ce livre répondait à un nouveau besoin des esprits, qui n'avait pas été satisfait depuis longtemps au sein du clergé, au besoin de faire appel à la raison, au lieu de se borner à déclamer contre elle. M⊃gr&/sup; Affre jugea l'ouvrage de M. l'abbé Maret excellent, et offrit à l'auteur une chaire à la Sorbonne.

Le premier fruit de l'enseignement du nouveau professeur fut le livre intitulé : *Théodicée chrétienne ou comparaison de la notion chrétienne et de la notion rationaliste de Dieu.* C'est un ouvrage polémique et réfutatif autant que théorique et dogmatique, comme cela ressort du titre même. Il roule, en effet, comme l'*Essai* et comme la plupart des productions philosophiques du clergé contemporain, sur les mérites comparés de la philosophie et de la théologie, et sur le droit qu'elles peuvent avoir au gouvernement des esprits. Ces seuls mots de *Théodicée chrétienne* accouplés l'un à l'autre indiquent assez la solution que M. l'abbé Maret donne à cette question. Si enclin qu'il soit à faire à la philosophie sa part, il est encore un de ces écrivains qui ne la comprennent qu'associée à la religion. C'est la thèse de l'*Essai sur le Panthéisme*, précisée en même temps qu'agrandie, et traitée avec plus d'ordre et de mesure tout ensemble.

Le caractère du livre s'accuse dès le préambule. L'auteur se demande si la raison peut connaître l'existence de Dieu, et, au lieu de répondre par une affirmation catégorique, il hésite : il accorde qu'elle peut la connaître, mais seulement dans le cas où elle s'est développée dans un milieu chrétien, et sous l'action d'un enseignement extérieur. Cette part faite au traditionalisme dans le préambule de la théodicée, M. l'abbé Maret professe un rationalisme assez correct dans la théodicée elle-même. Ces preuves classiques de l'existence de Dieu dont Lamennais et Bautain avaient contesté la valeur, il les admet toutes et les expose les unes après les autres, comme l'avaient fait Bossuet et Fénelon, et plus récem..ent La Luzerne et Frayssinous. Il prétend seulement (et c'est ici que le semi-traditionaliste se retrouve) qu'elles ne sauraient être portées à leur dernier degré de perfection en dehors de l'influence des idées traditionnelles et chrétiennes. Pour le prouver, il s'attache à montrer les progrès qui se seraient accomplis, s'il faut l'en croire, en théodicée, sous l'action du christianisme, de Platon à saint Augustin, de saint Augustin à saint Anselme et de saint Anselme à Descartes. Malheureusement, comme on l'a dit, les preuves que M. l'abbé Maret admire chez saint Augustin ont un caractère platonicien bien marqué, et il y a une sorte de contradiction à les passer sous silence ou à les signaler froidement chez le maître, pendant qu'on les relève si bien et qu'on les célèbre avec tant d'enthousiasme chez le disciple.

De la question de l'existence de Dieu, M. l'abbé Maret passe à celle de sa nature et s'attache, sur ce point encore, à mettre les enseignements du christianisme au-dessus de ceux du rationalisme. Celui-ci, en effet, ne nie pas Dieu, mais il affiche, au moins suivant notre auteur, la prétention de l'agrandir, ou tout au moins de le tirer de la solitude inaccessible de son être, pour le mêler à l'univers, à peu près comme l'âme est mêlée au corps. A cette conception plus ou moins panthéistique de l'Être divin, M. l'abbé Maret oppose la conception chrétienne qui part de l'idée de la souveraine perfection de Dieu pour exclure de sa nature la multiplicité, la diversité, la composition, la matière, la succession, le temps, et qui lui attribue l'unité absolue, la simplicité, l'immortalité et l'éternité. Seulement on peut lui dire que cette conception qu'il nomme chrétienne, il pourrait tout aussi bien la nommer rationnelle, car elle relève de la raison aussi bien que de la foi, de sorte qu'en l'opposant à un rationalisme erroné, il ne fait qu'opposer à ce dernier le rationalisme véritable.

M. l'abbé Maret ne s'en tient pas là. Il essaye de déterminer plus nettement cette nature divine que beaucoup de philosophes regardent comme indéterminable, et emprunte pour cela ses données à la théologie : c'est dire qu'il expose le dogme de la Trinité. Nous n'avons point affaire ici à un écrivain, comme l'auteur de la *Philosophie du christianisme*, dont l'esprit aventureux et imaginatif cherche dans la constitution ternaire des diverses créatures la preuve de la trinité du Créateur. Nous avons affaire à un penseur plein de circonspection et de sagesse, qui emprunte ses données à la théologie, en se gardant le plus possible d'y mêler ses vues propres. Le caractère plus ou moins impersonnel de cette exposition en fait le mérite aux yeux des fidèles qui veulent s'instruire des doctrines consacrées, mais il lui ôte un peu de son intérêt aux yeux des profanes qui cherchent du nouveau là même où, par un effet de la nature des choses, il ne doit pas y en avoir.

En ce qui concerne les rapports de Dieu et de l'univers, M. l'abbé Maret professe naturellement la doctrine de la création *ex nihilo* et l'oppose aux doctrines dualiste et panthéiste. Celles-ci lui paraissent positivement contradictoires; car elles impliquent que l'être parfait ne l'est pas. Suivant l'une, en effet, il est limité par une matière éternelle, et suivant l'autre, il déchoit de sa perfection souveraine, pour revêtir les misères de la nature et de l'humanité. Quant à la doctrine de la création *ex nihilo*, elle peut être obscure et difficile à comprendre, mais du moins elle n'implique pas contradiction.

Ces considérations de M. l'abbé Maret ne sont pas neuves : il n'y a guère moyen d'être neuf, quand on traite des questions si souvent débattues, et qu'on tient à ne pas s'écarter de l'enseignement traditionnel. Mais les applications qu'il en fait aux principaux systèmes contemporains offrent de la nouveauté et de la finesse tout ensemble. Pendant un séjour d'un an qu'il avait fait à Munich, où il avait vécu dans la société du théologien Döllinger et du philosophe Görres, il s'était initié au mouvement de la philosophie germanique ; aussi discute-t-il avec une certaine compétence les idées de Fichte, de Schelling et de Hegel. Quant à celles de P. Leroux et de Lamennais, il les connaissait de longue date et n'a pas de peine à montrer qu'elles inclinent, à des degrés divers, vers la doctrine de l'unité de substance.

Traditionaliste mitigé dans son *Essai sur le panthéisme* publié en 1840, M. l'abbé Maret s'était assez rapproché du rationalisme dans sa *Théodicée chrétienne* qui vit le jour en 1844 ; il s'y rallia complètement dans son livre intitulé *Philosophie et religion*, qui parut en 1856. Nous ignorons si cette évolution fut déterminée par ses propres réflexions ou par le mouvement d'idées qui s'opérait autour de lui, dans l'Église ;

car c'était le temps où le traditionalisme était attaqué par le P. Chastel et condamné par le concile d'Amiens, et où le P. Gratry relevait, dans sa *Connaissance de Dieu*, le drapeau de la raison.

Quoi qu'il en soit, le rationalisme de notre philosophe, j'entends son rationalisme chrétien, comme celui de saint Augustin et de Fénelon, se montre sans voile dans son nouveau livre. Il y fait voir que le sensualisme est un système erroné, car la sensation ne peut expliquer les idées nécessaires et absolues, puisqu'elle est elle-même contingente et relative. Il s'efforce de prouver que le psychologisme ou conceptualisme, comme il l'appelle, est lui-même un système insuffisant. Sans doute il rend compte des idées d'être, d'unité, d'identité, qui ont leur type dans notre âme et qui se rapportent aux divers aspects de notre nature spirituelle; mais il échoue dans l'explication des idées de genre et d'espèce, dont les objets existent certainement hors de l'âme qui les conçoit, dans celle des idées morales qui ne viennent pas de nous, mais s'imposent à nous et s'imposent de haut et avec empire, dans celle enfin des idées métaphysiques d'infini et de perfection, qui ne peuvent avoir en nous leur modèle et leur original. Toutes ces idées étant nécessaires et absolues, ne sont pas quelque chose de l'âme, sans quoi celle-ci serait elle-même nécessaire et absolue ; elles sont, suivant l'expression de Bossuet, quelque chose de Dieu, elles sont Dieu même sans cesse présent au dedans de nous et nous éclairant de cette *lumière qui illumine tout homme à sa venue en ce monde*. C'est le rationalisme poussé jusqu'à la doctrine de l'intuition de l'Être des êtres, en un mot, jusqu'à l'ontologisme.

Nous ne voulons pas examiner ici ce qu'il faut penser de cette doctrine, que nous étudierons en détail dans un volume sur la philosophie contemporaine ; bornons-nous à dire qu'elle est complètement opposée à celle du vicomte de Bonald. Notre auteur ne l'ignore pas : aussi il combat énergiquement cette dernière, tout en avouant qu'il l'avait autrefois admise et professée.

Par les divers travaux que nous venons de passer en revue, Mgr l'évêque de Sura s'est acquis au sein de l'Église une grande et légitime autorité. C'est un philosophe éclairé ; car il a dégagé assez habilement la métaphysique cachée sous les dogmes du christianisme et mis le doigt avec assez de sûreté sur les côtés faibles des doctrines contraires à la foi. C'est un théologien sage et tolérant ; car il n'a jamais été favorable aux empiétements du pouvoir spirituel, et s'est distingué par son extrême modération à l'époque du dernier concile. Le seul défaut que nous nous permettons de lui reprocher, c'est de ne pas avoir à un assez haut degré le sentiment des difficultés qu'offrent les questions fondamentales, et de se contenter trop facilement en matière de preuves. C'est un esprit que le souffle du doute n'a jamais remué jusqu'à ses dernières profondeurs, et qui n'a jamais sérieusement considéré l'univers comme un problème dont il s'agit de trouver la solution.

Mais ce qu'il faut louer sans réserve chez Mgr Maret, c'est l'aménité constante et la parfaite courtoisie de son langage, qui tranche avec le ton amer et injurieux de quelques-uns de ceux qui défendent la même cause. Il est plein d'égards pour ses adversaires philosophiques, pour V. Cousin, pour Guizot, pour P. Leroux lui-même, et il s'exprime sur Lamennais avec un respect attendri. On sent qu'on a affaire ici à un de ces esprits conciliants, à une de ces natures sympathiques qui conduisent les profanes à la religion autant que d'autres les en éloignent.

II

VIE DE GRATRY. — DIGNITÉ DE LA RAISON. — DIEU PROUVÉ PAR LE PROCÉDÉ DIALECTIQUE

La thèse soutenue par M. l'abbé Maret, dans son *Essai sur le Panthéisme,* fut assez vite abandonnée. Le clergé finit par sentir le danger d'une opinion qui, en proclamant que la raison aboutit, dans son mouvement naturel, à la négation de toutes les grandes doctrines morales et religieuses, proclamait le contenu même de la foi contraire à la raison. Dès lors, au lieu de se servir des erreurs de l'esprit humain pour combattre la raison et la philosophie, il se servit de la raison et de la philosophie pour combattre les erreurs de l'esprit humain. Cette évolution est surtout sensible chez le P. Gratry. Nourri de fortes études, affilié à cette Société de l'Oratoire dont Bossuet a célébré la sage indépendance, et qui avait donné à la France le P. Thomassin, Malebranche et d'autres esprits aussi attachés à la philosophie qu'à la religion, il suit la noble voie que lui indiquent l'éducation qu'il a reçue et la tradition qu'il a acceptée. Loin de rabaisser la raison, il la relève ; loin de proclamer que le panthéisme en est le dernier mot, il déclare qu'il en est la négation et le renversement.

Bien plus, il essaie de le prouver par des arguments tirés de la raison même et par l'autorité des plus grands philosophes, sauf à montrer ensuite que la religion ajoute aux lumières naturelles de nouvelles lumières. Que s'il ne rend pas encore pleinement justice au rationalisme, qu'il désigne sous le nom de philosophie séparée, il est cependant plus équitable envers lui que ses prédécesseurs.

Alphonse Gratry naquit à Lille en 1805. Il était fils d'un employé de l'intendance militaire qui le promena de ville en ville en Allemagne, durant les guerres du premier empire, et d'une jeune femme de dix-sept ans à peine à laquelle il s'attacha comme à une sœur aînée et à une mère tout ensemble. Il commença ses études au lycée de Tours et les finit à Paris, au lycée Saint-Louis. Il ne réussit pas seulement en rhétorique, où sa brillante imagination le servait à souhait, mais encore en philosophie, où il préluda à ses succès futurs comme moraliste et métaphysicien, en remportant le prix d'honneur au concours général.

Ce fut pendant ses études (lui-même nous le raconte dans ses *Souvenirs de jeunesse* et dans ses *Sources*) qu'il passa par une crise qui devait décider de sa vie. Il était un soir étendu sur sa couchette d'écolier, quand il se mit à rêver aux succès qui l'attendaient soit dans la modeste enceinte du collège, soit sur la scène plus éclatante du monde. Il se voyait déjà par la pensée orateur célèbre, écrivain renommé, chef de famille opulent et entouré d'une postérité nombreuse. Mais bientôt ce brillant tableau allait s'assombrissant : il se sentait peu à peu fléchir sous le poids des années, il perdait successivement chacun de ceux qui lui étaient chers et bientôt la mort, l'inévitable mort, étendait sur lui sa main glacée. Le rêve fut si ardent, la vision si intense, qu'un instant le jeune songeur crut toucher à ses derniers moments : voilà donc, se dit-il, ce que c'est que la vie ! et cependant les hommes n'y pensent pas et ne cherchent pas à en percer le mystère ; ils jouissent un instant de la lumière, sans réfléchir, « comme des moucherons qui dansent et bourdonnent dans un rayon de soleil. » Dans l'émotion qui l'agite, le jeune Gratry ne peut se contenir : « O Dieu, s'écrie-t-il, expliquez-moi l'énigme ! Mon Dieu, faites-moi connaître la vérité ; je jure de lui consacrer ma vie. »

Gratry venait, dans cet instant solennel, de se poser ce problème de la destinée dont la seule pensée a fait éclore tant de métaphysiciens et de philosophes. Il se le posait, comme une autre nature d'élite, Théodore Jouffroy, se l'était posé quelques années auparavant ; mais l'un voulait résoudre ce problème pour le résoudre, l'autre, pour agir conformément à la solution trouvée ; le premier tenait, avant tout, à éclairer son intelligence, le second à orienter sa vie. Non seulement le but poursuivi par les deux jeunes hommes n'était pas le même, mais les moyens qu'ils employèrent pour l'atteindre furent différents. Quand Jouffroy, en descendant au fond de lui-même, se fut aperçu qu'aucune de ses anciennes croyances n'était restée debout, il essaya de s'en faire d'autres lentement, avec circonspection, en se pliant aux règles de la logique la plus sévère ; quand Gratry, en se berçant de la pensée d'un brillant avenir, eut été amené à réfléchir sur le mystère de l'existence, il ne se livra point à des recherches savantes pour le pénétrer. Il s'abandonna aux élans de son cœur, il eut des entretiens pieux, des visions et des extases qu'il nous confie lui-même. Si le premier avait été, avant tout, un chercheur et un philosophe, le second fut surtout un croyant et un apôtre.

Nous ne suivrons pas Gratry à l'école polytechnique où il ne se distingua en rien de ses camarades, ni à l'école d'application de Metz, où le jeune sous-lieutenant ne fit que passer, ni à Paris, où il donna quelque temps des leçons pour vivre. Bornons-nous à dire qu'il s'affilia, vers la fin de la Restauration, à la petite société qui s'était groupée autour de Bautain et de Mlle Humann; que devenu prêtre, il entra, sur le conseil de la sainte, comme on l'appelait, au couvent des Rédemptoristes de Bischenberg, puis au petit séminaire de Molsheim, où il enseigna depuis 1830 jusqu'en 1840; qu'il fut, à cette date, nommé directeur du collège Stanislas, puis aumônier de l'École normale supérieure, et qu'il se révéla alors au grand public par la polémique fâcheuse qu'il engagea contre M. Vacherot, à propos de sa savante et profonde *Histoire de l'École d'Alexandrie*. Mais le livre qui établit sa réputation comme écrivain et comme penseur fut son livre *De la Connaissance de Dieu,* qui parut en 1853, et qui fut couronné par l'Académie française en même temps que le livre *du Devoir* de M. Jules Simon.

Dès le début de cet ouvrage, Gratry s'élève contre ceux qui ont exagéré la faiblesse de la raison au point de soutenir qu'elle est impuissante à établir l'existence de Dieu et les autres grandes vérités qu'on peut regarder comme les *préambules de la foi*. C'est, dit-il, dans cet excès funeste que sont tombés autrefois Luther, Calvin, les jansénistes, et, de nos jours, Lamennais et ses adhérents. Ces derniers n'ont réussi, par leurs déclamations indiscrètes, qu'à aggraver le mal de l'indifférence au lieu de le guérir. A force de répéter aux hommes que la raison humaine ne peut rien savoir, ils ont fini par le leur faire croire et par les désintéresser aussi complètement des vérités qui sont du ressort de la philosophie que de celles qui relèvent de la théologie. Aussi ce n'est pas seulement la religion, suivant l'éminent oratorien, c'est la raison elle-même qui est aujourd'hui en péril. La défiance qu'elle inspire fait qu'on hésite à se servir de ses instruments les plus solides et de ses armes les mieux trempées ; on craint ou de n'en pas savoir tirer parti ou de se blesser en en faisant usage.

Par suite de cette pusillanimité intellectuelle, qui est devenue endémique, on laisse se produire autour de soi les sophismes les plus choquants, sans les arrêter au passage. Raisonner, discuter, argumenter, ce sont là des choses surannées comme les mots qui les expriment. Que d'hommes ne voit-on pas, et parmi les plus éclairés et les plus savants, qui subissent passivement l'atteinte d'un raisonnement faux, qui « en emportent dans la tête la conclusion comme une flèche qu'aucune armure n'a repoussée et que la main inhabile ou timide ne sait pas arracher[1] » ! Il en résulte que chacun, ayant cessé de s'intéresser aux choses rationnelles et supérieures, qui sont le fonds éternel de la philosophie, ne vit plus

[1] *Connaissance de Dieu.* Introduction, p. 4.

que pour les plaisirs et les affaires, c'est-à-dire pour les choses sensuelles et inférieures : « Plus de raison, comme dit Bossuet, ni de partie haute; tout est sens, tout est abruti et entièrement à terre. » C'est là un tableau de l'indifférence en matière philosophique qui peut servir de pendant à celui que Lamennais nous a laissé de l'indifférence en matière religieuse.

Lorsque Gratry débuta dans sa carrière de philosophe, l'esprit français ne souffrait pas seulement du lamennaisianisme pur ou mitigé dont il avait trouvé le germe sur notre propre sol, il commençait à être atteint d'un mal plus profond qu'il avait puisé au dehors, nous voulons parler de l'hégélianisme. Durant ses courses un peu aventureuses à travers les systèmes de tous les temps et de tous les lieux, V. Cousin s'était pris un instant de belle passion pour les doctrines de Schelling et de Hegel; il en avait même déroulé les aspects les plus saisissants aux regards de ses auditeurs surpris autant que charmés, dans les hardies et éclatantes leçons de 1828. Il les renia plus tard, mais d'autres les adoptèrent et les opposèrent non sans succès au rationalisme spiritualiste et cartésien auquel il avait fini par s'arrêter. Ils ne transportèrent pas chez nous de toutes pièces la construction immense du philosophe allemand et ne soutinrent même pas, comme Gratry les en accuse, le principe fondamental de l'identité des contradictoires, mais ils en firent ressortir avec autant de sympathie que d'admiration certains côtés caractéristiques et importants. Gratry vit dans la nouvelle philosophie une maladie mentale qui appelait un prompt remède; car il la faisait principalement consister dans la négation du principe de contradiction, c'est-à-dire de la raison elle-même dont il est le fond. Pour combattre le fléau, comme il l'appelait, il fallait, disait-il, rétablir dans les esprits le respect de la raison et les habituer à en pratiquer, sous le nom de règles de la logique, les lois essentielles ; il fallait les accoutumer à distinguer sévèrement la philosophie de la sophistique, qui a toujours cherché à se parer de son nom et à usurper son autorité.

Après ces préliminaires que nous avons cru devoir reproduire avec quelque détail, parce qu'ils accentuent nettement la physionomie du Père Gratry et marquent avec précision le rôle qu'il a joué, cet écrivain aborde l'étude de la philosophie. Il la définit, comme les anciens et comme Bossuet, l'étude de la sagesse, c'est-à-dire qu'il lui assigne un double objet, le vrai et le bien. C'est là une conception que nous ne pouvons qu'approuver, car nous avons nous-même essayé d'établir, à l'encontre de M. Renan et de M. Taine, que la philosophie est une recherche intellectuelle et une discipline morale tout ensemble[1]. Gratry fait rentrer dans la philosophie la connaissance de Dieu, la connaissance de l'âme dans ses rapports avec Dieu et avec le corps, la théorie de l'intelligence et celle de la volonté, c'est-à-dire la théodicée, la psychologie, la logique et la morale, et en cela il fait comme tout le monde. Mais il s'écarte des idées généralement reçues, en ce qu'il place la connaissance de Dieu avant toutes les autres, sous prétexte qu'elle est la plus facile de toutes et qu'elle les contient toutes implicitement.

Y a-t-il un Dieu, c'est-à-dire un être infini et parfait,

---

[1] Voir notre *Philosophie du devoir*, 3ᵉ édition, introduction.

principe et support immuable de toutes choses, ou n'y a-t-il que des êtres imparfaits et limités qui apparaissent un instant et sans cause à la lumière du jour et qui s'évanouissent ensuite pour jamais ? De ces deux opinions, la première pouvait seule satisfaire un esprit qui aspirait à un bonheur sans fin et sans nuages et que la pensée de la rapidité vertigineuse de la vie avait précipité de bonne heure dans les bras de la foi. Mais Gratry ne se borne pas à chercher en lui-même la preuve d'une vérité qui lui est chère, il la demande à tous les penseurs éminents qui l'ont précédé et se plaît à constater qu'ils sont unanimes sur ce point essentiel, comme sur tous ceux qui importent au développement de la vie morale. Bien plus, il soutient qu'ils y sont tous arrivés, non par la déduction, qui va du même au même, mais par la dialectique, qui va du différent au différent; car c'est la seule méthode qui permette de franchir l'abîme qui sépare le relatif de l'absolu.

Parmi ceux qui ont établi l'existence de Dieu comme il l'entend, Gratry cite en première ligne Platon. Platon s'élève, en effet, de l'imparfait au parfait, du fini à l'infini, par l'effacement de toute imperfection et la suppression de toute borne. De plus, il prend le premier de ces deux termes pour point de départ, non pour principe, et comprend qu'il y a là induction ou saut dialectique, non déduction ou marche syllogistique. Il n'ignore même pas que, pour nous élancer ainsi de l'imparfait au parfait, nous avons besoin d'être sollicités par l'amour que le parfait nous inspire, et qu'à cette hauteur la vie intellectuelle et la vie morale se confondent[1].

[1] *Connaissance de Dieu*, t. I. p. 72 et suivantes.

Le théoricien du syllogisme, Aristote, suit lui-même la marche dialectique pour résoudre la question qu nous occupe. Il y a du mouvement, dit-il, donc il y a un moteur immobile. Au point de vue de la dialectique, qui s'élève d'un bond du contingent au nécessaire, et ajoute à une vérité une vérité nouvelle qu'elle ne contient pas, ce raisonnement est irréprochable. Mais, au point de vue de la déduction syllogistique, qui va du même au même, ou si l'on aime mieux, du contenant au contenu, il est vicieux au premier chef. Le mouvement, en effet, n'est pas identique à l'immobilité : comment dès lors conclure celle-ci de celui-là ? Le variable ne contient pas l'invariable : pourquoi donc faire sortir ce dernier du premier ? En présence du mouvement qui emporte, à ce qu'il semble, tous les êtres, Héraclite n'affirmait que le mouvement : «Tout s'écoule», disait-il tristement. Il s'arrêtait au premier terme de la marche dialectique. En présence de ce même mouvement, Platon affirmait l'immuable : il suivait la marche dialectique jusqu'au bout. Aristote l'affirme aussi : il fait de la dialectique, en croyant peut-être faire de la syllogistique.[1]

Gratry trouve le même procédé, non seulement chez saint Augustin et chez saint Thomas, qui sont disciples l'un de Platon et l'autre d'Aristote, mais encore chez les philosophes du XVIIe siècle, qui ne sont disciples de personne. A cette époque, l'esprit humain, affranchi des liens de l'autorité, se met à chercher la vérité par lui-même, sans le moindre souci du passé, et l'exprime telle qu'il la voit : la philosophie est complètement

---

[1] *Connaissance de Dieu*, t. I, p. 135.

renouvelée. Cependant, comme les lois de la raison humaine sont toujours les mêmes, et que les esprits supérieurs les suivent toujours, il arrive que la théodicée nouvelle, représentée par les plus beaux esprits de ce temps, coïncide sur tous les points essentiels avec l'ancienne, sauf qu'elle constitue à son égard un progrès véritable au point de vue de la précision et de la rigueur.

Descartes précise et simplifie la preuve de l'existence de Dieu, et analyse l'idée de l'infini avec une exactitude inconnue de l'antiquité, tout en restant en parfait accord avec tous les penseurs éminents de l'ancien monde. Pour lui, comme pour eux, se bien connaître c'est déjà connaître Dieu, car c'est voir dans la vue du fini l'infini par contraste; pour lui, comme pour eux, l'homme aspire à ce qu'il y a de plus grand et de meilleur, c'est-à-dire qu'il tend vers l'infini et que l'amour du souverain Bien est son amour essentiel; pour lui, comme pour eux, il y a en nous une idée confuse de Dieu qu'il appartient à la raison de rendre explicite, et un vague attrait vers Dieu, qu'il dépend de la liberté de faire aboutir. C'est pour cela, dit Gratry, que toute doctrine en matière religieuse peut devenir, suivant les dispositions du sujet, une doctrine de vie ou une doctrine de mort, une philosophie du Bien et de l'Être ou une philosophie du Mal et du Non-Être. C'est la grande distinction de la philosophie véritable et de la sophistique[1].

Gratry découvre la dialectique platonicienne appliquée à la démonstration de l'existence de Dieu jusque chez Pascal, où elle est bien moins apparente qu'ailleurs

---

[1] *Connaissance de Dieu*, t. I. p. 337.

et où beaucoup de lecteurs ne la soupçonneraient pas. Suivant lui, l'ardent solitaire insiste principalement sur le côté pratique de la preuve de l'existence de Dieu, c'est-à-dire sur le ressort moral. Ce qu'il lui faut, ce qu'il appelle de tous ses vœux, ce n'est pas seulement Dieu entrevu par l'esprit, c'est Dieu devenu sensible au cœur par l'amour et la pratique du bien. De là son dédain, non pas précisément pour la raison, mais pour le raisonnement, pour le procédé syllogistique, dédain qui l'a fait accuser de scepticisme. De là ses appels constants, réitérés, à l'amour, à la charité, au cœur, qui lui paraît le vrai centre de la vie morale. Ce qu'il humilie, c'est moins, dit notre auteur, la raison elle-même, que la raison séparée du cœur et de Dieu ; car Dieu se révèle surtout au cœur qui l'aime et qui s'attache à lui comme au souverain bien. Sous le sceptique dont on a tant parlé de nos jours, Gratry retrouve simplement un disciple de la vraie dialectique, de celle qui s'appuie et se fonde sur l'amour. C'est là une explication de la doctrine de Pascal, qui n'est peut-être pas exacte de tout point, mais qui est extrêmement ingénieuse[1].

Cette partie de l'œuvre de Gratry peut donner lieu à plusieurs observations. C'est à tort, suivant nous, que l'auteur a placé, à l'exemple de Lamennais, l'étude de Dieu avant celle de l'âme et suivi la méthode ontologique de préférence à la méthode psychologique. Il s'appuie, pour le faire, sur deux raisons qui ne nous paraissent pas plus solides l'une que l'autre. La première, c'est que la théodicée est la plus facile des sciences philosophiques ;

---

[1] *Connaissance de Dieu*, t. I, p. 372.

la seconde, c'est qu'elle implique les autres et que ces dernières s'en déduisent naturellement. Il est mal fondé à prétendre que la connaissance de Dieu est plus facile que celle de nous-mêmes ; car chacun sait qu'il n'y a rien de si clair pour nous que notre existence et notre pensée, qui est notre attribut essentiel, tandis que Dieu nous apparaît toujours, lors même que nous y croyons fermement, comme un être mystérieux et caché, *Deus absconditus*. Il a tort de soutenir que la psychologie se déduit de la théodicée ; car il est manifeste que, si je ne connaissais que celle-ci, je n'aurais pas le moindre soupçon de celle-là. Si, en effet, l'existence de l'homme suppose celle de Dieu, la réciproque n'est nullement vraie. Il est bien plus exact de dire que ce n'est, comme nous l'avons vu, qu'avec des matériaux empruntés à la psychologie qu'on peut construire scientifiquement la théodicée.

Nous reprocherons encore au père Gratry d'avoir donné un développement immodéré à la partie historique de son travail : il a en effet, consacré plus de quatre cents pages, c'est-à-dire plus de la moitié de son livre, à l'histoire d'une seule preuve de l'existence de Dieu. Il a, par conséquent, gravement méconnu ces lois de l'unité et de la proportion qui s'imposent à toutes les œuvres de l'esprit et auxquelles il juge lui-même que notre littérature actuelle ne se conforme pas toujours assez. Nous reconnaissons, du reste, que, dans ce morceau d'histoire, Gratry montre autant de pénétration que de savoir et amène habilement, bien qu'en leur faisant un peu violence, les penseurs les plus divers à rendre témoignage à une grande vérité et à la seule méthode par laquelle, suivant lui, il ait été donné aux hommes de l'atteindre. Nous aimons à voir chez lui Aristote, qui a tant combattu la dialectique de Platon, obligé de s'appuyer sur elle pour s'élever aux plus hauts sommets de sa metaphysique, et Pascal lui-même, ce véhément adversaire de la raison, réduit à pratiquer, à son insu, sous le nom d'amour de Dieu, un des principaux procédés de la méthode dialectique et rationnelle.

III

LE PROCÉDÉ DIALECTIQUE IDENTIQUE A L'INDUCTION
ET AU PROCÉDÉ INFINITÉSIMAL

Après s'être servi du procédé dialectique pour prouver l'existence de Dieu, Gratry s'attache à en faire ressortir l'importance et à montrer que nous ne suivons pas seulement ce procédé en théodicée, mais encore dans les sciences physiques et mathématiques ; car il est au fond identique à l'induction des physiciens et au procédé infinitésimal des géomètres. Il expose cette théorie dans sa *Connaissance de Dieu*, où elle n'est qu'ébauchée, et dans sa *Logique*, où elle est développée avec ampleur et appuyée de toutes les raisons qui peuvent la rendre plausible. C'est là ce qu'il considère comme sa grande découverte ; c'est par là qu'il espère imprimer aux études philosophiques un mouvement tout nouveau et ramener les savants à la philosophie, en attendant qu'il puisse ramener les philosophes eux-mêmes à la religion.

L'induction ou marche dialectique est, suivant Gratry, un procédé d'une importance capitale et sans lequel tout progrès dans nos connaissances serait à jamais impossible. La déduction, en effet, ne peut jamais s'élever au-dessus de son point de départ, puisqu'elle procède toujours par voie d'identité : allant toujours du même au même, elle reste toujours au même point. L'induction ou dialectique, au contraire, ne prend son point de départ que comme un point d'appui, pour s'élever plus haut : elle arrive ainsi à quelque chose de différent, elle atteint un principe supérieur et universel. Platon nous le fait entendre, quand il dit qu'il n'est donné qu'au dialecticien d'atteindre au sommet de la science. Aristote lui-même reconnaît l'insuffisance de la déduction ; car il déclare qu'elle suppose des majeures et que l'induction seule peut lui en fournir. Un penseur contemporain plein d'autorité, Royer-Collard, fait remarquer, de son côté, que l'induction et la déduction constituent « en quelque sorte deux raisons humaines, qui ont chacune leurs principes, leurs règles et leur logique », mais que la première est bien plus utile que la seconde, car elle découvre, elle acquiert, tandis que l'autre féconde et développe. C'est même par une induction d'un certain genre que cet auteur explique le mouvement par lequel l'homme conclut de sa durée personnelle la durée de toutes choses et la durée infinie et absolue. Alors, en effet, il ne déduit pas, mais il induit, puisqu'il va du moins au plus, au lieu d'aller du même au même [1].

---

[1] *Logique*, t. II. p. 38.

Mais ce sont là des vues générales qui ne touchent encore qu'indirectement aux deux thèses posées par le Père Gratry, celles de l'identité de la marche dialectique avec l'induction des physiciens, d'une part, et avec le calcul infinitésimal des géomètres, de l'autre. Pour établir la première, il commence par contester l'opinion généralement reçue, que les lois de la nature sont contingentes et qu'on n'arrive à les déterminer que par une longue série d'observations et d'expériences. Suivant lui, la nature est contingente, mais ses lois sont nécessaires : ce qui le prouve, c'est qu'on les exprime par des formules mathématiques. Quant à l'induction baconienne par laquelle on prétend les saisir, c'est une induction bâtarde et stérile, qui n'a jamais rien produit et qui mérite à peine le nom d'induction. La seule induction vraie et féconde est celle de Képler ; car elle a permis à son auteur de lire couramment dans le ciel et d'y faire ces prodigieuess découvertes dont celles des siècles suivants n'ont été que des conséquences. Il s'agit donc de savoir quelle a été la marche suivie par Képler.

Et d'abord, ce grand homme croyait profondément aux lois de la nature, non pas à des lois compliquées et accidentelles, mais à des lois simples et fixes, émanées d'un Dieu unique et immuable. Il voyait dans toute créature la trace du Créateur et était convaincu que la loi de chaque être de la nature était un reflet de celle de l'Être divin. Aussi sachant, dit Gratry qui admire beaucoup ce procédé d'une valeur fort contestable, que la loi de Dieu est la trinité des personnes dans l'unité de la substance, il chercha quel vestige de la Trinité divine les formes et les mouvements des astres pouvaient bien comporter, et trouva que rien ne ressemblait plus à la Trinité que la sphère et le cercle qui réunissent, comme elle, l'unité et la variété. C'est en partant de cette conception qu'il se livra à ses immenses calculs et arriva à découvrir cette grande loi que toutes les planètes se meuvent dans des ellipses dont le soleil occupe l'un des foyers. Sur la vue d'un nombre limité de positions de quelques planètes, il affirma les positions passées, présentes et futures de toutes les planètes : il conclut ou plutôt il s'élança de la pluralité à la totalité, du fini à l'infini[1].

Il n'y a rien, suivant Gratry, de plus naturel qu'un tel procédé, parce qu'il n'y a rien de plus naturel que la raison et que la croyance aux lois de la nature qu'elle nous suggère, c'est-à-dire que la croyance à l'unité sous la variété, à l'absolu sous le contingent. Or, c'est là le procédé dialectique, procédé qui nous échappe, parce qu'il est trop rapide et qu'il nous est trop intime, car il est le mouvement fondamental de la raison humaine. C'est lui, en effet, qui « distingue l'homme qui voit la loi, dans son universalité, dans son extension infinie, de la bête qui ne voit que la pluralité des phénomènes », et qui lui fait saisir, sous une confusion apparente, une géométrie réelle. Et il ne faut pas nous étonner, dit Gratry, qui semble ici répondre d'avance à M. Taine, que nous saisissions la géométrie par le même procédé que nous saisissons Dieu ; car ce sont là deux absolus qui n'en font qu'un. Képler le comprenait admirablement ; c'est ce qui lui faisait dire : « La

---

[1] *Logique*, t. II, p. 60.

géométrie, antérieure au monde, coéternelle à l'intelligence de Dieu, Dieu lui-même, car tout ce qui est en Dieu est Dieu,— a fourni à Dieu les formes de la création et a passé dans l'homme avec l'image de Dieu. » Belles et magnifiques paroles ! Les vérités mathématiques n'existent, en effet, que dans l'absolu, qu'en Dieu. C'est là que tend, à son insu, l'esprit du géomètre et de l'astronome, et le principe de l'induction, la croyance spontanée aux lois de la nature, n'est que la croyance sourde de la présence de Dieu en elle.

Non content d'assimiler le procédé dialectique, par lequel les philosophes démontrent l'existence de Dieu, à l'induction qui révèle aux physiciens les lois de la nature, Gratry le compare au calcul par lequel les géomètres opèrent sur l'infini mathématique, et prétend même que le premier est identique au second. Ce calcul dont la découverte simultanée a illustré Newton et Leibniz, simplifie, comme on sait, les problèmes les plus compliqués, en considérant les courbes comme des polygones d'une infinité de côtés infiniment petits. C'est pourquoi Leibniz nommait son analyse : analyse des indivisibles ou des infinis. Voilà donc l'infini qui intervient dans les mathématiques, comme on l'a vu intervenir tout à l'heure dans les sciences physiques, pour les renouveler et en changer la face. Sans reproduire les longs raisonnements auxquels Gratry se livre sur cette matière, contentons-nous de dire que, si l'infini mathématique ne lui paraît pas une réalité véritable, il ne lui semble pas non plus une simple idée de notre esprit, mais une manifestation de la pensée divine. Il ajoute que nous le connaissons de la même manière que l'infini métaphysique, c'est-à-dire par l'idée du fini qui lui répond et par l'élimination des limites qui le constituent comme tel[1].

Telles sont les considérations par lesquelles le P. Gratry a essayé de fortifier les preuves de l'existence de Dieu. Il a cherché à montrer que le procédé dialectique, qui en est l'essence et le nerf, n'est pas un procédé exceptionnel et particulier à la métaphysique, mais qu'on l'emploie aussi avec succès dans les autres sciences : d'où il suit qu'on ne saurait condamner la métaphysique sans condamner en même temps ces sciences qui jouissent aujourd'hui d'une si grande autorité. Gratry retrouve même son procédé favori dans la poésie, qui s'élance du beau limité et imparfait au beau sans tache et sans limites, et dans la prière, par laquelle l'âme religieuse s'élève des êtres relatifs de cette terre à l'Être absolu. Grâce à cette théorie dont il a trouvé dans le passé les éléments épars, mais qu'il a, le premier, établie dans son ensemble, il espère, suivant sa vive expression, que la logique, qui n'avait que des pieds, aura désormais des ailes.

Quand cette théorie parut, elle excita un assez vif intérêt, mais elle rencontra, en définitive, plus d'adversaires que d'adhérents. Déjà Charles de Rémusat y avait signalé quelques particularités, à son avis, assez étranges, quand Émile Saisset la prit directement à partie dans un article remarquable où, tout en rendant justice au mérite de l'auteur, il traitait la doctrine avec une sévérité peut-être excessive. C'était le rationalisme

---

[1] *Connaissance de Dieu*, t. II, p. 136.

pur et sans mélange de théologie et de mysticisme qui jugeait le rationalisme chrétien et mystique renaissant.

Il est impossible, disait Saisset, d'identifier l'induction avec la méthode dialectique. La première « consiste, suivant la définition d'Herschell, à s'élever par des observations et des expériences bien conduites à la connaissance des lois de la nature, lesquelles ne sont autre chose que les relations constantes qui existent entre les phénomènes de l'univers. » La seconde consiste, au contraire, étant donné un seul objet de l'univers, conçu comme n'ayant pas en lui-même la raison de son existence, à s'élancer immédiatement et sans aucune recherche préalable, à un principe qui l'explique et qui se suffit à lui-même. Dans l'un de ces procédés, on tâtonne; dans l'autre, on ne tâtonne pas; par l'un, on n'atteint que les lois, par l'autre on saisit les causes et, entre toutes, la cause des causes, Dieu lui-même. Si le point de départ de ces deux procédés est le même, leurs moyens et leur but sont différents; s'il y a entre eux analogie, il n'y a pas identité : « Comment assimiler, dit Saisset, la méthode dont s'est servi Ampère pour trouver la loi des courants électriques avec celle qui conduisit Platon au premier principe de la vérité et de l'être? » Comment confondre le procédé que Newton a suivi pour déterminer la loi de l'attraction universelle avec celui que Descartes a employé pour démontrer l'Être infini? Comment comparer les courants électriques et l'attraction, qui ne sont que des lois, c'est-à-dire des faits contingents généralisés, avec Dieu, qui est une vraie cause et une cause nécessaire?

Les exemples que Gratry invoque en faveur de sa théorie ne valent pas mieux que sa théorie même. Il cite Képler partant de la ressemblance médiocrement évidente de la Trinité et du cercle, pour en conclure le mouvement circulaire des planètes, auquel il est bientôt obligé de substituer un mouvement elliptique. Comme s'il était permis de subordonner ainsi la science à la théologie, et de donner pour la vraie induction les altérations qu'elle a pu subir chez un homme de génie au milieu des préjugés du seizième siècle, et durant l'enfance de l'esprit moderne !

Si le procédé dialectique ne peut être confondu avec le procédé inductif, il ne peut pas l'être non plus avec le procédé infinitésimal. On ne saurait assimiler les combinaisons si abstraites, si artificielles, si raffinées, si étrangères au commun des hommes, par lesquelles l'esprit va du fini à l'infini en mathématiques, à ce mouvement si simple, si spontané, si irrésistible par lequel tout être humain s'élève du sentiment de sa faiblesse et de son imperfection à l'idée d'une puissance et d'une perfection infinies, et franchit par la pensée l'abîme qui le sépare de l'Être divin. De plus, quel rapport y a-t-il entre une grandeur susceptible d'être indéfiniment augmentée ou diminuée et l'Être qui est actuellement parfait, infini et au-dessus de toute grandeur ? Enfin les mathématiques ont pour objet des grandeurs purement abstraites, qui ne sont ni réalisées ni même réalisables. Gratry ne craint-il pas, en les comparant à la métaphysique, de donner à penser que cette dernière se meut, elle aussi, dans une sphère étrangère à la réalité et à la vie, et que son suprême objet n'a non plus rien de commun avec l'existence? Ne craint-il pas, en un mot, de fournir des armes à ces hégéliens qu'il a si souvent attaqués?

Saisset conclut de tout cela que la nouvelle logique, la logique de l'Oratoire, comme il l'appelle, confond tout et brouille tout, parce qu'elle veut réduire à une seule méthode trois méthodes irréductibles, en s'appuyant sur des analogies fantastiques et en prenant pour guides l'imagination et l'enthousiasme, au lieu de la calme et sévère raison.

Le P. Gratry répondit à cet article de Saisset, qui avait paru dans la *Revue des Deux Mondes*, le 1ᵉʳ septembre 1855, par un article assez vif, qui fut inséré dans le *Correspondant* le 25 octobre de la même année. Il y montrait qu'il avait senti les coups que lui portait une main vigoureuse, bien que courtoise, et que, pour être un peu mystique, on n'en est pas moins homme. Ce fut une polémique intéressante que celle de ces deux écrivains également distingués, l'un d'un esprit plus réfléchi et plus rigoureux, d'un style plus ferme et plus savamment étudié, l'autre d'un génie plus primesautier et plus fécond, ayant à son service un langage plus facile et plus abondant. Toutefois, si Gratry parvint à découvrir quelques inexactitudes de détail dans la critique de son adversaire, il ne put en infirmer les conclusions dans ce qu'elles avaient d'essentiel. Saisset avait eu raison de distinguer l'induction successive et comparative que pratiquent les physiciens de l'induction spontanée et immédiate dont les philosophes font usage. Elles diffèrent, en effet, profondément l'une de l'autre, de l'aveu même de l'un des auteurs dont Gratry invoque l'autorité Suivant Royer-Collard, la première s'appuie sur un plus ou moins grand nombre de faits et n'aboutit qu'à des conclusions plus ou moins probables, tandis que la seconde, en partant d'un seul fait, « s'élève sans incertitude à des conclusions qui ont toute l'autorité de l'évidence. » C'est précisément pour cela qu'il voudrait qu'on donnât à cette dernière un nom particulier, qui empêcherait de la confondre avec l'induction proprement dite.

Cependant il y a, suivant nous, au fond de l'induction des physiciens, telle que Gratry l'entend, quelque chose que ses adversaires auraient dû reconnaître : c'est l'idée de l'infini. Les idées que le procédé inductif nous donne n'ont pas les caractères de cette dernière et ne sont pas obtenues de la même façon, mais elles la supposent. Le physicien ne peut, en effet, aller du moins au plus, de quelques à tous, de la diversité à l'unité, s'il n'a pas actuellement présent à l'esprit le concept de l'un, de l'universel, de l'absolu. Il ne peut croire que la nature a des lois générales et stables, sans croire implicitement qu'il y a un être immuable et universel qui les a éternellement pensées et voulues et dont elles sont de splendides irradiations. Enfin, il ne peut admettre que les mêmes causes, placées dans les mêmes circonstances, produisent toujours les mêmes effets, s'il n'admet pas, avec le métaphysicien, à l'inspection d'un seul effet et d'une seule cause et sans avoir besoin de recourir à des observations multipliées, que tout effet a une cause. Cela revient à dire que, si le procédé inductif n'est pas identique au procédé dialectique, comme le veut Gratry, il l'implique comme sa condition nécessaire et ne peut fonctionner sans lui. C'est là le point précis qui a échappé non seulement aux contradicteurs du P. Gratry, mais encore au P. Gratry lui-même.

Saisset a également bien fait de combattre l'identité que Gratry avait prétendu établir entre le procédé dialectique et le procédé infinitésimal. L'un est presque intuitif, l'autre est essentiellement discursif ; l'un atteint l'infini réel, l'autre n'aboutit qu'à l'indéfini abstraitement conçu. Il est donc difficile que celui-ci puisse servir à légitimer celui-là. Les choses inférieures, suivant la remarque de M. Ravaisson, font penser aux choses supérieures, mais ne servent pas à les démontrer. L'infini mathématique et abstrait ou mieux l'indéfini (car il n'est que cela) peut nous faire penser à l'infini métaphysique et réel : il ne le prouve pas. Nous disons plus, il ne sert pas à nous le faire mieux concevoir et comprendre. Nous ne concevons et ne comprenons, au contraire, l'infini mathématique que par l'infini réel dont il n'est qu'une vaine et fausse imitation ; car, comme on l'a très bien dit, « l'infini est la lumière intérieure par laquelle nous voyons originairement et elle-même et tout le reste[1] ».

Ajoutons que, si la méthode dialectique était identique à la méthode inductive, d'une part, et à la méthode d'analyse infinitésimale, de l'autre, ces deux dernières seraient identiques entre elles. Or, c'est ce qui n'est pas. Les savants qui ont usé le plus habilement de l'une et de l'autre ont toujours pris soin de les distinguer. Ils ont toujours regardé l'induction comme une méthode fé-

---

[1] Ravaisson, *la Philosophie en France*. p. 136.

conde, à la vérité, mais qui n'aboutit qu'à des résultats plus ou moins hypothétiques et provisoires, tandis qu'ils ont toujours vu dans l'analyse une méthode vraiment démonstrative.

La dialectique reste donc, malgré les efforts de Gratry, distincte des deux procédés avec lesquels il a cherché à la confondre. Cependant elle n'en conserve pas moins toute sa valeur. Plus sûre que le premier, aussi sûre que le second, plus rapide que tous deux, elle est leur condition commune ou plutôt leur commun principe.

IV

RÉFUTATION DE L'HÉGÉLIANISME OU DIEU DÉMONTRÉ PAR L'ABSURDE

Hegel est incontestablement la plus grande renommée philosophique du XIXe siècle. Après avoir longtemps dominé en Allemagne avec une autorité souveraine, sa pensée avait pénétré en France et y avait inspiré d'autant plus d'enthousiasme qu'elle n'y était pas parfaitement comprise et qu'elle n'y apparaissait que dans une sorte de demi-jour mystérieux. Non seulement le P. Gratry ne partagea point l'engouement général (ses croyances religieuses devaient naturellement l'en préserver), mais il osa envisager en face le philosophe allemand et le prendre corps à corps.

Tout le système de Hegel consiste, suivant l'éminent oratorien, à concevoir l'univers comme un germe qui se développe, par une série indéfinie de transformations, depuis l'être pur et indéterminé, identique au non-être jusqu'à l'homme, dernier terme et point culminant de cette évolution merveilleuse. Gratry combat cette doctrine comme diamétralement contraire aux deux principes constitutifs de la raison. De ces deux principes, le premier est le principe d'identité ou de contradiction, qui sert de fondement à la déduction, ou procédé syllogistique ; le second est le principe de transcendance, qui sert de base à l'induction, ou procédé dialectique. Or, pour établir son système, Hegel est obligé, suivant Gratry, de nier l'un de ces principes et d'appliquer l'autre en sens inverse : d'où il suit que son système de panthéisme ou d'athéisme (qu'on l'appelle comme on voudra) est une preuve de l'existence de Dieu par l'absurde.

Que Hegel nie le principe d'identité, c'est ce qui ressort déjà, dit Gratry, du soin qu'il prend de réhabiliter les sophistes grecs avec lesquels on pouvait être tenté de le confondre. Il admire, en effet, beaucoup Gorgias pour avoir dit que l'être n'est pas; que, si on le connaissait, on ne pourrait en transmettre la connaissance. Mais nous avons, pour établir les négations de Hegel une preuve encore plus concluante, c'est l'aveu de Hegel lui-même. Il affirme positivement, en mainte circonstance, l'identité des contradictoires, c'est-à-dire du *pour* et du *contre*, du *oui* et du *non*, de l'être et du néant et partant du vrai et du faux, du bien et du mal : « L'être, dit-il, et le néant, c'est même chose; la lumière pure, ajoute-t-il, c'est la nuit pure [1]. » Non con-

---

[1] *Logique*, t. I. p. 133.

tent de nier le principe d'identité qu'il appelle encore principe du troisième exclu *(principium exclusi tertii)*, Hegel donne des raisons à l'appui de son opinion. Suivant lui, ce principe n'a de valeur que dans la logique vulgaire, qui opère sur des abstractions ; il n'en a point dans la logique nouvelle, qui raisonne sur le concret, sur le réel, où le *oui* et le *non* ne s'opposent jamais d'une manière absolue. Aussi le remplace-t-il par un principe tout contraire qu'il nomme celui du troisième survenant *(principium tertii intervenientis)*, de manière à faire subir à la logique une complète transformation.

Gratry défend de son mieux le principe d'identité contre le philosophe allemand. Quand je dis : Je mourrai demain, ou Je ne mourrai pas demain, dit-il, toute autre alternative est exclue, il n'y a pas de troisième terme admissible. Quand je dis : Dieu est bon, ou Il n'est pas bon, c'est là également une proposition dont la première alternative exclut l'autre et ne permet à aucune autre d'intervenir entre elles. Aristote a formulé admirablement et admirablement défendu ce principe de contradiction dont l'auteur moderne ne veut plus entendre parler. Suivant lui, le principe par excellence est celui au sujet duquel toute erreur est impossible et dont la possession est nécessaire pour comprendre quoi que ce soit. Or, il n'en est aucun qui offre ces deux caractères au même degré que celui-ci : « Il est impossible que les mêmes attributs appartiennent et n'appartiennent pas au même sujet dans le même temps et sous le même rapport. » Quiconque, ajoute le fondateur de la logique, soutient qu'on peut affirmer simultanément le *oui* et le *non*, détruit la possibilité de la parole et persiste néanmoins à parler ; mais il ne mérite pas qu'on le prenne au sérieux, car, de fait, il ne dit rien. C'est ne rien dire, en effet, que de dire, non que les choses sont ainsi ou ne sont pas ainsi, mais qu'elles sont ainsi et ne sont pas ainsi en même temps. Il semble vraiment, s'écrie Gratry, qu'Aristote avait lu Hegel et se proposait de le réfuter [1].

On dira peut-être que le philosophe grec s'est exprimé de la sorte parce qu'il ignorait ce troisième intervenant dont la découverte était réservée au philosophe germanique. Eh bien, non ! le troisième intervenant, il l'a deviné et en a fait bonne justice : « Dire que l'être est et que le non-être n'est pas, dit-il, voilà le vrai ; admettre un milieu entre ces deux propositions contradictoires (c'est bien là le troisième intervenant), c'est comme si on admettait un nombre qui ne serait ni pair ni impair. » Non content de percer à jour tous ces sophismes, Aristote en pénètre la raison et les conséquences. Ils proviennent de la manie de chercher à tout expliquer. Quant à leurs résultats, les voici : « Si, dit-il, toutes les propositions contradictoires au même être sont vraies en même temps, il est évident que toutes choses seront comme une chose unique. Une galère, un mur et un homme doivent être même chose. » C'est le système de l'identité absolue, c'est le panthéisme hégélien aperçu, deux mille ans d'avance, avec une incomparable pénétration dans le principe qui le contenait [2].

---

[1] *Logique*, t. p. 164.
[2] *Logique*. t. I. p. 174.

Après avoir défendu contre Hegel, on a vu avec quelle vigueur, le principe de contradiction, Gratry défend contre lui le principe de transcendance. Le philosophe allemand ne nie pas, à la vérité, ce dernier principe, mais il l'applique à rebours, de sorte que, suivant le mot de Platon, au lieu d'aboutir à l'être, comme le vrai philosophe, il n'aboutit, comme le sophiste, qu'au non-être. Pendant que le vrai philosophe, en effet, s'élève par la dialectique, des êtres finis et de leurs qualités finies mais réelles, jusqu'à l'Être infini qui les possède sans limites, Hegel descend, par le même procédé suivi d'une manière inverse, c'est-à-dire en éliminant, non la limite de nos qualités, mais nos qualités mêmes, jusqu'à l'être pur, indéterminé, sans attributs et identique au non-être. C'est cet être qui n'est pas, c'est ce Dieu-Néant qu'il met au sommet des choses et qu'il érige en principe de l'univers, à la place de l'Être des êtres, du Dieu vivant et parfait de la vraie philosophie. S'il faut en croire Hegel et ses sectateurs, c'est l'être pur, c'est-à-dire la possibilité pure, qui a tout engendré, c'est le néant qui a tout produit et qui est devenu successivement toutes choses : tout est venu de rien. Suivant Platon et ses disciples, au contraire, les choses finies ne peuvent s'expliquer que par un être infini et qui possède en lui-même la vie, l'amour, l'intelligence et les autres qualités qu'elles n'ont que par emprunt et par participation.

« La question est donc de savoir, dit très bien Gratry, si ce qui devient devient sans cause; si à tout mouvement, à tout effet, à toute croissance, ne répond pas nécessairement une force, un être déjà en acte antérieurement ; s'il est possible d'admettre que ce qui n'était pas devient spontanément ; si le principe de toutes choses est la possibilité d'être ou bien l'être actuel [1]. » C'est une question qui a été résolue avec autant d'autorité que de profondeur par le fondateur même de la métaphysique. D'après Aristote, nul être en puissance ne peut se réaliser et se développer que sous l'action d'un être qui est déjà en acte, c'est-à-dire qui possède la réalité pleinement épanouie et développée. Toute chose, en effet, a un premier moteur et un premier moteur qui existe en acte de toute éternité. C'est là un point fondamental pour Aristote ; il y revient toujours et partout ; car c'est sa démonstration de l'existence de Dieu, démonstration analogue, malgré la différence des termes, à celle de Platon et à celle de Descartes et non moins péremptoire. Elle n'est, en effet, que le développement de cette formule qui touche d'aussi près que possible à l'évidence : Rien ne vient de rien, ou, Il n'y a pas d'effet sans cause. Hegel ne la trouve ni évidente ni certaine et soutient même, à l'encontre du genre humain, la formule opposée, que rien produit quelque chose ou plutôt produit toutes choses. Et ce n'est pas là un point particulier de son système, c'est son système tout entier, ce qui revient à dire, suivant Gartry, que sa doctrine est la raison renversée, l'absurde érigé en système.

Ce qui a conduit Hegel à une telle doctrine, c'est le principe de Spinoza, que toute détermination est une négation. Mais c'est là un principe inadmissible. Une

---

[1] *Logique*, t. I, p. 200.

détermination, en effet, n'est pas autre chose qu'une qualité qui distingue un être. Or une qualité n'est certainement pas, dans un être, une négation, une limite, une diminution; elle est au contraire une réalité, une promotion, une augmentation. Ce n'est donc pas amoindrir le premier Être que de lui donner de l'intelligence, de la sagesse, de la bonté : c'est bien plutôt l'amplifier et l'agrandir. La vraie dialectique part des perfections limitées de l'homme et les attribue à Dieu sans leurs limites; celle de Hegel lui ôte ces perfections en même temps que leurs limites elles-mêmes. Au lieu de perfectionner sa nature, elle la dégrade ; au lieu de l'élever au-dessus de la nôtre, elle la rabaisse au-dessous.

Non content de faire sortir l'univers du néant, Hegel a la prétention de nous expliquer comment il en est sorti. Il le compare à un arbre immense qui s'échappe d'un germe presque imperceptible, pour se développer puissamment dans les airs et étendre dans tous les sens ses vigoureux rameaux. Il ne songe pas que ce germe, si petit qu'il soit, est pourtant quelque chose, tandis que le principe d'où il fait sortir l'univers n'est rien et qu'entre quelque chose et rien il y a une distance infinie. Il ne songe pas non plus que ce germe ne se développe pas tout seul, mais qu'il est stimulé par des forces invisibles qui le vivifient et le fécondent, tandis que l'être pur n'est stimulé par rien : « On le voit croître, dit ingénieusement Gratry, on dit, il pousse ; on ne voit pas qu'il est poussé... On oublie l'impulsion initiale, et l'instant de la fécondation sans lequel l'arbre entier resterait éternellement en germe. Encore bien moins s'informe-t-on d'où viennent les germes et qui leur donne ce plan intérieur et prédéterminé, aussi visiblement déposé dans leur sein que l'est un plan signé de l'architecte dans la première pierre d'un palais. » Mais à quoi bon réfuter l'absurde, ajoute notre philosophe ? « Croire qu'il n'y a dans l'ensemble des choses qu'un seul être en croissance à partir de rien, c'est croire que ce qui n'est pas devient, et devient par soi-même : c'est croire qu'il y a des effets sans cause [1]. »

C'est dans sa *Logique*, où on ne s'aviserait peut-être pas d'aller la chercher, que Gratry a développé la réfutation de Hegel que nous venons de faire connaître. Dans son *Étude sur la sophistique contemporaine* qu'il avait publiée auparavant, et dans son livre intitulé *Les sophistes et la critique* qu'il fit paraître un peu plus tard, il s'attaque, non plus au maître, mais à ceux qu'il appelle ses disciples et qu'il désigne sous la dénomination aussi peu exacte que peu courtoise de *sophistes*, à M. Vacherot, à M. Renan et à M. Scherer. Ce mot *sophistes*,, en effet, s'applique ordinairement aux charlatans de la république des lettres, à ceux qui enseignent ce qu'ils ne croient pas et ne songent qu'à faire de leurs paroles métier et marchandise. Or, tout le monde sait que les écrivains dont il s'agit ont sacrifié des positions honorablement acquises à leurs idées bonnes ou mauvaises et subordonné noblement leur vie matérielle à leur vie morale. Ajoutons qu'ils ne sont pas, à proprement parler, des disciples de Hegel ; car, s'ils admirent le système du philosophe allemand et s'en approprient quelques résultats partiels, ils en re-

[1] *Logique*, t. I, p. 263.

jettent, comme on l'a remarqué, le principe fondamental de l'identité des contradictoires. Les attaques que Gratry dirige contre eux ne sont donc pas aussi fondées qu'il a l'air de le croire.

Gratry n'est pas non plus toujours dans le vrai quand il combat Hegel, et on peut certainement lui reprocher de méconnaître les mérites et d'exagérer les défauts de cet auteur célèbre. En réponse au scepticisme de Kant, qui avait séparé par un abîme le sujet pensant et l'objet pensé, Hegel avait proclamé l'intime harmonie de l'esprit et de la nature et l'étroite corrélation des lois qui les régissent : Gratry ne lui en tient aucun compte. A l'occasion de l'esprit, il avait traité avec élévation du droit, de la morale, de l'art, de la philosophie, de la religion elle-même, et émis sur toutes ces matières, à travers bien des erreurs et bien des hypothèses, une foule d'idées profondes et originales : Gratry n'en dit rien et ne lui en sait aucun gré. Ajoutons, avec M. Ravaisson, que, malgré les propositions contradictoires qu'on ne trouve que trop souvent chez le philosophe allemand, il est peu équitable d'identifier, comme le fait Gratry, son idéalisme raffiné avec le sensualisme vulgaire des sophistes. Hegel, en effet, croit que les contradictions que la connaissance humaine nous offre à ses degrés inférieurs, sont seulement apparentes et qu'elles se résolvent en harmonie dans une sphère plus haute ; or, les sophistes n'ont jamais eu une idée semblable.

Mais, si Gratry a exagéré les contradictions de Hegel, ces contradictions sont réelles, et il faut reconnaître que l'auteur français en a fait bonne justice. Il a eu raison de soutenir qu'il ne faut pas placer l'être pur à l'origine des choses. Cet être pur, en effet, n'est que l'être conçu avec une extension indéfinie et une compréhension nulle ; c'est l'être indéterminé, vide d'attributs, identique au non-être. Un être si pauvre, un être qui n'en est pas un, ne saurait enfanter les réalités si riches qui composent l'univers et l'humanité. Le moins ne peut produire le plus ; l'imparfait, le parfait ; le non-être, l'être, et tous les efforts de Hegel pour établir le contraire viennent se briser contre cette forte parole de Bossuet : « Qu'un seul moment rien ne soit, éternellement rien ne sera et le néant sera à jamais toute existence. »

Il faut donc en revenir, sur ce point capital, à la grande doctrine de Platon et d'Aristote, de Descartes et de Leibniz, qui est, sous une forme savante, celle que le genre humain professe sous une forme spontanée, à savoir, que le contingent suppose le nécessaire ; car la chaîne immense des êtres ne peut en quelque sorte flotter en l'air et doit se rattacher à un point fixe. Il faut en revenir également à celle-ci, qui la complète, que l'imparfait suppose le parfait ; car le principe doit contenir éminemment les choses qui en dérivent, sans quoi il n'en serait ni la dernière raison ni la suprême explication. Mais, pour les contenir, il doit avoir plus d'être à lui seul qu'elles n'en ont toutes ensemble, c'est-à-dire être réellement et actuellement parfait. C'est ce que le P. Gratry (il faut lui rendre cette justice) a très bien mis en lumière, et par là il a rendu un véritable service à la saine philosophie.

V

DIEU SAISI PAR LE SENS DIVIN ET LA MÉTHODE MORALE

L'âme a deux ailes pour s'élever à Dieu, la dialectique et l'amour : cette pensée de Platon est également celle de Gratry. Aussi, après avoir traité de la dialectique, il traite de l'amour, il fait la théorie du sens divin. Il paraît en avoir puisé l'idée dans Thomassin, qui l'avait lui-même puisée dans les Pères disciples de Platon et des néoplatoniciens : « Tous, dit Thomassin, reconnaissent dans l'âme l'idée innée ou du moins naturelle de Dieu, sorte de science anticipée ou plutôt de conscience de Dieu, que Dieu grave dans les âmes naissantes, ou, si l'on veut, que Dieu toujours présent ne cesse de leur offrir en se montrant .. Plus haut que l'intelligence, ajoute-t-il, il y a un sens mystérieux qui touche Dieu plutôt qu'il ne le voit et ne le conçoit, *supra vim intelligendi est sensus quidam arcanus quo Deus tangitur magis quam cernitur aut intelligitur*[1]. » C'est là, d'après Gratry, le plus profond des faits psychologiques. Il implique que Dieu n'est pas seulement prouvé par ses effets, mais encore par son idée, c'est-à-dire par le sentiment que nous avons de lui. C'est ainsi que l'entendent Platon et Aristote, quand ils nous parlent, l'un, de l'idée du souverain bien, l'autre, de l'amour du su-

---

[1] *Connaissance de Dieu*, t II, p. 151.

prême intelligible ; c'est ainsi que l'entend Descartes, quand il voit dans la notion de l'infini la marque de l'ouvrier sur son ouvrage ; c'est ainsi que l'entend Schelling, quand il nous dit que Dieu ne doit pas être seulement pour la philosophie un être rationnel, mais encore un *être expérimental*. Gratry conclut de tout cela que nous n'avons pas seulement deux sens, mais trois, le sens externe, par lequel nous sentons les corps, le sens interne, par lequel nous nous sentons nous-mêmes, et le sens divin, par lequel nous sentons Dieu.

Pour saisir Dieu, il ne suffit pas d'être doué du sens divin, il faut encore vouloir s'en servir de préférence aux autres sens ; c'est ce que Gratry appelle la méthode morale. Platon la connaissait bien, car il recommandait à ceux de ses disciples qui voulaient devenir vraiment philosophes d'apprendre à mourir, c'est-à-dire à se détacher des choses passagères et périssables, pour s'attacher à l'immuable et à l'éternel. Pour croire en Dieu, il faut donc vouloir. Quand un homme nie Dieu, le principe du mal est dans sa volonté, qui n'a pas fait effort pour maintenir son être dans son état normal et pour faire prédominer en lui les opérations nobles sur les opérations vulgaires. Il n'est pas étonnant, ajoute très bien Gratry, que la dégradation morale amène les hommes à nier Dieu ; car elle les amène à se nier eux-mêmes, c'est-à-dire à méconnaître leur nature dans ce qu'elle a de plus relevé. A mesure, en effet, qu'ils se laissent entraîner au mal et qu'ils deviennent esclaves de leurs passions, ils perdent le sentiment du bien et celui du libre arbitre, et désapprennent la morale dans ses principes constitutifs et essentiels [1].

Il n'y a pas seulement chez Gratry un philosophe un peu mystique, mais enfin un philosophe, il y a encore un théologien. Aussi il distingue, dans la connaissance du monde intelligible, c'est-à-dire de l'être divin, deux régions différentes, celle de la philosophie et celle de la théologie, et essaye, après nous avoir introduits dans l'une, de nous faire pénétrer jusqu'à l'autre. Dans la première, dit-il, Dieu se montre à nous indirectement, en faisant briller ses rayons réfléchis dans notre âme comme dans un miroir ; dans la seconde, il se montre à nous directement et comme face à face. La raison (et ici ce mot désigne l'ensemble de nos moyens naturels de connaître) constitue l'une de ces deux visions ; la foi commence l'autre, qui ne s'achève et ne se consomme que dans la vie future, sous le nom de vision béatifique. Comme tous les mystiques, Gratry parle avec un suprême dédain de cette pauvre petite lumière que la raison nous donne, lumière flottante, inquiète, qui ne se rattache à aucun soleil vivifiant ; lumière sans chaleur, sans bonheur, sans fécondité. Est-ce bien la peine, dit-il, de tant se travailler pour n'arriver qu'à quelques notions abstraites incapables d'éclairer l'esprit, de nourrir le cœur et d'éclairer la volonté ? Il ne faut donc pas s'arrêter à ce premier degré de l'intelligible divin ; il faut monter jusqu'au second.

Nous approuvons presque sans réserve la méthode morale si fort préconisée par Gratry ; car nous sommes convaincu de l'influence que la pratique et l'amour du bien exercent sur la connaissance du bien même. Le philosophe, en effet, n'est pas, quoi qu'on en ait dit, un simple spécialiste qui doit, comme le chimiste et le physicien, consulter son esprit sans jamais interroger son cœur. Ayant pour objet d'étude l'homme et la beauté morale dont il est susceptible, il faut qu'il se dégage de l'animalité pour se connaître et qu'il crée en lui le beau moral pour l'y voir. Bien plus, il faut qu'il sente le beau moral pour en avoir la pleine connaissance : vouloir qu'il se défie du sentiment qu'il en a pour en mieux juger, c'est vouloir que le musicien se défie du sentiment musical pour mieux juger en matière de musique. C'est donc avec l'âme tout entière, non avec la seule raison, qu'il faut philosopher : aussi Jouffroy disait-il que la philosophie est avant tout une affaire d'âme [1].

La théorie du sens divin mérite aussi d'être prise en considération. Il faut, en effet, ou nier Dieu ou reconnaître qu'il y a entre lui et nous une communication intime ; car, suivant l'expression biblique, c'est en lui que nous vivons, que nous nous mouvons et que nous sommes. Mais croire après cela, comme Gratry, que nous pouvons acquérir de Dieu une connaissance vraiment expérimentale, analogue à celle que nous avons des corps, et constituer ainsi une théologie aussi positive que la physique, c'est certainement aller trop loin. Nous savons bien que c'est là la prétention des mystiques, mais ce sont des gens dont il faut se méfier. S'il y a parmi eux des natures fines et délicates, qui abondent en sentiments exquis et en vues élevées, il y a aussi bien des rêveurs, aussi étrangers que possible à la vie réelle, et qui prennent pour des réalités saisies

---

[1] Voir notre *Philosophie du devoir*, p. 29 et 320 de la 3e édition.

par le sens divin les chimères créées par leur imagination émue. L'histoire de leurs visions et de leurs hallucinations est là pour en faire foi. Gratry lui-même est quelquefois sur la pente où tant d'autres se sont laissés glisser. Il semble, en effet, bien près de quitter la claire région de la science pour le domaine vaporeux de la fantaisie, quand il nous dit qu'il y a positivement entre les âmes des communications à distance, et quand il trouve dans deux lignes de latin, écrites au seizième siècle par une personne pieuse, une révélation anticipée de la géologie moderne tout entière.

Un autre reproche que nous adresserons à Gratry, c'est de trop sacrifier la philosophie à la théologie. Nous admirons, avec lui, cette merveille de la théologie chrétienne qui a été, comme il le dit très bien, longtemps travaillée en commun par l'élite du genre humain et qui est comme une œuvre œcuménique. Mais nous soutenons que la philosophie a, elle aussi, sa valeur propre, soit au point de vue intellectuel, soit au point de vue moral. C'est elle qui a créé, dans l'antiquité les sciences physiques, noologiques et politiques ; c'est elle qui a fourni, depuis l'avènement du christianisme, aux théologiens eux-mêmes le fond solide de leurs spéculations ; c'est elle enfin qui aujourd'hui encore anime de son souffle la plupart des sciences, surtout celles qui ont pour objet l'homme et les sociétés humaines. Que si elle parle moins au cœur que la théologie, elle ne le laisse pas non plus tout à fait indifférent. Elle a été, en effet, chez les anciens, comme Bossuet le remarque, un ardent foyer de vie morale, au point qu'elle est devenue, dans certaines écoles, telles que le pythagorisme, le platonisme, le stoïcisme, presque une religion. Elle a, dans les temps modernes, travaillé activement à l'amélioration de notre espèce et a organisé, en faveur de l'affranchissement des opprimés, de la défense de leurs droits, du relèvement de leur dignité, du développement de leur instruction, de véritables croisades auxquelles elle s'est portée de tout son esprit, de tout son cœur, de toutes ses forces, sans se laisser devancer par personne.

Par la prédominance excessive qu'il accorde ici à la foi sur la raison et par ses déclamations contre la philosophie séparée, c'est-à-dire contre la philosophie proprement dite, Gratry semble encore se rattacher au fidéisme de Bautain, son ancien maître, que, du reste, il ne nomme jamais. Toute la différence qu'il y a entre eux, c'est que, chez le maître, la foi est le fondement de la philosophie, tandis que chez le disciple elle n'en est que l'indispensable couronnement. Ce n'est pas là, d'ailleurs, un détail du système de Gratry, c'est son système lui-même. Frappé, comme plusieurs de nos contemporains les plus éminents, de l'état de dispersion qu'offrent les idées au dix-neuvième siècle, l'habile oratorien a voulu, lui aussi, les réunir et les fondre en une vaste synthèse. Pour cela, il s'est d'abord adressé aux savants et a essayé de leur montrer qu'on peut arriver par les seuls procédés dont ils se servent à prouver l'existence de Dieu, c'est-à-dire la plus grande des vérités philosophiques, et que, par conséquent, rien ne s'oppose à ce que la science et la philosophie ne fassent plus qu'un seul et même corps. Se tournant ensuite vers les philosophes, il a tâché de leur faire voir qu'au-dessus des vérités de la morale et de la religion naturelles qu'ils admettent, il y a des vérités morales et religieuses surnaturelles sans lesquelles elles n'ont presque aucune valeur : il a cherché à incorporer la philosophie dans la théologie. Commencé par la raison, son système finit par la foi : c'est un semi-fidéisme ou un semi-rationalisme.

VI

DESTINÉE DE L'HOMME ET DESTINÉE DE L'HUMANITÉ

Le sentiment tenait trop place dans l'âme de Gratry pour que ce philosophe pût longtemps s'occuper de la logique pure, bien qu'il eût quelquefois donné à cette dernière, comme on vient de le voir, un caractère sentimental. Aussi finit-il par y renoncer pour se livrer à des études qui offraient à son cœur aimant plus de satisfaction : « Qu'il me soit permis, dit-il, de laisser le côté abstrait de la science et de dire avec Malebranche : « Je ne veux plus m'occuper que de morale et de reli-« gion. » Je ne veux plus méditer que l'âme et son avenir, l'humanité et sa destinée sur la terre et au ciel [1]. »

L'homme doit vivre sur la terre d'une vie à la fois large et harmonique, c'est-à-dire à la fois triple et une, et se rapprocher ainsi de l'unité et de la triplicité de ce Dieu dont il est l'image vivante. Telle est, suivant Gratry, sa destinée ici-bas. Mais cette destinée, bien

---

[1] *Connaissance de Dieu,* préface de la 2ᵉ édition, p. XVII.

peu d'hommes ont à cœur de l'accomplir. Le genre humain se divise, en effet, en trois races : ceux qui vivent par le ventre, ceux qui vivent par le cerveau et ceux qui vivent par le cœur. C'est des hommes des deux premières classes qu'il faut dire qu'ils ne meurent pas, mais qu'ils se tuent. Cela est vrai, s'il faut en croire notre auteur, des savants, comme des voluptueux, de ceux qui abusent de la lumière comme de ceux qui abusent du feu. Ici Gratry fait un tableau un peu chargé peut-être, mais saisissant de la vie de ces derniers. Il nous décrit admirablement la perversité des sens qui veulent jouir avant le temps, jouir sans fin et sans relâche, épuisant ainsi la flamme destinée à donner aux membres leur force, à l'esprit sa vigueur, à la volonté son élan, au cœur sa délicatesse. Nul genre de suicide, dit-il, n'est plus funeste que celui-là, puisqu'il atteint à la fois la vie physique, la vie intellectuelle et la vie morale [1].

Le portrait que Gratry nous a laissé des hommes d'étude est plus chargé encore, car enfin la plupart d'entre eux se distinguent non seulement par la régularité de leur conduite, mais encore par leur longévité, comme les annales des académies le prouvent suffisamment. Cependant, il offre quelques détails bien choisis et rendus de la manière la plus expressive. Les excès de tête, dit-il, ne sont guère moins funestes que ceux des sens. Ils brisent l'unité vitale, en concentrant toute la vie au cerveau et en frappant tous les autres organes d'une sorte d'atrophie. En même temps, en

---

[1] *Connaissance de l'âme*, t. II, p. 30.

effet, qu'ils développent dans le sujet une sensibilité nerveuse morbide, ils diminuent sa force motrice, dessèchent son cœur, alanguissent sa volonté et énervent son caractère : ils l'annulent physiquement et moralement.

Pour remédier au mal qui nous ronge, il faut nous élever de la classe inférieure et de la classe moyenne à la classe supérieure, de la sphère de la volupté et de celle de la science à celle que Pascal appelle la sphère de la charité. Quant à la manière d'accomplir cette ascension, Gratry nous l'explique à merveille, en s'inspirant à la fois de ce que l'esprit philosophique a de plus noble et de ce que l'esprit chrétien a de plus pur. Nous devons d'abord subordonner en nous les sens à la raison, c'est-à-dire étouffer notre sensualité ; nous devons ensuite subordonner en nous la raison à la conscience au cœur, à l'amour du bien en soi, c'est-à-dire étouffer notre orgueil. C'est ce que notre auteur nomme le sacrifice de l'égoïsme de la chair et de l'égoïsme de l'esprit, c'est-à-dire de l'amour désordonné de nous-mêmes sous ses deux principales formes, à l'amour de Dieu, c'est-à-dire à l'amour de l'ordre absolu. Il est vrai que nous ne pouvons accomplir ce sacrifice tout seuls, sans le secours de Dieu, mais ce secours ne nous fait jamais défaut ; car Dieu, le bien suprême, est toujours là, qui nous sollicite par son invincible attrait, et il ne dépend que de nous d'acquérir une vie plus large et plus parfaite, en nous laissant ravir vers ce centre de tout être et de toute perfection. Cela est vrai de la vie physique comme de la vie intellectuelle et morale : « Qui saurait, dit Gratry, sacrifier à fond l'une et l'autre concupiscence, anéantir les deux foyers, rendre simple sa vie, ramener les trois fonctions fondamentales à l'unité, remplirait, en effet, son corps de lumière et de vie[1]. » A cette hauteur, la médecine, la philosophie et la théologie se confondent.

Notre destinée présente une fois posée, notre destinée future s'ensuit. Après avoir reproduit les preuves classiques de l'immortalité de l'âme, Gratry ajoute, en effet, que, si quelques-uns rejettent cette vérité, c'est qu'ils ne vivent pas d'une vie pleine et n'ont pas, par conséquent, le sentiment de la nature humaine dans sa plénitude; c'est qu'au lieu de monter sans cesse vers l'être, ils descendent constamment vers le non-être et qu'ils ont la conscience de leur inanité croissante et de leur marche constante vers le néant. Ames demi-mortes, ils se sentent pour ainsi dire prédestinés à la mort, qui pour eux cependant ne sera jamais complète et se réduira seulement à un être moindre, tandis que les âmes vivantes anticipent par la pensée et par l'amour cette vie éternelle dont elles sentent sourdre en elles les germes toujours grandissants et dont elles savourent par avance l'ineffable béatitude. Le vice, en effet, émousse le sens de l'immortalité, tandis que la vertu l'aiguise. — C'est là, comme on voit, une nouvelle application du principe de la méthode morale.

Mais cette radieuse immortalité vers laquelle l'âme religieuse s'élance du fond des ténèbres de cette terre, avec un instinct plus sûr que celui qui emporte l'oiseau voyageur loin de la région des frimas, dans les

---

[1] *Connaissance de l'âme*, t. II. p. 160.

contrées aimées du soleil, où la trouverons-nous et sur quelle plage bénie en goûterons-nous la douce possession ? C'est la question, non plus de l'immortalité de l'âme, mais du lieu de l'immortalité, question étrange, devant laquelle se sont arrêtés, sans même se la poser formellement, les plus fermes génies, et qu'un petit nombre d'esprits hasardeux, plus avides de connaître que d'assurer leurs connaissances, ont seuls essayé de résoudre. Avec sa nature mystique et sentimentale, impatiente de savoir beaucoup plutôt que de bien savoir, Gratry devait se laisser tenter par un tel problème et l'agiter avec ardeur. Ce qu'il lui faut, en effet, ce n'est pas ce qu'il appelle la pâle immortalité des traités de philosophie, à laquelle on arrive à grand'peine, par des raisonnements abstraits et qui n'offre qu'une vaine ombre aux bras qui veulent la saisir : c'est cette immortalité vivante et palpable, qui nous apparaît dans l'éclair divin de l'intuition et qui est, comme Dieu même, sensible au cœur. Or, cette immortalité, il a besoin d'un endroit où il puisse la placer.

Il y a, dit-il, un lieu de la vie qui passe, de la vie qui naît et meurt ; il doit y avoir aussi un lieu de la vie qui demeure et ne change pas. Notre destinée est actuellement liée à celle des astres, des soleils et des mondes qui nous environnent ; elle lui sera probablement liée à jamais, sous l'unique condition qu'ils dépouilleront comme nous leur mobilité, pour se revêtir de stabilité. Gratry, en effet, comme tous les mystiques, croit découvrir des affinités merveilleuses entre l'ordre sidéral et l'ordre moral, et le premier lui paraît un perpétuel emblème du second. Les astres, dit-il, sont dispersés loin de leur centre et n'en reçoivent qu'une chétive lumière : c'est comme nous. Ils ne savent rien les uns des autres : nous sommes entre nous dans une ignorance toute pareille[1]. Ils tournent toujours sur eux-mêmes dans une mobilité inquiète : faisons-nous donc nous-mêmes autre chose? Mais nous ne sommes pas faits pour cette vie de mobilité, de ténèbres et de dispersion où les âmes ne se voient qu'un instant, « où elles se saluent, s'embrassent et se séparent. » Nous sommes faits pour la vie stable, pour la vie humaine, pour la vie rassemblée et amoureuse, où tous seront dans tous et tous en Dieu. C'est là, ce doit être là l'état définitif de la création.

Reste à savoir où sera le siège d'une telle vie. Gratry le place dans ce monde, mais dans ce monde transformé. La création, dit-il, se consommera en Dieu, non par l'anéantissement, comme le veulent les faux mystiques, mais pour y vivre d'une vie plus haute[2]. C'est ce que les saints Livres nous font entendre, quand ils nous donnent rendez-vous, pour la fin des temps, dans un ciel nouveau et dans une nouvelle terre, où nous vivrons tous au centre des choses, au lieu d'être disséminés à la circonférence, et où un éternel amour nous fondra dans une unité éternelle.

On voit comment Gratry comprend la destinée humaine. A l'exemple de saint Augustin, de Pascal et aussi de Bautain, dont il s'inspire quelquefois sans le dire et en le laissant du reste loin derrière lui, il distingue

---

[1] *Connaissance de l'âme*, t. II, p. 258.
[2] *Connaissance de l'âme*, t. II, p. 371.

dans l'homme trois vies, celle des sens, celle de l'esprit et celle de l'amour, et fait consister tous les progrès dont il est capable à passer de la première à la seconde, et de la seconde à la troisième. S'élever de ce qui est hors de nous à ce qui est en nous et de ce qui est en nous à ce qui est au-dessus de nous *(ab exterioribus ad interiora, ab interioribus ad superiora)* : voilà, suivant lui, toute la loi ; car la vertu ne consiste pas dans l'état de l'âme posée en soi, mais dans l'élan de l'âme hors de soi et plus haut que soi, grâce à l'attrait que le souverain Bien exerce sur elle. C'est là, hâtons-nous de le dire, la pensée chrétienne, telle qu'il faut la comprendre, s'élevant avec autant de pureté que d'éclat jusqu'aux plus hautes cimes de la spéculation, où elle se rencontre et s'identifie avec la pensée philosophique la plus sublime, telle qu'il a été donné à un Platon et à un Leibniz de la concevoir.

Les vues de Gratry sur le lieu de l'immortalité sont bien plus sujettes à la critique ; car, par certains côtés, elles choquent le bon sens et le bon goût tout ensemble. Mais elles respirent un sentiment qui était presque inconnu aux âges antérieurs, le sentiment je ne dis pas seulement de l'infinité en soi, mais encore de l'infinité des mondes qui flottent dans l'espace et auprès desquels celui que nous habitons n'est qu'un grain de poussière. Par là le saint prêtre de l'Oratoire donne la main, malgré bien des dissidences sur d'autres points, à Jean Reynaud, à M. Flammarion, à tous ceux qui ont cru, de nos jours, élever l'esprit de l'homme, en lui montrant dans les profondeurs insondables du firmament ses futurs domaines.

Ce n'est pas seulement sur la question de notre destinée individuelle, c'est encore sur celle de notre destinée sociale, que Gratry se rapproche des plus hardis novateurs de notre temps. Il se demande, comme Turgot et Condorcet, comme Saint-Simon et Auguste Comte, pourquoi notre espèce a été placée sur cette planète ; si c'est pour y rester éternellement stationnaire ou pour y vivre d'une vie de plus en plus noble et heureuse. Il résout, comme eux, la question par cette doctrine du progrès qui semble avoir été la foi de toute la génération qui nous a précédés. Mais, s'il croit au progrès, ce n'est pas au progrès nécessaire et fatal des saint-simoniens, c'est au progrès libre et facultatif, tel que Proudhon l'a conçu. La liberté est, en effet, le caractère de l'homme, comme l'inertie est celui des êtres matériels, de sorte que nos progrès ne dépendent pas de la force des choses, mais de nos efforts volontaires, et qu'ils sont, pour ainsi dire, dans nos mains.

Pour établir cette doctrine, notre auteur ne s'appuie pas seulement sur la raison, mais encore sur l'Écriture, ce qui est assez peu conforme aux habitudes de la science moderne. La loi du progrès, dit-il, n'est autre que l'universelle et primitive dictée de la conscience et de la raison, dont l'Évangile donne ainsi la formule : « Tout ce que vous voulez que les hommes fassent pour vous, faites-le pour eux »[1]. Cette loi, simple et riche comme celle de l'attraction, en appelle une autre qui s'en déduit immédiatement et qu'on lit également dans l'Évangile : « Si vous demeurez dans la

---

[1] *La morale et la loi de l'histoire*, t. I, p. 7.

loi, vous connaîtrez la vérité, et par la vérité vous irez à la liberté. » De ces deux lois, la première est celle qu'il faut suivre, c'est la loi morale; la seconde montre les effets de la loi suivie, c'est proprement la loi de l'histoire. De là le titre de *La morale et la loi de l'histoire* que Gratry a donné à l'ouvrage qui contient sa doctrine sur nos destinées collectives.

Mais, pour bien comprendre la loi de l'histoire, il faut savoir qu'elle s'applique aux trois mondes au sein desquels notre vie se développe, au monde de la nature, au monde propre à l'homme, qui est la société, et au monde suprême, ou monde religieux. C'est ce que Gratry appelle nos devoirs envers la nature, nos devoirs envers l'homme et nos devoirs envers Dieu, avec les conséquences qui en découlent. Nos devoirs envers la nature sont compris dans ce texte de la *Genèse* : « Croissez, multipliez, remplissez la terre et domptez-la »; nos devoirs envers la société, dans ces mots du *Livre de la Sagesse* : « L'homme a été placé sur la terre pour disposer le globe terrestre dans l'ordre et la justice »; nos devoirs envers Dieu, dans ce passage de l'Évangile : « Cherchez d'abord le royaume de Dieu et sa justice, et le reste vous sera donné par surcroît. » Gratry soupçonne que ces trois devoirs, bien qu'imposés également à toutes les générations, s'accompliront inégalement aux diverses époques et détermineront ainsi trois âges successifs dans l'histoire. Le premier sera celui de la lutte contre la nature, commencement nécessaire du travail humain, et aura pour résultat de la dompter et de l'asservir; le second sera celui de la lutte pour la justice et aura pour effet de faire régner dans la société le même ordre que dans la nature elle-même. Mais ce double résultat ne sera obtenu d'abord qu'imparfaitement et avec peine, de sorte que l'homme éprouvera vivement le besoin d'un secours divin qui l'aide à réaliser entièrement son œuvre. De là un âge de vigoureux élan religieux qui réagira sur les deux précédents et imprimera aux entreprises de l'homme un redoublement d'activité.

Ces divers âges iront ainsi, suivant Gratry, se succédant les uns aux autres, de manière à effectuer de plus en plus et dans une mesure toujours plus large l'amélioration de l'espèce humaine. C'est ce qu'il appelle « les périodes récurrentes de l'histoire, les cercles du progrès, la marche de l'humanité vers la vie toujours plus abondante »[1]. Mais ils ne sauraient aboutir et produire tous leurs fruits qu'à la condition de se dérouler conformément à la grande loi de l'histoire, qui veut que l'homme pratique la justice et qu'il arrive ainsi à la vérité d'abord, puis à la liberté. C'est, en effet, au moyen de la paix que la justice engendre, que l'homme arrive à connaître les lois de la nature et à se soustraire à son empire, c'est-à-dire à posséder la vérité et la liberté dans l'ordre physique. C'est par là aussi qu'il parviendra d'abord à connaître notre nature morale, ensuite à la régler, c'est-à-dire à savoir la vérité sur ces forces spirituelles qui se combattent et s'oppriment aujourd'hui et à leur procurer la liberté, en faisant régner entre elles l'harmonie. C'est par là enfin qu'il réussira à connaître Dieu et à l'aimer, c'est-à-dire à

---

[1] *La morale et la loi de l'histoire*, t. I, p. 16.

posséder, avec la suprême vérité, la suprême liberté, qui consiste dans l'accord de la volonté humaine et de la volonté divine.

Des trois âges de l'humanité, le premier, celui qui consiste à connaître et à dompter la nature, est déjà fort avancé et a déjà donné une grande partie de ses fruits. L'homme possède, touchant le monde matériel, une masse incalculable de notions infaillibles qui lui permettent de s'affranchir de son empire et de le soumettre au sien propre : la connaissance de la vérité lui a donné, dans ce vaste domaine, non seulement la liberté, mais encore la royauté. Quant au second âge de l'humanité, s'il est moins avancé que le premier, il apparaît cependant déjà à l'horizon et nous pouvons déjà (du moins Gratry le croit) en saluer la brillante aurore. Mais pour que le progrès continue à s'accomplir, soit dans le monde physique, soit dans le monde social, tant dans l'ordre de la vérité que dans celui de la liberté, une condition est nécessaire, c'est que l'homme reste inébranlablement fidèle à sa loi et pratique invariablement la justice, ou plutôt la vertu tout entière. A quoi sert, se demande-t-on quelquefois, la morale individuelle, avec ses éternels préceptes de tempérance, de sobriété, de chasteté, qui sont en opposition directe avec la pente même de notre nature? Elle sert, répond Gratry, comme la morale en général, à réaliser le progrès social que tout le monde pressent et auquel tout le monde aspire.

C'est, en effet, en diminuant le nombre des hommes de joie et de proie, destructeurs d'eux-mêmes et d'autrui, qu'on ouvrira au progrès social une route large et facile. Le progrès social étant la grande attraction du moment, il finira par déterminer les divers progrès qui en sont inséparables et sans lesquels il ne pourrait se réaliser. C'est en parlant d'un tel progrès que Gratry s'écrie : « Voilà l'attrait des intelligences et des cœurs, des individus et des peuples. Voilà le désir qui deviendra le point d'appui des forces héroïques que recèle l'âme humaine »[1]. Puis, il ajoute avec l'optimisme qui le caractérise, que, pour satisfaire ce désir, on se soumettra à tout, on se résignera à tout, même à la pratique des vertus les plus difficiles. Les tribuns du jour eux-mêmes, dit-il, nous en sont garants. Proudhon, après avoir célébré les joies austères du devoir accompli, soit dans l'ordre individuel, soit dans l'ordre domestique, a écrit, en effet, ces paroles significatives : « Tout mouvement, soit en bien soit en mal, qui s'accomplit dans l'ordre moral, entraîne, à moins d'une réaction énergique, un mouvement analogue dans l'ordre économique »[2]. Chacun de nous, en effet, comprend que nous ne pouvons rien pour nos frères qui souffrent, rien pour nous-mêmes, sans un sincère effort de régénération morale : aussi cet effort, chacun de nous le fera.

Non content de rattacher le progrès à la morale, Gratry le rattache à la métaphysique, et il émet sur ce point, comme sur le précédent, des vues d'une rare élévation. Laplace, dit-il, se demande quelque part avec

---

[1] *La morale et la loi de l'histoire.* t. I, p. 49.
[2] Proudhon, *La justice dans la Révolution et dans l'Église*, t. III, p. 535.

étonnement ce qu'il faut penser de ce phénomène étrange, inexplicable, qu'on appelle le mouvement. Que dire de ce phénomène plus étrange, plus inexplicable encore qu'on appelle le progrès? Car enfin, ce n'est pas là un simple mouvement, mais un mouvement ascensionnel; ce n'est pas le simple passage d'un mode d'existence à un autre, mais le passage d'un mode inférieur à un mode supérieur, c'est-à-dire quelque chose comme l'émersion du néant à l'être. Relisez, dit Gratry, qui me paraît s'inspirer ici de Buchez, relisez l'histoire de la terre et de ce qui s'est passé dans ses entrailles. Vous n'aviez d'abord que des pierres inertes, et voilà qu'un instant après, sans qu'on sache comment, vous avez eu des réalités vivantes, et bientôt, par suite d'une opération incompréhensible, vous avez eu des réalités sentantes et soi-mouvantes. Vous n'aviez que des réalités de ce dernier genre, et plus tard, à la suite de je ne sais quel coup de baguette magique, vous avez eu des êtres doués de raison et de liberté. Voilà trois prodiges plus extraordinaires que ceux des *Mille et une Nuits* et auxquels, si on ne les voyait, on aurait de la peine à croire.

Ce sont là trois progrès merveilleux, et l'homme qui les résume a lui-même le progrès pour loi. Il est fait pour s'élever graduellement de la vie sourde et confuse de l'instinct à une vie plus distincte et plus haute, à la vie dans la justice, dans la vérité, dans la liberté ou, d'un seul mot, à la vie morale. Comment tout cela a-t-il pu et peut-il encore se faire? Comment expliquer ces singuliers élans qui vont, par d'incompréhensibles transcendances, de ce qui n'est pas à ce qui est, et de ce qui est moins à ce qui est plus? Ce surplus d'être qui survient, à un moment donné, à un être, d'où lui vient-il, sinon de la source même de l'être, c'est-à-dire de l'Être infini et parfait? « Tout mouvement, dit admirablement Gratry, démontre rigoureusement la présence actuelle de Dieu. A plus forte raison, tout progrès démontre la présence réelle et actuelle de Dieu, à la fois puissant, sage et bon, libre, parfait et infini » [1].

Si Dieu est le principe du progrès, il en est aussi le terme et, comme entre Dieu et nous la distance est infinie, nous tendrons éternellement vers lui, sans y arriver jamais, c'est-à-dire sans atteindre à sa perfection. Quand on sait que la durée moyenne d'une planète est de plusieurs milliards d'années, on ne craint pas de conjecturer que nous avons encore des millions et des millions d'années à passer sur la terre et que, durant cet immense laps de temps, des destinées de plus en plus magnifiques y seront notre partage. De telles destinées sont d'autant plus probables que Dieu n'est vraisemblablement pas inférieur à un grand poète : or, « nul grand poète ne décrit un lieu que pour y mettre l'homme et il n'y introduit l'homme que pour le conduire à l'amour ». Il est donc à croire que toute l'œuvre de Dieu, qui a été antérieure à l'homme, a été faite en vue de lui et qu'il y a été introduit lui-même pour y aimer Dieu durant de longs siècles et pour y participer à son bonheur ineffable. C'est par ces considérations, où le sentiment se mêle au raisonnement et où l'homme est présenté

---

[1] *La morale et la loi de l'histoire*, t. I, p. 281.

hardiment comme le but de la création de la terre, que Gratry termine la métaphysique du progrès qu'il a jugé à propos d'esquisser.

Nous ne sommes point hostile à la doctrine du progrès, mais nous trouvons que Gratry l'expose avec une confiance excessive et une exagération manifeste. Si l'humanité gagne sur quelques points et à la surface, elle reste au fond et dans son essence à peu près la même. Les passions qui agitaient nos pères nous agitent, hélas ! à notre tour et éclatent trop souvent, soit dans la vie privée, soit dans la vie publique, par d'effroyables catastrophes ; les maladies dont ils souffraient, nous en souffrons également et il est peu probable que la médecine réussisse jamais à les supprimer tout à fait. Sans doute le bien-être s'est développé parmi nous, mais il y a éveillé de nouveaux besoins, qui ne sont guère moins exigeants que les anciens et auxquels il n'est guère plus facile de donner satisfaction. Que si nous éprouvons, malgré tout, quelques joies dans la vie, la perspective de la mort les empoisonne, en nous montrant quel en sera l'inévitable terme : or, la mort est un mal auquel, quoi qu'on en ait pu dire, on ne remédiera pas de sitôt. C'est ce qu'exprime à merveille un philosophe contemporain, dans un livre écrit sur le même sujet que celui de Gratry et avec la même élévation morale, mais où l'on trouve ce grain de scepticisme et de pessimisme sans lequel il n'y a ni science ni politique sérieuses [1].

Mais, si Gratry a exagéré la doctrine du progrès et

M. Bouillier, *Morale et progrès*.

ne l'a pas établie assez scientifiquement, il a eu le mérite de la rattacher à celle de la Providence dont elle est incontestablement une application. Il s'est hautement séparé, sur ce point, de Condorcet et de Saint-Simon qui spéculaient à perte de vue sur le développement progressif du bien dans le monde, sans admettre, à l'origine des choses, ce principe du bien, qui en est la raison d'être et l'explication. Il a très bien vu ce qui leur avait échappé, que, si l'univers poursuit une fin, et une fin excellente, et que s'il ne la connaît pas, il faut que quelqu'un d'intelligent la connaisse pour lui et l'y pousse à son insu. Une fin, en effet, ne peut être poursuivie qu'à la condition d'être connue, et elle ne peut être connue que par une intelligence.

Un autre mérite de Gratry, c'est d'avoir, après Quinet et Proudhon, compris le progrès humain comme il faut le comprendre, je veux dire comme une libre production de l'homme, et d'avoir essayé de réagir sur ce point, comme sur tant d'autres, contre les idées courantes. Certains auteurs, soit de l'école hégélienne, soit de l'école saint-simonienne, à force de croire au progrès, ont, en effet, fini par se figurer qu'il peut se réaliser, pour ainsi dire, tout seul et sans que l'homme ait besoin de s'en mêler. De là un fatalisme d'un nouveau genre qui aurait pour effet, s'il venait à prévaloir, de paralyser l'activité humaine et de replonger notre espèce dans l'état de sauvagerie d'où elle a eu tant de peine à sortir. Singulière doctrine du progrès dont le résultat le plus net serait la destruction du progrès lui-même ! De cette doctrine, le P. Gratry n'en veut pas. Suivant lui, le progrès est bien réellement la loi de l'homme ;

mais l'homme étant un être libre, le progrès pour lequel il est fait ne saurait impliquer l'anéantissement de sa liberté : il ne peut, au contraire, se réaliser que par elle. Selon que l'homme consent ou ne consent pas à sa loi, qui est de se perfectionner, en vivant pour autrui comme pour lui-même, il y a dans l'humanité progrès ou décadence. C'est là une solution qui concilie, dans la mesure du possible, l'action de l'homme et celle de sa loi et qui nous soutient par l'espérance d'un avenir meilleur, sans nous relever de nos obligations présentes.

D'autres auteurs, appartenant à l'école positiviste anglaise, ont émis touchant le progrès une opinion qui implique la négation non seulement du libre arbitre, mais encore de la morale elle-même. Après avoir rabaissé le rôle de la morale, comparé à celui de la science, dans l'histoire de la civilisation, Thomas Buckle affirme que les bonnes et les mauvaises actions des hommes ne produisent, les premières qu'un bien passager, les secondes qu'un mal passager, et que les unes et les autres n'exercent pas la moindre influence sur la marche générale du genre humain. Il s'ensuit que cette vertu tant célébrée et ce vice tant maudit doivent être appréciés à peu près de la même manière et ne sont séparés après tout que par des différences imperceptibles, de sorte qu'il importe assez peu qu'on recherche l'une ou qu'on s'abandonne à l'autre. Non seulement le livre de Gratry est une réfutation indirecte de cette doctrine, mais notre auteur la prend directement à partie et prouve très bien ce qui jusqu'à notre époque troublée n'avait pas eu besoin de preuve, que le vice énerve et tue les individus et les peuples, tandis que la vertu les réconforte et les vivifie; que le vol, le meurtre et les attentats de tout genre entravent et ralentissent le mouvement de l'humanité vers ses destinées ultérieures, tandis que la probité, le respect de la vie d'autrui et les autres formes de la moralité le facilitent et l'accélèrent. Par là il a bien mérité de la philosophie qui défend la raison, la liberté, la conscience, tous les attributs supérieurs et distinctifs de l'homme, et qui cherche à sauvegarder l'intégrité de la nature humaine.

Gratry ne survécut pas longtemps à la publication de *La morale et la loi de l'histoire :* le livre avait paru en 1868 ; l'auteur mourut en 1872. Ses dernières années avaient été attristées par les débats théologiques auxquels il prit part, à l'époque du concile, et par la nécessité où il fut d'adhérer finalement à des doctrines qu'il avait vivement combattues. Elles le furent encore plus par les guerres qui désolèrent l'Europe et par les désastres qui frappèrent notre patrie. Il en eut le cœur déchiré, mais il resta néanmoins plein d'espoir dans l'avenir de la France et dans celui de l'espèce humaine.

Le P. Gratry est incontestablement une des figures les plus remarquables et les plus sympathiques du clergé contemporain. Venu à une époque où le traditionalisme et l'ultramontanisme dominaient dans notre pays, il a su se soustraire au joug de l'un et ne faire à l'autre que les concessions impérieusement commandées par les circonstances. Nature foncièrement candide et bienveillante, malgré de très regrettables excès de plume, il était fait non seulement pour espérer, mais encore pour croire et pour aimer. De là les théories voisines de l'hypothèse qu'il a conçues en métaphysique et les divinations fort proches parentes de l'utopie qu'il s'est permises en matière d'histoire. Mais, à travers tout cela, circule un esprit si élevé, une sensibilité si vraie, une imagination si brillante que le lecteur est séduit, sinon convaincu, et qu'il aime mieux se laisser aller au courant de ces nobles pensées que d'y opposer de froides objections. Ce qui caractérise les productions intéressantes, bien qu'un peu confuses et diffuses de Gratry, c'est qu'au lieu d'être des œuvres mortes, où l'on coud bout à bout les arguments qui ont cours dans les écoles, elles sont des œuvres essentiellement vivantes, où l'auteur s'est mis tout entier et qu'il a écrites, suivant l'expression de Rémusat, avec tout lui-même. C'est ainsi qu'en ont jugé tous ceux qui les ont lues : « Mal conçus, dit un philosophe très judicieux, semés d'épisodes, dépourvus de plan, ses livres, malgré tout se font lire, grâce à la chaleur communicative qui les anime. On s'intéresse moins aux opinions, les unes communes à tous les philosophes catholiques, les autres très hasardées, qu'à l'apôtre qui les soutient avec toute son âme[1] ». « Si les livres du P. Gratry, dit à son tour un des maîtres de la critique contemporaine ne sont pas décisifs, et si le lecteur s'y sent plutôt remué que convaincu, et poussé en avant que dirigé, il en reste, comme dernier et durable effet, une vive impulsion vers le devoir, un développement du sens du divin[2] ».

Le P. Gratry et Mgr Maret ne sont pas les seuls

---

[1] Charles, *Dictionnaire des sciences philosophiques* de M. Franck.
[2] M. Nisard, Réponse à Saint-René Taillandier, successeur de Gratry à l'Académie française.

membres du clergé qui aient, de nos jours, donné à leurs spéculations un caractère plus ou moins rationnel. Un grand nombre de prêtres distingués ont suivi la même voie, particulièrement ceux qui se rattachent au mouvement ontologiste dont nous aurons plus tard à retracer l'histoire. Il suffit de citer l'abbé Baudry, depuis évêque de Périgueux, qui l'inaugura par son enseignement à Saint-Sulpice ; l'abbé Branchereau, supérieur du séminaire d'Orléans, dont les *Prælectiones philosophicæ* (1849) ont exercé sur le clergé une influence réelle; l'abbé Hugonin, actuellement évêque de Bayeux, bien connu par son livre de l'*Ontologie ou des lois de la pensée* (1856) et l'abbé Fabre d'Envieu, professeur à la Sorbonne, auteur du *Cours de philosophie* (1863), de la *Défense de l'ontologisme* (1862) et de la *Réponse aux lettres d'un sensualiste* (1863), où il combat vigoureusement le néopéripatétisme du P. Ramière. A ces noms, on pourrait ajouter celui de l'abbé Blampignon dont le livre sur Malebranche a été couronné par l'Académie française. Avant eux, un professeur éminent, qui malheureusement n'a rien écrit, M. l'abbé Noirot avait vaillamment défendu, dans sa chaire du lycée de Lyon, cette grande alliance de la raison et de la foi, qui avait fait à d'autres époques la gloire de la philosophie chrétienne. Tous ceux qui l'ont entendu, et nous sommes du nombre, se souviennent des leçons ou plutôt des interrogations piquantes et fécondes dans lesquelles excellait ce nouveau Socrate et par lesquelles il savait éveiller, chez les jeunes gens, l'esprit de recherche et de réflexion.

CHAPITRE VIII

BORDAS DEMOULIN, OU LE RATIONALISME GALLICAN

Vie de Bordas. Rappel de la pensée à elle-même. Théorie des idées. — Théorie de la substance et théorie de l'infini. — Applications de la théorie des idées à l'histoire de la philosophie : examen des systèmes — Applications à l'histoire générale : christianisme social. — Applications à l'époque présente : réforme catholique; retour au gallicanisme.

I

VIE DE BORDAS. RAPPEL DE LA PENSÉE A ELLE-MÊME
THÉORIE DES IDÉES

La cause de la raison et de la liberté que le P. Gratry n'avait prise en main qu'avec une certaine circonspection et sous d'importantes réserves, trouva un défenseur plus hardi et plus résolu dans un penseur qui n'était ni porté par son caractère, ni astreint par son habit à ménager les puissances établies et à se soumettre passivement à leurs prescriptions. Nous voulons parler de l'un des plus profonds et du plus méconnu des philosophes catholiques de notre époque, de Jean Bordas, qui combattit à outrance la théocratie, soit dans l'ordre politique, soit dans l'ordre spéculatif, en même temps qu'il protégeait énergiquement contre tous les assauts le spiritualisme chrétien ébranlé. C'est une singulière destinée que celle de cet homme supérieur qui naît dans une chaumière, vit dans une mansarde, meurt à l'hôpital et qui, dans tout le cours de cette existence misérable, recherche la vérité avec passion, la dit avec sincérité, sans se permettre d'en rien dissimuler pour plaire aux différents partis qui nous divisent, et qui recueille, pour tout fruit de sa probité intellectuelle, la méfiance des théologiens, le silence des philosophes et l'indifférence de l'opinion. Nul pourtant ne vécut plus que lui de la vie de son temps, nul ne se posa avec plus de netteté et ne débattit avec plus de puissance le problème de son siècle, l'accord de la foi et de la raison, de la religion catholique et de la révolution française.

Jean Bordas, surnommé Demoulin on ne sait pourquoi, naquit au hameau de la Bertinie, commune de Montagnac-Lacrempse, dans le département de la Dordogne, en 1798. Fils de paysan et orphelin dès le berceau, il fut élevé modestement et chrétiennement dans son village, jusqu'à l'âge de quinze ans, par une tante pieuse. A cette époque, le désir de savoir dont il était dès lors tourmenté, le porta à quitter la Bertinie pour Bergerac. Il étudia, pendant plusieurs années, comme externe, au collège de cette ville et y montra à la fois de grandes dispositions pour les sciences mathématiques et un goût prononcé pour les questions philosophiques et religieuses. Comme ces dernières n'étaient pas précisément à l'ordre du jour, il emprunta, pour s'essayer à les résoudre, des cahiers de théologie qu'un jeune séminariste voulut bien lui prêter. Sa vocation commençait déjà comme on voit, à se dessiner nettement.

Bordas nous raconte lui-même, dans une sorte d'autobiographie extrêmement précieuse, qu'il lut à cette date le fameux discours de Rousseau sur les lettres et que cette lecture le bouleversa. Voyant constamment les mœurs se corrompre, les institutions se dissoudre et les peuples dépérir, à mesure que les arts, les lettres et les sciences se développaient chez eux, il se demanda avec anxiété s'il y avait opposition entre la moralité et les lumières. C'était, sous une forme plus générale, la question de la conciliation du christianisme et de la civilisation moderne qui s'emparait de cette intelligence méditative [1].

Pour résoudre ce grand problème, Bordas partit pour Paris (1819), avec une ardeur qui rappelle celle des chercheurs du seizième siècle, et se mit en quête des auteurs qui l'avaient agité. Il lut successsivement Bonald et Condorcet qu'il jugea à la fois exclusifs et superficiels ; car ils ne tenaient compte que de l'un des termes de la question et n'en cherchaint point la solution au fond de l'âme. Platon, saint Augustin, Descartes et Leibniz lui parurent des esprits plus larges et plus profonds ; mais ils n'abordaient pas directement le problème dont il était préoccupé. Rappelant alors, de guerre lasse, sa pensée sur elle-même, comme Descartes

---

[1] *Œuvres posthumes*, t. I, p. 4.

l'avait fait dans une circonstance semblable, il trouva ou crut trouver dans la doctrine des idées la solution qui s'était si longtemps dérobée à ses efforts. C'était en 1824. Depuis lors, il poursuivit ses études philosophiques, politiques et religieuses, jusqu'à ce qu'il eût amené ses conceptions au degré d'organisation et de maturité où elles se montrent dans ses écrits. Mais ce n'est pas tout de philosopher, il faut vivre. Or, Bordas avait vécu jusque-là en mangeant, comme notre grand fabuliste, son fonds avec son revenu, de sorte qu'un beau jour il se trouva sans ressources et fut obligé de recourir aux plus tristes expédients pour soutenir son existence besoigneuse. Durant six ans, ce penseur éminent végéta misérablement sur le pavé de cette capitale des lumières, où s'étalent orgueilleusement tant de sottes médiocrités, obligé souvent de se mettre au pain et à l'eau, quelquefois même d'aller chercher la nuit, pour se chausser, de vieux souliers, au coin des bornes. Un jour toute sa fortune se trouva réduite à la somme dérisoire de vingt ou vingt-cinq centimes ; mais, au lieu de l'employer à s'acheter du pain, il s'en servit (tant la vie intellectuelle primait chez lui tout le reste !) pour se procurer une dernière séance au cabinet de lecture, après quoi il attendit la mort sans se plaindre. La mort ne vint pas. Un honnête ecclésiastique, l'abbé Sénac, aumônier du collège Rollin, le tira de cette affreuse situation. Non content de partager sa table avec lui, l'excellent homme fit tous ses efforts pour lui procurer des leçons et pour l'aider à se produire dans ce monde des lettres et de la philosophie où ses goûts et ses talents semblaient l'appeler.

La tâche n'était pas des plus faciles; car, si Bordas avait le cœur bien placé, il était, comme la plupart des solitaires, susceptible de caractère, entier dans ses opinions et portait jusqu'à l'orgueil le sentiment de sa valeur personnelle. C'est par là qu'il faut expliquer les attaques violentes qu'il dirigea, dès 1834, contre le chef de l'école éclectique, pour lequel un homme plus habile, plus ou moins épris de ses propres idées aurait eu quelques ménagements, ainsi que sa brouillerie peu motivée avec le digne ecclésiastique qui l'avait si généreusement secouru. Cela n'empêcha pas, du reste, V. Cousin de lui être favorable à l'Institut; car ce fut sur sa proposition que le mémoire de Bordas sur le *cartésianisme* fut couronné par l'Académie des sciences morales, *ex æquo* avec celui de M. Bouiller, et que son *Éloge de Pascal* obtint la même distinction de la part de l'Académie française. Quant à l'abbé Sénac, il lui fut utile même après leur rupture ; car il l'avait mis en rapport avec un jeune homme distingué, Huet, professeur à l'Université de Gand, qui fut non seulement son disciple dévoué, mais encore son soutien et sa providence au milieu de ces difficultés de la vie que notre pauvre philosophe était si peu capable de surmonter.

Atteint, en 1859, d'une maladie dangereuse, Bordas se fit transporter à l'hôpital Lariboisière, où il espérait être mieux soigné que dans son humble demeure de la rue des Postes. Il y mourut, le 25 juillet, édifiant par la vivacité de sa foi les religieuses qui l'entouraient, ainsi que le curé Martin de Noirlieu qui l'assistait à ses derniers moments, et qui disait à qui voulait l'entendre : Quelle foi dans cet homme! Il laissait à ses contemporains, malgré quelques travers inséparables de la condition humaine, l'exemple d'une vie consacrée tout entière à la poursuite du vrai et où les préoccupations vulgaires n'avaient tenu aucune place.

Les principaux ouvrages de Bordas sont le *Cartésianisme ou la véritable rénovation des sciences*, suivi de deux dissertations profondes, l'une sur la substance et l'autre sur l'infini, 2 vol. (1843); les *Mélanges philosophiques et religieux* (1846), recueil d'articles intéressants publiés dans les journaux, particulièrement dans la *Gazette des Écoles*, à partir de 1831, ainsi que dans le *Dictionnaire de la Conversation*; les *Pouvoirs constitutifs de l'Église* (1855), où l'organisation ecclésiastique est étudiée sous toutes ses faces; les *Essais de réforme catholique* (1856), composés en collaboration avec Huet, et les *Œuvres posthumes* que ce dernier publia presque immédiatement après la mort de son maître, 2 vol. (1861)[1].

Pour Bordas, comme pour Descartes, la philosophie consiste à écarter les impressions des sens, ainsi que les notions qu'elles servent à former, et à se saisir soi-même dans sa propre pensée, c'est-à-dire dans ce que l'on a de plus intime, de manière à pouvoir proférer avec une pleine intelligence cette grande parole : Je pense, donc je suis. La pensée, en effet, n'est pas insaisissable, comme on est peut-être tenté de le croire, car la saisir, ce n'est pas se la représenter par l'imagination, mais la concevoir et la comprendre. De même,

---

[1] Voir *l'histoire de la vie et des ouvrages de Bordas*, par Huet. 1 vol. in-12. Michel Lévy, 1861.

cette vérité : Je pense, donc je suis, qui sert de fondement à la philosophie depuis Descartes, n'en suppose pas, comme on le dit quelquefois, une autre plus générale, à savoir, que tout ce qui pense existe ; car la vérité n'est que la réalité connue, et il n'y a point de réalité en général, mais seulement des réalités particulières. Il faut bien, en effet, dit Bordas, que j'aie d'abord saisi ma réalité particulière dans le fait particulier de ma pensée, pour que cette proposition générale, tout ce qui pense est réel, soit intelligible pour moi. Ce n'est pas par un procédé logique et discursif, mais par un procédé psychologique et intuitif, que le vrai philosophe arrive à se saisir lui-même. Il se saisit comme une chose qui doute et qui désire, c'est-à-dire qui est imparfaite, et en même temps il saisit Dieu comme une chose qui ne doute pas et qui ne désire pas, c'est-à-dire qui possède toutes les perfections. Pour connaître l'imparfait il faut bien, en effet, qu'il connaisse un parfait auquel il le compare : l'âme et Dieu lui sont donc donnés ensemble, dans le retour de la pensée sur elle-même. La scolastique n'avait pas compris cela. Aussi, « loin d'ouvrir la voie à la philosophie, dit Bordas, elle n'avait réussi qu'à la lui fermer, puisqu'elle jetait la pensée hors de soi et l'enchaînait dans les mots »[1]. Bacon ne l'avait pas compris davantage : il avait formellement condamné cette étude de la pensée, qui est la philosophie même, et prononcé ainsi son propre arrêt comme philosophe.

On voit qu'avec Bordas, nous sommes bien loin de

---

[1] *Le cartésianisme*, t. I, p. 5.

Bonald, de Lamennais, de tous les frivoles contempteurs de la philosophie en général et de la psychologie en particulier, et que nous revenons aux vrais maîtres de la métaphysique, notamment à Descartes. On ne saurait, en effet, entrer plus avant que Bordas ne le fait dans l'esprit de ce philosophe, ni mieux *repenser* sa pensée, ni se montrer plus original en la reproduisant. C'est que ce grand homme, enseignant une doctrine de liberté intérieure, c'est-à-dire de retour et d'appel à la seule raison, ceux qu'il conquiert à ses idées, il les affranchit, ceux dont il fait ses disciples, du même coup il en fait des maîtres, en les habituant à chercher la vérité, non dans ses paroles, mais dans leur propre pensée. C'est de lui qu'on peut dire à la lettre qu'il est le maître des maîtres, *il maestro di color che sanno*.

Si Descartes a eu le mérite de rappeler la pensée à elle-même, il a eu le tort, suivant Bordas, de ne point l'analyser à fond et de ne point organiser complètement cette théorie des idées, sans laquelle la philosophie est condamnée à rester, en quelque sorte, à l'état embryonnaire. C'est pourquoi il essayera lui-même, en s'aidant des travaux de ses devanciers, de combler cette lacune. Penser, dit-il, ce n'est point, comme on se le figure quelquefois, se représenter par des images les objets sensibles. Ce dernier acte n'émane pas de l'entendement, mais de l'imagination, qui a pour fonction de conserver les images que les sensations produisent en nous. Or ces images ne se rapportent qu'à des objets sensibles et particuliers, à tel corps ou à tel autre, tandis que la pensée se rapporte à Dieu et à l'âme, à la vérité et à la justice, en un mot, à des objets suprasensibles et universels. Penser c'est, suivant l'étymologie du mot (*pensare*), peser et par conséquent apprécier les choses. Or, pour les peser et les apprécier, il faut avoir des unités de poids et de mesure qu'on prend pour termes de comparaison, des types dont on les rapproche et d'après lesquels on les juge. Ces types, ces unités de mesure et de poids sont, suivant Bordas, les idées proprement dites.

Les idées sont dans l'entendement ou plutôt sont l'entendement même; car elles ne sont pas des réalités distinctes de nous, elles sont nous-mêmes, en tant que nous possédons certaines propriétés que nous pouvons appliquer à la multitude des objets. J'ai l'idée de nombre, l'idée de beauté, l'idée d'honnêteté, l'idée de cause, et je m'en sers pour porter des jugements sur les choses de l'ordre mathématique, de l'ordre esthétique, de l'ordre moral, de l'ordre métaphysique; tandis que les animaux, ne possédant point d'idées de ce genre et étant réduits aux seules images, sont incapables de juger en pareille matière, c'est-à-dire de penser véritablement. Bien moins encore peuvent-ils former des sciences; car les sciences sont de longues chaînes de pensées coordonnées entre elles logiquement, c'est-à-dire conformément à certaines idées-maîtresses. Aussi, n'a-t-on jamais vu, parmi eux, des mathématiciens ni des artistes, des moralistes ni des métaphysiciens [1].

Bordas ne se borne pas à distinguer l'idée de la sensation, il la distingue encore de la perception; il ne se sépare pas seulement des sensualistes, mais encore

---

[1] *Mélanges philosophiques et religieux*, p. 1-17.

des conceptualistes et des philosophes écossais, qui ont reproduit leur système. Dire, comme ces derniers, que l'idée n'est que *l'acte de l'esprit en tant qu'il connaît*, c'est dire, en effet, qu'elle se confond avec la perception et qu'elle est passagère et intermittente comme elle. Mais, l'idée étant l'essence même de l'âme, dire qu'elle est intermittente et passagère c'est dire que l'âme l'est aussi, c'est dire qu'elle passe par une série indéfinie d'extinctions et de renaissances, c'est nier la continuité de la vie intellectuelle et en rendre le premier acte lui-même inexplicable. Si, en effet, l'âme n'a point d'idées permanentes, de propriétés fixes, d'essence véritable, il est impossible de comprendre non seulement qu'elle produise des séries d'actes congénères, mais encore qu'elle produise un acte quel qu'il soit[1]. Bordas, comme on voit, reprend ici très heureusement et avec une singulière vigueur la grande thèse de Descartes, que l'âme pense toujours, parce que la pensée est son être même, thèse que Locke et ses disciples avaient si légèrement attaquée et si faiblement combattue.

Mais il ne suffit pas, suivant Bordas, de distinguer l'idée de la sensation et de la perception, et de la considérer comme quelque chose de fixe et de stable, pour professer la vraie doctrine des idées et pour posséder le principe en dehors duquel il n'y a point de salut pour la philosophie. Il faut faire un pas de plus et bien se convaincre que les vérité que nous concevons étant éternelles, ce n'est pas en nous ou du moins pas en nous

---

[1] *Mélanges philosophiques et religieux*, p. 100.

seuls, êtres éphémères, que nous les concevons, mais dans un Être éternel comme elles. Ce qui revient à dire que les idées qui sont en nous et qui constituent le fond de notre être, répondent aux idées qui sont en Dieu et qui constituent le fond de l'Être divin, et que, quand nous entendons une vérité, nous l'entendons par les idées humaines et par les idées divines tout ensemble. «Il suit de là, dit Bordas, que nos idées dépendent immédiatement des idées divines, et qu'elles doivent sans cesse s'élever à elles et leur rester unies pour se soutenir et être dans leur force »[1]. C'était la pensée de Platon, quand il déclarait dans sa *République* « que l'idée du bien, sous laquelle sont comprises toutes les idées générales, est Dieu, et que l'âme montre toute son intelligence lorsqu'elle s'attache à lui, et que lorsqu'elle s'en détourne, elle semble la perdre. » C'était aussi sa pensée quand il affirmait, dans le *Phédon*, que la vie du philosophe est l'apprentissage de la mort, c'est-à-dire une sorte de détachement du corps et des sensations dont il est la source, et une sorte d'élan vers les idées qui sont en Dieu, qui sont Dieu luimême.

A ces vues dont on contestera peut-être la justesse sur quelques points, mais dont on ne saurait méconnaître la profondeur, Bordas en ajoute d'autres qui ne sont pas moins remarquables et où éclate au plus haut degré son sens métaphysique : « En créant les esprits, dit-il, Dieu a produit l'image de lui-même, et les idées générales qui constituent l'esprit créé sont la copie

---

[1] *Mélanges philosophiques et religieux*, p. 91.

des idées générales qui constituent l'esprit créateur. En créant les corps, il a produit aussi une certaine image de lui-même, puisqu'il les a faits d'après ce qui en lui les représente éternellement ; et les propriétés générales qui se rencontrent dans les corps et y forment ce qu'ils ont de fondamental, sont à leur manière une copie de ce qui leur répond en Dieu. Ainsi, les raisons qui subsistent en lui comme raison souveraine ou incréée, en nous comme raison subalterne ou créée, subsistent dans les corps comme rapport animal, végétal, minéral. C'est pourquoi notre intelligence, quoiqu'elle ne voie et ne comprenne jamais que ce qui est en elle-même, voit et comprend ce qui est hors d'elle, au moyen d'elle-même, qui, pour soi, en est la représentation » [3].

Ici, Bordas ne se borne pas à commenter Platon, comme ailleurs Descartes, avec une rare originalité, il entre, sans doute à son insu, dans une des idées les plus remarquables de Hegel, dans l'idée par laquelle il a peut-être le mieux réussi à faire échec à l'idéalisme de Kant, c'est qu'il y a une harmonie parfaite, ou plutôt une véritable identité entre les lois de la pensée et celles de la nature, à cause de la source commune dont elles dérivent. D'où il suit qu'on peut conclure presque à coup sûr de l'une à l'autre. De là ces hardies anticipations du génie que l'expérience ne manque presque jamais de confirmer.

Les idées de Bordas que nous venons d'exposer ne sont pas entièrement originales. Le rappel de la pensée

---

[1] *Mélanges philosophiques et religieux*, p. 91.

à elle-même avait été enseigné avant lui par plusieurs grands philosophes, notamment par Descartes ; l'existence de principes fixes soit dans l'homme, soit dans Dieu, soit dans la nature même, dont ils règlent les mouvements, avait été proclamée avant lui par plusieurs penseurs éminents, particulièrement par Platon. Mais, si Bordas reproduit sur ces deux points les doctrines de ses maîtres, il leur imprime son cachet et les approprie à l'esprit de son époque. Aucun philosophe de notre temps, pas même Maine de Biran, n'a caractérisé avec plus de profondeur et recommandé avec plus d'insistance l'observation intérieure, au sens métaphysique du mot, je veux dire en tant qu'elle atteint non seulement les phénomènes, mais encore l'être lui-même. Seulement l'auteur des *Fondements de la psychologie* l'applique principalement à cet élément actif de notre nature, par lequel nous échappons au mécanisme du monde extérieur, tandis que l'auteur du *Cartésianisme* l'applique surtout à l'élément rationnel, par lequel nous nous rattachons à l'Être divin. Ils cherchent le fondement de leur philosophie, l'un dans l'opposition du moi et du non-moi, l'autre dans l'union de l'âme avec l'Absolu.

La doctrine de Bordas tranche par sa hardiesse avec le spiritualisme timide des Écossais et de quelques éclectiques qui, n'osant répudier la méthode expérimentale telle que l'entendait le dix-huitième siècle, ne voient dans la conscience que des faits d'expérience mobiles et passagers, et ferment les yeux sur ces idées éternelles qui, au lieu de dériver de l'expérience, la dominent et la règlent et qui, loin d'être de simples actes et de simples lois, sont l'âme et Dieu lui-même dans leur fond et dans leur essence.

Mais comment de simples idées, c'est-à-dire des choses multiples et diverses, peuvent-elles constituer l'unité de l'âme et de Dieu? Comment de simples attributs qui devraient, à ce qu'il semble, supposer une substance, s'identifient-ils à la substance et en sont-ils indiscernables? C'est un point qu'il est assez difficile de comprendre, mais qui paraîtra peut-être plus intelligible, si l'on réfléchit que la substance est la dernière raison des choses et que, par conséquent, elle ne doit pas être inférieure aux choses dont elle est la raison. C'est pourquoi Descartes faisait de la pensée, non un simple mode, mais la substance même de l'âme ; c'est pourquoi Aristote expliquait le monde, non par une substance douée de pensée, mais par la pensée consciente, par la pensée de la pensée : « Ne nous figurons pas, dit à son tour un grand métaphysicien de notre temps, la cause première comme quelque chose qui existerait d'abord et qui, en outre, penserait, comme une substance telle que l'imagine Spinoza, ayant la pensée pour attribut et d'autres attributs peut-être, sans que le fond de son être fût pensée, et qui serait, selon le mot d'Aristote, comme une pierre pensante. Au contraire, il faut admettre que la première et absolue existence dont toute autre ne nous offre qu'une limitation, que la seule parfaite substance est la pensée [1]. »

Quoi qu'il en soit de ce point de doctrine qui nous passe, comme tout ce qui touche à l'existence absolue et inconditionnelle, il faut convenir que Bordas a relevé d'une main ferme le drapeau de ce que M. Ravaisson

---

[1] Ravaisson, la *Philosophie en France au* XIX*e siècle*, p. 259.

nomme « le réalisme ou positivisme spiritualiste, ayant pour principe générateur la conscience que l'esprit prend en lui-même d'une existence dont il reconnaît que toute existence dérive et dépend », et qu'en combattant les scolastiques et les auteurs du seizième siècle qui réduisent la philosophie soit à l'étude des formes verbales, soit à celle des phénomènes matériels, il a fait d'avance bonne justice de ceux (et ils ne sont pas rares) qui voudraient aujourd'hui l'absorber soit dans la philologie, soit dans la physiologie.

II

THÉORIE DE LA SUBSTANCE ET THÉORIE DE L'INFINI

Si notre esprit est constitué par nos propres idées et si nous pouvons saisir ces dernières en nous repliant sur nous-mêmes, rien ne nous empêchera de saisir notre esprit dans son fond et en quelque sorte dans sa substance : il nous suffira, pour cela, de donner à ce mouvement de réflexion assez d'intensité et d'énergie. C'est ce que Bordas essaye de faire, pour son compte, dans un remarquable morceau de métaphysique, qui fait suite à son livre le *Cartésianisme* et qui a précisément pour titre : *Théorie de la substance*.

Quand la pensée tente de pénétrer sa propre essence, elle y découvre deux éléments qui servent, en quelque sorte, de principes à tout le reste, la quantité et la vie. Par la première, elle conçoit les idées de la distance, de la succession, de la durée, de toutes les choses, en un mot, qui impliquent la divisibilité et l'inertie et qui peuvent s'évaluer en nombre ; par la seconde, elle s'élève à l'idée de la beauté, de la vertu, de la justice, de toutes les choses qui supposent l'indivisibilité et l'activité et qui échappent au calcul. C'est la célèbre division des idées de Malebranche, en idées de grandeur et idées de perfection. Ces deux sortes d'idées, si différentes qu'elles soient, sont inséparables : supprimez l'idée de perfection et vous supprimez celle de grandeur ; supprimez l'idée de grandeur et vous supprimez celle de perfection. Il en est de la vie et de la quantité comme de la perfection et de la grandeur qui en découlent, elles sont indissolublement liées. Que deviendrait la quantité sans la vie qui en retient les parties, les empêche de se dissoudre à l'infini et de s'évanouir ? Et que deviendrait la vie sans la quantité qui lui sert de support, qui la détermine et lui permet de se manifester ? Point de quantité sans vie, dit Bordas, et point de vie sans quantité.

Mais s'exprimer ainsi n'est-ce pas absorber l'esprit dans la matière ? Nullement. De même qu'on ne spiritualise pas la matière en lui accordant une activité et des forces physiques, on ne matérialise pas l'esprit en lui attribuant une quantité d'un certain genre, non pas celle que nos yeux voient et que touchent nos mains, mais celle que le mathématicien conçoit et sur laquelle il opère, c'est-à-dire une quantité intelligible.

Ces deux éléments sont également nécessaires à l'âme humaine : « Comment voudrait-on, dit Bordas, que l'âme, sans la vie, pût avoir les idées de perfection, et sans la quantité, les idées de grandeur ? Les idées, considérées en soi, indépendamment de leur perception, que sont-elles, sinon la propriété dont jouit l'âme, d'être la représentation de toutes choses qui, en dernière analyse, se ramènent aux choses de perfection et aux choses de grandeur? Comment les représenterait-elle, si elle ne renfermait ou, pour mieux dire, si elle n'était rien qui y répondît? Comment verrait-elle en elle-même ce qui est hors d'elle, si elle ne portait point en soi quelque chose d'analogue à ce qui est hors de soi? Ce quelque chose, qui est l'ensemble des rapports de perfection et des rapports de grandeur, ou la vie et la quantité, voilà ce qui fait la pensée, en tant que substance; ce qui la fait en tant qu'acte ou opération, c'est la perception, la vue qu'elle a en se repliant sur soi, de ces rapports qui la constituent et forment sa nature[1]. »

Jusqu'ici la substance a été mal comprise. Les uns l'ont fait consister dans la force seule, ce sont les dynamistes ; les autres, dans la quantité seule, ce sont les mécanistes. Elle doit être considérée comme un composé de force et de quantité, c'est-à-dire que le dynamisme et le mécanisme doivent se coordonner au sein d'une synthèse supérieure. Malebranche seul a failli saisir la vérité sur ce point, quand il a placé en Dieu l'étendue intelligible. Cela lui a permis de mettre d'accord ceux qui prétendent que l'espace est absolu et ceux qui soutiennent qu'il est relatif; car il distingue très bien, d'une part un espace absolu, qui est précisément l'étendue intelligible en question, et de l'autre l'espace relatif ou étendue matérielle, qui n'est que la collection des corps. Seulement ce philosophe a eu le tort de re-

[1] Le *Cartésianisme*, p. 372.

garder l'étendue intelligible comme nécessaire à la représentation des êtres créés, plutôt que comme inhérente à la substance même du Créateur, et de ne pas l'attribuer à l'âme comme à Dieu lui-même. La quantité et la vie n'appartiennent pas seulement à Dieu et à l'âme ; elles sont communes à tous les êtres et peuvent être regardées comme leurs propriétés constitutives et essentielles. Mais elles s'unissent en eux à doses inégales : dans les êtres inorganiques, ce qui domine c'est la quantité ou l'étendue, tandis que, dans les êtres organisés et à plus forte raison, dans les êtres moraux, c'est la force ou la vie.

C'est pour n'avoir pas conçu la substance comme ils devaient la concevoir, c'est-à-dire comme l'indissoluble union de la quantité et de la force, que le mécanisme et le dynamisme se sont livré tant de combats stériles, depuis l'époque de Démocrite et de Thalès jusqu'à celle de Descartes et de Leibniz. Grâce à Bordas (c'est du moins ce qu'il nous assure), ces combats ne se renouvelleront pas, puisque la quantité et la force se trouvent désormais liées par des nœuds indissolubles dans l'unité de la substance.

Cette conception de Bordas est, à certains égards, vraiment remarquable. Elle repose sur la distinction très réelle et très profonde de la catégorie de la grandeur et de celle de la perfection, dont l'une règne dans le muet empire des corps bruts et dont l'autre apparaît de plus en plus, à mesure qu'on s'élève davantage dans la sphère de la nature organique, où l'on sent en quelque sorte, comme l'a très bien dit M. Ravaisson, l'approche de l'âme. Elle n'a pas seulement le mérite de concilier le mécanisme et le dynamisme, dans la mesure où ils sont conciliables, elle a encore celui d'établir l'harmonie dans l'ensemble des choses. Par cela seul, en effet, qu'elle fait de la quantité et de la force l'étoffe commune de toutes les substances, depuis les plus humbles jusqu'aux plus relevées, et qu'elle donne à la nature, à l'âme et à Dieu un fond analogue, elle nous représente ces trois réalités dans des rapports essentiellement harmoniques, au lieu de nous les montrer dans un état d'antagonisme ou tout au moins de dissonance.

Cependant cette conception offre, suivant nous, des difficultés de plusieurs sortes que l'auteur n'a pas vues ou n'a pas suffisamment pris soin de lever. Nous comprenons bien que l'âme porte en elle la quantité, comme un de ses éléments constitutifs, et qu'elle en puise l'idée en elle-même, si on entend par là l'unité et la pluralité, la durée et la succession, puisqu'elle est une par le fond de son être et multiple par ses facultés, puisque ses modes se succèdent, qu'elle dure sous cette succession et qu'elle en a conscience. Mais nous ne comprenons pas qu'elle contienne de la quantité, si on entend par là de l'étendue; car ce qui distingue la vie psychologique de la vie physiologique, c'est précisément que l'une se déroule seulement dans le temps, tandis que l'autre se développe à la fois dans le temps et dans l'espace. Nous comprendrions mieux, à tout prendre, la quantité avec tous ses éléments dans Dieu que dans l'âme. Là aussi, il doit y avoir unité et pluralité, puisque là aussi coexistent, d'une manière que nous ne comprenons pas, l'unité de l'être et la pluralité des attributs. Là aussi, il doit y avoir, sinon la succession et la durée, du moins la persistance et l'éternité qui les contiennent éminemment et leur sont analogues. Là aussi, il doit y avoir (ce que nous avons de la peine à concevoir dans l'âme) quelque chose qui réponde à l'étendue des corps, je veux dire l'immensité, qui en est en quelque sorte le prototype et la raison d'être.

On peut dire, il est vrai, que si Dieu doit posséder éminemment toutes les qualités des êtres pour avoir en lui la raison de leur existence, l'âme doit les posséder également, sans quoi la connaissance qu'elle en a n'aurait point de raison d'être; car le semblable peut seul connaître le semblable. De là la nécessité de placer en nous quelque chose d'analogue à l'étendue intelligible de Malebranche. Mais ou cette étendue intelligible, qui, suivant le mot d'Arnaud, l'est assez peu, est une simple abstraction, et alors elle ne saurait expliquer aucune réalité, ou elle est quelque chose qui ressemble fort à la matière, et alors nous risquons de glisser dans le matérialisme ou le panthéisme. C'est ce qu'un métaphysicien de nos jours semble donner à entendre dans les lignes suivantes : « On peut dire que Bordas-Dumoulin, qui croyait ses deux principes partout inséparables, s'est montré physicien en métaphysique, comme jadis les stoïciens et comme Spinosa, et même, jusqu'à un certain point, Malebranche[1] ».

De cette théorie de la substance Bordas tire un corollaire, qui n'est pas moins remarquable et qui est plus incontestable que cette théorie même. Suivant lui, si

---

[1] Ravaisson. *Philosophie en France*, p. 160.

les idées de grandeur et de perfection coexistent en nous, les premières sont bien plus faciles à saisir que les secondes et sont susceptibles d'être exprimées par des signes bien plus déterminés et plus précis. La quantité, en effet, étant divisible en parties égales, les idées qui s'y rapportent peuvent se formuler en équations rigoureuses et conduire à des résultats certains, tandis que la forme ou perfection ne comportant point des divisions semblables, les idées dont elle est l'objet ne sauraient ni se formuler de la même manière ni mener à des conclusions aussi positives. Aussi les mathématiques, qui opèrent sur les idées de grandeur, sont-elles plus exactes que la métaphysique, la morale, la politique, la médecine, la zoologie, qui opèrent sur les idées de perfection, et les procédés qu'on emploie dans les premières sont-ils inapplicables dans les secondes. C'est ce que n'ont pas compris les auteurs qui ont essayé de transporter dans les sciences naturelles et même dans les sciences morales, les méthodes en usage dans les sciences mathématiques et physiques, et de faire en quelque sorte de la science une mathématique universelle.

Parmi les auteurs qui ont donné dans ce travers, Bordas cite Bonald qui a eu, dit-il, la singulière idée de bâtir « une religion, une morale, une politique, une philosophie sur ces propositions : la cause est au moyen comme le moyen est à l'effet ; le pouvoir est au ministre comme le ministre est au sujet ; le père est à la mère comme la mère est à l'enfant. D'où il suit, qu'il le veuille ou non, que le carré du moyen égale le produit de la cause et de l'effet, le carré du ministre le produit du pouvoir et du sujet, le carré de la mère le produit du père et de l'enfant. Le ridicule le dispute à l'absurde[1] ». C'est aussi pour n'avoir pas suffisamment distingué les idées de perfection et les idées de grandeur que certains philosophes, comme Condillac, ont dit, non seulement que calculer c'est raisonner, ce qui est vrai, mais encore que raisonner c'est calculer, ce qui est faux ; car, suivant la remarque de Tracy, le calcul qui n'est qu'un raisonnement d'une certaine espèce, puisqu'il opère seulement sur les idées de quantité, ne saurait être confondu avec le raisonnement en général. Enfin, c'est également pour avoir méconnu les différences profondes qui séparent les idées de perfection et celles de quantité, que des esprits éminents, comme Descartes et Leibniz, se sont imaginé qu'on pouvait exprimer et combiner les unes avec la même précision et la même rigueur que les autres et créer une langue ou caractéristique universelle.

Telles sont les raisons assez plausibles, comme on voit, sur lesquelles Bordas s'appuie pour condamner cette application du calcul aux choses morales, « qui menace, dit-il, de devenir toute la science politique, morale, religieuse, à la honte de notre siècle, qui ne s'insurge pas contre cette dégradante usurpation [2] ».

Après avoir recherché quels sont les principes constitutifs de la substance, Bordas se demande quel est son vrai mode d'existence et consacre à l'étude de cette question un travail non moins curieux que le précé-

[1] *Cartésianisme*, t. II, p. 403.
[2] *Cartésianisme*, t. I. p. 114.

dent, intitulé *Théorie de l'infini.* La solution de ce second problème se rattache, dit-il, étroitement à celle du premier. Ceux, en effet, qui ne voient dans la substance que la force, à l'exclusion de la quantité, sont amenés à la concevoir comme une unité sans pluralité, c'est-à-dire comme un être sans attributs et fort semblable au non-être. Ceux, au contraire, qui ne voient en elle que la quantité, à l'exclusion de la force, se la représentent volontiers comme une pluralité sans unité, comme un nombre dont rien ne relie les éléments divers et qui tend ainsi à s'évanouir dans le néant. C'est, d'un côté, l'unité vide et morte des éléates, de l'autre, la multiplicité toujours flottante et en dissolution des abdéritains. Platon et les platoniciens ont approché de la vérité, en admettant concurremment l'unité et le nombre, la monade et la dyade ; mais ils l'ont manquée, parce qu'ils ont séparé ces deux principes et proclamé le premier bien supérieur au second.

Bordas n'a garde de tomber dans cette erreur. D'après lui, non seulement l'unité et la pluralité sont étroitement unies, comme la force et la quantité, dont elles sont de simples modifications, mais elles sont absolument égales et forment entre elles une équation parfaite. Cette équation peut s'exprimer par la formule suivante : $1 = \frac{1}{2} + \frac{1}{4} + \frac{1}{8} + \frac{1}{16}$ et ainsi de suite à l'infini : « Le second membre, dit Bordas, est égal au premier, non par la somme de ses termes, car l'addition en est impossible, mais par la loi de génération qui les fait sortir l'un de l'autre [1] ». L'unité du premier membre est tout

---

[1] *Cartésianisme*, t. II, p. 429.

entière dans le nombre du second, et le nombre du second est tout entier dans l'unité du premier, et c'est en cela proprement que l'infini consiste. L'infini n'est donc ni dans la seule unité ni dans le seul nombre, mais dans l'unité et le nombre réunis. Or, « si la substance est constituée par la dépendance essentielle de l'étendue et de la force, elle a sa manière d'exister dans l'essentielle dépendance du nombre et de l'unité. La substance est, voilà son unité ; elle ne peut être sans être déterminée d'une certaine manière, voilà son nombre ; sa détermination l'embrasse tout entière, répond à tout ce qu'elle est, voilà l'égalité de son nombre et de son unité ; le tout pris ensemble, triple et indivisible, voilà en elle l'infini. »

Si on considère la substance dans les deux éléments qui la constituent, la quantité et la force, on verra que la quantité, étant divisible à l'infini, contient une infinité de parties, dont chacune en contient à son tour une infinité d'autres. Quant à la force, elle n'est pas divisible, il est vrai, mais elle offre une infinité de degrés jouissant de propriétés différentes, et chaque degré en offre également une infinité d'autres dont les propriétés sont différentes aussi. De tout cela résultent les manières d'être particulières des substances, leur détermination, leur nombre. Il y a donc en chacune d'elles, outre un infini principal, qui est leur unité, une infinité d'infinis secondaires qui est leur nombre ou leur pluralité. L'infini, si visible dans les objets, ne l'est pas moins dans les idées elles-mêmes. Qu'on prenne l'idée du cercle, et on y trouvera l'idée d'un cercle dont tous les points sont également éloignés d'un point intérieur, qui est le centre : voilà l'unité ou l'infini principal ; mais on y trouvera aussi l'idée d'une infinité de cercles particuliers, les uns plus grands, les autres plus petits, auxquels cette première idée s'applique : voilà le nombre, la pluralité ou l'infinité d'infinis inférieurs.

On voit que l'infini est partout et le fini nulle part ; car il n'y a rien qui ne soit infini de quelque manière ou qui soit fini en tout. Si une ligne d'un pied est finie en longueur, elle ne l'est pas en un autre sens, puisque étant divisible à l'infini, elle renferme une infinité de parties ; si l'esprit humain est infiniment au-dessous de l'Être infini, il a pourtant des idées et des affections dont chacune comprend une infinité de degrés. Il y a donc, outre l'infini absolu, qui est Dieu, une infinité d'infinis relatifs. C'est ce que Malebranche avait entrevu, quand il disait qu'il y a des infinis doubles, triples, centuples les uns des autres, et que, lorsque Dieu conçoit une infinité de dizaines et une infinité d'unités, il conçoit un infini dix fois plus grand qu'un autre. La conclusion qui résulte de tout cela, c'est que l'infini est la manière d'être de toutes choses, substances et idées, et que bien loin d'appartenir exclusivement à l'être incréé, elle fait également le fond de toutes les créatures.

Bordas tire de cette théorie plusieurs conséquences importantes. La première, c'est que Plotin et ses disciples se sont singulièrement mépris, en faisant l'intelligence et l'âme inférieures à l'unité au sein de l'Être divin. Qu'est-ce, en effet, que l'intelligence et l'âme en Dieu? C'est le nombre qui détermine son unité. Or, entre le nombre qui détermine l'unité et l'unité qui engendre le nombre, il y a une égalité parfaite, bien que celui-ci n'ait pas le même genre d'existence que celle-là. Une seconde conséquence de cette théorie, c'est que Héraclite, les stoïciens, Spinoza, Schelling se sont trompés encore plus gravement que Plotin, quand ils ont donné à Dieu pour nombre l'univers. C'était dire, en effet, que la substance divine n'est pas plus grande que le monde, puisque toute substance est tout entière dans son nombre, comme elle est tout entière dans son unité, et que ces deux principes sont parfaitement égaux. Une troisième conséquence, c'est qu'un philosophe contemporain, Lamennais, est également tombé dans l'erreur en déclarant la création impossible, parce que la somme d'être serait plus grande après qu'avant. Cet écrivain n'a pas compris que les infinis créés rentrent dans le néant devant l'infini absolu : « Qu'à chaque instant de son éternité, en effet, dit Bordas, Dieu jetât à l'existence des myriades d'univers, il ne diminuerait point l'intervalle qui le sépare du moindre atome [1] ! » C'est, comme on voit, la condamnation du panthéisme sous toutes ses formes.

C'est en partant de cette même théorie que Bordas condamne le demi-panthéisme de Malebranche. Bien que ce philosophe, dit-il, admette plusieurs infinis, il ne lui vient pas à la pensée que notre esprit est un infini à sa manière. Il le considère comme essentiellement fini, et incapable, par conséquent, d'avoir des idées infinies, d'où il conclut que c'est moins lui qui voit l'infini que l'infini qui se voit en lui. Il ne comprend pas que l'esprit créé représente exactement l'esprit incréé et que

---

[1] *Cartésianisme*, t. II, p. 477.

c'est pour cela qu'il en a l'idée et la connaissance : « Dans notre esprit, dit-il, ne manque aucune des idées qui se trouvent en Dieu, et il n'est esprit qu'à cette condition, comme le cercle particulier n'est cercle qu'à cette condition de renfermer les propriétés du cercle général. Il est donc impossible que l'âme ne porte pas dans les perfections de son essence un infini créé, correspondant à l'infini incréé qui est dans la perfection de l'essence divine. C'est par là qu'elle est l'image de Dieu et non point par la seule union avec le Verbe divin, comme le prétend Malebranche. Au contraire, cette union repose sur ce que nous retraçons en nous, à un certain degré, ce qui se trouve en Dieu pleinement. Comment notre esprit s'unirait-il à la raison éternelle, notre amour à l'amour éternel, si par eux-mêmes et réellement ils n'étaient pas quelque chose de semblable ? Descartes, Bossuet, Leibniz n'hésitent point à reconnaître qu'un infini fait le fond de notre âme [1] »

Nous ne discuterons pas la théorie de l'infini de Bordas ; car elle se rattache à celle de la divisibilité à l'infini, qui a été si longtemps et si vainement débattue et qui semble surpasser l'esprit humain ; nous ferons seulement remarquer avec quelle habileté notre auteur s'en est servi soit pour réfuter les diverses doctrines panthéistes, soit pour expliquer, dans la mesure où elle est explicable, la connaissance que l'homme, infini relatif, peut avoir de Dieu, infini absolu.

Il suit de ces deux théories de la substance et de l'infini, ainsi que de celle des idées, à laquelle elles

---

[1] *Cartésianisme*, t. p. 86.

servent pour ainsi dire de contreforts, que pour trouver l'âme et Dieu, nous n'avons pas besoin d'aller les chercher bien loin, ni de nous appuyer sur un immense appareil d'arguments scolastiques : il nous suffit de nous replier sur nous-mêmes et de nous regarder. La démonstration n'a rien à faire là-dedans, c'est une pure affaire d'intuition. Je saisis mon âme de la manière la plus directe et la plus positive, en me repliant sur moi-même, puisqu'elle n'est autre chose que l'ensemble des idées qui me constituent et qui sont comme mon propre fond ; je saisis Dieu non moins directement et non moins positivement, parce que je m'élève de mes idées aux idées correspondantes qui sont en lui et qui sont pour ainsi dire lui-même. Quant à la connaissance des corps, elle n'est, d'après Bordas, qui abonde ici encore dans le sens de Descartes, ni aussi facile ni aussi certaine, bien qu'elle soit d'une entraînante probabilité. Comment, en effet, communiquons-nous avec les corps ? Uniquement par la sensation. Or la sensation, étant de sa nature fugitive et changeante, peut très bien être conçue comme une illusion, et rien ne prouve démonstrativement qu'elle n'en soit pas une. Tout ce qu'on peut dire, pour miner cette hypothèse, c'est que, dans l'état de veille, nos sensations ont entre elles une telle liaison qu'il est moralement impossible qu'elles soient illusoires.

Bordas ne traite pas seulement de l'existence des corps, mais encore de leur nature, surtout de celle du nôtre propre. Descartes avait ôté à l'âme les fonctions nutritives que les anciens lui attribuaient, pour les mettre dans le corps, où il les avait réduites à un pur mécanisme ; mais il avait laissé à l'âme la sensation et les mouvements de plaisir et de douleur qui l'accompagnent. Bordas va plus loin que Descartes : ce n'est pas seulement la nutrition, mais encore la sensation et les diverses opérations dites sensitives qu'il attribue aux organes corporels. Il fait du corps non une substance passive, mais une substance active, et substitue au mécanisme physiologique des philosophes du xvııᵉ siècle un dynanisme véritable. Aussi il se flatte d'avoir mieux résolu que les cartésiens le problème de l'union de l'âme et du corps. Pour Malebranche, cette union n'était que la coexistence de deux principes passifs incapables de toute action ; pour Leibniz, c'était l'alliance de deux principes actifs, mais sans action l'un sur l'autre. Pour Bordas, au contraire, c'est la coexistence ou plutôt la pénétration mutuelle de deux substances, qui non seulement sont actives, mais agissent hors d'elles et se modifient réciproquement. Sa conception du corps et de ses rapports avec l'âme lui paraît donc supérieure à celle de Leibniz et de Malebranche et, à plus forte raison, à celle des anciens, telle qu'elle a été renouvelée ou plutôt exagérée par Stahl. Il reproche à cette dernière d'incliner au matérialisme. Puisque, dit-il, dans ce système, c'est l'âme qui accomplit les fonctions si évidemment matérielles de la respiration, de la digestion, de la sécrétion, en un mot, de la nutrition en général, il est difficile de concevoir qu'elle ne soit pas matérielle elle-même.

Si Bordas y avait bien réfléchi, il aurait vu que sa propre solution n'est pas non plus exempte de difficultés et qu'on pourrait lui renvoyer avec quelque raison le reproche qu'il adresse à Stahl. Vous affirmez, pourrait-on lui dire, que c'est le corps qui sent, c'est-à-dire qui remplit les fonctions si manifestement suprasensibles (car enfin elles échappent aux sens et ne tombent que sous la conscience) de la sensation, du souvenir, de l'imagination sensitive. Or on ne voit pas pourquoi il ne remplirait pas aussi les fonctions de l'intellection pure et de la volition, qui diffèrent moins des premières en nature qu'en degré. Nous voilà également, en partant d'un autre point, sur le chemin du matérialisme. Mais, si la doctrine de Bordas est contestable au point de vue absolu, elle a un mérite relatif dont il faut lui tenir compte, c'est de s'accorder assez bien avec le principe fondamental de son système. Dès qu'on définit l'âme, comme il le fait, l'ensemble des idées générales qui sont en nous, qui sont nous-mêmes, il est tout simple qu'on en exclue les sensations, qui sont des faits particuliers, et qu'on les renvoie au corps. A force de se préoccuper de la raison, il y ramène l'âme tout entière, de même que Maine de Biran, sous l'influence d'une préoccupation analogue et non moins exclusive, la ramène toute à la volonté.

III

APPLICATIONS DE LA THÉORIE DES IDÉES A L'HISTOIRE DE LA PHILOSOPHIE : EXAMEN DES SYSTÈMES

Après avoir établi la vraie philosophie, en restaurant et en complétant la théorie des idées, Bordas s'attache à ruiner les philosophies fausses, en montrant qu'elles méconnaissent cette théorie et qu'autant la première est féconde en applications heureuses, autant les dernières sont grosses de conséquences funestes. En ramenant ainsi toutes les doctrines à un centre commun et en les jugeant d'après un principe unique, il donne à son œuvre un caractère éminemment systématique, et renouvelle l'histoire de la philosophie en même temps que la philosophie même.

Jusqu'à Bordas, on avait (telle est du moins son opinion) classé les systèmes de philosophie un peu au hasard. On les avait ramenés au dogmatisme, ou au scepticisme, au rationalisme ou à l'empirisme, au spiritualisme ou au matérialisme, suivant qu'on avait pris la question de la certitude ou celle des moyens de connaître ou celle de la nature de l'âme pour caractère dominant. Bordas, lui, partant de la théorie des idées, déclare vrai le système qui la reconnaît, faux ceux qui la méconnaissent, et montre qu'ils sont diversement faux selon qu'ils la méconnaissent d'une manière ou d'une autre : « On la méconnaît, dit-il, en excluant de la pensée ou les idées humaines ou les idées divines, ou les unes et les autres et en y mettant les sensations[1]. » En d'autres termes, la pensée, mal ramenée à elle-même, peut croire ou qu'elle n'entend qu'en Dieu, ou qu'elle n'entend qu'en elle-même ou qu'elle n'entend que dans le corps et dans les images qui en viennent. De là trois fausses manières d'entendre comment on entend, c'est-à-dire trois faux systèmes de philosophie auxquels tous les autres se ramènent et qui sont essentiellement différents entre eux.

[1] *Mélanges philosophiques et religieux*, p. 8.

Que ces trois systèmes soient faux, c'est ce qui résulte de leur opposition au système qui a été reconnu vrai ; qu'ils soient faux différemment, c'est ce qui ressort des altérations différentes qu'ils lui font subir et des conséquences différentes qu'ils entraînent : « Supprimez dans notre esprit, dit Bordas, les idées humaines, la pensée ne nous appartient plus, c'est Dieu qui pense en nous et pour nous, la connaissance disparaît. Supprimez les idées divines, en qui se trouve l'éternelle réalité du vrai, la pensée, réduite aux idées humaines, n'est plus capable d'aucune connaissance effective, puisque dans toute connaissance effective il entre quelque vérité éternelle... Otez les idées divines et les idées humaines et ne laissez que les sensations, la pensée s'anéantit[1]. » Ce sont comme trois chutes de la pensée qui, ne pouvant rester dans sa nature, s'enlève et se perd en Dieu, s'affaisse et tombe sur elle-même, échappe et à Dieu et à elle-même et se dissipe dans les corps. La philosophie vraie a été découverte par Platon. Quant aux trois philosophies fausses, elles ont eu pour auteurs : la première, Zénon ; la seconde, Aristote, et la troisième, Épicure.

Cette nouvelle classification des systèmes amène un groupement des philosophes qui est aussi, en partie, nouveau et inattendu. Ainsi Bordas range dans l'école de Platon Plotin, saint Augustin, Descartes, Bossuet, Leibniz, les seuls auteurs, suivant lui, qui méritent le nom de spiritualistes. Dans l'école de Zénon, il range non seulement Spinosa, Schelling et Hegel, mais encore

---

[1] *Mélanges philosophiques et religieux*, p. 8.

Malebranche, Fénelon, Bonald et V. Cousin. Il place dans celle d'Aristote, à côté de saint Thomas qui y figure tout naturellement, d'a. 'res philosophes qui doivent être un peu surpris de s'y trouver, Arnaud, Régis, Reid, Kant, Fichte, Maine de Biran. Enfin il met à la suite d'Épicure, Bacon, Hobbes, Gassendi, Locke, Condillac et Destutt de Tracy, qui ont tous, en effet, plus ou moins fidèlement suivi ses traces.

De ces diverses écoles, la plus faible et la plus éloignée de la vérité est celle d'Épicure. Prendre, comme elle le fait, les sensations pour les idées c'est, en effet, rendre toute connaissance impossible. Bien loin de nous faire connaître les choses spirituelles, les sensations, considérées en elles-mêmes, ne nous font pas même connaître les choses matérielles. Elles nous en donnent l'image ou la peinture, mais non l'intelligence. Or, entre l'image et l'intelligence d'une chose, il y a l'infini. Aussi les épicuriens les plus conséquents, Ænésidème, Sextus, Hume, ont révoqué en doute la possibilité de la connaissance en général : ils ont été sceptiques. D'autres, tels que Helvétius, d'Holbach, Destutt de Tracy, ont été moins logiques. Incapables de distinguer la sensation de la connnaissance sensible, et de démêler le rôle que les idées ou principes intellectuels jouent dans cette dernière, ils ont cru que l'homme, tel qu'ils se le figuraient, c'est-à-dire réduit à la seule sensation, pourrait connaître les objets matériels, mais rien que les objets matériels : ils ont été matérialistes. D'autres enfin (et Bacon, Locke, Condillac sont de ce nombre) ont été moins logiques encore. Il se sont figuré qu'on pouvait concilier le sensualisme et le spiritualisme, comme si l'esprit pouvait tomber sous les sens, et comme si pour un être exclusivement sensible, l'âme ne se ramenait pas au corps et Dieu à la matière. En repoussant le matérialisme et le scepticisme, ces philosophes ont montré qu'ils ne se comprenaient pas.

Bordas réfute assez brièvement, comme on voit, l'école sensualiste issue d'Épicure ; en revanche, il attaque fort longuement l'école conceptualiste issue d'Aristote. Cette école admet que les idées générales ne nous viennent pas des sens, qui nous découvrent seulement le particulier et le passager, mais de l'entendement, qui nous révèle l'universel et l'immuable. Toutefois, comme elle ne reconnaît point l'union des idées générales avec les idées divines et avec l'être divin, en qui elles résident, elle est fort en peine d'expliquer comment elles peuvent, immuables et éternelles comme elles sont, dériver de l'homme, sujet mobile et passager. Pour se tirer de cette situation difficile, quelques-uns prennent le parti de les atténuer, de les affaiblir, de les réduire à de simples possibilités, peu différentes des abstractions que les sensualistes font sortir des sens et qui ne sont guère que de simples mots *(flatus vocis) :* ils inclinent vers le sensualisme. De là le principe que, si la connaissance ne gît pas précisément dans les images, il n'y a du moins point de connaissance sans images et que ces images sont la matière nécessaire du savoir, de même que les idées en sont la forme. Les idées ne sont donc pour eux que des moules creux, des formes vides que les représentations corporelles viennent remplir, et dans lesquelles l'esprit, qui veut se détacher du corporel et se replier sur lui-même, ne trouve rien. C'est pourquoi les idées de l'âme, de Dieu, des objets extérieurs, n'ont, à leurs yeux, aucune portée objective et ne répondent à rien de réel. C'est le scepticisme idéaliste de Kant, qui n'est pas moins radical que celui des Épicuriens.

D'autres philosophes de la même école ont pris un parti tout différent. Plus frappés de l'immutabilité, de l'éternité, de l'infinité des idées générales que notre esprit renferme, que de l'instabilité, de la caducité et de la petitesse de cet esprit lui-même, ils ont attaché à ce dernier le même caractère qu'aux idées dont il est le sujet : ils l'ont proclamé, lui aussi, immuable, infini, éternel ; ils l'ont salué Dieu et ont absorbé toutes choses en lui. C'est le panthéisme subjectif de Fichte, panthéisme aussi radical que celui de Zénon lui-même.

Quant aux philosophes écossais, ils ont tellement méconnu la réalité des idées générales qu'ils les ont confondues non seulement avec les conceptions, mais encore avec les perceptions. Ils ont ainsi, selon Bordas, porté à la philosophie un coup funeste qui a retenti jusque dans leur langage. Ils n'ont plus des convictions, mais des croyances ; il ne développent plus des idées, ils constatent des faits ; ils n'invoquent plus le raisonnement, mais le sens commun. En d'autres termes, ils ne recherchent plus la raison des choses ; ils s'arrêtent au simple fait de leur existence. Ce n'est pas là une fausse philosophie, c'est la négation de la philosophie, déterminée par l'impuissance où l'on se sent de la constituer. Ici encore, le conceptualisme, s'il était conséquent, aboutirait au scepticisme. Bordas pourrait dire qu'il y aboutit réellement : le successeur de Reid et de Dugald Stewart a été Hamilton.

L'école de Zénon n'offre pas, suivant notre auteur, des défauts moins graves que les deux précédentes. Sans doute elle rapporte toutes nos connaissances à leur source la plus haute, qui est Dieu, en les faisant dériver des idées divines ; mais elle nous les rend étrangères, en ne tenant nul compte des idées humaines dans le fait de leur élaboration. Les idées étant le fond de notre être, sacrifier les idées humaines aux idées divines c'est sacrifier l'homme à Dieu et faire de l'un une simple modification de l'autre. Aussi Zénon et les stoïciens ont été panthéistes ; Spinoza, Schelling, Hegel, l'ont été également, et, si Malebranche, Fénelon, Bonald ne l'ont pas été, c'est de leur part une pure inconséquence.

Non seulement la doctrine de cette école est aussi fausse que celle de l'école d'Aristote, mais encore elle attaque plus directement la constitution de l'âme. Oter à l'âme ses idées, c'est en effet l'ôter à elle-même et la réduire à néant. C'est pourquoi Malebranche, infidèle sur ce point à l'enseignement de Descartes, qui déclarait que l'âme nous est mieux connue que le corps, ne se lasse pas de répéter que l'âme est ce que nous connaissons le moins. Pour lui, « toutes nos idées se trouvent dans la substance efficace de la divinité qui, en nous affectant, nous en donne la perception, et notre volonté n'est que le mouvement que cette substance efficace nous imprime vers le bien ». Dès lors, il est naturel que notre âme, vide d'idées et destituée de volonté, lui apparaisse comme un fantôme insaisissable et qui possède à peine une ombre d'existence. S'il faut s'étonner d'une chose, c'est qu'avec une telle manière de voir, il ait combattu le quiétisme de Fénelon et le jansénisme d'Arnaud, qui impliquent, eux aussi, l'inertie ou plutôt le néant de la nature humaine : en cela, il ne s'est pas entendu lui-même. Ce n'est pas seulement le quiétisme mitigé de Fénelon et le jansénisme d'Arnaud qu'on ferait sortir, en la pressant un peu, de la philosophie de Malebranche : c'est le quiétisme intempérant de Molinos, qui veut que l'homme, abîmé et comme perdu en Dieu, ne se préoccupe plus du caractère moral de ses actes [1].

Parmi les auteurs de notre temps qui ont nié, à l'exemple de Malebranche, la réalité des idées innées en nous, il en est deux que Bordas prend à partie, Bonald et V. Cousin. Suivant le premier, si l'idée de Dieu était innée à l'esprit humain, elle ne pourrait ni s'obscurcir ni s'effacer, comme elle fait, et on ne verrait pas parmi les hommes une si grande diversité d'opinions en matière religieuse. A cela, Bordas répond ingénieusement que l'idée de Dieu est réellement innée, mais qu'elle exige, pour être bien saisie, un certain retour de la pensée sur elle-même, et que, selon que ce retour s'opère bien ou mal, cette idée est saisie bien ou mal ou ne l'est même pas du tout. De là le théisme et aussi le polythéisme et l'athéisme que Bonald a tant de peine à s'expliquer. V. Cousin fait valoir, en faveur de la même doctrine, un autre argument. D'après lui, si la raison est personnelle, c'est-à-dire inhérente au sujet pensant, les vérités qu'elle nous découvre ne sont des vérités que pour nous, c'est-à-dire ont un caractère

---

[1] *Mélanges philosophiques et religieux*, p. 148

subjectif ; d'où il conclut que la raison doit être divine et impersonnelle. Mais Bordas lui répond que l'existence de la raison divine en nous, bien loin d'exclure celle de la raison humaine, la suppose ; car ce n'est qu'au moyen de celle-ci que nous pouvons entrer en rapport avec celle-là : « N'est-il pas, ajoute-t-il, aussi impossible de percevoir le vrai avec une raison étrangère que de voir les couleurs, d'entendre les sons, de digérer les aliments avec les yeux, les oreilles et l'estomac d'autrui »[1] ? L'argument est péremptoire. Reste à savoir si la doctrine contre laquelle il est dirigé a été interprétée avec une parfaite exactitude.

Les philosophes qui sont en possession du vrai système, c'est-à-dire qui s'appuient sur les vrais principes, montrent, suivant notre auteur, une vigueur singulière et une fécondité unique dans les applications. A eux seuls il est donné non seulement d'asseoir la philosophie sur de solides fondements, mais encore de renouveler la face des sciences. Mais c'est un phénomène qui ne s'est encore produit que trois fois dans le monde ; car trois fois seulement la pensée a été énergiquement rappelée à elle-même et à Dieu. Elle l'a été d'abord par Platon, ensuite par Plotin et saint Augustin, et enfin par Descartes et son école. Or Platon a enseigné aux hommes la doctrine de la Providence et celle de la vie future et a, en même temps, créé les sciences morales. Plotin et saint Augustin ont traité avec profondeur de la nature de Dieu et de ses rapports avec l'homme ; ils ont organisé la théologie. Enfin Descartes

---

[1] *Œuvres posthumes*, t. I. p. 30.

est parti de la vraie conception de l'âme et de Dieu pour inaugurer l'étude de la nature extérieure et frayer à l'esprit humain, dans ce domaine nouveau, le chemin des grandes découvertes. Il ne reste plus maintenant aux philosophes qu'une chose à accomplir, c'est de faire pénétrer l'esprit chrétien, l'esprit de justice, dans les sociétés humaines et de créer les sciences sociales : ce sera (c'est du moins son espoir) l'œuvre de Bordas [1].

Non seulement Bordas fait bien ressortir la fécondité, si souvent niée, de la philosophie, mais il explique mieux qu'on ne l'avait jamais fait ses variations, qui ont été si souvent pour les profanes un objet de scandale. Il n'en est pas, suivant lui, de la philosophie comme des autres œuvres de l'homme, elle ne se constitue pas d'une manière suivie et continue : au contraire, tantôt elle s'élève, tantôt elle s'abaisse, selon qu'elle s'attache aux vrais principes ou qu'elle s'en éloigne. De là les faux systèmes qui ne sont en quelque sorte que les démembrements du vrai : « Aristote, Zénon de Cittium, Épicure, démembrent Platon ; Arnaud, Malebranche, Locke, démembrent Descartes. Leurs doctrines ne sont que des ruines de la véritable. Rien de plus naturel, puisqu'ils forment une superficielle ou faible intelligence de la pensée, un écart d'elle-même, une décadence »[2]. « Au reste, que la décadence provienne de ce que l'esprit n'a qu'une compréhension partielle des idées ou qu'une compréhension faible, ce n'est toujours que parce qu'il s'est échappé à lui-même, et c'est

---

[1] *Œuvres posthumes*, t. I, p. 22, 23.
[3] *Œuvres posthumes*, t. I, p. 16.

à lui-même qu'il faut le ramener pour restaurer la vraie connaissance. Déplorons ces dépérissements; mais qu'ils ne nous soient pas à scandale et ne nous fassent point douter de la philosophie »[1]. « Tandis que les autres sciences, ajoute admirablement Bordas, ont des commencements faibles et croissent par des progrès indéfinis, la métaphysique est d'abord ce qu'elle doit toujours être, et, si le temps change la manière dont elle se présente, il ne lui apporte ni vérités ni erreurs nouvelles. C'est que cette science est tout intuitive, immédiate, résultant d'un regard de l'esprit sur lui-même, au lieu que les autres ne le sont que dans leurs principes. » Les révolutions qui restaurent la métaphysique ne font, suivant notre auteur, que rappeler la pensée, perdue dans les détails, noyée dans les mots, à elle-même, à la vue de ses idées essentielles [2]. C'est ce qui est arrivé après les hypothèses confuses de la période antésocratique, et après les discussions subtiles du moyen âge : c'est ce qui arrivera après les divagations en sens contraire de l'époque présente.

Si nous avons insisté si longuement sur les vues de Bordas en matière d'histoire de la philosophie, c'est qu'elles ont chez lui un caractère théorique au moins autant qu'historique et servent, en quelque sorte, de complément à son système. Ce qui fait, en effet, la valeur de ce dernier, ce n'est pas seulement le principe sur lequel il repose, mais encore l'application que l'auteur en fait à l'appréciation des diverses doctrines qui

---

[1] *Mélanges*, p. 108.
[2] *Œuvres posthumes*, t. I, p. 25-28.

se sont produites parmi les hommes. Lui-même en avait le sentiment quand, dans le plan d'un dernier ouvrage qu'il se proposait d'écrire, il divisait sa philosophie en deux parties et se réservait de consacrer toute la seconde à ce qu'il appelait l'examen des systèmes.

Il serait curieux de comparer cette partie du travail de Bordas à la partie correspondante de l'œuvre de V. Cousin. Celui-ci ramène, comme on sait, tous les systèmes à quatre : le sensualisme, l'idéalisme, le scepticisme et le mysticisme, et les déclare tous à peu près également vrais et également faux, de sorte que ce n'est, suivant lui, qu'en éliminant les erreurs qu'ils renferment et en combinant les vérités qu'ils contiennent, qu'on obtiendra un système philosophique irréprochable. C'est ce qu'il nomme l'éclectisme. Bordas admet quatre systèmes aussi, mais ce ne sont pas tout à fait les mêmes ; de plus, il est convaincu qu'un seul d'entre eux est vrai et que les autres sont faux, si bien qu'il n'y a pas lieu d'opérer entre eux cette combinaison à laquelle le fondateur de l'éclectisme attache tant d'importance. Cousin considère, en outre, ses quatre systèmes comme nécessaires au développement de l'esprit humain, et il les trouve si curieux qu'il serait bien fâché, à ce qu'il semble, qu'ils fissent place à un seul. Bordas est convaincu, au contraire, qu'un seul de ses quatre systèmes est favorable aux progrès de la civilisation, et que les autres ne peuvent qu'y mettre obstacle. Aussi met-il autant d'énergie à combattre ceux-ci qu'à défendre celui-là.

Si, au lieu de rester dans les généralités, nous descendons dans les détails, nous trouverons entre la manière de Bordas et celle des éclectiques des différences, pour ne pas dire des oppositions, tout aussi profondes. Pendant que ces derniers mettent à peu près sur la même ligne Platon et Aristote, Bordas fait de l'un le philosophe et de l'autre l'antiphilosophe par excellence, parce que le premier, suivant lui, organise la philosophie, en rappelant la pensée à elle-même, et que le second la désorganise en l'enfonçant dans les mots et en substituant à la vie intellectuelle une sorte de mécanisme. Tandis que Cousin et ses disciples glorifient Malebranche presque à l'égal de Descartes et placent Kant au même rang que Leibniz, Bordas voit, à la vérité, dans Descartes le prince de la pensée et dans Leibnitz son plus éminent continuateur, « le dernier qui ait compris quelque chose en philosophie », mais il considère Malebranche comme un penseur de second ordre, car quiconque déclare l'âme inconnaissable est, suivant lui, jugé comme métaphysicien. Pour ce qui est de Kant, il ne voit en lui qu'un demi-philosophe qui a infecté la science de formules scolastiques, à l'exemple d'Aristote, et qui a si peu su ce qu'il faisait qu'en voulant réfuter Hume et Berkeley, il n'a réussi qu'à renchérir sur leurs erreurs. Ce sont là, sans doute, des jugements empreints d'une sévérité excessive, mais qui tranchent avec la mollesse et l'indécision de ceux de nos éclectiques.

Reconnaissons pourtant que Bordas ne fut pas juste envers ces derniers, dans l'attaque qu'il dirigea contre eux, dès 1834, et qui donna peut-être à Pierre Leroux l'idée de son livre ; car ce dernier n'ignorait pas les travaux de Bordas et l'eut même quelque temps pour collaborateur à la *Revue encyclopédique*. Il ne le fut pas non plus en enrôlant l'un d'entre eux, Maine de Biran, parmi les aristotéliciens ; car il tendait ainsi à faire croire que ce philosophe inclinait vers une sorte de mécanisme intellectuel, pendant qu'il ramène, au contraire, la pensée à elle-même aussi fortement que Bordas et qu'il attaque aussi vigoureusement que lui les abstractions creuses qu'on voudrait substituer au sentiment de la réalité vivante. Il reproche sans doute avec raison à Cousin d'avoir prétendu concilier des doctrines inconciliables, mais il ne tient pas suffisamment compte de cette circonstance éminemment atténuante, que la conciliation qu'il propose en théorie, il la recherche médiocrement dans la pratique et subordonne, en définitive, toutes les doctrines à la doctrine spiritualiste. Ajoutons que, si ce dernier n'avait pas appelé constamment l'attention publique sur les travaux de Platon, de Descartes, de Leibniz, et substitué au sensualisme du XVIII° siècle un spiritualisme plus ou moins correct, jamais probablement Bordas n'aurait pu concevoir son système.

IV

APPLICATIONS A L'HISTOIRE GÉNÉRALE : CHRISTIANISME SOCIAL

Bordas-Demoulin n'est pas seulement un philosophe sérieux, mais encore un chrétien convaincu. Ajoutons que, chez lui, le philosophe et le chrétien ne sont pas, comme chez certains auteurs, distincts et séparés, mais unis et confondus. Aussi, se demande-t-il, après avoir discuté les divers systèmes philosophiques, quels sont ceux qui s'harmonisent avec la religion et quels sont ceux qui lui sont contraires. Comme l'épicurisme rejette et les idées en nous et les idées en Dieu, il doit rejeter et notre âme qui est la substance des premières, et Dieu qui est la substance des secondes : dans une telle doctrine la religion n'existe pas.

Le système d'Aristote paraît, au premier abord, plus favorable à la religion ; car il veut que nos idées générales ne dérivent pas des sens, mais de nous-mêmes. Cependant, comme il leur donne une existence indépendante, au lieu de les rattacher à Dieu, principe de tout être, il est conduit à les considérer comme de simples conceptions, qui ne supposent nullement la réalité de leur objet : entre l'idée de Dieu et la réalité de Dieu, il creuse un abîme. C'est la doctrine que Kant et d'autres ont positivement professée. Que s'il croit pouvoir s'élever à Dieu par une induction de l'effet à la cause, cette induction n'établira point entre l'âme et Dieu un rapport religieux, car elle ne rendra point Dieu présent à l'âme, et c'est dans cette présence substantielle que consiste toute la religion. Par conséquent, dans cette doctrine comme dans la précédente, la religion s'évanouit[1].

La doctrine de Zénon, qui place les idées uniquement en Dieu, n'est pas plus favorable à la religion que les deux autres. Aux termes de cette doctrine, en effet, nous n'avons par nous-mêmes ni pensée ni volonté : c'est Dieu qui pense et veut pour nous. Il peut nous com-

---

[1] *Œuvres posthumes.* t. I, p. 101.

muniquer ses pensées et ses volontés intérieurement, comme l'afirment Malebranche et Fénelon, ou extérieurement, comme le prétendent Bonald et Lamennais. Or, dans le premier cas, nous n'avons besoin d'aucun secours extérieur, puisque Dieu fait tout en nous, le sacerdoce est inutile ; dans le second, le sacerdoce est l'unique instrument que nous ayons pour communiquer avec Dieu, il est la maîtresse pièce de la société. Avec le malebranchisme, la religion se dissout dans l'anarchie ; avec le bonaldisme, elle est étouffée par la théocratie [1].

La seule philosophie qui s'accorde avec la vraie religion, c'est-à-dire avec celle qui veut que l'homme soit uni à Dieu intérieurement et qu'il l'adore en esprit et en vérité, c'est la vraie philosophie, celle qui affirme que notre raison a son siège en nous, mais qu'elle se rattache étroitement à la raison souveraine. C'est celle qui a été professée par Platon, Plotin et saint Augustin, dans l'antiquité, par Descartes, Bossuet et Leibniz, dans les âges modernes, c'est, en un mot, la philosophie platonico-cartésienne. Entre elle et la religion chrétienne, il y a moins affinité qu'identité : on dirait que l'une est la racine de l'autre [2].

Suivant Platon, de même que suivant l'auteur de la *Genèse*, l'âme semble peiner dans son corps actuel, comme dans une prison où elle aurait été jetée pour expier quelque faute antérieure, et l'ignorance, la souffrance, la servitude où elle gémit ne peuvent s'expliquer

---

[1] *Mélanges philosophiques et religieux*, p. 147.
[2] *Mélanges philosophiques et religieux*, p. 295.

que par quelque déchéance mystérieuse. Seulement, à la suite de cette funeste déchéance, la religion place un admirable relèvement. Aussi pour Bordas, qui s'inspire de ses enseignements encore plus que de ceux de la science profane, toutes les révolutions du monde se réduisent à deux, l'une qui détache l'homme de Dieu, l'autre qui le rattache à lui. Parce que l'homme s'est séparé de son principe, il s'énerve et s'affaiblit : il pense par l'imagination et les sens, au lieu de penser par l'entendement ; il perd la connaissance de Dieu, de soi, de l'univers, et devient enfin incapable de se conduire. De là l'idolâtrie, le polythéisme et l'absorption plus ou moins complète de l'individu par l'État. Mais dès que, sous l'action divine, il s'est rattaché à ce principe dont ses idées dépendent, il secoue à la fois le joug des sens et celui des sociétés sensuelles qu'ils ont fondées, et reconquiert, avec la connaissance de l'univers, de soi et de Dieu, cette libre disposition de lui-même qu'il n'aurait jamais dû perdre[1].

C'est en partant de ces hautes considérations que Bordas essaye de résoudre le problème qui avait si douloureusement tourmenté sa jeunesse, le problème de l'accord du christianisme et de la révolution française.

Il y a, suivant notre auteur, une différence profonde ou plutôt une opposition radicale entre les sociétés d'ancien régime et les sociétés issues de la révolution. Les premières reposaient toutes sur ce principe que l'individu ne s'appartient pas, mais appartient à l'État,

---

[1] *Mélanges philosophiques et religieux*, p. 316 et suiv.

seul chargé de penser, de raisonner, de vouloir pour lui, principe monstrueux, car il est la négation complète de la liberté de conscience et des autres libertés qui nous paraissent, à nous autres modernes, inhérentes à la qualité d'homme. Ce principe suppose que l'homme est trop dégradé pour pouvoir s'élever jusqu'à Dieu, et que l'État doit lui servir d'intermédiaire. Il répond aux fausses philosophies qui anéantissent tout rapport entre nous et l'être divin, et aux fausses religions qui ne daignent pas s'en occuper, absorbées qu'elles sont par de vaines cérémonies et des pratiques tout extérieures.

A la révolution française, tout change. On reconnaît à l'individu des droits antérieurs et supérieurs aux lois positives, et on n'assigne à l'État d'autre fonction que de les faire respecter. Ce n'est plus l'individu qui est fait pour l'État, c'est l'État qui est fait pour l'individu. Ce principe, sur lequel reposent toutes nos libertés modernes, suppose que l'homme possède une raison capable de communiquer par elle-même avec la raison divine, notre seule légitime souveraine, et de comprendre par elle-même ses infaillibles décisions. Il répond à la vraie philosophie, qui rattache les idées humaines aux idées divines, et à la vraie religion, qui veut qu'on adore Dieu en esprit et en vérité. Il n'y a donc pas une opposition tranchée, mais une corrélation parfaite entre la religion chrétienne et la révolution française. Il suffit, du reste, d'étudier l'histoire à une certaine profondeur, pour voir que c'est l'action sourde et prolongée de l'une qui a finalement déterminé l'éclosion de l'autre.

Quand le christianisme parut sur la terre, il trouva

l'homme courbé sous deux tyrannies, sous la tyrannie des sens et sous celle de l'État, et il comprit que c'était la première qui servait de fondement à la seconde. C'est, en effet, parce que l'homme était esclave des sens, qu'il était incapable de se gouverner, et c'est parce qu'il était incapable de se gouverner, que l'État le gouvernait d'une manière si tyrannique. Ce fut donc à la première de ces deux tyrannies qu'il s'attaqua tout d'abord, dans la persuasion que, si elle était une fois renversée, elle entraînerait la seconde dans sa chute. Une fois, en effet, que l'homme aurait secoué le joug des sens, et aurait recouvré, en s'unissant de nouveau à Dieu, toute la vigueur de sa vie intellectuelle et morale, il n'y aurait plus au monde de puissance capable de l'asservir : la liberté intérieure aurait enfanté la liberté extérieure, le christianisme religieux aurait donné naissance au christianisme social. Durant cette lutte que l'Église avait engagée contre l'empire des sens et contre celui de l'État sensuel et païen qu'ils avaient suscité, un moment arriva où l'ébranlement du premier de ces deux empires fit tomber le second entre ses mains. Mais alors, au lieu de proclamer leur commune déchéance, elle se servit de celui-ci pour porter de nouveaux coups à celui-là. C'est l'histoire de l'ascétisme des premiers siècles du christianisme et de la théocratie du moyen âge qui en fut la conséquence.

Pendant cette longue période, dit Bordas, l'Église affranchit donc l'homme du joug des sens; seulement elle s'y soumet elle-même en absorbant l'État. Elle spiritualise et *christianise* les peuples, mais elle se matérialise et se paganise elle-même, en s'attachant outre mesure aux biens matériels. Aussi, à un certain moment, les laïques qu'elle a détachés des sens et unis à la raison éternelle, et qui ont puisé dans cette union une vie intellectuelle et morale plus intense, la manifestent avec éclat dans tous les domaines où l'activité humaine se déploie, dans le domaine de la politique, dans celui de la science, dans celui de la religion elle-même. Dès le douzième siècle, les communes, premiers germes des peuples libres, apparaissent de tous côtés, le vrai système du monde est découvert et, à travers le voile déchiré du ciel étroit du moyen âge, l'infini se montre aux regards stupéfaits ; sur cette planète même, un nouvel hémisphère jaillit des flots de l'Océan, pendant que l'antiquité sort de son tombeau, brillante de jeunesse, et fait rayonner de toutes parts des gerbes de lumière.

Enfin, le cartésianisme rappelle l'homme à son for intérieur, et la révolution lui découvre, dans cette région mystérieuse et sacrée, tous nos devoirs, en même temps que tous nos droits, tels que les proclame la raison divine, qui est indissolublement liée à la nôtre et qui fait entendre ses oracles au dedans de nous. C'est, après le christianisme religieux, le christianisme social qui prend possession de notre globe et qui ouvre un horizon indéfini aux aspirations de l'espèce humaine. Il ne rencontre devant lui, pour lui barrer le chemin, que les chefs de l'Église qui, s'étant paganisés dans l'exercice du pouvoir temporel, ne comprennent rien à cette invasion du christianisme dans la société de la chute, laquelle s'était maintenue jusqu'alors, et ne voient pas que c'est la société de la rédemption qui commence. Aussi ils opposent aux premiers mouvements de l'esprit nouveau l'Inquisition, les jésuites, la Saint-Barthélemy, et à la Révolution elle-même la guerre civile et la guerre étrangère. Ils se montrent, dit Bordas qui conçoit, comme les autres catholiques libéraux, bien qu'avec une tout autre vigueur, plusieurs évolutions dans la pensée chrétienne, ils se montrent, en face de cette deuxième ère du genre humain, aussi aveugles que les chefs de la synagogue l'avaient été devant la première [1].

Plein de la grande idée qui s'est emparée de son esprit et à travers laquelle il voit désormais toutes choses, Bordas se demande pourquoi le clergé, au lieu de se montrer favorable à un tel mouvement, lui est si obstinément opposé. Comment ne voit-il pas, dit-il, dans cet amour pour la science, dans cette passion pour la justice, dans cette tendresse pour l'humanité, qui a dévoré tous les hommes supérieurs de notre époque et qui est l'esprit même de la révolution, un éclatant développement de cet esprit chrétien qui, après avoir jadis transformé l'homme, tend aujourd'hui à transformer la société elle-même? Comment ne comprend-il pas que la Révolution, en attaquant le moyen âge, n'attaque pas le christianisme, mais la théocratie, qui n'en a été qu'une forme imparfaite et provisoire, et que vouloir restaurer cette dernière, c'est méconnaître les lois essentielles de la vie sociale et chercher à faire reculer le genre humain?

Bordas ne se montre pas hostile au clergé. Suivant

[1] *Mélanges philosophiques et religieux.* p. 369 et suiv.

lui et conformément aux principes mêmes de sa philosophie, le sacerdoce et l'État ne doivent plus être les maîtres de l'individu, puisque celui-ci ne doit plus jamais perdre l'usage de la raison que la Rédemption lui a rendu; mais l'individu, de son côté, ne saurait se passer de l'État ni du sacerdoce, puisqu'il ne pourra jamais, par suite de la chute primitive, jouir de la raison d'une manière parfaite. Il gémit seulement sur l'espèce d'aveuglement qui fait que ce grand corps voit le christianisme où il n'est pas, c'est-à-dire dans l'organisation despotique du moyen âge, et ne le voit pas où il est, dans les libres institutions des âges modernes. C'est là, d'après lui, le plus grand obstacle qui s'oppose, en ce moment, au retour des hommes à la religion chrétienne : « Les générations, s'écrie-t-il éloquemment, pour se convertir à l'Évangile en religion, n'attendent que la conversion du clergé à l'Évangile en politique. » Le reproche d'incrédulité qu'il leur adresse sur le premier point, elles le lui renvoient sur le second. Leur foi chrétienne civile n'est, en son genre, ni moins puissante ni moins héroïque que la foi chrétienne de l'Église naissante. Elle balaye du monde le judaïsme et le paganisme civils, comme l'autre en balaya le judaïsme et le paganisme religieux. Elle marche aussi sur les abîmes, transporte les montagnes, domine les éléments; elle a abreuvé la France, l'Europe du sang de ses martyrs, et s'il le faut, elle en abreuvera le globe entier. Cette foi, loin de repousser l'autre, l'appelle de toutes ses forces, parce que, n'embrassant qu'un côté de l'homme, elle ne peut seule le gouverner et le contenter : leur séparation déchire les âmes, et ces cris violents et universels qui s'élèvent contre le clergé, et que le clergé croit dirigés contre son existence, ne lui sont que les plus pressantes sollicitations de se déjudaïser et de se dépaganiser. Qu'il se fasse chrétien... et à l'instant le combat cesse » [1].

C'est ainsi que Bordas a résolu la question qu'il avait agitée toute sa vie et que tous les hommes supérieurs de notre siècle ont agitée avec lui, celle de l'accord de la religion et de la civilisation, du christianisme et de la Révolution française. Il en a cherché la solution à des profondeurs métaphysiques, ou plutôt théologiques, où ne pénètrent guère les esprits frivoles et superficiels, quand il est parti de ce principe, que toutes les révolutions du monde se réduisent à deux, l'une qui détache l'homme de Dieu, l'autre qui le rattache à lui. C'était imiter la hardiesse, pour ne pas dire la témérité de Pascal, qui demande, lui aussi, l'explication des choses au dogme inexplicable du péché originel, et prétend trouver le nœud de notre destinée dans ce qu'il appelle lui-même les tours et les détours de cet abîme. Il aborde un sol plus ferme ou du moins plus accessible au commun des hommes, quand il arrive sur le terrain historique et qu'il compare les sociétés antérieures à la Révolution et celles qui en sont issues. Cependant l'idée générale qu'il dégage de cette comparaison et qu'il donne pour fondement à toutes ses discussions politico-religieuses, à savoir, que l'homme était autrefois la propriété de l'État et qu'il est aujourd'hui son propre maître, ne saurait, suivant nous, être admise sans restriction.

[1] *Mélanges philosophiques et religieux*, p. 431.

Nous croyons pouvoir dire, sans méconnaître les bienfaits de la Révolution, qu'il n'y a pas entre les époques qui ont précédé ce grand évènement et celles qui l'ont suivi, l'hiatus immense que Bordas se plaît à y voir. Si on étudie les sociétés anciennes, on verra que l'homme n'y était point aussi esclave de l'État que cet écrivain le prétend ; bien plus, plusieurs théoriciens, notamment Aristote, soutenaient déjà que l'État est fait pour l'individu, non l'individu pour l'État. Si on étudie, d'autre part, les sociétés de notre temps, on se convaincra que le citoyen n'y est pas non plus aussi indépendant et aussi maître de lui-même qu'on voudrait nous le faire croire. Certains conservateurs reprochent, en effet, à notre enseignement classique d'entretenir dans l'âme de la jeunesse un esprit d'indépendance qui pouvait être bon pour les Grecs et les Romains, mais qui est peu compatible avec l'autorité de l'État, telle qu'on l'entend aujourd'hui, et avec les exigences de la vie moderne. Certains libéraux, de leur côté, reprochent à Rousseau et à la Convention, c'est-à-dire aux promoteurs de la Révolution, d'avoir exagéré l'autorité du pouvoir central et trop fortement subordonné l'individu à l'État. Jusqu'à quel point ces reproches sont fondés, c'est ce que nous n'examinons pas ; mais le seul fait qu'ils aient pu se produire prouve surabondamment que ni la subordination de l'individu à l'État dans l'antiquité, ni l'indépendance de l'individu à l'égard de l'État depuis la Révolution, n'ont été aussi complètes que Bordas veut bien le dire.

La philosophie de l'histoire que Bordas expose, en partant de ces données, est extrêmement ingénieuse, et les pages où il la développe peuvent être comptées parmi les plus éloquentes de notre littérature. Quel énergique tableau il nous trace de l'homme des premiers siècles de l'Église, coupant infatigablement tous les liens qui l'attachent aux sens et à lui-même et se plongeant dans des austérités inouïes pour retrouver le Dieu qu'il a perdu ! C'est le monachisme qui s'étend sur le monde et qui sert d'avant-scène à la nouvelle civilisation. Quelle grandiose peinture que celle qu'il nous fait de cette puissance, inconnue la veille, qui s'élève, au milieu du débordement ininterrompu des hérésies et du flot toujours montant des invasions barbares, « comme un centre immobile où se fixent les ruines flottantes de cet immense chaos ! » C'est la théocratie du moyen âge qui peu à peu s'assied et se constitue. « Mais déjà on entend la vie sourdre sous ces énormes débris, d'où bientôt s'échappe impétueusement une civilisation éclatante de raison, inépuisable de bienfaits ! » C'est la civilisation de la Rédemption qui déjà s'agite impatiente de remplacer la civilisation de la chute, et dont chaque jour l'esprit chrétien prépare l'avènement, en attendant que la Révolution française le réalise.

Mais cette philosophie de l'histoire est-elle aussi exacte qu'ingénieuse et l'éclat avec lequel l'auteur l'expose n'en dissimule-t-il pas précisément les côtés contestables ? Était-il absolument nécessaire que le genre humain passât par cet affreux moyen âge que Bordas lui-même a si vigoureusement décrit, pour que Copernic découvrît le système du monde, pour que Christophe Colomb trouvât l'Amérique, pour que Constantinople nous rendît les trésors si longtemps perdus de l'antiquité et qu'à la suite et sous l'impulsion de la Renaissance, la philosophie moderne et la Révolution fissent, à leur tour, leur apparition sur cette planète ? Il est au moins permis d'en douter.

Quant à l'identité de l'esprit du christianisme et de l'esprit de la Révolution, elle a été plaidée par Bordas avec une singulière éloquence. Il a très bien montré qu'ils s'accordent tous deux à pousser l'homme à son perfectionnement intellectuel et moral ; qu'ils le font tous deux consister dans la pleine expansion de notre volonté et de notre raison, et que, par conséquent, ils doivent tous deux chercher à établir sur la terre le règne de la vérité et de la justice. Concevant de la même manière la vie humaine et la fin qui lui est assignée, il est naturel qu'ils y tendent de concert et qu'ils s'entr'aident, au lieu de se combattre. Mais, en signalant les ressemblances qui rapprochent la religion et la Révolution, notre auteur n'a peut-être pas assez tenu compte des différences qui les séparent. La première se préoccupe surtout de la vie future, la seconde de la vie présente ; l'une invoque surtout l'autorité, l'autre l'examen ; celle-ci représente principalement la liberté, celle-là la discipline. C'est pourquoi on comprend qu'elles se regardent parfois d'un œil médiocrement sympathique : elles se sentent un peu étrangères l'une à l'autre, et la parfaite sympathie ne se produit qu'entre des sujets qui se ressemblent.

Quoi qu'il en soit, la conception de Bordas ne manque pas de valeur, bien que les dissemblances que nous venons d'énumérer et aussi les mouvements en sens contraires qui se sont produits dans la société depuis trente ans, n'en fassent pas prévoir la prochaine réalisation.

V

APPLICATIONS A L'ÉPOQUE PRÉSENTE. — RÉFORME CATHOLIQUE. — RETOUR AU GALLICANISME

Pour réhabiliter le christianisme aux yeux des hommes de notre temps, Bordas ne se contente pas de montrer que l'esprit chrétien est au fond identique à l'esprit moderne, il s'attache encore à faire voir qu'il ne faut pas confondre cette religion sainte, telle qu'elle est sortie des mains de son divin fondateur, avec la religion plus ou moins corrompue qui nous a été transmise par le moyen âge. C'est l'objet des travaux qu'il a consacrés à la réforme catholique. Cette partie de son œuvre est faite pour intéresser les théologiens plutôt que les philosophes. Cependant elle ne saurait laisser ces derniers tout à fait indifférents; car elle est, à ce qu'il semble, une application assez exacte des principes de l'auteur aux questions religieuses.

Bordas, admettant la communication directe de l'âme avec Dieu par la raison, doit préconiser par-dessus tout le culte en esprit et en vérité et considérer, sinon comme inutiles, au moins comme accessoires les pratiques extérieures auxquelles on a quelquefois recours pour rendre plus intime l'union de la créature et du Créateur. C'est pour cela, si je ne me trompe, qu'il s'élève contre l'importance, suivant lui excessive, qu'on attribue depuis le moyen âge à l'invocation des saints, et déclare, en s'autorisant d'ailleurs des décisions du concile de Trente, que, si elle est utile, elle n'est pas absolument nécessaire. Partant de l'idée que Dieu est le seul être existant par lui-même et que les autres êtres, si éminents qu'ils soient, ne sont que de pauvres créatures qui reçoivent encore de lui, à tout moment, la vie, le mouvement et l'existence, il s'indigne contre les développements, immodérés d'après lui, qu'a pris en Italie, en Espagne et même en France le culte des anges, des saints et surtout celui de Marie, mère du Sauveur : si on continue, dit-il, à suivre ce système d'exagérations, on arrivera bientôt à remplacer le christianisme par le marianisme.

C'est également par le rationalisme dont Bordas fait profession que j'expliquerai la condamnation si sévère qu'il prononce contre ce système des indulgences que de Maistre, on s'en souvient, avait si ingénieusement défendu. La raison, dit-il, proclame qu'un homme qui a failli ne peut se relever moralement que par la souffrance, par celle qu'il s'inflige à lui-même, dans l'amertume de son repentir, ou par celle que ses semblables lui infligent et qu'il accepte avec componction, comme une juste expiation du mal qu'il a fait. C'est ainsi que les choses se passaient dans la primitive Église ; mais ce n'est point ainsi qu'elles se passent aujourd'hui. On peut, dit-il, au moyen de telle ou telle pratique pharisaïque et arbitraire, être dispensé de toute expiation sérieuse, comme de toute amélioration morale véritable.

Si nous y regardons de près, nous verrons que le rationalisme de Bordas nous donne aussi la clef du système qu'il a conçu sur l'organisation de la société ecclésiastique et sur ses rapports avec la société civile. Il met, nous l'avons dit, notre raison en rapport direct avec la raison divine et il attribue à chacun de nous la faculté de vivre par lui-même, en une certaine mesure, de la vie religieuse. On comprend dès lors qu'il demande que la société ecclésiastique soit ramenée à l'état où elle était autrefois, d'après lui, alors que la vie spirituelle circulait plus ou moins largement, mais réellement, dans tous ses membres, au lieu d'être comme aujourd'hui concentrée dans quelques-uns, pour ne pas dire dans un seul. Bordas prétend, en effet, que la vie spirituelle des laïques a été absorbée par celle des prêtres, celle des prêtres par celle des évêques, et celle des évêques par celle du souverain Pontife, ce qui constitue pour le grand corps religieux un état essentiellement pathologique, puisqu'il y a anémie d'un côté et pléthore de l'autre.

Bordas veut changer tout cela, sans sortir des bornes de l'orthodoxie, et c'est dans un tel changement que sa réforme catholique consiste. Il défend les droits des prêtres contre les évêques et aussi ceux des princes temporels contre le souverain Pontife. Tout en reconnaissant ce dernier pour le chef de l'Église, il ne craint pas de combattre ce qu'il appelle ses empiètements et continue la race, aujourd'hui perdue, de ces docteurs gallicans qui s'étaient toujours efforcés de maintenir notre pays à égale distance de l'anarchie religieuse et de la théocratie. De toutes les prétentions de la papauté, celle qu'il combat tout d'abord est sa prétention à l'infaillibilité. Ramener l'idée d'infaillibilité à celle de souveraineté, comme le fait de Maistre dans les pages toutes profanes du livre *Du Pape*, c'est, dit-il avec assez de raison, ramener le surnaturel au naturel, c'est nier le caractère divin du christianisme[1]. Combien Bossuet est mieux inspiré, dit Bordas, quand il s'écrie : « C'est à l'assemblée des pasteurs et des peuples que Jésus a dit, en montant aux cieux : « Voici que je suis « avec vous jusqu'à la consommation des siècles », ce qui veut dire que l'assemblée des évêques, des prêtres et des laïques, prononce seule infailliblement. A ces raisons Bordas en ajoute une autre qui a été souvent invoquée dans ces derniers temps : Si, dit-il non sans exagération, le souverain Pontife était infaillible, son existence serait incompatible avec celle de tout État bien organisé. Les citoyens, en effet, étant toujours disposés à obéir à ses paroles comme à des oracles, il serait de fait le seul magistrat : les autres dépositaires de l'autorité ne seraient rien devant lui. L'ultramontanisme est donc, suivant notre auteur, une doctrine non seulement erronée, mais encore antisociale.

Bordas n'est pas moins contraire à la domination universelle des Papes qu'à leur infaillibilité, dont elle lui paraît une conséquence. De Maistre avait prétendu qu'elle avait eu pour effet, au moyen âge, de rendre les guerres moins fréquentes. D'après Bordas, c'est là une assertion qui suppose ou une singulière ignorance ou une rare mauvaise foi. Avec leur manie de déposer les princes qui avaient le malheur de leur déplaire, les Papes fournirent, suivant la remarque de Bossuet, à

[1] *Pouvoirs constitutifs de l'Église*, p. 332.

tous les ambitieux des prétextes pour colorer leurs injustices et mirent l'univers en feu : « Voilà, dit le grand évêque de Meaux, les plaies affreuses qu'on a faites à l'Église et à la discipline, en attribuant au Saint-Siège cette énorme puissance de régler à son gré ou plutôt de bouleverser les affaires temporelles [1]. »

Bordas ne se borne pas à défendre les droits des prêtres, des évêques et des princes temporels, il défend encore ceux des simples laïques. Suivant lui, ces derniers doivent participer, bien qu'à un moindre degré que les ecclésiastiques, à l'enseignement et au gouvernement de la société religieuse ; car cette dernière n'admet que des citoyens actifs. Des citoyens purement passifs y seraient un non-sens et une contradiction, puisque la république chrétienne est, selon le mot de Bossuet, « un peuple de rois ». Aussi, de simples laïques, comme saint Justin, Arnobe, Lactance, Origène, de simples diacres, comme saint Athanase, ont joué autrefois, parmi les chrétiens, un rôle si considérable qu'il leur a valu le titre glorieux de Pères de l'Église. A plus forte raison les laïques doivent-ils intervenir dans l'élection de ceux qui les enseignent et les gouvernent. C'est ce qui s'est toujours fait tant que l'Église est restée pure et florissante. Quand l'Assemblée constituante a établi les élections au sein de l'Église, elle a simplement rétabli une pratique excellente, qui était aussi conforme aux exigences de l'esprit chrétien qu'à celles de l'esprit moderne.

En défendant ce qu'il appelle un sage laïcisme contre

---

[1] *Pouvoirs constitutifs de l'Église*, p. 415.

un cléricalisme immodéré, Bordas croit servir l'Église tout entière. Si la société civile et la société ecclésiastique se repoussent et se combattent aujourd'hui, au lieu de s'harmoniser et de s'unir, cela tient, en effet, suivant lui, à ce que le laïcisme, expression de la seule raison, domine dans l'une et à ce que le cléricalisme, expression de la seule autorité, règne exclusivement dans l'autre. La raison ayant disparu comme pouvoir du sein de l'Église, la superstition et le despotisme la rongent. Aussi « elle n'ambitionne que de se replonger dans le moyen âge, d'où elle a été retirée par le xviie siècle et par la Révolution française. » Il en est, suivant Bordas, du sacerdoce comme de toutes les fonctions humaines : en même temps qu'il a ses avantages, il a ses inconvénients auxquels il faut savoir obvier. Par cela seul qu'il représente le surnaturel, il tend, sans le vouloir, à anéantir en nous la nature, c'est-à-dire la volonté et la raison, et à s'établir sur leurs ruines. C'est pourquoi il est bon que le laïcisme, qui a des tendances différentes ou plutôt opposées, intervienne pour lui faire équilibre et lui servir de contre-poids. Un gouvernement humain, ou divin, peu importe, qui ne s'appuie pas sur toutes les puissances de la société à laquelle il appartient, ne saurait être un gouvernement bien réglé ni avoir la plénitude de sa force et de son indépendance[1].

S'il nous était permis d'émettre une opinion, d'ailleurs purement rationnelle, sur des questions théologiques, comme celles du culte des saints et des pratiques extérieures, nous dirions que la manière de voir de Bordas

---

[1] *Réforme catholique*, p. 129.

sur ce double sujet paraît au premier abord assez plausible, mais qu'en y réfléchissant, on lui trouve plusieurs côtés faibles et vulnérables. Cet auteur se fait de la religion un idéal qui ne convient qu'à la philosophie : or, ce sont là deux choses fort différentes et qu'on ne saurait ramener au même type sans les dénaturer. Il semble demander à la première, comme il ferait à la seconde, de s'adresser uniquement à cette partie de notre nature qu'on appelle la raison pure, pendant qu'elle doit parler à la raison, à l'imagination, au cœur, aux sens eux-mêmes, en un mot, à l'homme tout entier. Cette contemplation d'un Dieu solitaire au haut de son ciel dans laquelle tous les hommes devraient, suivant lui, s'absorber, n'a jamais satisfait aucune race, pas même la race sémitique, la plus monothéiste de toutes, et a constamment alterné chez elle avec le culte des idoles. Bien moins encore pourrait-elle suffire aux races indo-européennes qui ont de tout temps placé entre l'homme et Dieu une immense hiérarchie de génies divins.

Pour les pratiques extérieures, sans vouloir justifier l'abus déplorable qu'on en fait trop souvent, nous croyons qu'on pourrait les défendre jusqu'à un certain point. Si on en doute, qu'on lise ces remarquables paroles de Montesquieu : « Quand, avec l'idée d'un Être spirituel suprême, qui forme le dogme, nous pouvons joindre encore des idées sensibles, qui entrent dans le culte, cela nous donne un grand attachement pour la religion... Aussi les catholiques, qui ont plus de cette sorte de culte que les protestants, sont-ils plus invinciblement attachés à leur religion que les protestants ne le sont à la leur et plus zélés pour sa propagation.... Une religion chargée de beaucoup de pratiques attache plus à elle qu'une autre qui l'est moins : on tient beaucoup aux choses dont on est continuellement occupé, témoin l'obstination tenace des mahométans et des juifs, et la facilité qu'ont de changer de religion les peuples barbares et sauvages, qui, uniquement occupés de la chasse ou de la guerre, ne se chargent guère de pratiques religieuses [1]. »

La transformation de l'Église que Bordas avait conçue, aurait eu peut-être pour effet de développer davantage dans les âmes cette vie religieuse, qui n'est pas moins nécessaire à la société ecclésiastique que la vie politique à la société civile ; mais elle était trop radicale pour réussir, surtout dans un pays comme le nôtre, que les questions théologiques laissent assez indifférent. Cependant la réintégration du laïcisme au sein de l'Église, qui était la partie essentielle de la nouvelle réforme, bien qu'impraticable, selon nous, n'était pas aussi absurde qu'elle peut le paraître au premier abord. Elle semblait même, à certains égards, indiquée par la situation. Il est naturel, en effet, que les institutions d'un peuple soient homogènes. Or, les institutions politiques de notre pays étaient démocratiques : on pouvait donc croire qu'elles appelaient des institutions religieuses démocratiques comme leur complément. C'est ce complément que Bordas voulut leur donner, en relevant au sein de l'Église le laïcisme trop longtemps prosterné. Ce qui put d'ailleurs l'encourager dans sa tentative, c'est le rôle que l'élément laïque avait joué dans notre

---

[1] Montesquieu. *Esprit des lois*, liv. XXV, chap. II.

siècle. C'étaient, en effet, des laïques, comme de Maistre, de Bonald, Chateaubriand, qui avaient les premiers relevé le drapeau du catholicisme. C'était de nos grandes écoles laïques qu'étaient sortis plus tard Bautain, Buchez, Lacordaire, Ravignan, en un mot, ses principaux défenseurs. Enfin c'étaient des laïques qui plaidaient chaque jour sa cause, dans la presse, de l'accent le plus passionné.

Quoi qu'il en soit, Bordas plein de ses projets de réforme et du désir de les réaliser, fit une guerre à mort à l'école traditionaliste et ultramontaine. Elle semble oublier, dit-il, que la Rédemption a relevé l'homme dans sa raison et sa volonté, et qu'elle l'a rendu digne d'être citoyen d'un État libre ; elle ne le considère que comme un misérable, dégradé par la chute originelle, le condamne à vivre à jamais sous un régime d'esclavage, comme celui de l'ancienne loi, ou sous un régime pire encore. Les écrivains de cette école l'ont bien fait voir. Ils avaient en face d'eux des adversaires qui, pour faire échec au christianisme, se plaisaient à décrier le moyen âge, où il avait tenu tant de place, et s'ingéniaient à identifier la cause de l'un avec celle de l'autre. Pour leur répondre, ils n'avaient qu'à montrer que le moyen âge est une chose et le christianisme une autre, et que les abus du premier ne sont nullement imputables au second. Mais ils ont fait tout le contraire : ils ont nié ces abus, bien plus, ils les ont glorifiés et ont présenté comme l'idéal de la société chrétienne un état social qui en fut la plus audacieuse négation. Suivant Bordas, en effet, le moyen âge est l'antichristianisme et non le christianisme lui-même : il ne faut donc pas, pour défendre celui-ci, célébrer celui-là.

C'est pour avoir méconnu cette vérité et cherché, de nos jours, comme à cette sinistre époque, à absorber le naturel dans le surnaturel, la raison dans la foi, l'État dans l'Église, que le clergé s'est fait tant et de si implacables ennemis : « Demander une loi de sacrilège, comme sous la Restauration, dit Bordas, et comme aujourd'hui encore, si on l'osait, n'est-ce pas trop évidemment absorber le naturel dans le surnaturel?... Réclamer la liberté d'enseignement comme un droit, et supposer par là que les enfants appartiennent au sacerdoce, n'est-ce pas encore absorber le naturel dans le surnaturel? Il ne s'agit point de l'enseignement qui prépare aux fonctions du sanctuaire; le clergé en jouit dans les séminaires grands et petits... Il s'agit de l'enseignement social, qui forme les citoyens, et, en le demandant, le sacerdoce ne s'approprie rien moins que la société entière dans sa substance. Et il s'étonne qu'elle résiste! Il ne comprend pas que, se voyant incessamment aux prises avec un pouvoir toujours prêt à l'envahir, elle rêve un culte exempt d'un pouvoir semblable, et qu'elle résolve de s'en tenir à la nature seule, précisément parce qu'on s'efforce de l'arracher à la nature[1] ! »

Le dernier mot de Bordas sur cette question, c'est que l'Église doit se renfermer dans ses attributions propres, qui sont déjà assez étendues, et laisser à la société civile les siennes, si elle ne veut pas entrer en conflit avec elle et préparer au monde des désastres effroyables. Qu'elle se borne à prêcher l'Évangile au lieu de chercher à dominer le monde, et le monde lui reviendra.

---

[1] *Mélanges philosophiques et religieux*, p. 418.

On voit qu'au point de vue religieux, comme au point de vue politique et au point de vue métaphysique, la doctrine de Bordas est diamétralement contraire à celle de Lamennais et de la plupart des philosophes traditionalistes. Ceux-ci nient la raison, celui-là la reconnaît ; les premiers imposent aux fidèles une soumission aveugle à l'autorité religieuse concentrée dans le souverain Pontife ; le second leur demande une soumission raisonnée et raisonnable à cette même autorité représentée par l'Église universelle. Suivant lui, en effet, l'Église est une société spirituelle et vivante. Dès que ses membres renoncent à toute activité religieuse au profit de l'un ou de quelques-uns d'entre eux, elle ne vit plus par l'esprit, elle n'est plus une Église véritable.

C'est là une doctrine qui paraîtra sans doute excessive à beaucoup de lecteurs, mais qui est très-curieuse et très caractéristique. On peut, en effet, la considérer comme une protestation de la personnalité humaine contre une organisation religieuse où elle se sentait mal à l'aise et qui ne lui laissait peut-être pas un jeu suffisant. Bordas lui-même en avait le sentiment, comme cela ressort de l'appréciation qu'il fait de Buchez, qui l'attirait par son amour pour la révolution, mais qui le repoussait par sa passion pour la théocratie et pour le césarisme religieux : « Quant à Buchez, dit-il, il y a beaucoup de détails vrais chez lui. Il est certain que nous sommes travaillés aujourd'hui par une individualité, qui produit partout l'anarchie et les maux qui en résultent. Mais en conclure que, pour rétablir l'ordre, il faut briser cette individualité et constituer la société sur l'abnégation de l'individu, c'est une erreur capitale. L'individualité est le fond de la société moderne et la source de tout progrès véritable, parce que c'est elle qui met en jeu et développe toutes nos puissances. La briser, ce serait nous refouler à la société antérieure au christianisme[1]. »

Bordas est, comme on voit, à l'ultramontanisme ce que Proudhon est au socialisme, il en est la contradiction vivante : il est, lui aussi, à sa manière, le héros de la personnalité.

On connaît maintenant la philosophie de Bordas et en elle-même et dans les applications qu'il en a faites. A la considérer en elle-même, elle est une reproduction originale de la philosophie de Descartes et de Platon, c'est-à-dire que le retour de la pensée sur elle-même en est la méthode et que la théorie des idées en est le fond. Seulement Bordas essaye de donner à cette théorie plus de profondeur et plus de fécondité : plus de profondeur, en l'appuyant sur une conception neuve et hardie de la substance et de l'infini; plus de fécondité, en s'en servant comme d'un principe pour classer tous les systèmes et comme d'une pierre de touche pour les juger. Si ses opinions sur ces différents points ne sont pas toutes suffisamment établies, elles dénotent toutes une pensée éminemment personnelle et active.

Mais Bordas ne se renferme pas dans le champ de la pure spéculation, il pénètre dans celui de la religion, de la politique et de l'histoire; car, malgré le tour métaphysique de son esprit, il estime que « toute philosophie qui n'explique point le cours des choses humaines est indigne de l'attention d'un homme sérieux[2]. »

---

[1] Œuvres posthumes, t. I, p. 153.
[2] Œuvres posthumes, t. I, p. 43.

C'était même, on s'en souvient, pour résoudre une question à la fois politique, religieuse et historique, celle de l'accord de la religion chrétienne et de la civilisation moderne, qu'il avait entrepris tous ses travaux. La préoccupation de cette question avait été pour lui ce que celle du problème de la destinée avait été pour Jouffroy, l'aiguillon caché qui l'avait stimulé sans relâche dans toute la suite de ses sévères études. Il se la posa dans un temps où le sentiment des périls que la Révolution avait fait courir à la société avait ranimé, parmi les hommes, l'instinct de la conservation et où le christianisme et le moyen âge, si violemment attaqués au XVIIIe siècle, étaient célébrés par toute une école, aux dépens des âges modernes et de la philosophie qui en est l'âme. Il se demanda si une telle réaction n'était pas excessive et s'il n'y avait pas moyen de concilier les éléments en conflit. Il répondit, comme Ballanche, comme Buchez, comme le Lamennais de l'*Avenir*, comme Gratry par l'affirmative : mais il se montra plus favorable qu'eux tous à la philosophie et à l'esprit moderne, et plus hostile à la contre-révolution politique et religieuse. Il suffit pour s'en convaincre, de parcourir, dans la modeste *Gazette des Écoles* (19 juin 1831) l'article peu connu où il s'élève, en répondant au journal l'*Avenir*, contre cette faction ultramontaine, comme il l'appelle, qui dissimulait mal, suivant lui, sous le voile d'un libéralisme menteur ses projets de domination [1].

Mais il arriva à Bordas ce qui arrive à tous ceux qui

---

[1] *Réforme catholique*, p. 425.

se posent en médiateurs entre des adversaires acharnés à se détruire : il ne fut écouté ni des uns ni des autres, et dépensa en pure perte sa dialectique et son éloquence. Il n'eut que deux disciples de quelque valeur, Huet, professeur à l'Université de Gand, et M. l'abbé Sénac, aumônier au collège Rollin. Le premier, qui avait une plume facile et élégante, essaya de vulgariser ses idées dans la longue introduction qu'il mit en tête du *Cartésianisme*, dans les *Essais sur la Réforme catholique* qu'il écrivit en collaboration avec son maître, et dans un ouvrage qui est tout entier de lui et qui a pour titre : *Le règne social du christianisme.* Quant à M. l'abbé Sénac, il composa un livre intitulé : *Du christianisme considéré dans ses rapports avec la civilisation moderne*, où il développait des idées fort analogues à celles de Bordas, et s'attaquait à peu près aux mêmes adversaires, à Chateaubriand, à de Maistre, à Bonald, à Lamennais. Nous devons dire cependant que l'honnête ecclésiastique montrait, sur bien des points, plus de réserve et de modération que son ami et que, si M. Thiers l'avait fait nommer évêque, comme il en avait, dit-on, l'intention, à un certain moment, ni l'Église ni l'État n'auraient eu à se plaindre d'un pareil choix.

Quoi qu'il en soit, le nouveau système ne put mordre sur le grand public français. Il paraissait trop avancé aux uns et trop arriéré aux autres ; les théologiens le trouvaient trop philosophique, et les philosophes le jugeaient trop théologique. Les protestants et les anciens saint-simoniens l'accueillirent presque seuls avec quelque faveur, comme on peut le voir par un article remarquable que M. de Pressensé lui consacra, en 1855, dans la *Revue chrétienne*, et par un autre que Lherminier lui avait consacré dans la *Revue des Deux Mondes* plusieurs années auparavant[1].

Ce qui nuisit encore à son succès auprès du parti philosophique et libéral, ce fut l'attitude qu'avaient prise, à l'époque du coup d'État, les principaux représentants du parti ultramontain. En voyant les anciens promoteurs de la liberté de l'enseignement faire cause commune avec l'empire, les grands représentants de la démocratie, Proudhon, Edgar Quinet, M. Vacherot, soutinrent, avec un redoublement d'ardeur, la thèse de l'incompatibilité absolue du catholicisme et de la liberté, et le catholicisme *idéal* de Bordas, comme M. Vacherot l'appelait, fut enveloppé, sous d'honorables réserves, dans la condamnation du catholicisme réel. La promulgation des dogmes de l'*Immaculée Conception* et de l'*Infaillibilité du Pape* lui porta le dernier coup. Huet en fut tellement affecté qu'il sentit dès lors chanceler en lui ses anciennes croyances, et qu'il mourut en dehors de ce catholicisme qu'il avait si vivement et si noblement défendu.

Nous terminons ici l'histoire du traditionalisme, considéré dans ses principaux représentants, c'est-à-dire dans les penseurs qui sacrifient, à des degrés divers, la

---

[1] Citons encore, parmi les écrivains qui s'honorèrent en rendant justice à Bordas, Cochin et surtout M. John Lemoinne.

raison à la tradition, la philosophie à la théologie, l'Etat à l'Église, trois doctrines qui s'appellent en quelque sorte les unes les autres et se complètent mutuellement. Il n'est, comme nous l'avons déjà dit, qu'un retour offensif, quelquefois faible, quelquefois vigoureux de l'esprit du moyen âge vaincu, mais non dompté contre l'esprit moderne triomphant. Le moyen âge, en effet, n'est pas autre chose que la domination de l'élément ecclésiastique sur l'élément laïque, dans la spéculation comme dans la pratique, dans la philosophie comme dans la politique elle-même. Cette domination, presque personne ne songeait à s'y soustraire, au moins en philosophie, durant cette longue période, parce que presque personne ne songeait à en contester la légitimité et ne se sentait de taille à le faire impunément. Se soulever contre elle eût été, à ce qu'il semblait, se soulever contre Dieu même et, dans cette lutte inégale, on se sentait vaincu d'avance. Aussi, combien peu s'y hasardèrent, et combien timidement, un Scot Érigène, un Abailard, un Roger Bacon, et comme ils furent vite brisés !

Pour que la situation changeât, il fallait que l'esprit humain acquît à un plus haut degré le sentiment de sa force, qu'il commençât à douter des titres de cette autorité devant laquelle il se tenait courbé et tremblant, et que par delà l'horizon étroit et obscur du moyen âge, un horizon plus large et plus radieux s'ouvrît à ses regards. C'est ce qui arriva à l'époque de la Renaissance. Quand les hommes intelligents de ce temps-là virent les chefs-d'œuvre oratoires et philosophiques de l'antiquité grecque et romaine étalés devant eux, quand ils se représentèrent en imagination les grands débats de l'agora et du forum et les débats plus grands encore de l'Académie, du Lycée et du Portique, où la raison se donnait si largement carrière, et qu'ils se mirent à comparer leur vie abaissée et étouffée à la vie libre et élevée de Rome et de la Grèce, ils trouvèrent la réalité triste auprès de l'idéal entrevu. Alors ils se demandèrent pourquoi ils n'auraient pas aussi leur franc parler et ne spéculeraient pas aussi sur les matières philosophiques et politiques en toute indépendance.

Mais l'affranchissement ne pouvait s'opérer en un jour. A l'autorité impérieusement imposée de la théocratie, succéda d'abord l'autorité librement acceptée des anciens qui tint quelque temps l'esprit humain renaissant sous sa tutelle féconde. Enfin, un jour vint où ce dernier se sentit assez fort et assez sûr de lui-même pour revendiquer sa pleine et entière émancipation. Ce jour a un nom dans l'histoire de la pensée humaine : c'est l'avènement du cartésianisme. Dès ce moment, l'homme, à le considérer dans les hautes régions intellectuelles, ne juge plus que par lui-même et fait plier toutes les autres autorités devant la sienne. Peu m'importe, semble-t-il dire, que vos doctrines aient vingt siècles ou trente siècles de date : ce que je veux savoir, c'est si elles sont vraies, c'est-à-dire en harmonie avec ma raison et avec les idées évidentes dont elle forme en quelque sorte la synthèse. Peu m'importe que vos institutions soient vieilles : ce que je veux savoir, c'est si elles sont justes, c'est-à-dire d'accord avec l'idéal de liberté, d'égalité, de fraternité, c'est-à-dire, en somme, de moralité, que je porte en moi. Alors s'accomplit, dans l'ordre intellectuel d'abord, dans l'ordre politique ensuite, une immense révolution, qui a submergé la France et la submerge encore et gagne tous les jours en Europe des terrains nouveaux ; révolution au milieu de laquelle nous sommes nés et nous débattons, êtres chétifs et éphémères, comme des insectes au milieu d'un orage.

A la vue des ruines accumulées par l'esprit humain quand, dans sa marche inflexible à travers l'histoire, il va renversant tout ce qui ne lui est pas conforme et refaisant tout à son image et à son idée, quelques-uns ont pris peur et ont essayé, pour le retenir, de lui faire peur de lui-même. Ce sont les traditionalistes. Ils ont cherché à lui persuader qu'il était absolument incapable de vérité et de justice et qu'il ferait bien d'en demander à la tradition, à l'autorité, à l'opinion commune, à tout, excepté à lui-même, et de remettre à d'autres mains le gouvernement de sa vie et celui de la société qui allaient toujours de mal en pis, depuis qu'il s'était avisé d'en prendre la direction. Mais à ceux qui lui reprochent les ruines qu'il a faites, comme si la destruction n'était pas la condition de toute rénovation, et qui l'adjurent de renoncer à son indépendance, comme si elle n'était pas le principe de tout progrès, l'esprit humain peut répondre en montrant les arts, les sciences, l'industrie languissant là où il abdique, et grandissant là où il règne, d'un côté les ténèbres et la demi-barbarie du moyen âge, de l'autre les lumières de notre moderne civilisation.

Sans doute l'école traditionaliste a eu sa raison d'être, et jusqu'à un certain point sa légitimité. Elle a été au fond, comme nous l'avons écrit quelque part, une protestation assez naturelle et assez légitime du sentiment de conservation sociale contre une raison individuelle trop entreprenante, de l'esprit de tradition contre l'esprit d'innovation poussé à l'extrême. Mais elle a eu le tort de refuser à l'individu toute initiative, soit en philosophie, soit en politique, et de faire dériver toutes ses pensées, tous ses devoirs, tous ses droits, non de sa nature propre, mais d'une tradition extérieure remontant jusqu'à Dieu : elle a sacrifié la philosophie à l'histoire et à la théologie. Du reste, il faut le dire à l'éloge de sa logique, toutes ses doctrines particulières sont étroitement liées entre elles et font corps au sein d'une doctrine générale. Ainsi, c'est parce qu'elle a méconnu dans l'homme l'élément rationnel et volontaire, c'est-à-dire l'élément véritablement humain, qu'elle a méconnu dans la société le principe libéral, qui implique l'excellence de l'homme et de sa libre initiative : condamner le rationalisme dans l'ordre philosophique, c'est, en effet, condamner le libéralisme dans l'ordre politique.

La plupart des traditionalistes ont parfaitement compris cela. Le premier de tous, Joseph de Maistre, commence par proclamer l'homme radicalement corrompu dans sa volonté et dans sa raison, sinon dans sa raison spontanée, au moins dans sa raison réfléchie, puis il en conclut qu'il est incapable de se donner des lois de propos délibéré et de se gouverner lui-même. Bonald va encore plus loin que de Maistre ; car il méconnaît la raison sous toutes ses formes et fait dériver nos idées, non de nous-mêmes, comme de Maistre, mais de la société et de Dieu. Aussi, à ses yeux, l'individu n'est rien et ne peut rien, comme nous l'avons vu : il n'a que des devoirs, il n'a point de droits. Nous ne parlons pas de Lamennais qui, en attaquant la raison encore plus directement et plus à fond que ses deux devanciers, espéra frapper au cœur la société moderne dont elle est, pour ainsi dire, l'âme vivante et ne laisser, comme il le disait, à l'esprit humain, désespéré dans ses croyances les plus naturelles et les plus chères, d'autre alternative que d'expirer dans le vide ou de se jeter dans les bras de la foi la plus aveugle et de l'autorité la plus absolue. Sans doute Lamennais a professé, à un certain moment, des doctrines libérales, et Buchez a fait de même ; mais la liberté que ces auteurs demandent est la liberté de se soustraire à l'autorité de l'État, pour accroître d'autant celle de l'Église, plutôt que la liberté véritable.

Plus sage que ses aventureux champions, l'autorité religieuse a compris le danger que faisait courir à la religion l'école traditionaliste et l'a solennellement désavouée dans plusieurs circonstances graves. Elle a proclamé que la foi et la raison, la théologie et la philosophie, n'offraient pas cette opposition que certains esprits intempérants avaient cru voir entre elles, et qu'elles pouvaient et devaient, en opérant chacune dans leur sphère, résoudre de la même manière les grands problèmes de l'ordre moral. C'est ce qu'avaient pensé aussi à d'autres époques saint Augustin, Bossuet, Fénelon et d'autres personnages éminents, et c'est ce qu'ont pensé de nos jours Bordas-Demoulin, le père Gratry, Mgr Maret et d'autres encore. Bien que leur philosophie soit encore, à quelque degré, une philosophie dépendante et théologique, elle offre déjà très souvent un caractère profane et rationnel.

Le traditionalisme n'est que la partie théorique de la doctrine que nous avons exposée : l'ultramontanisme en est la partie pratique. Or, si le premier, qui rabaisse outre mesure la raison individuelle, a été formellement condamné dans plusieurs circonstances par l'autorité ecclésiastique et n'a plus guère d'adhérents, il n'en est pas de même du second, qui implique, avec la soumission au moins indirecte de l'État à l'Église, la négation de la plupart des principes du monde moderne : il a, au contraire, rallié des suffrages imposants et obtenu une sorte de consécration. Par ce côté, il ne faut pas se le dissimuler, il y a entre la société religieuse et la société politique une opposition funeste qui n'explique que trop les conflits qui s'élèvent entre elles de toutes parts. Les savants et les hommes politiques comprennent très bien, pour la plupart, l'admirable beauté de la religion et l'influence salutaire qu'elle exerce ; mais ils savent qu'elle est d'autant moins tolérante qu'elle se croit plus sûre de posséder la vérité et que cette vérité lui paraît plus nécessaire au salut des âmes. C'est pourquoi ils craignent toujours que, si elle vient à dominer l'État, elle ne comprime, ainsi qu'elle l'a fait à d'autres époques et qu'elle y semble autorisée par ses propres maximes, l'honnête liberté de la pensée. Comme ils voient dans l'indépendance de l'État la meilleure garantie de l'indépendance de la science, et dans l'indépendance de la science la condition essentielle du développement de la civilisation, il n'est pas étonnant qu'ils s'émeuvent et qu'ils poussent le cri d'alarme toutes les fois que l'indépendance de l'État leur semble en péril.

Les plus ardents vont plus loin, ils ne se contentent pas de combattre la puissance politique de la religion, ils attaquent sa puissance morale, persuadés que celle-ci est la racine de celle-là. Ils se précipitent par-delà le gallicanisme et le déisme lui-même, jusque dans le matérialisme, d'où ils font une rude guerre non seulement à la religion chrétienne, mais encore à la religion naturelle et à la morale, qui en sont le fond et la substance. L'ultramontanisme fausse donc notre situation intérieure, puisque, sans le vouloir et par la force des choses, il nous divise et nous démoralise. Il fait plus, il fausse notre politique extérieure elle-même. Habitués à confondre le catholicisme avec la contre-révolution, nous prenons parti contre lui, quand il rencontre quelque ennemi soit en Europe, soit dans le reste du monde, sans songer que nous sommes, malgré tout, un peuple catholique et que le plus souvent, à l'étranger, les intérêts catholiques et les nôtres se confondent. Il faut donc espérer que le clergé français, qui a des sentiments si élevés et un patriotisme si sincère, renoncera, dans la mesure du possible, à l'ultramontanisme dans le sens où nous l'entendons, après avoir renoncé au traditionalisme, puisque aussi bien l'un n'est que la conséquence de l'autre. Il fera ainsi tomber ces doctrines matérialistes qui n'ont, chez beaucoup, d'autre raison d'être que le désir de lui être désagréable, à cause de la prétention qu'on lui suppose de former un État dans l'État.

On connaît maintenant l'histoire du socialisme et du traditionalisme, deux doctrines aussi peu favorables l'une que l'autre à la liberté scientifique et à la liberté politique, et qui tendent toutes deux à remplacer la volonté et la raison par l'instinct et l'habitude dans le gouvernement de l'homme et des sociétés humaines.

Il ne nous reste plus, pour achever l'histoire de la philosophie en France au XIXᵉ siècle, qu'à exposer la doctrine rationaliste et libérale, qui reconnaît à l'être humain cette volonté ou faculté de l'effort par laquelle il s'arrache, suivant l'expression d'Aristote, à la coutume et à la nature, pour jouer un rôle à part sur la scène de l'univers et devenir une véritable personne, et cette raison par laquelle il saisit, non seulement l'absolu du connaître et celui de l'être, mais encore l'absolu du devoir et celui du droit, et s'attache à les réaliser, soit dans la vie privée, soit dans la vie publique. Nous sommes plus sympathique à cette doctrine qu'aux deux précédentes, parce qu'elle implique non seulement ces croyances spiritualistes et morales avec lesquelles, pour redire le mot d'un philosophe contemporain, il faut vivre et mourir, mais encore cette indépendance de la science et de l'État, qui est l'essence même de la société nouvelle. Cependant nous la jugerons avec une complète impartialité et ne dissimulerons pas plus ses défauts que ses mérites, quand nous étudierons ses divers représentants, Maine de Biran, Ampère, Royer-Collard, Victor Cousin, Théodore Jouffroy, Charles de Rémusat et d'autres encore, comme nous nous proposons de le faire dans notre prochain volume [1].

---

[1] Après ce troisième volume, qui sera consacré au spiritualisme indépendant et au rationalisme libéral, nous en publierons un quatrième, sous le titre de *Philosophie contemporaine*, où seront étudiés concurremment les penseurs les plus récents des diverses écoles.

TABLE DES MATIÈRES

Préface. . . . . I-V

CHAPITRE PREMIER
J. DE MAISTRE

I. Vie de Joseph de Maistre. — Théorie des institutions politiques.. 1
II. Théorie des institutions religieuses. 17
III. Le mal. 29
IV. La chute. 37
V. La guerre et les sacrifices sanglants. 43
VI. La réversibilité. — Nouvelle évolution religieuse. . . 53
VII. Polémique contre Locke. — Idées innées. 65
VIII. Polémique contre Bacon. — Méthode. — Causes finales. 74

CHAPITRE II
DE BONALD OU LE TRADITIONALISME

I. Vie du vicomte de Bonald. — Impuissance de la philosophie. 85
II. L'origine du langage. 94
III. L'origine du langage. (Suite). 112
IV. La société. 122
V. L'homme, la cause première, les causes finales. . . . 143

CHAPITRE III

LAMENNAIS OU LA DOCTRINE DU SENS COMMUN

I. Vie de Lamennais. — *Essai sur l'indifférence :* La religion et la philosophie. 165
II. Question de la certitude : doctrine du sens commun. . . 180
III. Conséquences religieuses de la doctrine du sens commun. 198
IV. *De la Religion — Des progrès de la Révolution.* — Conséquences politiques de la doctrine du sens commun. . 210
V. *L'Avenir.* — *Les Paroles d'un croyant.* — *Le Livre du peuple.* Catholicisme libéral et religion progressive. 223
VI. *Esquisse d'une philosophie.* — Métaphysique : Dieu, la création, le mal. 240
VII. Esthétique : Le beau et l'art. 286

CHAPITRE IV

BALLANCHE OU LE TRADITIONALISME LIBÉRAL

I. *Essai sur les institutions sociales.* — Philosophie politique. 269
II. *Palingénésie sociale :* Métaphysique et philosophie de l'histoire. 279

CHAPITRE V

BUCHEZ OU LE TRADITIONALISME SAINT-SIMONIEN

I. *Introduction à la science de l'histoire.* 293
II. *Traité complet de philosophie.* 305

CHAPITRE VI

BAUTAIN ET D'AUTRES TRATITIONALISTES

I. Système de Bautain. 317
II. Ses vues en psychologie, en morale, en politique. . . 334
III. Autres traditionalistes : Bonnetty, Ubaghs, Donoso Cortes, Ventura. 345

CHAPITRE VII

M L'ABBÉ MARET ET LE P. GRATRY, OU LE SEMI-RATIONALISME CHRÉTIEN

I. Philosophie de M. l'abbé Maret : *Essai sur le Panthéisme*. — *Théodicée chrétienne*. 357
II. Vie de Gratry. — Dignité de la raison. — Dieu prouvé par le procédé dialectique. 373
III. Le procédé dialectique identique à l'induction et au procédé infinitésimal. 385
IV. Réfutation de l'hégélianisme, ou Dieu démontré par l'absurde. 396
V. Dieu saisi par le sens divin et la méthode morale. . . . 406
VI. Destinée de l'homme et destinée de l'humanité. 412

CHAPITRE VIII

BORDAS-DEMOULIN, OU LE RATIONALISME GALLICAN

I. Vie de Bordas. — Rapport de la pensée à elle-même. — Théorie des idées. 433
II. Théorie de la substance et théorie de l'infini. 447
III. Applications de la théorie des idées à l'histoire de la philosophie : examen des systèmes. 462
IV. Applications à l'histoire générale : christianisme social. . 475
V. Applications à l'époque présente ; réforme catholique ; retour au gallicanisme. 488

LYON. — IMPRIMERIE PITRAT AÎNÉ, RUE GENTIL, 4

PUBLICATIONS DE LA LIBRAIRIE DIDIER & Cie

FERRAZ

Philosophie du devoir *(Ouvrage couronné par l'Académie française).* 3ᵉ édition, 1 vol. in-12 . . . . 3 fr. 50

Étude sur la philosophie en France au dix-neuvième siècle. Socialisme et Positivisme *(Ouvrage couronné par l'Académie française.)* 2ᵉ édit. 1 fort vol. in-12. 4 fr.

BOUILLIER (Francisque)

Le Principe vital et l'Ame pensante, 2ᵉ édition revue et augmentée, 1 vol. in-12 . 4 fr.
Morale et Progrès. 2ᵉ édition, 1 vol. in-12 . . . . 3 fr. 50

BERSOT (Ern.)

Morale et Politique, 2ᵉ édition, 1 vol. in-12 . . . . 3 fr. 50

FRANCK (Ad.)

Moralistes et Philosophes, 2ᵉ édition. 1 fort vol. in-12 . . . . 4 fr.
Philosophie et Religion, 2ᵉ édition, 1 vol. in-12 . . . . 3 fr. 50

CHASSANG

Le Spiritualisme et l'Idéal dans l'Art et la Poésie des Grecs, *(Ouvrage couronné par l'Académie française).* 2ᵉ édition, in-12 . . . . 3 fr. 50
Histoire du Roman dans l'antiquité grecque et latine. *(Ouvrage couronné par l'Académie des inscriptions).* Nouvelle édition, 1 vol. in-12 . . . . 3 fr. 50

LYON. — IMP. PITRAT AINÉ, RUE GENTIL, 4.